单世联 李康化 主编

中国文化管理研究

（第二卷）

中国出版集团 东方出版中心

图书在版编目（CIP）数据

中国文化管理研究. 第二卷 / 单世联，李康化主编
. —上海：东方出版中心，2020.12
ISBN 978-7-5473-1722-8

Ⅰ. ①中… Ⅱ. ①单… ②李… Ⅲ. ①文化管理－中
国－文集 Ⅳ. ①G123-53

中国版本图书馆CIP数据核字（2020）第214832号

中国文化管理研究（第二卷）

主　　编　单世联　李康化
策　　划　刘佩英
责任编辑　沈　敏　戴浴宇
装帧设计　陈绿竞

出版发行　东方出版中心
地　　址　上海市仙霞路345号
邮政编码　200336
电　　话　021- 62417400
印 刷 者　上海万卷印刷股份有限公司

开　　本　700mm×1000mm　1/16
印　　张　33.75
字　　数　421千字
版　　次　2020年12月第1版
印　　次　2020年12月第1次印刷
定　　价　98.00元

写在前面

　　2019 年 12 月 8 日，由上海交通大学、联合国教科文组织（UNESCO）2005 公约秘书处联合主办的"2019 全球文化管理研讨会"在上海交通大学召开。联合国教科文组织文化政策与管理教席米莲娜·德拉吉切维奇·塞西奇（Milena Dragićević-Šešic）教授、全球文化研究领军学者贾斯丁·奥康诺（Justin O'Connor）教授等联合国教科文组织专家委员会委员及英国、德国、澳大利亚、塞尔维亚、新加坡、马来西亚、蒙古、韩国、塞拉里昂等亚、非、欧、澳四大洲学者，中华文化促进会、北京大学、清华大学、复旦大学、华东师范大学、中央党校、中国社会科学院、上海交通大学等高校与研究机构的学者 90 余名参加了研讨会。

　　构建人类命运共同体是当代全球文化的重大使命与重大关切。文化管理作为人类促进、规范、引导文化发展的自觉行为，在塑造"和平、发展、公平、正义、民主、自由"等全人类的共同价值，增进不同文明的交流互鉴、和谐共生的历史伟业中具有不可取代的重要作用。20 世纪末以来，文化在全球范围内兴起，文化管理建设也成为全球社会科学的一个重要领域。本次研讨会以中外学者的对话的方式，对 2005 公约与全球文化管理的关系、文化及文化管理在构建人类命运共同体中的地位和作用、文化表现形式多样性与可持续发展、中外文化管理实践、中国特色文化管理学科建设等重要议题作了深入研讨。

本次研讨会的一个重要成就是提出并论证了的"全球文化管理"这个概念。作为人类推动、规范文化发展的自觉行为，文化管理当然是一个地方性（国家、民族）、时代性的概念，"全球文化管理"这一概念的成立，其基础是人类文化及管理行为的普遍性。对于今天的人类文明来说，这是无可争议的。黑格尔早就指出，由于人的本质具有精神的理性的方面，人按其本性就是要脱离直接性和本能性的东西，使自身成为一个普遍的精神存在。文明教化（Bildung）的本质在于超越个体自身的直接性、本能性，上升到普遍性。在中国，从古代"大道之行，天下为公"到康有为"去九界"的"大同之世"，在西方，从席勒、贝多芬"所有人都结为兄弟"的《欢乐颂》到1945年"维持国际和平及安全""协调各国行动"的《联合国宪章》，各大文明都以自己的方式表达"世界人民联合起来"的理想愿景。当然，现实存在的文化总是多样的、有差异、有竞争甚至有冲突的，民族、国家、性别、阶层、世代都曾经是，现在也依然是范围和层次不同的文化边界，人类的共同利益、共同价值依然受到各种民族、宗教、历史、经济和政治军事竞争的约束。在不断扩大共同体的边界进而实现人类文化共同体的文明进程中，存在着种种不平等、不和谐甚至暴力和血腥。在此背景下，通过文明互鉴、文化对话来实现更大程度上的文化共通共享，进而以文化共同体推动经济共同体、政治共同体的构建，就不但是人类唯一可行的选择，也是文化管理的基本使命。所谓文化管理，在同一文化内部，管理就是政府、社会与企业通过拟定目标、制定政策、实施规划来保障公民文化权益、调控文化创新，推动文化永续发展；在不同文化之间，就是在尊重多样性的前提下，组织文化交流，确认共同价值，管控文化冲突，推动人类共同繁荣。文化管理，是人类推动、规范文化发展的自觉行为。

我们欣喜地看到，在经济、技术全球化的带动下，"全球文化管理"事实上已经成为全球话语的一个主题。2017年1月，中国国家主席习近平在联合国日内瓦总部提出"构建人类命运共同体"的伟大理念，正被越来越多地认为是推动全球治理体系变革、构建新型国际关系和国际新秩序的共同价值规范。理所当然地，"人类命运共同体"也是全球文化管理的理念和目标。在联合国教科文组织2005公约中，保护与促进文化多样性，为各种文化的繁荣发展和自由互动创造条件，鼓励不同文化间的对话，保证文化交流更广泛和均衡，促进不同文化间的相互尊重，把文化作为一个战略要素纳入国家和国际发展政策，为文化可持续发展创造条件，这些目标和指导原则，也已为不同国家和地区所接受。"全球文化管理"是一个正在建构的理论体系和创造性实践。

进一步分析，"全球文化管理"实际上有两个含义。一是拥有全球共识的文化管理（单数），二是存在于全球各国、各地的文化管理（复数）。我们提出并推进"全球文化管理"研究，就是要通过交流、对话而相互学习，使全球各国、各地的文化管理更多地具有共同性和全球性。一个基础性的工作是准确地认识文化管理的特殊性，这里至少有三个层次：

文化管理不只是企业战略管理的复制。文化具有历史记忆、民族传统、审美与表现、政治与意识形态等内容，它们内含于企业战略而又超越企业战略，不可能在企业战略的层次上实现。企业管理有文化，文化企业管理是文化，但我们所说的"文化管理"并不属于企业管理的范畴。

文化管理不只是政府行政管理的延伸。因为文化涉及身份认同、民俗习惯、社区团结、人际网络、节日庆典、对差异与个性的欣赏以及批判性反思等。在文化领域，权力与权威并不只限于政府和行政中心，尤其是在中国，"人民中心"是文化管理的根本目标和出发点，公民个体的文化权力、各种社会力量的介入，都是文化管理主体要素之一。

文化管理不只是专业技术管理的应用。精准不是文化管理的唯一目标，管理文化的标准和原则难以数字化表达。文化学术界讨论最多的问题之一，是人文价值与技术理性的关系。逻辑上说，人文与科技可能有三种关系：相互融合、对立统一、一方吃掉一方。理想意义上的文化管理不但能够维护文化价值的尊严和独立，也应当以人文理性矫正科技理性。

按照我们的理解,具有鲜明的地方性、时代性的"文化管理"无论有多少差异甚至对立,全球的"文化管理"至少在上述三个否定的意义上,都应当是可以达成共识的。至于"全球文化管理"应当包括哪些肯定要素和积极内容,则需要全球文化研究者和管理者的共同探索。《中国文化管理研究》愿为此提供一个交流讨论的平台,期待全球同仁的参与。从本卷开始,我们将按照文化史论、公共文化管理、文化产业管理、文化遗产管理、艺术管理、创意管理六个次级学科设置栏目,为文化管理学科建设提供充实的研究成果。

单世联

2020 年 6 月 12 日

目　录

文化理论

概念选择与权力竞争

　　——关于全球文化管理的几个理论问题／单世联　003

关于炎帝神话传说与中华民族文化精神问题／高有鹏　072

经济学家眼中的奢侈消费动因：从曼德维尔、凡勃伦到

　　桑巴特／谢岱杉　088

网络文学场域研究／罗　丹　126

公共文化管理

作为审美经验的"艺术振兴乡村"／张　楠　151

艺术展览沉浸式三阶段研究／周　雯　168

文化产业管理

我国书画类艺术品的资产组合优化实证研究／

　　江　凌　王恩洁　郝　烨　203

实体书店营销模式创新研究／袁化云　235

网络关注度对地区旅游发展影响研究

　　——以 5A 级旅游景区为例／任润蕾　279

文化遗产管理

文化认同：非物质文化遗产存续发展的核心机制／王　媛　317

文化遗产保护与区域发展

　　——基于我国地级市层面数据的实证研究／董　颖　333

空间媒介视阈下历史文化街区的形象建构

　　——以大栅栏为例／张　铮　卢秀定　374

基于利益相关者的工业遗产保护与应用研究

　　——以青岛工业遗产为例／王长松　张　妍　412

文化艺术管理

后现代视角下商业文化建构

　　——论可口可乐的文化创作过程／王　曦　439

数字复制艺术的"嵌入"景观／马向阳　455

明星制下中国音乐剧的突破与坚守／支　娴　469

被嫌弃的宋没用的一生，或上海康塔塔

　　——读《好人宋没用》兼谈现实主义作为一种技术／丛子钰　500

附　录

聚焦人类命运共同体与全球文化管理

　　——2019全球文化管理学术研讨会纪要／

　　　刘圆圆　程　茜　聂鑫焱　519

征稿启事　526

Contents

✦ **Cultural Theory**

Concept Selection and Power Competition
— Some Theoretical Issues on Global Cultural Management
Shan Shilian / 003

The Issues on Myths and Legends of Yan Emperor and Cultural Spirit
of the Chinese Nation
Gao Youpeng / 072

The Motivation of Luxury Consumption from Economists'
Perspectives: From Mandeville, Veblen to Sombart
Xie Daishan / 088

Research on The Field of Network Literature
Luo Dan / 126

✦ **Public Cultural Management**

"Art Invigorates the Countryside" as an Aesthetic Experience
Zhang Nan / 151

An Immersive Three-stage Study of Art Exhibitions
Zhou Wen / 168

✦ Cultural Industry Management

An Empirical Analysis on the Portfolio and optimization of Works of
Art in Chinese Painting and Calligraphy
Jiang Ling, Wang Enjie, Hao Ye / 203

Research on the Innovation of the Marketing Model of
Physical Bookstores
Yuan Huayun / 235

Research on the Influence of Internet Attention on Regional
Tourism Development
— Taking 5A Tourism Scenic Spot as an Example
Ren Runlei / 279

✦ Cultural Heritage Management

Cultural Identity: Core Mechanism for the Survival and Development
of Intangible Cultural Heritage
Wang Yuan / 317

The Impact of Cultural Heritage Conservation on Local Development
Dong Ying / 333

Image Construction of Historical and Cultural Blocks from the
perspective of space Media
— A case study of Dazhalan
Zhang Zheng, Lu Dingxiu / 374

The Protection and Application of Industrial Heritage Based
on Stakeholders
— A case study of Qingdao Industrial Heritage
Wang Changsong, Zhang Yan / 412

◆ **Art Management**

The Construction of Business Culture From The Perspective of Postmodernism
— On Coca Cola's Cultural Creation Process
Wang Xi / 439

The "Embedded" Landscape of Digital Reproduction Art
Ma Xiangyang / 455

The Breakthrough and Perseverance of Chinese Musical Play Under the Star System
Zhi Xian / 469

Life of the Abandoned Song Meiyong, or Shanghai Cantata
— on 'Good Woman is Useless' and Realism as a Technique
Cong Ziyu / 500

◆ **Meeting Minutes**

Focus on a Community with a Shared Future for Mankind and Global Cultural Management
— Summary of 2019 Global Seminar on Cultural Management
Liu Yuanyuan, Cheng Xi, Nie Xinyan / 519

◆ **Notes to Contributors** / 526

文化理论

概念选择与权力竞争
——关于全球文化管理的几个理论问题

| 单世联（上海交通大学媒体与传播学院）

摘要：

　　全球文化的交融激荡，不但重塑了全球文化格局，也提出了"全球文化管理"的问题。作为引领、规范文化实践的价值工程和组织行动，文化管理既是组织文化交流、管控文化冲突的手段，也是文化交流、文化冲突的一个场域。当代文化理论和研究中的基本议题、核心概念、言语行为等，都可以也应该从文化管理的角度予以研究和评论。综合比较，四组概念最为重要：文化帝国主义／全球化，文化例外／文化多样性，文化趋同／文化转型，文明冲突／多元认同。所有这些概念，均有其现实所指和价值导向，也不同程度地拥有其话语权力，但其中任何一个都不足以充分解释全球文化的全部复杂面向。构建"全球文化管理"理论体系，需要我们有更强的概念铸造、话语凝练的能力。

关键词： 全球化；文化帝国主义；多样性；例外论；趋同论；文化转型；多元认同；文明冲突

Abstract：The integration of global culture has not only reshaped the global cultural pattern, but also raises the problem of "global cultural management". As a value engineering and organizational action to guide and standardize cultural practice, cultural management is not only a means to organize cultural exchanges and control cultural conflicts, but also a field of cultural exchanges and conflicts. The basic issues, core concepts and speech acts in contemporary cultural theory and research can and should be studied and commented from the perspective of cultural management. In a comprehensive comparison, the four concepts are the most important: cultural imperialism/ globalization, cultural exception/ cultural diversity, cultural convergence/ cultural transformation, cultural conflict/ multiple identities. All of these concepts have their real meaning and value orientation, and they also have their discourse power to varying degrees. But none of them can fully explain all the complex aspects of global culture. To construct the theoretical system of "global cultural management", we need to have a stronger ability of concept casting and discourse refining.

Keywords：globalization; cultural imperialism; diversity; exceptionalism; convergence; cultural transformation; pluralism; identity; civilization conflict

"文化"概念的膨胀与文化经济的兴起,与经济、技术的全球化共生并发。20世纪末,在冷战结束和意识形态障碍部分消失的背景下,以跨国公司和世界市场的形成、技术进步和资本集中、网络与数字技术的传播、文化信息与产品的全球流通等为动力和标志,"全球化"一词逐渐从学术界进入了日常生活,成为文化实践与文化研究中使用率最高的概念之一。首先是商品/技术/人员的跨国流通的过程和逻辑,然后是"全球化"的事实和概念。文化全球化的前提是文化成为商品,因为只有商品,文化才能在全球范围内大规模交易。严格地说,不是文化全球化,而是文化产业全球化。法国学者瓦尼耶(Jean-Pierre Warnier)在1999年出版的《文化全球化》一书中追溯文化全球化的过程:文化史始于"区块化",人分散居住在所有浮现的陆块,社会、语言和文化的分歧非常之大。全球规模的传播虽然持续地进行,但其进程非常缓慢。新石器时代的革命伴随着两个相反方向的运动,日益区块化的农业社群不断增加,而某些区域又出现了大型社会政治整体,后者形成交通运输、传播体系的宗教、政治与社会基础,缓慢地减少地方社群的自我封闭和独立。最后是"'工业革命'推垮了传统经济,导致文化产业的出现。媒体、金融、商品、移民、科技流量的全球化于70年代更加强化。苏联形态的统御式经济的崩溃导致上述全球化流量的大功告成,并让'文化全球化'有了当前的概貌,当然它是暂时的。一方面,其特色是各种人类所表现出的区块的、在地的,并深植在历史长时段的文化;另一方面,是通过大量的贸易及传播体系,将新式的工业化及全球化的物品及服务推向市场所致"。[1] 先有文化工业、文化产业,然后才顺理成章地出现文化

---

[1] [法]尚-皮耶·瓦尼耶:《文化全球化》,吴锡德译,台北:麦田出版社,2003年,第69页。

全球化的概念。所谓全球文化，在更多的情况下指的是全球文化工业、文化产业。但由此而形成的各种概念及其相互之间竞争，客观上也是文化管理的不同视角、中心和方向的反映。

一、是"文化帝国主义"还是"全球化"？

应当说，全球化并不要等"全球化"的概念出现后才开始。以经济而言，经济史家一般把它追溯到英国废除《谷物法》、单方面实行自由贸易政策的1846年。以文化而言，歌德在1827年、马克思在1847年都曾提出"世界文学"的观点，尽管歌德的"世界文学"是以古希腊为典范的文学理想，马克思的"世界文学"描述的是资产主义在世界历史上所创造的成果，因此他们的所说"世界文学"都是单数的而不是复数的，都是以西方为典范而以非西方文化为一个需要外在于它们的标准来对它们进行选择的"其他"文学。[①] 但他们毕竟都展示了不同文化的交流日益加深的未来景观，预见到全球文化交融的进程。文化产业加快了文化的跨国传播。其后果之一，是与特定地点相联系的文化与作为非地点性的全球事件及经验模式的文化之间，出现了日益严重的紧张关系。早在1939年，美国艺术评论家格林伯格（Clement Greenberg）就指出："作为西方工业化的另一宗人众产品，它已经历了一场世界范围内的凯旋之旅，在一个接一个殖民地排斥并破坏当地文化，以至于，通过将自己变成一种普遍的文化，庸俗文化已经成为世界上第一种普世文化。今天，本土的中国人，不亚于南美印第安人、印度人和波利尼西亚人，较之其本土的艺术品，更为钟情于（源自西方的）杂志封面、凹版照相和挂历女郎。"[②] 此即美国学者斯科特（Allen J. Scott）指出的："一方面，即使在一个已经以交通便利作为标志的世界里，地点依然毫无争议地是独特的文化习俗和

---

① 高建平：《论文学艺术评价的国际性与全球化》，载《文学评论》2002年第3期。
② ［美］克莱门特·格林伯格：《前卫与庸俗》，沈语冰译，桂林：广西师范大学出版社，2015年，第14页。

传统的宝库;另一方面,某些特殊的地点是一些文化制品和图像传播到世界各地的出发点,而这一过程对许多地方文化产生了极具侵蚀性的或者至少是改造性的影响。……文化生产往往越来越多地集中到一些有特权的企业和从业者的地方性社群,而生产的最终产品则被输送到空间上更加广阔的消费网络之中。因此,假如说,当前世界上一些地点的文化传统和标准正在遭遇严重的威胁,那么其他地点则是在寻找不断扩大的、能接纳它们的观众。"①20 世纪 70—80 年代,一些激进的社会学家注意到全球文化产业的三个趋势:非西方国家被迫接受西方文化产品;西方文化的传播可能导致文化的同质化;国际文化流动破坏了本土传统。作为学术回应,文化理论界形成了一种"文化帝国主义"(cultural imperialism)论述,并特别为遭遇西方文化商品和服务的非西方国家所欢迎。

兴起于 19 世纪的西方帝国主义源于扩张性的经济制度并呈现为多种形式。从广义上来说,文化帝国主义是指文化关系中的支配行为,它使一种强有力的外国文化的价值、实践和意义强加于一个或多个本土文化。"文化帝国主义"论述主要是针对西方国家的文化行为而言。这是一个源于文艺复兴的现代性进程。晚近的一些研究认为,文艺复兴时期古典再生与西方扩张之间有内在关联,殖民性是现代性的孪生姐妹,美洲是西方的"发明"而非"发现"。15 世纪末西班牙殖民者以卡斯蒂利亚语(西班牙语)取代美洲原住民语言、重写美洲历史的殖民实践,不过是文化帝国主义的一个早期范例。②

1969 年,美国传播学者赫伯特・席勒(Herbert・I. Schiller)在《大众传播与美利坚帝国》中,首次全面研究了美国媒介/文化在世界的优势,尤其是美国政府、企业利用大众传播为其全球扩张服务。"世界对文化、教育以及有意义的信息的迫切传播需求严重依赖于美国的传播机构与系统,并深受其影响。美国的

---

① ［德］艾伦・J.斯科特:《城市文化经济学》,董树宝译,北京:中国人民大学出版社,2010 年,第 5 页。

② 这方面的最新研究成果是［美］瓦尔特・米尼奥罗:《文艺复兴的阴暗面:识字教育、地域性与殖民化》,魏然译,北京:北京大学出版社,2016 年。

权力——表现在工业、军事和文化领域——已经成为世界上最强大的力量，其影响力跨越了所有的国界。通过直接的经济控制以及间接的贸易和外国的仿效，传播已经成为美国世界权力扩张的决定性因素。"①1976年，席勒在《传播与文化支配》一书中首次使用"文化帝国主义"这一概念，用以批判性分析第二次世界大战以后摆脱西方殖民统治的新兴民族国家，如何在经济上、文化上依然依赖于少数资本主义先进国家。如西方几个大的通讯社主导了全球信息的流通与诠释，好莱坞席卷了新兴国家市场，国际文化交流严重失衡等。席勒的观点基于美国社会科学家华勒斯坦（Imannuel Wallerstein）的"世界体系"论：资本主义遵循利润最大化的逻辑，国家之间存在着层级结构，中心、半边陲和边陲之间的关系是不平等的交换，其中存在着剥削与被剥削关系。席勒所说的"文化帝国主义"，是"许许多多过程的总合，经历了这个过程导致某个社会被卷进了现代世界体系之中；同时导致该社会的主要阶层被吸引了、被胁迫了、被强制了，而有时候是被贿赂了，因此，他们塑造出来的社会机构制度也就相应于甚至是加强了社会体系之中的位居核心位置而占据支配地位之国家的诸般价值观与结构"。② 1992年，《大众传播与美利坚帝国》再版，席勒为此写了《二十五年来的回顾》，回顾了文化帝国主义的变迁："尽管在20世纪60年代，文化帝国主义这个概念确切地是指美国的媒介和文化帝国主义。但是在20世纪90年代，这个术语或者说概念却发生了彻底的变化。25年前，美国媒介产品在世界各地泛滥。在今天，美国流行文化的出口并没有减少。事实上，美国文化工业的产品流向国际市场的数量以及创造的利润比那时还高。所不同的是这些产品的生产者已经发展为巨型的文化联合公司。这些集团涉足电影、电视制作、出版、音像、主题公园，甚至数据库。目前，它们提供的产品几乎相当于整个文化领域。这些产品被提供给国

---

① ［德］赫伯特·席勒：《大众传播与美利坚帝国》，刘晓红译，上海：上海译文出版社，2006年，第156页。

② Herbert. I. Schiller, *Communication and Cultural Domination*，NY：International Arts and Sciences Press，1976，p.9.

内乃至全球市场。实际上,全球市场日益被大型工业公司所操纵。特别是过去的 10 年来发生的变化就是跨国资本主义的显著扩张及其对全球传播机构的攫取。"①美国的文化帝国主义没有消亡,但改变了形式,今天的文化帝国主义是带有浓厚的美国媒介风格的跨国公司文化在全球文化中的超强地位。

在大量论述中,"文化帝国主义"的重心略有不同。一是政治、经济先行而以文化控制为目的。如英国自由作家哈里森(Paul Harrison)指出:"伴随着政治上和经济上的帝国主义,又产生出一种更为阴险的控制形式——文化上的帝国主义。文化上的帝国主义不仅征服了受害者的肉体,还征服了他们的心灵,使他们成为唯命是从的帮凶。"②二是以文化为政治、经济的工具。如 19、20 世纪西方文化对非西方世界的价值观念、行为方式和文化认同的重新塑造,并使之服务于西方的目的。三是以文化作为帝国主义的一种形式。如美国批评家萨义德(Edward Waefie Said)所说:

> 在我这里,"帝国主义"一词指的是统治遥远土地的宗主中心的实践、理论和态度,几乎永远伴随"帝国主义"而来的殖民主义,意味着向边远土地上移民。如米歇尔·多伊尔(Michael Doyle)所说的:"帝国是一种正式或非正式的关系。在这种关系中,一个国家控制另一个政治社会的有效的政治主权。这种控制可以通过强力、通过政治合作、通过经济、社会或文化依赖来取得。帝国主义不过是建立或保持帝国的政策和过程。"在我们这个时代,直接的控制已经基本结束;我们将要看到,帝国主义像过去一样,在具体的政治、意识形态、经济和社会活动中,也在一般的文化领域中继续存在。③

---

① [德]赫伯特·席勒:《大众传播与美利坚帝国》,刘晓红译,上海:上海译文出版社,2006 年,第 11—12 页。

② [英]保罗·哈里森:《第三世界——苦难、曲折、希望》,钟菲译,北京:新华出版社,1984 年,第 36 页。

③ [美]爱德华·W.萨义德:《文化帝国主义》,李琨译,北京:生活·读书·新知三联书店,2003 年,第 9—10 页。

"文化帝国主义"论述与法兰克福学派的文化工业批判理论密切相关。如果文化工业是资本主义意识形态控制的新形式、体现了资本主义体系的整编能力，那么这种控制和整编也包括西方与非西方的文化关系，此即"文化帝国主义"。这里的"文化"首先也主要是指西方的文化工业产品。所以美国学者佩查斯（James Petras）就认为："美国文化帝国主义有两个主要的目标：一个是经济的，另一个是政治的。经济上是要为其文化商品攫取市场，政治上则是要通过改造大众意识来建立霸权。娱乐商品的出口是资本积累最重要的来源之一，也是替代制造业出口在世界范围内获利的手段。在政治上，文化帝国主义在于将人们从其文化之根和团结传统中离间出来，并代之以新闻媒介制造出来的，随着一场场宣传攻势变幻的'需求'。在政治上的效果则是把人们从其传统的阶级和社会的圈子中分化出来，并使得人和人之间产生隔阂。"①因此，西方马克思主义者、左翼学者有关文化帝国主义分析和批判，都有法兰克福学派的批判理论的影迹。

对"文化帝国主义"论述做全面检讨的是英国学者约翰·汤林森（John Tomlinson）。他所谓的"文化"，是指特定语境中人们从其种种行为和经验中所吸取的种种意义，所谓"帝国主义"则是指涉政治体系和经济体系的现象。借用法国思想家福柯（Michel Foucault）的话语理论，汤林森把文化帝国主义的各种论述整理为四种方式，并在分析和批判中提出了自己的替代性观点。

作为"媒介帝国主义"的一种话语，文化帝国主义是指媒介帝国主义。鉴于西方媒体几乎垄断了全球文化传播、也垄断了解释世界的权力这一现状，有关文化帝国主义的话语一般都将电影电视、广播、印刷媒介和广告等媒介置于中心地位。汤林森在肯定这一现状的同时，反对媒介的表现及其机构可以独立运作这样一种媒介理论家的专业立场。因此，第一，需要在政治/经济这一宽广的语境将"文化"的领域作特定的安顿。"媒介帝国主义"研究的分析层次通常是政治经济方面或制度方面，并且经常没有分析文化支配这个特定的层面。第二，必须看

---

① ［美］詹姆斯·佩查斯：《二十世纪后半叶的文化帝国主义》，原载美国《侨报》1993 年 2 月 20 日。

到,观众主动积极的、繁复而具有批判性的自觉远远超过媒介帝国主义理论家的想象。人们看美国电视、读美国新闻并不等于接受美国文化,他们似乎并不像媒介批判论者所认为的那么容易受骗。第三,媒介在西方文化圈中、在文化帝国主义现象当中占有什么地位?不同于麦克卢汉的"媒介即讯息"的观点,汤林森认为,现代社会的人固然收看一大堆电视节目,但他们同时也做其他许多事情。文化经验的一个层面总是为另一个层面所中介。我们对于一个电视节目、一本小说或一篇报纸文章的想法、观感,总是受到我们现实生活的百般遭遇之影响。过度强调文化行动及经验的媒体再次面向,或许是把文化界定得过于狭隘了。基于这些理由,汤林森认为,评估"帝国主义者"媒介对于另一个文化所产生的各种效果,最好不要狭隘地从媒介帝国主义这样的观点来看。"更为适当的做法,很可能必须将文化帝国主义现象当作是一个远为宽阔的文化变迁过程,其中媒介只是众多运作要素的一种。……这样一个变化过程,其实并不是孤立进行的,它是人们其他生活经验已在变动这个更大格局的一部分:都市生活、仰仗大规模的资本主义工业取得收入与需要的满足、生活经验化作片面分立的各个'领域'——工作、消费以及'私人生活'等等。这些例行的日常的实体生活之演变(这其中也以各种方式,包括了媒介再现之中介)或许可以称作是资本主义现代性的冲击。"①

作为一种"民族国家"的话语,文化帝国主义是指对民族国家文化认同的攻击。首先一个问题是,"文化"与民族国家的界线很难完全吻合配套,两者并不重叠,在民族国家之内,可能存在着种种文化认同的类型,它们与"民族文化"相当不同,有的还存在冲突。所谓一个民族文化遭受侵略,"唯有在一种情况下才能使得论述前后连贯而有力:我们所指称的民族国家认同说,即所谓遭受'侵略'的文化必须是统一的(unified)。如果情况并非如此,如一个民族国家之内出现了氏族(ethnic)或地域(regional)文化的抗争,则此定义之下的文化支配的论述必定捉襟见肘。这是因为宣称民族国家文化已遭侵蚀或'取代',可能也就等于

① [英]约翰·汤林森:《文化帝国主义》,冯健三译,上海:上海人民出版社,1999年,第125页。

制造了一个原本不存在的文化统一性。这个说法在政治上产生的效果，或许是点燃了另一种文化支配形式，并使之与现存的文化支配形式产生对抗。建构文化'他者'（other）或甚至是'敌人'的话语，如果必须依仗民族国家之疆界作为凭据，则任何一种文化势力只要能够自行宣称代表'民族国家'，或是透过巧妙手腕而以民族国家的姿态发言，都能从中得到浮面而虚假的合法性"。① 同理，"入侵的国家"也很难说其民族国家认同是统一的。借助安德森（Benedict Anderson）《想象的共同体》一书的观点，民族国家与文化其实是"想象出来的社群"，而在18世纪导致"民族感"产生的众多历史事件中，最为紧要的是"资本主义印刷文明"，其后果一是通俗语言的一种变成了"国语"，二是这些印刷媒介的表意过程，由于它们将时间及空间聚合于一处，因此产生了另一种理解何谓民族国家"社群"的方式。汤林森发挥道："安德森议论引人注目之处，在于它将民族国家的认同连结于社会现代性的过程之中。民族国家的认同是一种想象之归属感，高度地受到中介，它在某种意义上，取代了先前的文化归属形式。……依此想法衡量民族国家的认同，那么，单是以为文化帝国主义乃是某个民族国家的认同感，在另一个更强大的民族国家之压力下逐渐腐蚀，也就显得很有问题了。这是因为我们现在已经清楚地看出，民族国家认同的根源并不在于自然地依附于母国之文化归属感，而是涉及繁复的文化建构过程，起源于特定的历史事件。是有一个民族国家认同这样的'实体存在着'，但这样的实体却是存在于表意之中，而不是一种直接而共同的团结情感。……所有这些论述，都指向了一个重点，亦即我们了解文化帝国主义的途径，'最最主要'的应该是采取历史的而不是'空间且共时的'词汇。"② 必须将文化帝国主义问题做一个概念化的位移，即将之由"空间"论述转为"时间"论述，也就是从地理范畴（外来与本土）转入历史范畴（传统与现代）。

作为批判全球资本主义的话语，文化帝国主义是指资本主义文化在全球扩

---

① ［英］约翰·汤林森：《文化帝国主义》，冯健三译，上海：上海人民出版社，1999年，第141—142页。
② 同上，第161—162页。

散的过程。这种话语的常见说法，是认定文化帝国主义与资本主义密切相关，其论据一是文化帝国主义是资本主义的先锋，为其铺平道路。二是作为一个社会经济体系，文化帝国主义是资本主义运转时共同发生的文化现象。在汤林森看来，两种论据都属于"功能主义"，它们只是把文化当作资本主义生产关系的意识形态工具，流于粗糙、简略的解释，既误解了资本主义过程本身的动态关系，也无法具体地分析文化行为与过程，当然也就无法解释作为资本主义何以扩散的理论。这种话语相当负面地认为，民众通常只是受意识形态上的操纵，由此推导出跨国资本主义的形成产生了同质化的全球文化的观点。但它并未说明，为什么必须反对文化同质化？认定文化多元正在被摧毁是一回事，但这件事是否值得怨叹，是另一回事。文化同质化亦有吸引人之处，如任何人都会认为，一些文化行为应普遍适用于各个地方：医疗保健、饮食卫生、教育机会的过程、种种自由的文化态度（如诚实、容忍、热情等等）、民主而公开的过程等等。因此，作为一个批判性概念，同质化是有问题的。汤林森的看法是，这里涉及"谁在发言"的问题。对于西方知识分子来说，他会认为全球文化的多元性及丰富性已经受到特定的威胁，但从非西方人的观点来看，西方资本主义文化经验很可能具有相当不同的意义。比如对于美国或欧洲毫无所知（以及，或者根本没有兴趣）的哈萨克斯坦部落的人，也就不太可能觉得他的卡带录音或录影机，象征了日渐逼近的资本主义的支配。"若是从宽解释'文化'，则文化应该含有许多可取的面向，即使是批判文化同质化最为严厉的人，也可能期望全球各个角落都能出现这些面向。批判文化同质性的人，并非青红皂白不加区分，事实上他们对于批判的对象是有选择的。笔者认为，这并没有什么不对，只要我们了解了这样的态度，有助于我们破除同质化'本身'一定是坏的这样的观念。但这样一来，我们也就选择了整套相当不同的论据——不是反对资本主义文化的同一性，而是反对资本主义邪恶特征部分的扩张——如此一来，我们必须另觅迥然有别的标准才能善加判断。"①以消费文化为

---

① ［英］约翰·汤林森：《文化帝国主义》，冯健三译，上海：上海人民出版社，1999年，第211页。

例,这是资本主义批判话语的一个。但批判消费文化真正能够发挥作用的地方,还不在于所谓物质商品的"虚假满足"的问题,而在于它暴露了事实,让我们清楚看出消费变成让人醉心的经验,原因在于个人的"生活世界"受到了结构性的限制和决定。

作为现代性的批判,文化帝国主义的种种话语共同指向现代性的失败。现代性之于不同文化,是一个宿命,又不是宿命。"所有国家被整编,被纳进'民族—国家体系'与全球资本主义市场秩序,这是所有文化体在社会经济层面现代性的'宿命',但这个整编过程是一个结构的'既成事实',不是一个文化上的'选择',一了百了,永不可能回头地变动了文化的内涵,因为它所带动的是单方向的流动,从'传统'到'现代'的旅程。这个旅程是人类启动的,回避了种种新的可能性(新的选择、新的欲望、新的自由),我们可能透过'存在的'语汇加以理解。这样一来,'文化宿命'也就与个人的自由实现发生了联系。文化之所以受到了'现代性的诅咒',原因还不只是经济发展的'结构'过程导致如此,它更是人类'自求发展'的过程。"①这种以"自求发展"与社会经济结构的"辩证"结果的研究取向,较之文化帝国主义论述中的"文化支配"的观点,在了解全球文化转移方面更有优势,因为它强调了人类行动的重要性,认定个人在若干"已被命定"的社会条件中仍有选择余地。而如果认为现代性是"文化宿命",则也就放弃了文化批判的宏图大业。汤林森对现代性的考察,主要借用伯曼(Marshall Berman)与卡思陀瑞狄思(Cornelius Castoriadis)。前者在以马克思的名言"一切坚固的都烟消云散了"为名的书中,阐明现代性既是解放的又是宿命的:人类自求发展的过程漫无限制且不可逆转,它把所有的文化体都推入变动不居的不稳定状态,所以现代性具有宿命性质。后者认为,现代性的成长或发展的故事不能提供一套文化定向的叙述,但这不是宿命,而是文化想象力的失败。卡思陀瑞狄思则认为,在文化驱动席上,人性精神仍然存在。我们所创造的制度并非由外在于人性的东

---

① ［英］约翰·汤林森:《文化帝国主义》,冯健三译,上海:上海人民出版社,1999年,第266页。

西所决定,而是经由社会想象力所创造的。文化永远不是宿命的,它归根究底于我们的决定。汤林森认为,破除伯曼式的"宿命论"需要批判:在什么样的文化叙事中现代性变成等同于"发展"? 卡思陀瑞狄思认为,前进、扩张与成长等观念,并不是内在于所有人类社会的特征和潜能,而只是西方所特有的质性与价值观。在《社会的想象制度》中,卡思陀瑞狄思提出,无限发展这个概念,是现代西方的"想象的社会表意"(imaginary social signification)。所谓"想象的社会表意"是文化创造行为的产物,它先于真实和理性而运作,而其后的所有文化表意体系均源于实体。比如既非认知对象亦非存在实体的"上帝",就是西方传统文化行为作风及过程的主要组织者。现代性的特征之一,就是它忽略了,乃至否定了文化的核心仍然由想象构成,却自认为是理性化身。其实不过是向理性的片段"借贷"其内容,此即"发展"。汤林森评论说:"我们可以看出,发展之现代'漫无边际'版本的展示,这就是'假理性',是它从经济、科学与科技借贷而来的功能理性。认为现代社会指的是成长与前进,是这些社会的核心想象表意之一,但这样的想象不再能够提供'定性的目标与观点',不再能够意识到前进有其完成的一日,不再意识到整个社群的行进方向。这样一来,所谓'发展'只是沿着未加界定的轴心无休无止的运动;成长的意思,也只是提供'愈多','愈多的商品、活得愈长、全球适用的常数字值十进位点愈来愈多、更多的科学出版品、更多拥有博士学位的人'。作为文化行为及象征,'发展'完全如同'上帝',具有同等的力量,但更重要的是,就定性文化定向这角色而言,'发展'却只能扮演一个失败的角色。这个失败又是两方面的:第一,发展的社会想象所启动的种种实际行为与作为其实只是假理性;其次,价值观的危机,这是因陋就简发展变成'除了迎新贺喜之外,什么都不是',发展这个概念已经变得贫乏空洞。"①卡思陀瑞狄思揭露了"发展"想象的代价,却依然认为,人类仍有可能依靠行为者的意志创造种种有意义的社会生活。如果文化不能脱离文化行动者的作为而独立存在或发挥功

---

① ［英］约翰·汤林森:《文化帝国主义》,冯健三译,上海:上海人民出版社,1999 年,第 301 页。

能,那么只有行动者才是文化选择的主体。现在的问题是,社会想象力被殖民,造成了个人自主的局限,一个贫乏空洞的想象表意力已强行笼罩在个人之上。西方与非西方的行动者,对如何挣脱传统的道路少有控制的能力。在西方也陷入危机的意义上,并不是"强势"文化侵入"弱势"文化,而是西方某种败落的文化扩散至世界其他地方。从这种现代性视野出发,文化帝国主义论述的核心是,在物质富裕和政治解放之外,现代性不能适宜地提供人们的文化需要:在最宽阔、最可能的集体基础上,决定我们如何生活? 我们最珍惜的价值是什么? 我们的信仰是什么? 我们如何赋予日常生活以意义? "文化帝国主义的种种话语,共同指向现代性的失败,在于现代性的种种自主化制度未能满足这个文化需求。但不论是文化帝国主义的种种话语也好,或其他所在有批判性现代性的话语(如女性主义、绿色政治理念等等)也好,这些声浪的存在本身,再次说明了现代性的多种文化形式并非固定不变,而是开放性的、是容许挑战的,而更重要的是,再怎么困难,它都是可以改变的。"①

汤林森解构了"文化帝国主义"种种话语,其结论是我们应该翻转方向,将文化帝国主义当作现代的扩散来研究,也就是从全球势力之不同方位结构来诠释。

> 全球化与文化帝国主义的差异之处,在于它并没有那么前后贯通而首尾紧随,它在文化方面的企图,方向也有欠明晰。但就帝国主义这个概念来看,它或许游走于政治与经济内涵之间,模棱两可,但它却有意定的宏图:"致力于"从一个权势中,往外将某特定的社会体系扩散到全球各地。"全球化"这个概念却指涉全球各地域的相互关联和相互依赖,但其发生过程却没有那么具有目标。这样的情势之所以出现,是由于经济与文化行为与过程的结果所致,但它们本身并非有意朝向全球的整编行进,虽然它们还是产生了这样的景况。更为重要的是,全球化的效果势将削弱"所有"民族国家的

---

① ［英］约翰·汤林森:《文化帝国主义》,冯健三译,上海:上海人民出版社,1999年,第319页。

文化向心力,即便经济上的强势国家亦不能幸免于此。①

汤林森没有意识到的是,这种转换在理论上只能意味着把西方文化与非西方文化的关系转换成现代与传统的关系:现代化或全球化就是以西方文化(现代)为非西方各民族文化(传统)的发展方向和理想目标。"文化帝国主义"的论述被放弃了,但西方中心主义却得到了一种新的论证。

《文化帝国主义》出版于 1991 年。实际上,从 20 世纪 80 年代中期开始,就有许多学者反对"文化帝国主义"的提法,其中一些人转而用"全球化"(globlization)一词。英国学者大卫·赫斯蒙德夫(David Hesmondhalgh)介绍了这一过程:"全球化一词是由国际政策论坛和行动主义圈子中具有某种十分特殊传统的学者发展起来的,之前,文化帝国主义主题已经在这两个领域获得了广泛传播。全球化旨在捕捉世界不同地区间日益增加的互联趋势。也许是因为全球化涉及广泛的经济、政治和文化实践,因此这一术语迅速传播,成为 20 世纪 90 年代引起最为广泛的讨论的社会科学概念。"②社会科学中的"全球化"通常有三种用法:作为社会现实的一种描述(一种状态),作为社会变化的一种解释(一个过程),作为社会进步的一种观念(一种理想)。前两种用法是对一些客观事态和过程的研究,后一种用法涉及对这些事态和过程的评价,不同的用法与涉及对全球化动力的不同理解。

英国学者戴维·赫尔德(David Held)把全球化的动力分为两种,一种是不管全球化采取什么形式,这些动力都会起作用的"深层动力",它包括:与 IT 革命相关的全球通信基础设施的变化;与新的世界范围信息分配相关的全球商品与服务的拓展;与经济需求模式、人口统计和环境转变相关的移民与人类流动的增长;冷战的结束、民主和消费的价值观在世界各地区的传播;新类型和形式的全球公民社会的兴起,以及全球公共舆论要素的具体化。在这些力量的推动下,

---

① [英]约翰·汤林森:《文化帝国主义》,冯健三译,上海:上海人民出版社,1999 年,第 328 页。
② [英]大卫·赫斯蒙德夫:《文化产业》,张菲娜译,北京:中国人民大学出版社,2007 年,第 204 页。

"尽管我们的时代存在着破裂和冲突,社会联系仍然变得更加密切和相互依赖。结果是地区层次的发展——无论是经济的、政治的还是社会的——能够获得即时的全球结果,反之亦然"。① 把全球化理解为对社会现实的描述或对变化的解释,主要就是基于对这些"深层动力"的认识和理解。这个意义上的全球化主要是一个客观进程,原则上不涉及价值问题,它既可能是人类发展的一个潜力巨大的空间,也可能是个体、组织或国家分裂和破坏的巨大空间。无论如何,对于当代任何一个国家、民族和地区来说,全球化都是文化产业发展所遭遇的现实情境和追求的行动能力。

另一种是全球化采取的具体形式的"相关动力",主要与"政治选择"相关。在现阶段,这种"相关动力"主要是华盛顿共识与华盛顿安全议程。前者的主旨是推动加强经济自由化和使公共领域——地方的、国家的和全球的——适应由市场引导的制度和进程。后者拒绝 1945 年以来国际政治和国际协定的核心原则(对公开的国家间政治谈判的尊重、威慑和主要大国间的稳定关系),推行单一国家的军事霸权,并认可这个国家可以利用其霸权在对所谓威胁作出单边反应。华盛顿共识与华盛顿安全议程结合在一起加强了这样一些观点:在社会经济生活的核心领域——从市场管制到大灾难救助,政府的积极角色从根本上得不到信任。国际裁决的政策和管制的持续应用威胁到自由,限制了经济增长,阻碍了发展并限制了福利。② 由这种"相关动力"推动的全球化,也就是美国化。事涉政治选择,因此就会产生不同评价,认同者称之为社会进步,反对者称之为美国霸权主义。

不同的动力形成不同的全球化形式。一种是具有客观进程性质的全球文化交融,另一种是带有美国霸权性质的文化单向传播。在现实过程中,两种类型的

---

① [英]戴维·赫尔德:《重构全球治理：未来启示或者改革》,戴维·赫尔德、安东尼·麦克格鲁编:《全球化理论——研究路径与理论论争》,王生才译,北京：社会科学文献出版社,2009 年,第 287—288 页。

② 同上,第 288—290 页。

全球化当然难分难解,但从分析上讲,它们却是不同的全球化。其中后一种全球化与"文化帝国主义"相通,它可以包括"文化帝国主义"论述的一些真实的、合理的观点。简单地说,"全球化"与"文化帝国主义"的不同在于,前者关注的是文化的全球传播,后者讨论的是文化从西方向非西方的单向传播,它可以部分地包含前者而不止于前者,因此,是"全球化"而不是"文化帝国主义"才是讨论当代文化产业的一个更合适的概念。

根据澳大利亚社会学家罗伯特·霍尔顿(Robert J. Holton)的总结,有关全球化时代文化关系的三种理论:趋同化、多极化和混合化。趋同化理论认为全球文化正在导致全球文化模式的美国化或西方化;多极化理论认为西方的全球化与它的对手的全球化之间,将会有一场文明的冲突;混合化理论则相信全球化通过穿越国界的交换活动,推动了不同文化(不同学说和信仰)的融合。这三种基本理论间的争夺仍在继续,而且会持续很长时间。① 从文化产业全球流通的实践过程来看,三说各有其理,却都不能充分说明当前全球文化产业的复杂情况。"多极化"还未形成,因为发展中国家的文化产业在目前阶段尚难完全抗衡西方;"混合化"比较符合事实,但理论上难有新意。最重要的,也是议论较多的,是西方文化产业在推动着全球文化的趋同化或同质化,但这也是经不起理论推敲和事实检验的。

第一,西方文化固然在全球文化体系中起着主导作用,但一些新兴工业国家的兴起,也在丰富着、调整着全球文化版图和发展格局。西方依然强势,但非西方世界也在发展和崛起,冷战结束后固然一度强化了美国的地位,但若干非西方国家也挣脱了意识形态的束缚,探索自己的发展道路,并取得了显著成绩,当代世界绝不是西方或美国的世界,政治经济如此,文化也是如此。斯科特就发现:"现代文化经济中大的跨国公司蒸蒸日上的重要性既是文化产品市场逐步全球

---

① ［英］罗伯特·霍尔顿:《全球化的影响》,中国现代国际关系研究所全球化研究中心编:《全球化:时代的标识——国外著名学者、政要论全球化》,北京:时事出版社,2003 年,第 138 页。

化的原因，但同时也预示，文化产品市场的生产仍局限在特定地点之中。……美国跨国公司确实开创了全球销售文化产品的先河，通常它们在外国消费者销售产品方面比其他国家的跨国公司更加盛气凌人、更加成功，即使在这些外国消费者属于其文化与美国文化毫不相似的社会的情况下。但是，基本上没有理由可以证明当前美国跨国公司对全球文化产品市场的主导在未来会无限地继续下去，因为实际上有充分理由可以构想在不远的将来，在空间上会形成更多样化的文化生产结构。"①这些观察表明，商品化的文化生产体系有规律地采取与地点密切相联系的集聚形式，大量美国之外的文化产品集聚区正处于发展阶段，并对美国文化产品提出有力挑战。如英国的流行音乐、意大利时装、法国化妆品和香水、斯堪的纳维亚设计、中国内地和香港地区的电影、日本美食等，它们的国际网络正在扩散。伴随着文化经济的高速发展，地点与地点之间的文化差异也将释放出巨大潜能，如果说资本主义消解了某些文化表达的地点，它也将积极地再创造其他地点。美国电影、电视节目和流行音乐之所以能主导全球市场，不是因为它拥有某种不可抵抗的、非美国公司不可复制的内部秘密，相反，这一主导地位的获得，是美国跨国公司商业化实践和积极的全球营销策略的结果，而不是什么特别的自然或社会的原因，因为"在全球化的当代，文化商品流通的壁垒与其说纯粹是地理和社会的不可测知之事，不如说是金融资源匮乏或商业敏锐力不足的结果"。② 持此论的斯科特反对趋同论或同质化的观点：即使文化产业在很多国家繁荣起来，其演化轨道也使其基本的产品风格和内容趋于融合，而这个融合点是以美国商品化文化生产者已经牢固建立的实践和标准为代表的。斯科特认为，随着多样的、竞争的文化生产中心的存在，产品结构中易于出现的是分歧而不是融合。这不仅因为不同中心通常是以不同的生产传统和生产条件为特点，而且也因为，任何中心长期存在的经济活力依赖于其为源于竞争中心的产品提

---

① ［美］艾伦·J.斯科特：《城市文化经济学》，董树宝译，北京：中国人民大学出版社，2010 年，第248 页。
② 同上，第 250 页。

供现实选择的能力。"特别是,任何其产品基本上模仿那些比较牢固确立的生产地点的产品的集聚区通常不能在平等意义上进行竞争,因为后者完全控制着报酬递减效应和声誉效应,就是说它几乎总是为那些产品提供与价格相关的最好质量标准(包括真实性的因素)。"①因此,美国之外的任何文化生产中心,只要它还想存在和发展,就不会简单地模仿美国文化产品,而它们的产品,无疑具有平衡、抵抗美国文化的性质和功能。

第二,并不是全球所有人口都在接受西方文化或美国文化。全球化在目前阶段的具体形式之所以会被认为是西方化、美国化,原因在于,相对已经进入后现代的西方和美国,世界上的大部分国家还处于现代发展阶段,模仿西方、学习西方则是这种追赶式发展的方式之一。历史时间上的这种落差,虽然确实加强了西方和美国的领导地位和扩张能力,同时也限制着西方文化的影响范围。一个并非不重要的现象是,没有一家全球公司会真的"无国籍",所有的公司都因其原产国国土上的制度后勤而受益。如果"全球化"并非指一种抽象的"全球文化",而是指一国文化在全球范围内的传播,那么,就有一个是否接受的问题。考虑到有些国家和地区并没有接受外来文化,瓦尼耶甚至怀疑"全球化"概念的有效性:

> 在文化商品及劳务的生产方面,富裕的北美、欧洲和亚洲所形成的三角工业化国家正在行使着一种霸权。……这些三角工业化国家被称为"三角强权"。就文化和消费内容的接受层面来看,这些地区也是处于第一线的地位。再者,依据富裕及发展的程度,全世界所有的国家或多或少都受到文化工业化和具备文化价值的商品的全流流量所波及。在这些国家之中,也只有人口中最优渥的一群受惠于此一现象,且不均等的情况亦非常明显。譬如在南撒哈拉非洲地区,仅有一小部分人居住在城市,他们拥有电视、卫星天线、录音机、收音机、能够上网的电脑,读书识字,能操传播较广的语

---

① ［美］艾伦·J.斯科特:《城市文化经济学》,董树宝译,北京:中国人民大学出版社,2010年,第251页。

言，……然而，在距大城 15 公里外的乡下地区，既无自来水可喝，也无电可用。在此居住的农夫既缺物资，又没有财力及文化资源，去从事城市形态的消费。

……

我们所称的商品流量的"全球化"，不是只有那么一个；它只是在富有国家之间特有的贸易而已。因此，不应将之称为文化"全球化"。事实上，它只是美、欧、亚三角地区，受到其所属国家鼓励的私人产业霸权式支配下的一种大型的文化交融现象。①

尽管如此，瓦尼耶还是用"文化全球化"作为其书名，这说明他实际上还是承认这个概念的。此论的意义在于，不能把"全球化"这个概念完全落实为全球在共享一种文化。

第三，西方文化的大量输出对非西方国家影响巨大，但非西方国家并非消极被动地接受西方文化，全球范围内受众的选择性、创造性使用都在改写着西方文化。一方面，文化产品的交流具有一般商品交换的性质，不同文化之间的交流交换比意识形态对立的冷战时期更为自由、更为平等、更为理性，各国在引入这些特殊商品的时候并不是没有任何选择的，所以让消费者自己选择还是政府委派有关机构负责，在各国的情况也是不一的，许多美国文化商品是不同的人根据不同的目的从不同渠道得到的，如政府、团体或个人出面，处于经济目的、学术交流目的、无明确目的(指带有盲目性或管理失效)甚至走私渠道进入的。这里不但有输出问题，也有输入管理的问题，存在着各种相似输出却交易失败问题，以及某些文化产品为何被主动吸入或拒绝输入等具体问题。另一方面，没有任何文化产品是僵化的、固定的，没有任何认同是没有经过解释的，没有一个成熟的社会不是对外来文化进行重新解释、重新使用的。瓦尼耶发现："从没有哪个被殖民的社会消极地把自己视为殖民者暴力的玩物。尽管有些冲突，被殖民者并未

---

① ［法］尚-皮耶·瓦尼耶：《文化全球化》，吴锡德译，台北：麦田出版社，2003 年，第 90、92 页。

弃守他们的积极性及面对历史记述。他们懂得如何重新创造传统,本土化那些西方所输入的事物,将之转化为自己的资产,进而拿它来对抗殖民者。因此,这些被殖民的人们全都投入一种自我认同的生产活动,并让那些试图透过文化流达成统一化的做法难以得逞。"①一个被再解释、再地域化的文化产品,已经不是原来的意义了,全球化是通过"在地化"而实现的。英国文化研究的一个基本方法和主要贡献,就是通过对跨国文化(如电视剧)的接受研究,充分地说明,电视观念或其他文化受众是根据各自的文化特性、国别、族群、家庭等,能够赋予外来文化以新的意义。所以西方文化的强劲传播确实可能导向同质化,但这只是一种可能,现实的情况是,全球文化异质化的过程也很强劲。

最后,"西方"文化本身就是一个复数概念。全球文化市场并不是只有美国文化、只有好莱坞电影,欧洲许多国家就在国际音乐市场上占有比美国更大的份额,世界动画制作和销售市场目前日本的力量更为领先,同时各种体育赛事、电影节、艺术节和民间艺术交往都存在美国与其他各国相互有序竞争、各有得失的局面。而且,即使是美国文化产业,也并不只是美国文化。作为全球最开放、最多元的文化之一,即使是美国式好莱坞影视文化,也是输出与输入并重的文化,好莱坞一直在吸收世界性文化养分并不断创新电影艺术。若干文化产品确实是在美国生产出来的,但其中的精神、价值、境界、技术、风格等,很可能来自全球各地。

应当指出的是,"全球化"概念的广泛使用,并没有取消"文化帝国主义"概念。1969 年就在《大众传播与美帝国》一书中阐释"文化帝国主义"的席勒,1991年发表《后帝国主义时代尚未到来》一文,认为这二十多年发生的变化只是,国家(美国的)媒介—文化权力大部分已隶属到跨国公司的权限之下。就算美国的国家权力不再是文化统治的唯一决定因素,就算"跨国公司文化统治"是现在的关键议题,但它与后现代多元社会、"符号民主"之类的说法仍然不同,统治依然存在,而且依然打着"明显的美国进口"的标志。席勒在其他文章中进一步指出,今

---

① [法]尚-皮耶·瓦尼耶:《文化全球化》,吴锡德译,台北:麦田出版社,2003 年,第 117—118 页。

天的世界市场经济已经从起初的美国模式演变出来,但保留了其核心特征,我们从中看到的是"由在诸多国家建立基地的跨国公司所组成的全球体系,运用起源于美国、且仍在那里盛行的传播和文化的经验和方法"。席勒认为,美国文化帝国主义没有灭亡,但它也不再能充分说明目前的全球文化状态,因此视跨国企业文化为中心力量才更为有用。① 1997 年,席勒还特别针对反对者说道:

> 主流学派的分析手法是标举自己的发现,宣称人们在诠释传媒内容的时候,差异很大并历来如此,这就显示不同文化各自拥有不同群体作为其主体。他们继而以此作为证明,认定文化帝国主义的说法如何荒诞不经。有两位从事这类研究的领航学者在 1990 年如此写道:"所有的文化帝国主义理论都假定,霸权先在洛杉矶包装,然后经由全球航班飞抵各地,呈现于无数纯洁心灵之前。"他们提问:证据又在哪里?
>
> 假使有人要证明帝国将《达拉斯》(Dallas)这个节目强加于人,那么他就得证明:一有个别讯息整编在节目当中,设计用来为美国的海外利益张目;二接收者"译码"该讯息的方式等同于发送者"编码"方式;三观众毫无批判地接受该讯息,也听任这些讯息潜入他们的文化内涵。

席勒对此的回答是:"其实,即使只从大的方面考察,文化帝国主义批判所指涉者,都说不上是所谓的诠释同质化问题,或者,也说不上是对于文化消费的一般层次之关注。它的核心关注是国际文化生产与发行结构的不平等通过何种机制,致使一种新形态的超国家范畴的支配现象得以具体展现、流行于世并得到强化。笔者愿意再为这个批判补充一点,即它的分析核心与重点,并不在于强调意义由中心出口至边陲,而在于展示全球资本主义在出现时形式和过程的变化。"②

---

① Schiller, H, "Not yet the poster-imperialist era", *Critical Studies in Mass Communication*, 8, pp: 13-28.另参戴维·莫利、凯文·罗宾斯:《认同的空间——全球媒介、电子世界景观与文化边界》,司艳译,南京:南京大学出版社,2006 年,第 306—308 页。

② [美]丹·席勒:《传播理论史——回归劳动》,冯健三等译,北京:北京大学出版社,2012 年,第 116—117 页。

席勒的观点表明,"文化帝国主义"与"全球化"是两个不同的概念,前者重在强调全球文化交流中的不平等乃至支配关系,后者重在强调全球文化的相互交流。既然席勒也认为"文化帝国主义"不能解释当代全球文化关系,那么,以全球化替换"文化帝国主义"就是合理的。当然,不能因此而无视文化产业全球流通中的不平等关系,不能无视是西方世界在释放出整个全球化的范式。

二、"多样论"能否取代"例外论"?

"全球化"确实比"文化帝国主义"更好地叙述了当代文化的全球流动和竞争,但这并不意味着全球文化在平等地、自由地流通和竞争。文化全球化的主要内容是文化资本、商品、服务和理念的全球贸易,但并不是每个国家都有同样的输出能力或跨国文化能力,政治、经济上的弱国、小国,很可能也是文化上的弱国、小国。压力之下当然不都是消极接受,相反,它激发了抗拒文化全球化的冲动和运动。美国批评家詹姆逊(Frederic Jameson)概括地说:"许多人认为,全球化的真正核心问题是世界文化的标准化,地区流行的传统或传统的文化形式被逐出或沉默无语,从而使美国的电视、音乐、食品、服装和电影取而代之。这种对美国模式现在正取代其他一切模式的担心,现在已超出文化范畴,扩散到我们剩余的两个范畴:因为这个过程在一个层面上显然是经济支配的结果——是地区文化工业因美国的竞争而倒闭的结果。在一个更深的层面上,这种焦虑变成了一种社会的焦虑,而文化的焦虑只是一种征象:换言之,这种恐惧是,特定种族——民族的生活方式本身将遭到破坏。"[1]这种焦虑不但弥散在发展中国家,也发生在西方世界,不但表现为反全球化的社会运动,也表现为抵抗策略并形成一些理论观念。

全球都有不同程度的反全球化浪潮,其主要动力来自民族主义、民粹主义和

---

[1] [美]詹姆逊:《全球化与政治策略》,载《詹姆逊文集》第 4 卷,北京:中国人民大学出版社,2004年,第 366—367 页。

宗教极端主义，其主要原因是缺乏有力的全球治理结构来应对全球难题，而经济危机和移民冲突则是其直接原因。① 反全球化在文化上有多种表现形式，法国政府组织了巨额资金和庞大的官员队伍来维护独特的法国文化，西班牙、韩国、巴西提倡本国电影，加拿大政府阻止美国连锁书店巨头博得书店（Borders）进入，印度甚至禁止进口可口可乐，而最尖锐、最不可妥协的当然是以"恐怖主义"形式表现出来的宗教极端主义。在"圣战"（血腥的政治认同）和"麦当劳世界"（不流血的经济利润）这两个极端之间，还存在着各种中间性的立场和选择，其在政策和理论上的表达之一是"文化例外论"。

"例外论"的背景是，当时的美国电影出口额在所有出口产品中已位居第二，仅次于航空产品。美国的文化产品广泛进入欧洲，在英国，国产电影只占 10％的市场份额，在意大利只占 5％。法国是保护国产文化产品最有力的国家，但美国电影也占据了 60％的市场，而在影碟唱片方面占 80％以上。法国则是欧盟国家中抵制美国电影比较突出的，以文化部长雅克·朗（Jack Lang）为代表的社会党人，以文化的特殊性为由，试图组织一场"抵抗运动"来向美国进口文化"宣战"。法国密特朗政府时期制定了统一的图书定价、电影资助账户、影音节目配额制等一系列文化政策，以保护法国文化。在电影产业方面，政府严格实行"配额制"，规定广播电视 40％的时间必须播放本国产品，同时还加大力度扶持本国电影业，在财政资助之外，还保证国产电影的发行渠道，并以门票附加特种税（平均一张门票加 11％）以支持法国电影。1993 年下半年，在乌拉圭回合多边贸易谈判中，美国秉持其自由贸易立场，认为电影和所有的音像制品属于 100％的自由贸易产品，要求凡是采取措施保护其电影和音像产业的国家必须立即坚决终止这些措施，开放文化市场，特别是电影和电视市场。以法国为代表的欧洲一方则认为，电影和电视产品也是商品，所以关于商品交换的很多规定也应该严格适

---

① 当然，即使 2016 年 6 月 23 日英国"脱欧"通过公投，全球化经济一体化仍然是主流，全球文化交流也仍然在深化。

用于这些产品。但是这些服务毕竟不同于一般商品,所以应该在涉及这些产品时采取特殊规定,这一规定只能通过深入研究后才能制定,因各国情况不同,每种产品所显示出来的问题也不一样,因此要单谈单议。法国的态度是坚决的,即使谈判陷于僵局,也要坚持"文化例外"。"例外论"并未在此轮谈判中通过,但当时的欧共体还是拒绝美国文化产品的自由进入,最终形成的是一个折中方案:1. 电影和音像产品将来肯定会被列入世贸组织的最终协议,各方成员方都将严格执行该协议。2. 这两种产品的列入并不会迫使各成员方在这两个有争议的领域遵守世贸组织的各项规定,各成员方仍可按自己的意愿继续支持本国的电影、音像生产,除非他们另有安排。① 虽然早在 20 世纪 80 年代,加拿大和法国政府就提出"文化例外论",但只是从 1993 年开始,此论才由一国战略变为欧洲共识,被用来概括欧盟和其他一些国家的立场,并成为一个公共辩论的议题和媒体炒作的概念。"文化例外论"强调,文化产品/服务因其具有精神与价值内涵而不同于一般商品,因而不适用于自由贸易原则。

　　20 世纪末,法国也认识到"例外论"不是一个很好的概念,因为文化产品既有价值观的方面,也有商业性的方面。乌拉圭多边贸易谈判属于世贸组织的活动,而自由贸易则是西方世界的传统共识,因此在贸易谈判中坚持"文化例外",理论上难有作为。特别是"9·11 事件"之后,法国政府也看到,缺乏文化理解和沟通是造成西方与其他国家和地区冲突的原因之一,所以加强对话、增进理解是反恐的基础之一。为了使更多的国家接受其思想和立场,法国政府将有关文化产品问题的讨论从世贸组织(146 个成员国)转向教科文组织(190 个成员国),时任总统希拉克在 2001 年联合国教科文组织(此时美国已退出该组织)的大会

① 参见[法]贝尔纳·古奈:《反思文化例外论》,李颖译,北京:社会科学文献出版社,2010 年,第32—46 页。据古奈的看法,1993 年欧盟代表并没有表述出"例外论"的通常含义。因为他们没有要求电影和音像制品全部不遵守自由贸易规定,并且今后也不被列入协议。当 1994 年签署最终协议时,这些产品恰恰就被列入今后受世贸组织条款管辖的服务项目名单。不过由于谈判者没有通过任何特殊条款,自由贸易规则暂不实行,事情也就维持原状。当然,就欧盟不想让电影和音像制品无条件地遵守自由贸易的规定这一点而言,"例外论"确实可以概括其立场。

上正式把"文化例外"的提法改为"文化多样性"，这一概念在大会通过的《文化多样性宣言》中得以全面表达。一般认为，世贸组织由美国主导，而在联合国教科文组织中，欧洲国家特别是法国有较大发言权，因此"自由贸易"与"文化例外"两种观念，世贸组织与教科文组织两个国际组织，在一定程度上代表着以美国与以法国为主的其他西方国家的分歧。

"文化多样性"之所以优于"文化例外"，在于它不再纠缠于服务性商品的贸易问题，而是转向民族历史、可持续发展、社会创造力等问题，真正突出了文化的特殊性。

不过虽然提法改变了，但实质没有变，不但一些法国官员依然使用"文化例外"，而且法国政府依然坚持文化产品与服务不适用于自由贸易原则。美国离开联合国教科文组织19年后，于2003年重返该组织。因此在这一年10月举行的联合国教科文组织第32届大会上，法美之间继续展开1993年的争论。在法国看来，这是保护文化的民族特征；而在美国看来，这是文化保护主义。2013年11月，在布鲁塞尔举行的第二轮《跨大西洋贸易与投资伙伴关系协定》的谈判中，因美国让步而减少了法美之间摩擦，此举被认为是"文化例外论"的胜利。最近的迹象表明，欧盟内部在此问题上还有一定分歧。现任法国文化部长菲莉佩蒂（Aurélie Filippetti）坚持认为："'文化例外'不是法国一国关注的事情，不是国家主义和行业保护主义……这是一个欧洲议题，是事关全球发展的问题，是一个不应被列入谈判的概念。"不仅如此，法国最近希望排除在自由贸易谈判之外的，已不再局限于视听领域，还应当扩展到了数字领域、新媒体等。另一方面，而欧盟委员会主席巴罗佐（Jose Manuel Barroso）则在2013年6月《跨大西洋贸易与投资伙伴关系协定》谈判前夕的表态称，自己"赞成保护文化多样性，但并不能因此在欧洲四周设一条防疫线"。①

---

① 引自叶飞等：《欧洲抗衡美国文化的一盘棋——解读"文化例外"政策》，载《中国文化报》2014年1月30日。

　　"例外论"认为保护是必要的。第一,政府有义务支持电影和电视的民族产业。这是因为电影电视是当代生活中新型的表达方式,它们的制作需要大量投资,且在资金方面存在着比其他文化产业部门高得多的风险。第二,按照过去的经验,政府对电影电视的领域的干预有助于实现文化政策的一个目标:保护过去的伟大作品、艺术传统和民间艺术,并把它传给后世。当然,政府干预也包括为新作品的产生提供有利条件。第三,保护民族特性和承认每个国家都有创作从内容到形式都反映其个性的新作品的权利。第四,电影和音像制品可以成为艺术作品,为了实现这个目标,国家必须给那些有能力创作出这样伟大作品的人以机会。第五,世界各国在法律上是平等的,每个国家都可以实施对它自己来说是最好的文化政策。第六,在遍及全球的"娱乐标准化"的威胁下,各国文化都不可避免地出现同质化趋势。没有政府的支持,就不可能阻止全球范围内精神的单一化趋势。第七,作为对"例外论"的补充,保护主义者强调,国家内部的"其他的文化"也应得到保护。① 在法国学者古奈(Bernard Gournay)所说的之外,我们还可以为法国人补充一点,"例外论"并不意味着拒绝美国电影。不少法国人认为,法国电影过分追求艺术化,对观众需求考虑不够。近年来,不少法国电影导演也从好莱坞电影中受到启发,把美国电影中的一些表现手法和技巧引入法国电影,这种外来文化与本国传统文化相结合的做法收到了较好效果。② 2013年初,法国时任外交部长法比尤斯与文化部长菲莉佩蒂联合签署的文件概括法国的立场说:"法国之所以强大、受到尊重,是因为法国拥有自己的价值观,拥有文化遗产和创造力。文化是法国的一张王牌,是我们的财富,是我们未来的一部分。我们因此需要捍卫文化例外,特别是在与美国的贸易谈判中。这涉及保护文化多样性,保障弘扬法国文化的能力。"③

---

① 参见[法]贝尔纳·古奈:《反思文化例外论》,李颖译,北京:社会科学文献出版社,2010年,第54—58页。
② 参见郭京花:《文化多样性:法国外交新主题》,载《参考消息》2003年10月30日。
③ 郑苒、樊炜编译:《外媒说"例外"》,载《中国文化报》2014年1月30日。

对于坚持实行全面自由贸易政策的支持者来说,反对这种"例外论"实施保护论的理由也非常充分。第一,在经济上,取消所有贸易壁垒和歧视性措施有利于所有国家。只有这样,一个真正意义上的国际分工才成为可能,并带来很多好处。第二,在技术上支持本国电影和音像产品所实施的政策注定是要失败的。面对好莱坞这样的巨头,其他国家都不是对手。随着科技进步,好莱坞产品可以以极低的价格通过卫星和网络传播到全球每个家庭,所有国家都改变不了这个定数。第三,在文化上,政府资助和配额制是行不通的,天才不是补贴出来的,伟大的创作者靠的是实力,而不是规定、税收、文化或伪文化的官僚主义。第四,资助政策有损于个人自由,实施这些政策的后果是政府的选择被强加在观众个人的身上。第五,电影电视产品不能被认为是通常意义上的艺术与文化,这些商品和服务是与游戏、小调、美食、抽烟喝酒、购买衣服一样的"大众文化"。第六,保护主义带有狭隘的和倒退的民族主义,与当前人类通过各国人民接触增多后关系日益紧密的发展方向相违背。各国文化在封闭的环境中必然衰败,最终只能降格为"民俗"。① 上述第四点理由或许是最有力的。美国电影工业协会主席在讨论世界关税贸易协定时说过:"让消费者决定他们想要看的,这好比让他们决定选择什么一样。让他们决定他们要看什么,自由给予评价,相信他们的感觉。应用在文化产品上的唯一制裁是市场上的成败。"②2013 年美国《华盛顿邮报》的文章概括了美国的立场:"……殊不知,受到保护才能发展的文化是谈不上自信的。'文化例外'干扰了文化产品和服务的自由流通。把文化产品和服务定义为与'纯粹的'经济不同的商品和服务的做法,暗示了文化保护主义不受自由贸易协定限制。更糟糕的是,它给其他国家为酒、咖啡、纺织品等一些商品申请为文

---

① 参见［法］贝尔纳·古奈:《反思文化例外论》,李颖译,北京:社会科学文献出版社,2010 年,第 58—62 页。

② 引自［法］阿芒·马特拉:《世界传播与文化霸权——思想与战略的历史》,陈卫星译,北京:中央编译出版社,2005 年,第 342 页。

化表现形式,进而获得贸易保护提供了政策支持。"①

　　欧美文化产业竞争并不始于全球化。1969年,美国学者居巴克(Thomas Guback)就在其关于国际电影工业的研究中,分析了欧洲与美国在电影工业部门里的力量关系,并向欧洲各国政府提出忠告:"在15年或20年前,欧洲人看到外国参与是一种援助……他们将需要时间来认识危险。如果应该让经济独立性和文化完整性占上风,欧洲的政府和工业应该回应美国工业发起的两个挑战:电影投资和国际发行系统……独立不是意味着在艺术和金融的意义上'最好'的电影,这好比国际化并不意味着'最好'的电影。"②有一点需要指出:"文化例外"中的"文化"也许用词不当。文化的范围太广泛了,被法国等认为应当"例外"而且美国等国认为应当进行自由贸易的,并非所有文化产品,而主要是电影、广播、音像制品及出版物,而这些产品既是艺术,也是商品。全球贸易中所争论的"文化",只是一部分文化产业的产品和服务;法美所争,在于一部分文化产业的产品是否应当"例外"。事实上,法国从来不拒绝外来优秀文化,法国文化的精华是世界性的而非民族性的。

　　"例外论"的优势在于其文化传统和国家政策的支持。只要承认文化不同于其他商品,那么贸易协议就应该包含着"文化例外"。围绕这一点,美国学者思罗斯比(David Throsby)为保护主义提出了两个理由。"首先,比方说,在能够自由选择的情况下,法国的消费者可能确实只喜欢看美国电视节目,喜欢看外国电影而不是法国电影。然而,需要弄清的是,他们的选择是不是根据完全信息作出的,或者所作的选择是其基本偏好的真实表达。有证据表明,即使人们并不总是亲自消费来自本地的文化产品,他们也愿意花费代价去保护本地文化特性的表现形式。"③这不

① 郑茸、樊炜编译:《外媒说"例外"》,载《中国文化报》2014年1月30日。
② Thomas Guback, *The International Film Industry*, *Western Europe and America Since 1945*, Indiana University Press, 1969, p.203.
③ [美]戴维·思罗斯比:《经济学与文化》,王志标等译,北京:中国人民大学出版社,2011年,第143页。

只是地方情感、民族意识使然，也是因为本土文化生产了诸如民族自豪感和凝聚力这些公共商品，它也培养了本土人才，为之支付成本是合理的。另外一个理由是，不同社会的最终目标绝不限于经济利益，文化认同、民族和个体的自我尊严也是非常重要的。

"例外论"的真正困难在于，仅就贸易而言，文化产品与其他产品并无实质性区分。文化产品有特殊性，种种工业产品又何尝不是各有特性？而且，文化产品确实也不是靠保护生产出来的，而且全球化的趋势也表明，保护是不可持续的。针对欧洲的各种保护性措施，美国电影协会主席瓦伦蒂（Jack Valenti）质问道："为什么欧盟要有配额制？难道已经存在了一两千年的民族文化会由于播放了美国的电视节目而消亡？"[1]古奈在介绍双方观点后最后引用的两个观点是值得重视的：第一，保护民族产业就是采取一种纯防卫性的姿态。这当然解决不了问题，看看马其诺防线上发生的事就可以断定这一点。第二，想要保护一种文化就是承认它是弱的，强势的、有活力的文化不需要保护，它自己就能支持自己。率先研究文化经济的美国学者泰勒·考恩（Tyler Cowen）认为，法国和欧洲电影的出口市场之所以在 1970 年崩溃，主要原因之一在于电视的普及，电视机数量的增加伴随着电影观众的减少。美国也曾有过类似的危机，但电视在美国的传播早于欧洲十年，好莱坞也就因此率先并成功地迎接了这一挑战，形成了能够自我强化的动力机制。"好莱坞电影在全球范围内更为成功，而同时欧洲电影则瞄准了数量少但较有保障的收入来源，比如国家补贴、电视播放权、国有电视台。于是一个恶性循环出现了：欧洲制片商在全球市场上越是失败，则越依赖本国电视收入和补贴；他们越是依赖于电视收入和补贴，在全球市场上就越是失败。"[2]

① 引自[英] D. 普特南：《美欧电影分歧的焦点——文化属性与商业属性间的冲突》，载《世界电影》2000 年第 4 期，第 68 页。

② [美]泰勒·考恩：《创造性破坏——全球化与文化多样性》，王志毅译，上海：上海人民出版社，2007 年，第 89 页。2000 年 7 月，针对中国加入世贸组织前后的种种"保护论"，中国学者汪丁丁在《财经》杂志上发表评论说："为'民族生存'担忧的理由，自然而然地提出了'保护民族工业'的要求。从后者又自然而然可以制定一系列保护'战略产业'的政策。而无数'条条'（转下页）

在可以看得见的时期内，有关"例外论"的争论不会停止，即使改用"文化多样性"也不能解决这个争论。2001 年联合国教科文组织第 31 届大会通过的《世界文化多样性宣言》，提出了文化"多样性"（diversity）与"多元化"的问题：

> 文化在不同的时代和不同的地方具有各种不同的表现形式。这种多样性的具体表现是构成人类的各群体和各社会之特性所具有的独特性和多样化。文化多样性是交流、革新和创作的源泉，对人类来讲就像生物多样性对维持生物平衡那样必不可少。从这个意义上讲，文化多样性是人类的共同遗产，应当从当代人和子孙后代的利益考虑予以承认和肯定。

> 在日益走向多样化的当今社会中，必须确保属于多元、不同和发展之文化特性的个人和群体的和睦关系和共处。主张所有公民的融入和参与的政策是增强社会凝聚力、民间社会活力及维护和平的可靠保障。因此，这种文化多元化是与文化多样性这一客观现实相应的一套政策。文化多元化与民主制度密不可分，它有利于文化交流和能够充实公众生活的创作能力的发挥。

> 在保障思想通过文字和图像的自由交流的同时，务必使所有的文化都能表现自己和宣传自己。言论自由，传媒的多元化，语言多元化，平等享有各种艺术表现形式和科学技术知识包括计算机知识，以及所有文化都有利用表达和传播手段的机会等，均是文化多样性的可靠保证。

其实，早在 1945 年 8 月，《联合国教科文组织章程草案》第一款第一条的内容就是："发展和维持世界各国人民对彼此的生活和文化、艺术、美德及科学的相

（接上页）'块块'的既得利益集团又可以自然而然地把自己的部门经济列入'战略保护'的范围，于是竞争不再是市场，竞争转变为政治的、幕后的，钱与权的交易。这是真正让人担忧的，因为从这里可能滋生出无数'官僚垄断'的运作方式，无数'创租'与'寻租'的行为。结果是效率进一步下降和更多的工人失业、更重的农民赋税、更低的失业津贴、更不平衡的社会心理。为'民族生存'担忧吗？看一看这个民族的主体在旧体制下的生存状况吧！"（汪丁丁：《危险来自何方》，载《记住"未来"——经济学家的知识社会学》，北京：社会科学文献出版社，2001 年，第 194 页。）

互了解和鉴赏，以用为有效的国际组织和世界和平的基础。"这一条已经包括"多样性"的观点。2001 年《世界文化多样性宣言》发布后，"文化多样性"成为一些国家在文化保护方面的主要理由。这当然不是没有道理的。从文化方面说，相对人类整体，民族/国家确实是文化的一个最大的基本单元，以至于文化区分的一个方便方法就是民族文化或国家文化。从政治上说，任何一个国家都有必要保证其形象的独立生产，文化独立通常被纳入民族/国家独立的通盘计划之中。"多样论"与"例外论"的主张在实际上大同小异。《宣言》主张：应当特别注意文化物品和文化服务的特殊性，"因为它们体现的是特性、价值观和观念，不应被视为普通的商品和消费品"；"每个国家都应在遵守其国际义务的前提下，制定本国的文化政策，并采取其认为最合适的行动方法，即不管在行动上给予支持还是制定必要的规章制度，来实施这一政策"。① 也正因此，"多样论"也同样面临着与"例外论"类似的困难。

文化多样论与自由贸易原则的主张对比如下：②

内　容　＼　主　张	文 化 多 样 性	自 由 贸 易 原 则
代表组织	联合国教科文组织	世界贸易组织
代表国家	法国、加拿大	美国
主要目的	保护文化多样性	推进自由贸易
所用策略	文化交流、人文对话	占领国际文化产品市场
文化产品定性	具有思想、价值观和生活方式等内涵，不同于一般商品	与一般商品具有同等属性

古往今来，文化从来就是多样的，任何文化都是地方的，即使是在同一个民族或国家，也有各种各样的文化。"多样论"之所以成为一个问题，是因为全球化

---

① 范俊军编译：《联合国教科文组织关于保护语言与文化多样性文件汇编》，北京：民族出版社，2006 年，第 99—101 页。

② 叶飞等：《欧洲抗衡美国文化的一盘棋——解读"文化例外"政策》，载《中国文化报》2014 年 1 月 30 日。

时代文化变迁和流通的速度、规模前所未有,是因为在此变迁和流通的过程中,包括西方国家在内的全球各地都不同程度地面临来自美国文化的挑战和压力。仅就此而言,提倡"多样性"确有保护不同传统、不同类型、不同风格的文化的积极意义。问题是,"多样论"也面临逻辑和事实上的困难。

第一,多样性的承载者不能仅仅在民族或国家的意义上来理解,僵硬地坚持"多样论"面临着内在矛盾。

全球化是去边界的过程。在漫长的岁月中,人类只能生活在被民族、国家等文化建构起来的边界之中,这些边界保护了也限制了人的交往。而时代文化观念的最大变化,就是使此前种种界限不再有效,并使许多成分从以前的话语强加在它们上面的种种限制中解放出来。种种界限之中,最强硬、更难逾越的是民族国家的界限。但是,民族国家原是现代的政治设计,它是否能够成为一种文化共同体的单位,是否构成了一个同质性并足以与外部世界划出明晰界限的独特的实体等等都不是一个自明的结论。英国社会学家鲍曼(Zygmunt Baumar)认为,现代国家是一种造园国(gardening state),其姿态也是造园姿态:"它使全体民众当下的(即野性的、未开化的)状态去合法化,拆除了那些尚存的繁衍和自身平衡机制,并代之以精心建立的机制,旨在使变迁朝向理性的设计。"这就是将偶然性转化为确定性,将模棱两可转化为毫不含糊,将随意性转化为规整性,总之是将原始森林变成一个精心规划的花园,把混沌变为秩序。"现代国家意味着共同体自治权的剥夺以及地方或组织的自身永存机制的废止;基于同样的原因,现代国家削弱了共同体和社团传统及生活方式的社会基础,以共同体为基础的生活方式的自身再生产要么变得不可能,要么至少遭遇强大的阻碍。"①现代国家的建立过程遵循着以牺牲其他所有模式为代价来使一种模式合法化的"同化"逻辑,其核心目标就是创造一种共同文化。为了维持政治共同体的团结和凝聚力,建

---

① [英]齐格蒙德·鲍曼:《现代性与矛盾性》,杨渝东等译,北京:商务印书馆,2003 年,第 31、158 页。

立共同文化的过程势必忽视地方差异，至多是提炼、综合和混合地方差异以建立文化的一致性；或者是刻意地扶持、甚至只许存在一种文化形态，限制、打压其他与其不同的思想、价值、观念和生活方式，极端的甚至推行"舆论一律"和"文化管制"。比如在普鲁士德国，对内，把普鲁士容克阶级的狭隘利益和价值观置于统治地位并予以"神化"；对外，强调德意志的特殊性，以多样性之反对"西方"的普遍性。内外贯通，以一种"特殊"为德国的"普遍"而排斥其他任何的"特殊"，其所成就的"国家文化"既无普适意义也无助于维护多样性。现阶段的全球化还没有完全破除文化的政治/意识形态界限，一些非西方国家内部仍然在推行国家意志的同时制造着文化压迫，不承认文化与价值上的个体性和差异性。中国学者费孝通也指出："一个国家不能自命为某一文明的代表或化身，说成是某一文明的卫士；各种政治集团也不该盗用文明、文化的名义，制造民粹运动来为自己的政治利益服务。"[1]把多种多样的文化纳入一个与国家、民族或社会结构的框架中，以为破坏了文化的政治边界就是破坏文化，其实是一种狭隘的文化保护主义。

区分文化与国家，意在说明民族/国家不是文化多样性的唯一单元，种族、地域、社群、阶级、性别、代际乃至个体都是文化的不同单元，去边界意义上的全球化，可能破坏民族国家意义上的文化自主性，也可能唤醒非民族—国家意义上的文化的自觉性。所以考恩（Tyler Cowen）指出："认为全球化破坏了文化多样性，这一说法其实预设了一个集体主义的多样性概念。它是在对一个社会与另一个社会，或一个国家与另一个国家进行比较，而不是比较一个人与另一个人。它还预设了多样性一定是以不同地理空间的文化差异形式出现的，而且肉眼应该能观察到这种差异。"[2]因而维护文化多样性就必须深刻反思在一个民族内

---

[1] 费孝通：《"美美与共"和人类文明》，载《费孝通论文化与文化自觉》，北京：群言出版社，2007年，第440页。

[2] ［英］泰勒·考恩：《创造性破坏——全球化与文化多样性》，上海：上海人民出版社，2007年，第140—141页。

部、一个文化共同体内部及其相应的政治结构之制度性安排是否妨碍着本土文化多样性的发育成长，这不仅是指多种文化的共处繁荣，也包括共同体内部不同群体的文化能够获得各群体彼此之间的相互认可及国家法律的切实保障。在这个意义上，全球化不但不与多样化对立，而且打开了此前被国家意志刻意封锁的外部世界的形象和观念，展示了一个广阔的选择空间，使得政治共同体内部原本受到压抑的种种亚文化群体能够在国家控制之外传播自己的文化，在一统政治权威和意识形态内部争得若干缝隙伸展和抬头，进而反抗借国家力量推行的文化、价值和生活方式。毫无疑问，一个正在走向文明的社会，必然是一个充分占有文化资源的社会，文明的程度与文化自由的广度和深度成正比，只有封闭和愚昧社会才会限制自由选择、阻塞文化传播，究其实，它所维护的既不是真正的民族文化，也不是任何具有合理性的地域文化，而是少数集权者的专横权力和政治利益。文化的特殊不是僵化的存在和历史的遗留，不是由过去的历史、神话、文化传统、语言、价值观念、政治制度等一劳永逸地塑造的，它本身就是一个不断建构的过程、不断变化的现实。在此过程中，学习、借鉴其他文化是繁荣自我的必要方式。

第二，任何一种文化本身就是多样性的，它与全球化的关系形式也是多样的。

"文化"的概念过于复杂，仅就其多样性而言，至少可以分析出这样几点。其一，文化总是在发展、变化之中，技术上的每一个发展都可能导致文化的变革，因此没有一成不变的、实体状态的文化。其二，文化包括不同现象，科学、体育、时尚、文学、艺术和宗教等都是文化，不但它们相互之间只存在着维特根斯坦后期所说的"家族类似"(family resemblance)而没有什么共同的本质，[①]而且每一个文

---

① 维特根斯坦此论意在超越狭义的、局限于语义学静态表征的观点，而充分重视语言表达式在特定语境中合理应用。他通过比较语言游戏与普通游戏来说明其观点。球类游戏、纸牌游戏、划船游戏之间其实没有什么共同的东西。只是因为它们都被称为游戏，所以就假定它们一定有共同的性质。如果我们比较一系列游戏的话，我们发现第一个具有跟第二个类似的性质，（转下页）

化部门，也都是充满差异的话语和实践，所以什么是音乐、什么是小说之类，从来都是不好回答、甚至就无法回答的问题。其三，文化是如此的多样，因此它与全球化相关的方式也是多样的，不存在一个可以普遍适用的文化全球化框架。美国学者阿尔布劳（Martin Albrow）认为："全球化并不是在单一的方向上发生作用的，它也并不是一个使文化和社会中的一切预先存在着的趋势统统得到了改变的过程。我们应当对一系列相当不同的现象予以区分，这些现象虽然总的讲都属于'文化'这个题目之中的事情，但却因各自置身于其中的那些经济、技术和权力领域而表现出相当不同的品性。我们着手谈论种种观念、价值观、主题、概念、想象的世界、风格、规则、意识形态、话语、逻辑等等，但不是把它们当作由被叫作'文化'的那种系统中的种种成分构成的辞典来谈论，而是把它们当作一个以种种可被无穷无尽地开发利用的方式构成的世界中的现象所具有的形形色色的特性和因果来谈论。"[①]以为全球化会带来同质化，这是以标准化来认识全球化，把文化产业仅仅视为工业主义的批量生产的延伸，相信随之而来的差异的消除；以为全球化是不同文化的杂交，这是以一个固定不变的"文化之根"为文化之源，把文化发展理解为同一根基所派生出来的东西，而不是一种永远变化的创造过程。

以文化产业为例，它所生产的商品与服务因其具有标准化特征，而在全球化进程中扮演了先锋的角色。但文化产业也并不全然与多样性相对立。阿尔布劳认为："标准化是为全球性的文化参与所必备的一定技术先决条件——例如在录

（接上页）而第二个又具有跟第三个另一种——不同的——类似的性质，如此等等。也许第一个和第三个也有某些类似之处，但是这不同于第一个与第二个之间的或第二个与第三个之间的那种类似之处。因此，"游戏"的类的一切成员之间不具有共同的可以定义的性质，而只有维特根斯坦称之为"家族类似"的东西。让我们考虑一下在一个家族之内看到的那种类似之处：彼得和保罗在体形上相似，但面孔不像；而保罗和约翰在体形上不像，但面孔像；彼得和约翰在体形上、面孔上都不像，但讲话的样子像。彼得、保罗和约翰有"家族类似"，但他们没有某种共同的特征。（参见［奥］维特根斯坦：《哲学研究》，李步楼译，北京：商务印书馆，1996年。）

① ［美］马丁·阿尔布劳：《全球时代》，高湘译，北京：商务印书馆，2001年，第227—228页。

音设备的规格方面或在全球性的竞争活动中——的一个重要特征;同时,它也因此而可能为在对这些技术先决条件的使用上的最大限度的多样化准备了条件。所以,虽然从具有不同种族传统的艺术表达方式的接触中也许会产生出新的艺术形式,但是,同样可能的是:由于其拥护者们可以轻松自如地保持接触,因而,传统的艺术形式也许便可以得到前所未有的维持。……其结果是世界的多重化(multiplication)和多样化(diversification),而不是同质化或杂交化更好地表现了全球化条件下占主导地位的文化关系形式。"[①]因此,以外来文化商品与服务会导致同质化而拒绝,是没有充分根据的。进而,文化当然是一种商品和服务,但同时也是一种公共资产,这个"公共"并不限于某一国家和地区,在最后的意义上,它是人类的公产,一国政府没有理由禁止本国公民分享这一资产。

第三,文化的多样性是在文化交流、文化对话中呈现并发展的,多样性不能排斥全球文化的共通性。

不同文化共存于文明社会中生活这一事实本身,既意味着一种基本的共同文化,也意味着对其他文化的承认,不同文化在共存和交流中发展。人类主体既有对所属文化的认同,也有对共同人性的认同,不同文化之间不但可以相互理解,而且可以在一些最重要的核心价值上获得通约性。对此,应当改变亨廷顿的观点,把文化与文明与做适当区分。在近代德意志文化中,"文化"(kultur)强调的是不同民族之间的差异和族群特征,"文明"(zivilisation)指属于全人类共同的价值或本质;前者包括特定的民族或族群所创造的精神和价值,后者包括物质、技术和制度,也包括宗教、艺术或哲学;如果说"文明"则是超越地域性和民族性的,是所有文明人类的普世价值,"文化"则是特殊的,只存在于某个特定民族、国家或地域。更简明地说,"文化"在与自然相对(普遍)的同时也不同文化相对(特殊),它关心的是"什么是我们的",比如我们穿什么衣服;"文明"与野蛮相对,关心的是"什么是可欲的",比如是人就要穿衣服,这是放之四海而皆准的普

① [美]马丁·阿尔布劳:《全球时代》,高湘译,北京:商务印书馆,2001年,第236页。

遍标准。所以文化多样不是民族—国家主义意义上的文化相对论，从这个意义上说，"文化"冲突总是发生在"文明"人类之中、遵循人类文明的基本规则。即使是战争，至少在理论上也受到国际公约的约束。所以"多样论"不是"特殊论"，不同文化之间仍然有相同、相似、相通的因素。在尊重文化多样性的同时，也应坚持人类文化发展的普遍规律、共同规范。以诗这种最具民族性的文化形式而言，钱锺书就指出："中国诗并没有特别'中国'的地方。中国诗只是诗，它该是诗，比它是'中国的'更重要。"[①]首先是诗，然后才是中国诗。只有如此，才能打破门户之见，真正认识诗艺。

因此，在人类历史、特别是近代以来的历史中，几乎不存在与其他文化没有任何交流的孤立的文化，跨文化的共同元素始终在支撑着共享的价值观和相互主体性。当代世界固然是"西风劲吹"，但西方文化本身就是建立在商品、服务和理念的国际交流的基础上，西方的哲学来自古希腊，宗教来自中东，科学基础来自中国和伊斯兰世界，主要的人口与语言来自欧洲，就是一直被认为是塑造了西方现代性的启蒙运动，也直接受到当时传教士所引进西方的中国儒家文化及其政治的影响，所谓"西方文化"本身就是众多文化的复杂整体。完全有理由认为，全球不同文明之间已经是"你中有我，我中有你"，相互交织在一起了。即使是本源性、悠久性的伟大文明，也绝非早先的历史文献、经典书籍中所描绘的那种"纯粹"的本土文明了。我们必须改变那种本质化的、固定化的思维方式，以一种动态的、综合的方法，来看待和理解当代世界上不同文化和文明之间的关系。全球化时代仍然存在着文化霸权，但人类追求和平共处的愿望和努力也日益强劲，克服分离与冲突的治理方式与约束机制也日趋成熟。严格地说，文化冲突的主要动力不在文化自身，而是基于强权、利益的国家竞争。至少在今天，文化交流已不再像远古那样主要通过战争、暴力以及各种各样的压迫的方式来进行。那种

---

① 钱锺书:《写在人生的边上 人生边上的边上 石语》，北京：生活·读书·新知三联书店，2002年，第167页。

以为不同文化之间不可通约、不可理解的理念以及以多样性否定普遍性的实践，只会给人类带来灾难。也正是在无数的悲剧中的，和谐、公正、平等的理想成为现代文化的主旋律。正如韩国学者车仁锡指出的："被列为冲突的核心的，往往是这样或那样的天然或人为的差异。尽管人类之间还存在着这样的差异，并且因为差异而发生着冲突，但是各种各样的民族还是居住在同一个地球上。他们有时在提心吊胆中共存，有时在血腥的冲突中共存，有时在紧张的和平中共存。但事实上他们共存着。在人类的历史上，甚至在今天，一个群体企图消灭另一个群体的情况时有发生。一个群体成功地消灭另一个群体的情况是有案可稽的。但是，至少在近代史上，这些企图被大部分其余世界视为对人性的偏离，是无法用语言形容的无耻和十恶不赦。"①非西方文化提倡并维护文化多样性，并不是为了与西方对着干，更不是把旧有的陈规陋习、愚昧无知，"怪力乱神"都冠之以民族尊严、民族特色加以奉行和提倡。考恩有一个极具个性的观点："贫穷社会不应当成为多样性的奴隶(diversity slaves)。""当贸易向不发达社会或贫穷社会扩展的时候，这些社会内部的多样性不断增加。个人比从前有了更多的选择，他们也对此感到很满意。去墨西哥的沃尔玛超市走一趟就会证实这个判断。感到多样性失落的其实是发达国家。在巴布亚新几内亚开一家大型购物中心会给巴布亚人带来更多的选择，但美国巴布亚雕塑品收藏家的选择可能会因此变少，因为随着社会气质的变化，巴布亚雕塑家的灵感可能会逐渐枯萎。"②真正应当提倡并维护的，是民族传统中具有普遍意义和现代价值的积极内容，是能够与不同文明对话并相互吸收不同文化优点的部分。不能因为西方文化席卷全球、本土

---

① ［韩］车仁锡：《走向一个多元文化世界中的跨文化伦理》，萧俊明译，载《第欧根尼》中文版2009年第2期，第14页。

② ［美］泰勒·考恩：《创造性破坏——全球化与文化多样性》，王志毅译，上海：上海人民出版社，2007年，第155页。鲁迅《灯下漫笔》中亦说：有两种外国人，"其一是以中国人为劣种，只配悉照原来模样，因而故意称赞中国的旧物。其一是愿世间人各不相同以增自己旅行的兴趣，到中国看辫子，到日本看木屐，到高丽看笠子，倘若服饰一样，便索然无味了，因而来反对亚洲的欧化。这些都可憎恶"。（鲁迅：《鲁迅全集》第1卷，北京：人民文学出版社，2005年，第228页。）

文化受到冲击就拒绝西方文化所蕴含的人性自由和价值多元的认识。事实上，作为对理性化的现代价值观与社会体制的反抗，以差异、特殊对抗普遍和先验，"反西方""反现代"首先是西方文化的一支，也为其他文化区域用以成为"反西方"的依据。

以文化理论界极具影响的赛义德（Edward Said）的"东方主义"而论，此论以及随之而来的后殖民主义理论在批判西方文化帝国主义方面贡献很大，但以之来批判西方文化甚至拒绝西方文化，则又陷于理论上的偏执。中国学者张隆溪在研究意大利马可·波罗（Marco Polo）的中国游记后指出："在今天，当我们重新探讨东西方接触的历史时，马可·波罗在东方的经历，可以说又有特别的意义。东西方接触的历史，尤其是在19世纪西方帝国主义和殖民主义向外扩张的时代，是西方列强侵略和压迫东方民族的历史，其影响直到今天仍然存在。正是在这一背景之下，我们可以理解赛义德批判东方主义的意义。然而东西方接触和交流的历史不只是19世纪以来的近代史，以东方主义来概括东西方之间的整个关系，不仅偏颇片面，而且对于如何促进东西方各民族的相互理解和共处，也并不能起积极作用……我们再回过去看马可·波罗那个时代，就可以看见那是一个完全不同的世界，在那个世界里，马可·波罗讲述他到东方的经历，其动机是想描述和了解不同的文化，是对世界不同民族及其生活习俗的好奇心和求知欲，而不是几个世纪之后那种殖民者的征服和占有的欲望。在这个意义上，马可·波罗可以说为东西方文化的接触和相互理解提供了另一种模式，而且是更能促进不同文化共存的模式。"[1]不只是马可·波罗，莱布尼茨（Gottfried Wilhelm Leibniz）、伏尔泰（Voltarire）、歌德等人对中国文化的理解和介绍，也不是"东方主义"四个字可以概括的。中西方文化的交流是丰富复杂的，也具有多种可能性。帝国主义、殖民主义只是全球文化交流中的一个阶段、一个方面，我们不能

---

[1] 张隆溪：《马可·波罗时代欧洲人对东方的认识》，张隆溪：《一毂集》，上海：复旦大学出版社，2011年，第138页。

以偏概全。同样,文化领域充满政治斗争和意识形态对抗,但文化毕竟还有自己的意义、性质和功能。把一切来自西方的文化观念、产品政治化,是已经过时的冷战思维的产物。尤其值得注意的是,非西方世界反西方的话语和理念,往往来自西方文化内部的异端,以之来叙述中国传统并批判西方,这倒是一种不折不扣的文化殖民。

三、是"趋同"还是"转型"?

文化全球化在 20 世纪末强劲展开,其先锋是文化产业。不但是因为文化产业具有跨越文明界限和制度藩篱的特性与功能,文化产业的生产、流通和消费内在地具有抑制差异的标准化特性,而且在现实发展中,文化产业的全球扩张确也在明显地挑战着不同文化的独立性。[①] 但深入地讨论西方文化产业的全球流通究竟是导致全球文化趋同化、多极化抑或混合化? 就必须从全球范围内的现代化进程开始,因为对于许多非西方国家和地区来说,其现代化过程一开始就有西方的强力介入,一些国家和地区的现代化甚至就始于西方帝国主义的殖民。法国学者阿芒·马拉特(Armand Mattelart)指出:"'多元'一词在欧洲帝国时期重新找到通用于拉丁文中的定义,而且古法文及中古世纪法文也沿用该定义,那就是野蛮、低劣、粗暴。"[②]严格地说,不但西方化与在地化、趋同化与异质化的冲突是非西方世界现代化的基本问题,而且全球化也正是现代化的后果之一。正如英国社会学家吉登斯(Anthony Giddens)所说:"现代性的根本性后果之一是全球化。它不仅仅只是西方制度向全球世界的蔓延,在这个蔓延的过程中其他的文化遭到了毁灭性的破坏;全球化是一个发展不平衡的过程,它既在碎化也在整合,它引入了世界相互依赖的新形式,在这些新形式中,'他人'又一次不存在

---

① 参见单世联:《全球化时代的文化多样性》,载《天津社会科学》2005 年第 2 期。
② [法]阿芒·马特拉:《文化多元性与全球化》,缪永华等译,台北:麦田出版社,2011 年,第 13 页。

了。它创造了风险和危险的新形式,同时它也使全球安全的可能性延伸到了力所能及的远方。现代性,从其全球化倾向而论,是一种特别的西化之物吗? 非也。它不可能是西化的,因为我们这里所谈论的,是世界相互依赖的形式和全球意识。"①所以,全球化不是现代化,但全球化的矛盾却深植于现代化之中;现代化不是全球化,但现代化更新了全球文化交流与互动。基于现阶段现代化与全球化纠缠在一起的现实,"全球现代化"是一个合适的分析概念。

这一概念由马蒂内利(Alberto Martinelli)提出并做了详细论证。在这位意大利社会学家看来,全球化是现代性最显著的后果之一,并重塑了现代性事业。作为一个大规模的变迁过程,"现代化最显著特征是其双重含义的总体性。一方面,它涉及社会得体现其自身的经济、社会、政治和文化方面,包含了其居民行动和生活的所有方面。另一方面,它直接指涉欧洲社会,但是它日益以不同的节奏和顺序席卷整体世界,或多或少地迫使自己进入一个唯一的全球系统。"②现代化涉及社会的所有方面并席卷整个世界,它就是全球化。考虑到这双重总体性,马蒂内利对现代化进程的总结也有两个层次。

第一,现代化是一系列大规模变迁过程的总和。这一过程体现在多样化的历史经验中,使之与传统的或前技术社会模式区分开来的要点是:

1. 科学和技术的发展成为经济增长与社会变迁的主要源泉,增加了我们控制自然环境和人口增长的可变性的能力,并且也改变了我们对宇宙的想象、我们所生活的空间和我们对生物演化的观念。学术和科学实践及相关制度的特征的基本转变促进了科学与技术的发展。

2. 建立在机器技术和机械能量基础上的工业化极大地增加了生产和交换数量以及价值越来越大的商品和服务的能力。

3. 全球资本主义市场的逐步形成,以及不同民族国家之间和世界的不同地

---

① [英]安东尼·吉登斯:《现代性的后果》,田禾译,南京:译林出版社,2000 年,第 152—153 页。
② [意]艾伯特·马蒂内利:《全球现代化——重思现代性事业》,李国武译,北京:商务印书馆,2010 年,第 16—17 页。

区之间的经济依赖的增强。

4. 社会生活不同领域的结构分化和功能专门化(尤其是阶级和性别之间劳动分工的深化,以及公共领域与私人领域的分离),这种分化和专门化造成了新形式的权力与社会斗争,意味着整合和治理社会复杂性的新问题。

5. 阶级体系的转变和社会流动的增加,其中最明显的特征是农业劳动者数量的下降,资产阶级和工人阶级的增加,以及中产阶级的扩张和多样性。

6. 政治的发展。这意味着世俗的民族国家的建立(辅之以庞大的公共官僚机构,更大的政治和军事效力,以及为了增加它们的政治权力进行的持续斗争),也意味着运动、政党和代表协会等政治动员的出现,它们要努力保护它们的利益和建立集体认同。

7. 被看成是"世界的除魅"的世俗化,它意味着市民社会和科学知识从宗教控制中解放出来,以及信仰的私人化。

8. 现代性所特有的价值的确立,特别是个体主义、理性主义和功利主义。

9. 使成千上万人背井离乡的人口流动以及大部分人集中在城市环境中,城市环境在功能上是复杂的,在文化上是多元的,在社会上充满异质性而不是无秩序。

10. 家庭生活的私人化,它从社区的社会控制中分离出来,工作场所和家庭的分离,妇女从家长制中解放出来。

11. 教育的民主化以及大众文化和大众消费的发展。

12. 实物和符号沟通手段的发展,它将大量分离的人们和社会联系起来。

13. 时间和空间的压缩,以及它们根据工业生产和世界市场的要求而组织起来。①

显然,这13点只是理论抽象,而且相互之间也并不整齐一致、统一和谐。其

---

① [意]艾伯特·马蒂内利:《全球现代化——重思现代性事业》,李国武译,北京:商务印书馆,2010年,第17—18页。

中最重要的是技术创新和经济进程，它们不但呈现出最大的同质性和同步化，比其他方面扩散得更为迅速，而且在不同情境下也能以最统一的方式推行，因此是现代化基本规定。至于文化、政治和制度方面，不同国家有不同反应，成为多样性的主要来源。比如现代化与民主化的关系充满争议，而非意义明确。

第二，现代化是有多重结果的趋于全球的进程。上述相互依赖的特征主要表现在欧洲和西方国家第一次向现代性转型的过程中，但在其他"后来者"国家的经验中发生重大变异，不同国家的境遇并没有表现出同样的形态、顺序和结果，这些差异铺设了通往现代性的不同道路，并且产生了一种多重的现代性。此即现代化的第二个含义："它涉及各种进程的综合，通过这些进程，欠发达的或发展中的社会，例如，世界的各种边缘地区，尽力降低和消除它们与发达国家分离开来的距离，这些差距表现在经济增长，全球市场中的竞争力及居民的社会福利等方面。……实际上，第二个意义上的现代化并不仅仅是西方技术、价值、制度和社会关系的扩散，而且处于与不同的社会和文化结构的互动中。通往现代化的不同路径与社会和政治系统模式的多样性是由外部影响与内部动力、经济进程与社会结构、政治制度与文化态度之间的复杂互动所触发的。这种互动产生了多重现代性。"①这里的"多重现代性"（multiple modernities）通译为"多元现代性"，它所指涉的是当代世界的全球状况与文化传统和制度安排的相互纠缠。

第一定义说明现代化的共同性，第二定义强调现代化的多重性。第一个定义是总结修正此前的经典现代化理论而来，第二个定义则是对西方现代性在非西方遭遇的回应。马蒂内利把两个定义综合起来而形成其"多重现代化"概念。

有关现代化的种种言说一直徘徊在"中心论"与"反中心论"之间。"中心论"认为现代化进程源于一个中心，是这个中心模式在全球的扩展，现代化的结果就是西方现代化模式的普世化。这个中心可以是"欧洲""西方"，也可以是"美

---

① ［意］艾伯特·马蒂内利：《全球现代化——重思现代性事业》，李国武译，北京：商务印书馆，2010年，第39—40页。

国"。经典现代化理论把现代化解释为单向的西方化过程,即西方模式在全球不同空间的复制。这一过程意味着非西方国家无论在经济、社会还是政治、文化维度都将向西方国家的现在甚至过去靠拢,全球不断趋同。这一标准版的现代化概念在 20 世纪中叶不但被充满优越感的西方所阐释、发展,并由此中通过异质的界定确立西方的"自我",而且在非西方国家也被广泛接受,并在普遍的范围内激发了单线条的"赶超"情结。比如在中国,有 1958 年毛泽东为"大跃进"拟定的"赶美超英"的战略,有 1978 年叶剑英在诗词中抒发的"追科学,西方世界鞭先着"的期待。在日本,据文学思想家竹内好(Takeuchi Yoshimi)介绍:"赶上,超过,这就是日本文化的代表选手们的标语。""日本在迈向近代的转折点上,曾面对欧洲产生过绝对的劣等意识。从那时起便开始拼命地追赶欧洲。它认定自己只有变成欧洲、更漂亮地变成欧洲才是脱离劣等意识的出路。"①然而,西方现代性在其向全球扩张的过程中发生了变化,新兴国家追求现代性的实践成果,导致"现代性"作为现代化过程中所具有的社会生活和文化的特定形态也就被纳入了更多的因素,这就迫使现代化理论进行修正和调整,减弱"现代性"中的"西方"特性。简单地说,非西方的现代化不等于西化,现代化是一个更有弹性的过程。这一观点可以继续引申,其极化状态便是这样一种观点:在现代化过程中不存在共同元素,也没有普世性原则或状况可应用到不同文化背景的个体中。现代化理论的健将艾森斯塔特(Shmuel N. Eisenstadt)后来就提出了这样一个新观点:"现代性的历史,最好看作是现代性的多元文化方案,独特的现代制度模式以及现代社会的不同自我构想不断发展、形成、构造和重构的一个故事——有关多元现代性的一个故事。"②这种"反中心论"自觉反对西方霸权,认为现代化的进程不是由某个"中心",而是由众多主体推动的,全球化的结果不是一个模式的推

---

① [日]竹内好:《何谓近代——以日本与中国为例》,竹内好:《近代的超克》,李冬木等译,北京:生活·读书·新知三联书店,2005 年,第 200、207 页。

② [以]S. N. 艾森斯塔特:《反思现代性》,旷新年等译,北京:生活·读书·新知三联书店,2006年,第 14 页。

广，而是众多模式的共存。20世纪60年代以后，"反中心论"力量逐渐强大，这主要得益于非西方社会力量的强大、自我意识的觉醒，以及美国代表的西方力量的相对削弱，全球化进程日益同资本主义全球扩张拉开一定的距离，表现为多种主体共同参与的特点。在马蒂内利看来，这一观点又走向与西化论相反的另一个极端。即使剔除其闭关自守的排外主义，它很可能只是现代化的一种理想图景。

其实，"多元"只是"现代性"的修饰词，承认现代性在空间上的弹性不能模糊甚至取消其坚硬内核；"多重现代性"的主张并不否定当代全球状态起源于欧洲现代性，它意在协调"西方中心论"与"反中心论""一元"与"多元"之间的关系，并从中形成一种中间派的立场。这就是马蒂内利所说的："一套产生于西欧的技术、经济和政治制度已经扩散到全球，并使得现代社会或正在现代化的社会彼此越发相似。然而，这些扩散和适应过程并不意味着不同社会之间业已确立的文化差异行将消失。在它们的核心认同中，像中国、印度、日本、俄罗斯和巴西等社会仍将保持着它们在文化具体化的早期过程中获得的特定形式，并为多重现代性铺平了道路。但是它们都共享一个共同的全球状况，并且为了考虑共同的全球状况所提出的挑战，它们都会努力不断地再解释、转换和改造它们的制度结构和价值系统。"[1]现代化是由西方而全球的过程，这一过程改写了西方现代化，使源自西方的"现代化"丰富、扩展、调整为"多重现代性"。在很大程度上，"多重现代性"是一个文化概念：在其他国家现代化的过程中，源于西方的技术和经济、政治制度因素具有普遍适用性而缺乏弹性，但在文化上却因不同社会丰富的多样性而表现为充满弹性。如此，对"现代化"的界定也就摆脱了完全弹性下外延过于宽泛的危机。西方虽已不再是范本，但它作为现代性的起源之地与现代性中心的位置仍得到承认，同时不同国家的文化传统、制度结构以及"现代化"进

---

① ［意］艾伯特·马蒂内利：《全球现代化——重思现代性事业》，李国武译，北京：商务印书馆，2010年，第41页。

程中不同的本土反应也受到尊重。

"多重现代性"的另一个优点是可以处理现代性与后现代性的关系问题。在西方学术思想界,对"现代"始于何时的问题一直有不同回答,文艺复兴与宗教改革,现代民族国家诞生的 15 世纪末,1789 年的法国大革命,甚至 20 世纪,都是备选答案。① 比较公认的是,"现代"被视为此时此地的基本认同随启蒙运动的展开而正式确立,法国革命与工业革命分别赋予其社会—政治形式与物质—经济内容。起源如此,终结更是如此。围绕着现代性是否终结、何时终结的问题,相关讨论却异见纷繁。"后现代"概念诞生于北美建筑学与法国哲学,在 20 世纪 80 年代被用于指称当代社会文化的各种新趋势。后现代的许多倡导者都着眼于后工业、信息爆炸、权力论述和语言游戏的多元性、日常现实的体验、对时空和因果关系的新感知、消费文化……这一切表明后现代是"现代性的终结",并在时间维度上限定了现代性的弹性,使得"现代化"在历史经验中找到了某种终点的切实存在。就这种后现代观念假设了社会与人类状况的两种模式,忽略了多方面的内部变化和中间状态、两种类型之间的重叠性、连续性和接近性而言,它不过是以现代/后现代概念取代了从前的传统/现代的二分法。对此,马蒂内利认为:"这样一种方式忽视了在过去 200 年中已经产生的现代化多重过程的复杂和矛盾特征。……在大多数情况下,结果是这样的:在无法引出系统一致的解释的情况下,不会超出对后现代特有的异质性特征的简单汇总;风格通常是夸张的、充满想象力和雄辩的;许多假设只能找到部分的经验证实,因为,表现为后现代社会一般特征的几个趋向在所观察到的各种情境中都以极为不同的形式和程度存在,而有些假设在经验上完全不能以显著的方式被证实。"②

所以,马蒂内利赞同另外一些后现代理论家,他们强调现代性与后现代性的

---

① 参见[英]玛丽·伊万丝:《现代世界的诞生》,曹德骏等译,上海:复旦大学出版社,2010 年,第 1—29 页。

② [意]艾伯特·马蒂内利:《全球现代化——重思现代性事业》,李国武译,北京:商务印书馆,2010 年,第 141—142 页。

连续和紧密联系，认为后现代性并非崭新的开始，而是现代性的延续，是未完成的现代性，或者是现代化的一个新阶段。这里有几个有代表性的观点，如伯曼（Marshall Berman）断定"现代性是我们拥有的唯一现实"，它将我们抛进解体与更新、矛盾与模糊的旋涡之中，向现代性的过渡才刚刚开始；哈贝马斯（Juergen Habermas）以为现代性计划只是部分地完成了，我们可以通过理性的交往潜在地发展来实现启蒙运动未能实现的事业；图海纳（Alain Touraine）认定现代性的历史是理性与主体的双重确立，但工具理性主义与主体性之间的矛盾，爆炸性的现代性可以重建更为出色的理性和主体性的综合体；瓦格纳（Peter Wagner）认为现代性以一种前所未有的方式将自由和纪律纠缠在一起，它们之间的矛盾在当前阶段有特别明显的表现，终结的只是有组织的现代性；吉登斯（Anthony Giddens）相信我们没有超越现代性，只有现代性的后果比以往任何时期都更激进化和普遍化；贝克（Ulrich Beck）区分工业社会与现代社会，认为前者只是一个"准现代社会"，而我们长期以来就是在这样一个拒绝现代性的普遍制度和行为的社会中思考现代性的，因此需要从工业社会中解放出来，全面发展包含在现代事业之内的理性反思和个人发展的潜力，见证现代性的开始，或至少是它的自觉表达。结合这些观点和主张，马蒂内利认为所谓后现代社会的很多特征一直都是"现代性的第二特征"，它们早在后现代性被识别之前即已存在于现代性之中，后现代性只是现代性复杂性的一种表现，是现代性中蕴含的对自身的批判成分，而不是与现代性的根本决裂。现代性概念的持续有效使得"现代化"概念在时间上的限制又被放松，使之可以包括当代全球化过程被称为是"后现代"的一系列新现象和新要素。

从空间与时间两个维度的弹性来解释"多重现代性"，则现代性的共同性就不是僵死的原则，而是共享的全球状况；多重性也不是共同性的否定，而是现代性的不同版本。21 世纪的现代化并不意味着一个导致新的统一的文明的唯一进程，而是面临相似问题和共同全球状况的多种不同的经验。这一论述的核心在于：全球化已经重塑现代化。第一，现代化将社会视为分离的实体，每一个都有自己明确的国家边界;全球化的研究对象则是全球化世界,它要求将对特定国家和地区的社会变迁的任何研究置于全球背景的框架内。第二,现代化的比较研究主要涉及西方国家,对于发展中国家,要么被认为是传统社会,要么根据发达国家的标准而被看成是不完全的个案;全球化的比较研究重在不同文化传统的辩证互动,特别重视通往现代性的不同文化和制度路径。第三,现代社会的关键制度和基本构成要素是民族国家,有效的国家建设是现代化的必要前提;全球化侵蚀了民族国家的主权,社会结构比以往更缺少连贯性。第四,现代社会学的根本问题是"社会是如何可能的",全球化提出了全球治理问题,它可以被看成是一个多头政治的混合行动体系,它建立在问责制、情境普遍主义、多元认同及超国家的民主制度的基础上。① 现代化不同于全球化,但现代化趋向于全球化。从现代化到全球化,这是一个连续的过程,全球化植根于现代化也改写了西方现代化,使之呈现为"多重现代化"。

"全球多重现代性"是介于经典现代化与多元现代化之间,温和的、有弹性的概念。现代性已经成为全人类的一个"共同全球状态",对这种状态的一种描述是"自由的历史主义",它主张自由民主和市场经济是社会组织唯一合法的形式。马蒂内利认为,此论并非以为现代性的全球扩散将导向文化的同质发展,而是相信没有理由预期任何根本性的制度创新将超越自由制度安排的这些类型。这说明,自由主义的全球化论说也不认为全球化会导致文化的同质性。另一种主张是强调多样性,它认识到欧洲现代性的扩散并不意味着文化差异的消失。还有一种更激烈的多样性主张:现代性本来就不是一个新的统一的文明,它必须具备某些最低充分条件的希望与预期,这些条件是宏观社会学的制度所需要的,不管这些制度在其他方面如何不同。马蒂内利当然不是文化趋同论者,但同时反对激烈的多样性主张。第一,承认多重现代性,不能导致否定现代性是一个独特

---

① 参见[意]艾伯特·马蒂内利:《全球现代化——重思现代性事业》,李国武译,北京:商务印书馆,2010年,第159—162页。

的欧洲现象这一事实。第二，承认多重现代性，不能否定全球化的趋同趋势和成分。这就是说，大多数发展中国家，与更早的现代国家及其他正在现代化的国家的相似性，要比它们与它们自己过去的相似性更多。第三，承认多重现代性，不能忽视了现代化分析中的结构因素和制度因素，而更倾向于主要关心文化因素。第四，承认多重现代性，不能全然拒绝20世纪中期的现代化理论。如果根据全球化适当地对其进行重新表述，这些思想中的一部分仍然是富有成效的。总的来说，20世纪中期的现代化理论过多强调西方现代性方案的同质化和霸权假定，而"多元现代性"（也即激进的多重现代性论）视角往往忽视全球维度，过多地强调地方和国家的特性。所以，"全球现代化"理论需要两个层次的概念运作：首先是用"多重现代性"来克服经典现代化理论的西化主张，其次是不能把"多重现代性"激进化为非西方化。推演到文化上，就是既不能把文化全球化看作是文化帝国主义，也不能把文化全球化看作仅仅是平等的文化交流。

首先，文化的重要性是有限的，而且有关文化的讨论必须根据世界经济和政治关系来情境化。比如文化霸权的概念对多重现代性的讨论是重要的，"然而，甚至这种文化霸权也远非完全的，不仅因为它受到替代性的文化价值、信息和观点的挑战，而且因为它受到来自内部的批评；现代性的矛盾特征、它的批评性自我意识和民主的公共讨论的性质与最强大的国家的意识形态灌输相反。全球化有利于全球控制，但与此同时助长了全球反抗，以及在西方国家自身内部的自我批评和抗议运动"。[1]

其次，必须把趋同与差异之间不可避免的辩证关系问题化。一般地说，趋同论的主要根据是现代化的制度安排，而差异论的理由更多是鲜活的经验和现代性的文化表达。趋同与差异之间的辩证关系，也就是制度与文化的辩证关系。现代化的结构方面的特点是，它与西方文化的深刻变迁（即西方现代文化）而不

---

[1] ［意］艾伯特·马蒂内利：《全球现代化——重思现代性事业》，李国武译，北京：商务印书馆，2010年，第191—192页。

是与西方文化的传统紧密联系,因此,它可能被有明确界限的非西方文化通过创造性的过程发生或被采纳,非西方的现代化不可能与其文化前提相分离。"现代化有着不可避免、不可抵制的后果,但另一方面,存在领导者、精英和集体运动对所输入的源自西方的现代文明的理念和制度模式的持续选择、再解释和重新表述,这样会带来创新,并对西方现代性方案表现出矛盾的态度:既要模仿它,也要反驳它。对于同样的问题给出不同的反应,并且设计出不同的策略来处理现代化的结构性问题,……从前现代社会向现代社会的成功变迁包含着一国人民从他们特定的文化(既传统又现代的文化)中发现资源,以采取新的做法。"①

再者,在趋同论与差异论之间,应当有一种"转型论"(transformationalist)的视角,这种视角把全球化构思为一个拥有多重原因的多面向的过程,强调个体、群体、社区、国家、国际组织和跨国行动者之间的关系网络的出现,强调不同文化变化的自主性、本土性,而不只是全球社会的"麦当劳化""可口可乐化"。马蒂内利的观点是:"我持有大部分转型论者的观点。我倾向于远离极端,但是同它与过去的连续性相比,我更重视现象的新颖性。我认为全球化是一个多面向的过程,而不仅仅是一个经济过程,并且我强调文化的异质性和混杂性。我将全球化视为一个开放的过程,和任何重大的社会转型一样,它约束着行动,重新分配成本和收益,并且重塑不平等和机会的模式,但是根据结构约束、个体决定和集体行动,它对于人们的净结果是不同的。""全球化并不是以线性和统一的方式进行,而是伴有加速和减速,在世界的不同地方以不同的进行,特定方面比其他方面更为迅速;它引起了机构以及个体和集体的极为不同的反应;它激发了相反的反应,例如,地方根源的重新发现以及种族和宗教认同的加强。"②

以"转型论"来克服"趋同论"与"差异论"两个极端,与上文所介绍的约翰·汤林森的思路相似:必须将文化帝国主义问题做一个概念化的位移,即将之由

---

① [意]艾伯特·马蒂内利:《全球现代化——重思现代性事业》,李国武译,北京:商务印书馆,2010年,第3—4页。
② 同上,第169—170页。

"空间"论述转为"时间"论述，也就是从地理范畴（外来与本土）转入历史范畴（传统与现代）。但也正如上述，"转型论"蕴含着西方是非西方文化转型的目标或理想的"西方中心论"，因此在承认它具有克服"趋同论"与"差异论"僵硬对立的同时，我们更应当强调非西方文化"转型"的历史脉络和自主创造，而把西方文化视为"转型"的外在影响因素和干预压力。这就是非西方文化的自主性问题。重要的是，这种具有自主性的"转型"总贯穿着趋同与差异两种趋势或力量的冲突和斗争。印度人类学家阿帕杜莱（Arjun Appadurai）指出："文化的全球化并不等于文化的同质化，但是全球化使用了不少同质化手段（武器、广告技术、语言霸权和服装款式），它们深深地介入区域性的政治经济和文化经济之中，只是在国家主权、企业的自由经营之间的异质对话中它们才会遭到遣返。国家在这种对话中发挥着微妙的作用：过分向全球流动开放，民族国家就会受到内部反抗的威胁；但如果过分封闭，就会以这样那样的方式从国际舞台上消失。"①转型和自主性绝不意味着拒绝开放，而且也要承认转型具有趋同的一面。进而，对于这种转型中的趋同，我们也要注意整体与个体的差异。法国社会学家涂尔干（Emile Durkheim，一译迪尔凯姆）早就指出："尽管不同社会在不断趋于相似，但这不等于说个人也是如此。一般来说，尽管今天法国人和英国人之间的距离缩小了，但法国人本身的差别却比以前大了许多。同理，各个省份虽然丧失了自己与众不同的面目，但这并不能否定人与人之间的差别在不断扩大的事实。如果说文明正在逐渐抹平集体类型之间的差别，这并没有什么疑问，但如果说文明对个人类型产生了同样的影响并使其不断趋于一致，那就错了。这两种类型非但没有同步发生变化，相反我们会看到，第一种类型的消失正是第二种类型出现的必要条件。"②这就是说，转型中的趋同同时包含着个体差异的存在和增长。正因为社

① ［美］阿尔君·阿帕杜莱：《全球文化经济中的断裂与差异》，陈燕谷译，汪晖等主编：《文化与公共性》，北京：生活·读书·新知三联书店，1998 年，第 542—543 页。

② ［法］埃米尔·涂尔干：《社会分工论》，渠东译，北京：生活·读书·新知三联书店，2000 年，第 69—97 页。

会趋同与个体差异同时存在,非西文化内部的个体认同也就呈现出某种危机。历史一再表明,"在相对孤立、繁荣和稳定的环境里,通常不会出现文化身份问题。身份成为问题,需要有个动荡和危机的时期,既有的方式受到威胁。这种动荡和危机的产生源于其他文化的形成,或与其他文化有关时,更加如此。……现身份相连的基本概念似乎是持久、连贯和认可。我们谈论身份时,通常暗含了某种持续性、整体的统一以及自我意识。多数时候,这些属性被当作理所当然的,除非感到既定的生活方式受到了威胁"。[①] 在很大程度上,所谓文化冲突,主要就是指文化身份或认同的冲突。

四、"多元认同"能否化解"文明冲突"?

文化冲突从来就是世界冲突的一部分。仅就现代世界而言,就有多种不同形式的文化冲突。如19世纪以来逐步建立的西方文化霸权与非西方文化的冲突,冷战结束以来美国"软权力"在全球扩张过程中所展现出来的强势力量及其与弱势文化的冲突,大量增加的跨国移民所引起的族群之间的紧张,狭隘民族主义或恐怖主义所坚持的文化原教旨与外来的世俗文化的对立,等等。然而,只是在冷战结束后,只是在文化的地位和作用日益重要的当代,文化冲突才成为一种政治—文化论说。

"文明冲突论"是由20世纪末由美国政治学家亨廷顿(Samuel Huntington)率先提出并加以论证的国际政治/文化理论。此论的基本观点是,新世界冲突的根源将主要不是意识形态上或经济上的,人类的巨大分化以及冲突的支配性根源将是文化上的。在世界事务中,民族国家虽依然是强有力的行为主体,但主要的全球性政治冲突将产生于不同文明的民族和集团之间。文明的冲突将主导

---

① ［英］Jorge Larrain:《意识形态与文化身份——现代性与第三世界的在场》,戴从容译,上海:上海教育出版社,2005年,第194—195页。

全球政治。文明间的不确定地带将成为未来战争的界限。亨廷顿认为，文明的冲突是现代世界冲突演化中的最新阶段。在此之前，随着始于威斯特伐利亚和会的现代国际体系的出现，此后一个半世纪的时间中，西方世界的冲突主要发生在君主(那些试图扩展自己的官僚机构、军队、商业力量，尤其是统治领土的皇帝、绝对君主和立宪君主)之间。在此过程中，这些君主创造了民族国家。随着法国大革命的爆发，君主间冲突让位于民族/国家冲突。这种19世纪模式一直持续到第一次世界大战结束。随后，由于俄国革命的结果，意识形态冲突替代了民族/国家冲突，先在共产主义国家、法西斯国家和自由民主国家之间，继而转化为共产主义国家和自由民主国家之间。王朝冲突、国家冲突和意识形态冲突主要是西方文明内的冲突，可视为"西方内战"。冷战结束之后，国际政治走出它的西方阶段，西方文明和非西方文明，非西方文明内部的互动，成为它的核心内涵。亨廷顿指出，文明的冲突与非西方世界的崛起有关。就政治文化而言，非西方文明的民族和政府不再是西方殖民主义的对象而成为历史的客体，相反，他们以历史的推动者和设计者的身份加入西方国家的行列。文明冲突论由于得到若干经验性证实而成为国际政治与全球文化讨论中所不容回避的议题。

为什么文化共性促进了人们之间的合作与凝聚力，而文化间的差异却加剧分裂和冲突？亨廷顿从"文化认同"的角度给出五点解释。第一，每个人都有多种认同，它们相互竞争或彼此强化。文化认同之所以要比亲缘关系的、职业的、体制的、地域的、教育的、党派的认同更为重要，是因为单方面的认同只有在直接的面对面的层次才最有意义，但狭隘的认同并不与广泛的认同发生冲突。全世界的人在更大程度上是根据文化界线来区分自己。第二，文化认同的突显是社会经济现代化的结果，在个人方面，现代社会的混乱与异化造成了对更有意义的认同的需要，在社会方面是非西方社会能力和力量的提升刺激了本土认同和文化复兴。第三，任何层次上的认同都只能在与其他的关系中来界定。文明之内与文明之外的行动差别来源于：对被看作与我们不同的人的优越感；对这种人的恐惧和不信任感；交流的困难；对其他民族的心理、关系和行为的不了解。当不同文明的人因交通和通讯的改善而更频繁地相互作用时,其文明间的差异也越来越显著。第四,文化问题不可能通过谈判妥协来解决,如印度教徒和穆斯林不可能通过双方各自建一个自己的寺庙和清真寺,或都不建,或建一个既是寺庙又是清真寺的建筑,来解决是否应当在某地建一个清真寺或寺庙的问题。第五,冲突的普遍性,憎恨是人之常情,为了确定自我和找到动力,人们需要敌人。在当代世界,"他们"越来越可能是不同文明的人。①

　　文明的冲突基于文明的划分,这种划分使我们有了单一且明确的身份并产生一种强烈的认同感。既然每个个体都被民族、宗教、国家这样一些宏大的定义锁住,而他们的生活、身份,与世界的联系,只能由背后庞大的文明体系来决定,那么由此延伸出来的相互排斥、冲突和暴力血腥,也就顺理成章。在这里,"我是谁?"这个问题转变成"我属于哪个群体?"值得注意的是,这种在群体中发现个体的观点也由当代社群主义(communitarianism)所强化。20世纪80年代,北美哲学家桑德尔(Michael Sandel)、麦金太尔(Alasdair MacIntyre)、瓦尔泽(Michael Walzer)、泰勒(Charles Taylor)、贝拉(Robert N. Bellah)等人在批判罗尔斯《正义论》的自由主义理论时,主张以新集体主义为理论基础,用公益政治学代替权利政治学,以恢复社群价值的重要性来修正自由主义对个人和社群的假设。这是一种关注社会利益的表现形式的社会哲学,故又称为"社区主义""共同体主义""社团主义""合作主义"等。社群主义的理论起点是对"自我"的重新认定。自我根植于特定的历史文化及传统中,每一个个体都是位在某个特定的时空、生长于某个特定的家或某个特定的社会中,诸多社会的属性和目的形塑了个体的特殊性和个别性,是自我构成的特定要素。个人认同及价值观的形成,并非在进入社群前即由个人意志所决定,而必须通过个人与其社群间的对话关系才能发现。不是我自由选择了"我是谁",而是社群决定了"我是谁"。不是自我和个人,而

① [美]塞缪尔·亨廷顿:《文明的冲突与世界秩序的重建》,周琪等译,北京:新华出版社,1998年,第133—135页。

是社群才是政治分析的基本变量。桑德尔说得明白："……共同体描述的，不只是他们作为公民拥有什么，而且还有他们是什么；不是他们所选择的一种关系（如同在一个志愿组织中），而是他们发现的依附；不只是一种属性，而且还是他们身份的构成成分。"①

"文明冲突"论与社群主义源自不同的理论脉络，也有不同的政治立场和现实指向，亨廷顿主要是分析性的：如何解释冷战后的世界冲突？社群主义是规范性的：个人及其自我最终由他或他所在的社群决定。但它们都把个人归属于一个更大的共同体，并在不同的共同体之间设置了难以逾越的鸿沟。两种理论都对全球化文化冲突提出了一种解释，而且都与当代重大议题"文化认同"直接相关，当然也影响到全球文化产业的相关讨论。它直接提出三个问题：

第一，身份的多重性。

在研究全球文明冲突时，印裔经济学家阿马蒂亚·森（Amartya Sen）发现了一个残酷的事实："世界上大多数冲突与暴行都是由某一看似唯一的、没有选择的身份认同而得以持续，煽动仇恨之火总是乞灵于某种支配性身份的精神力量，似乎它可以取代一个人的所有其他关系，并以一种很自然的方式压倒我们通常具有的人道同情和自然恻隐之心，其结果或是朴素的原始暴力，或是全球范围内精心策划的暴行与恐怖主义。"②以基地组织为例，众多甘愿充当人肉炸弹的教徒其实都被灌输了一种单一身份的思想，他们只知道自己是为信仰而奋斗，自己只有一种身份。这种进攻性的身份正是基地组织用来反抗西方最有力的武器。更重要的是，阿马蒂亚·森还发现，试图克服恐怖主义暴力的努力实际上也或明或暗地接受了这种单一的身份划分，从而解决宗教间的暴力冲突不是通过加强公民社会来克服（尽管这是一个显著的事实），而是通过动员各个宗教中所谓的

---

① ［美］迈克尔·桑德尔：《自由主义与正义的限度》，万俊人等译，南京：译林出版社，2001年，第181—182页。

② ［印］阿马蒂亚·森：《身份与暴力——命运的幻象》，李凤华等译，北京：中国人民大学出版社，2009年，第2页。

"温和"派领袖来劝说,指望这些宗教领袖在他们的宗教内驱逐极端主义分子,并在必要时重新界定其宗教教义。

这里的关键问题是,即使不以自由主义的"个人"为出发点,我们也不难发现,在"我是谁"与"我属于哪个群体"之间,不能简单地画等号。任何一个人或群体都不止一种身份,有的是多种身份。阿马蒂亚·森的结论得自一个简单的事实:我们生活在一个多元的世界。我可以同时是亚洲人、印度公民、有着孟加拉国历史的孟加拉人、居住在美国或英国的人、经济学家、业余哲学家、作家、梵语学者、坚信现世主义和民主的人、男人、女权主义者、身为异性恋者但同时维护同性恋权利的人、有着印度教背景但过着世俗生活的人、非婆罗门、不相信来生的人……所以,在实际生活中,每个人都同时归属于许多群体:公民身份、居住地、籍贯、性别、阶级、政治立场、职业、工作状况、饮食习惯、所爱好的运动、音乐鉴赏水平、对社会事业的投入,等等。其中任何一种归属都赋予个人以一种具体的身份,但没有一种能够被视为此人唯一的身份,或者一种单一的成员划分。宗教或文化的身份确实重要,但它只是多种身份之一而不是看待我们自身以及我们所属的群体的唯一方式。单一身份论的危害在于,第一,它违背了我们共享的人性。文明人类的一个古老信念是:世界上的人大体上是一样的。在莎士比亚的《威尼斯商人》中,犹太人夏洛克已经把这一点说得很清楚:"难道犹太人没有眼睛?难道犹太人没有四肢五官、没有知觉、没有情感、没有血气吗?他不是吃着同样的食物,同样的武器可以伤害他,同样的医药可以疗治他,冬天同样会冷,夏天同样会热,就像一个基督徒一样吗?你们要是用刀剑刺我们,我们不是也会出血吗?你们要是搔我们的痒,我们不是也会笑起来吗?你们要是用毒药谋害我们,我们不是也会死吗?"[1]无视犹太人与基督徒的共性而视犹太人为盘剥取利的小人,导致了夏洛克的报复。第二,它以一种因素来划分个体的身份,忽略

---

① ［英］莎士比亚:《威尼斯商人》,朱生豪译,《莎士比亚全集(三)》,北京:人民文学出版社,1991年,第49页。

了人们所实际拥有的其他身份，实际上是把人渺小化。"一旦人际关系被视为单一的群体间的关系，诸如文明、宗教或种族之间的'交善'与'对话'，而完全忽视同一个人还属于其他群体（如各种经济、社会、政治或其他文化关系），那么，人类生活的大部分重要内容就消失无形了，个人被塞入一个个'小盒子'之中。"①把每一个人都牢固地嵌入某一种社会联系之中，这就窒息了其他理解人类的方式，不但把原本多元、丰富的个人缩减到某个单一的维度，而且它在建立与他人的信任关系的同时，也在建立与更多人的不信任，所以这种狭隘的、危险的幻象可能带来对立的后果并使世界更加易于被操纵、被煽动。

无论是经验事实还是理论逻辑，都否定了单一身份论。阿马蒂亚·森主张用相互竞争的身份认同来挑战单一的好战的身份认同观。我们的身份如此丰富，当我们沿着多重身份来审视我们的生活时，就能找到诸多共存和宽容的理由，就没有必要因某一种身份的差异而发生冲突。"代替这种支配性分类观及其所造成的对立的，不是不现实地声称我们都是一样的。我们肯定是不一样的。相反，在这个多灾多难的世界上实现和谐的主要希望在于承认我们身份的多重性。这种多重性意味着人们同时具有相互交叉的不同身份，它有利于我们反对按某一坚硬的标准划分人们而导致的、据说是不可克服的分裂。"②

确认多元身份认同，则"文明冲突论"与社群主义的假设都不能成立。

文化认同的确很重要，它帮助个人建立起一种对群体的归属感和忠诚度，这种归属感和忠诚度是社会资本的一部分，能够丰富人与人之间的联系，从而有助于社会文化的发展。但文化虽然重要，却不是决定我们生活和身份的唯一因素，其他的因素如阶级、种族、性别、职业等也能起作用，并且能起很大的作用，不能把文化看作决定社会行动的核心的、无法改变的和完全独立的因素。"文明冲突论"就是一种典型的"单一性幻象"：它假定某种单一分类是唯一相关的，人类能

---

① ［印］阿马蒂亚·森：《身份与暴力——命运的幻象》，李凤华等译，北京：中国人民大学出版社，2009年，第2—3页。

② 同上，第14—15页。

够被划分为彼此有别且分立的文明,而且人们之间千差万别的关系也在很大程度上被看作是不同文明之间的关系;它不把人视为有许多关系的个体,也不把人看成分别属于许多不同团体,相反仅仅是某一个特殊群体的成员,这个群体给了他或她唯一重要的身份。因为这些错误,"文明冲突论"对文明及其关系的解释也是错误的。其一,此论误解文化。文化不代表一种统一的特性。同一种文化环境中,存在着大量的差异。比如宗教信念不能完全定义穆斯林,阿拉伯人和穆斯林在科学和数学上贡献巨大,这些完全可以成为穆斯林身份的一部分;比如任何一种宗教的虔诚教徒中,都既有狂热的好战者,也有和平的拥护者,宗教信仰本身,不能解决我们在生活中要求做出的所有决定。对于政治、道德和社会判断相关的事物,一名穆斯林能够选择几种不同的立场而并不因此就不再是一名穆斯林,因为他的立场不仅仅来源于伊斯兰教义,而是因为别的原因。其二,此论对世界诸文明的划分过于粗糙,把它们看得远比过去和当前的经验分析所表明的更为同质、更为互相隔绝。更重要的是,那些试图避免冲突而进行的文明对话的努力也不可能成功,因为这种高尚的行动也将多维度的个人缩减到一个单一的维度,抹杀了人类多种多样的联系与活动,包括艺术、科学、数学、游戏、贸易、政治以及所有对人类有共同兴趣的其他方面的联系与活动。其三,此论无法解释文化与社会认识和行为的其他决定因素之间的互动关系。文化因素不可能脱离社会、政治、经济的影响而单独起作用,单一身份论妨碍了对主流政治的认真关注以及对当代激起暴力的过程和动态的考察,实际上成为导致冲突的真实机制的遮羞布,使政治统治和公共政策的错误逃脱罪责。所以,"文明冲突论"是粗糙且粗暴的,它不是解释了冲突的根源并据此解决,而是造成了人们更深的偏见和对抗,并妨碍我们正确地理解世界冲突。

同理,社群主义假定个人对其社群的认同必然是其支配性的身份,这一结论也是错误的。社群主义有两个假设:一是个人无法获得与其社区无关的身份认同,也无法以其他方式来思考身份。二是身份涉及察觉,如果要进行比较的话,社群认同必然成为一种最重要的身份。阿马蒂亚·森认为,这种观点否定了评价、理解对不同文化和社会中各种行为与制度所作的规范判断的可能性。"我们很难相信，个人在决定他所归属的各个群体的相对重要性时竟然会毫无选择，而他只需'发现'他的身份，就好像一种纯粹的自然现象（比如确定是白天还是黑夜）。事实上，在我们不同的归属和社会关系中，我们每个人都在不断地决定何者列为优先，哪怕只是下意识地这么做。在各个不同的我们所属于其中的群体之间决定我们所效忠的对象和事务是一种极其重要的自由，我们有充分的理由承认它，重视它，并保护它。"[1]文化可以影响我们的推理，但无法在任何情况下都能充分决定它的结果，因为我们的选择和推理可以受到各方面的影响。而且，如上所说，所谓"文化"可以蕴含着相当大的内部差异，不同的态度和信念都可能被容纳在一个被宽泛界定的文化里面。"对身份发现论来说，很可能最强有力的质疑理由是，即使给定了我们在世界上所处的居所，我们仍然有各种途径来界定自己的身份。那种属于某个社群的感觉，虽然在许多情况下极其强烈，但并不必然抹杀——或者压倒——其他的联系与归属。我们随时随地面临着选择。"[2]当然，可作选择并不是说没有约束，因为选择总是在可供选择的范围内作出的。社群主义包含着内在矛盾：

> ……要记住社群主义思想原本是想——至少在一定程度上——通过强调一个人的"社会背景"来建设性地理解身份认同问题的。但是原本非常值得尊敬的更加"全面地"理解人类的理论尝试，到头却几乎蜕变成一种把人主要理解为某一特定团体成员的狭隘观点。这样的观点，可算不上什么从"社会背景"出发的观点，因为每个人都有许多不同的联系与归属，其各自的重要性因具体情况的不同而有很大区别。尽管"把人放在社会中去理解"这一令人称道的视角隐含着丰富多彩的观点，但这种视角在现实应用的时候，

---

[1] ［印］阿马蒂亚·森：《身份与暴力——命运的幻象》，李凤华等译，北京：中国人民大学出版社，2009年，第5页。

[2] 同上，第32页。

却往往采取一种忽视一个人多方面的社会关系的重要性，并严重低估其"社会处境"的多样性的形式。①

承认身份具有普遍的多重性，意味着一种身份的重要性与否不必抹杀其他身份的重要性，因为不同身份之间可能不存在任何冲突。那么，是不是承认身份的多重性就可以避免冲突呢？

当然不是。只要承认我们身份的多重性以及它们具有不同的含义，那么就需要我们在无法避免的不同身份间根据各自的切合性和相关性进行选择。这里有两个问题：决定与我们相关的身份是什么？如何确定不同身份的相对重要性？两者都需要推理与选择，同时也取决于社会环境。我们在认识自我的同时需要结合更多外部因素来分析，把自己多元的身份明确的区分开来，懂得在什么时候运用自己不同的身份，哪种身份能带给自己最大的认同感归属感而又不至于被狂热的情绪所替代。这里需要的是自由。"关键问题不是是否任何身份都可供选择（这样说将是很荒诞的），而是我们会有各种不同的身份或身份组合可供选择。并且，更为重要的是，我们是否拥有对我们所同时具备的不同身份决定优先次序的实质自由。"②阿马蒂亚·森当然明白，在现今的世界，选择一种单一身份并放弃其他身份，比承认自己的多重身份更有归属感和认同感，所获得的力量也更为强大。这隐含着一种人为的带有目的的操纵性。总是有人故意遮蔽掉每个人身份的多样性，强迫每个人界定自己的身份为唯一身份，当这一切确立以后，暴力和冲突就乘虚而入，变得顺理成章。因此身份的选择并没有完全的自由，一些世俗的偏见和牢固的看法在短时间内是没法改变的，在他人眼中，我们选择自己身份的权利是受限制的。当务之急是清晰地认识到我们有自由确定我们事务的优先次序，充分地认识到理性地发表意见——不管是在一国之内还是

---

① ［印］阿马蒂亚·森：《身份与暴力——命运的幻象》，李凤华等译，北京：中国人民大学出版社，2009 年，第 153—154 页。

② 同上，第 33 页。

在世界范围内——的地位与作用。自由与理性，是全球化时代文化认同的根本原则：

> 如果人类作出决定的自由很重要，那么理性地运用这种自由而得出的结果，就必须予以尊重，而不是根据那些不容置疑的传统的强加的优势地位来予以否定。……如果一个社会禁止某个特定团体的成员去追求他们所自愿遵从的某种传统生活方式，那么，这也是对文化自由的阻碍。……如果允许且鼓励人们去过他们自己想过的生活（而不是让现存的传统来限制他们的生活），那么，文化多样性就会得以提高。例如，追求不同种族的多样化生活方式（如饮食习惯或音乐方面）的自由，能够使得一个社会的文化更富有多样性。这种现象，正是文化自由起作用的结果。在这种情况中，文化多样性的意义（尽管只是工具性的），直接源自文化自由的价值——因为前者是后者的一个结果。……尽管如此，如果我们关注的焦点是自由（包括文化自由），那么，文化多样性的重要性就并非是无条件的，而是应该根据其与人类自由之间的因果关系，以及在帮助人们做决定时所发挥的作用而定。①

在各种身份、文化与价值之间，没有一种可以被辩护为唯一正确的。"我（我们）"是多重性的，"他（他们）"也是多样性的，我们当然可以坚持一种身份、一种文化，但这绝不是说，坚持某一身份或某一文化、价值就必然要反对其他身份、文化或价值，我们完全可以生活在一个多元文化并存的环境中。阿马蒂亚·森强调了政治与文化的自由在身份认同中的必要性，当然也看到有一种或若干种力量在制造着身份的"单一性幻象"，强迫个人选择单一身份，这实际上是把人渺小化，并在极端情况下产生"身份认同可以杀人"的结果。他认为，实施这一切的不是文化本身，也不是全球化，而是由社会、政治和经济安排的失误引起的。

---

① ［印］阿马蒂亚·森：《身份与暴力——命运的幻象》，李凤华等译，北京：中国人民大学出版社，2009年，第99—100页。

第二,身份的建构性。

既然个体不只拥有一种身份,文化也非一种可以决定个体身份的客体或实体,那么身份就不只是多元的,也是持续变化的。英国文化研究的代表霍尔(Stuart Hall)据此论述了身份的"历史性"。其理论以为,文化身份并不是居住于某个地区、属于某一文化的人天生即有的明显特征,而是历史的、有意识地建构过程。"第二种意义的文化身份,既是'生成'也是'存在',它属于未来也属于过去。它不是某种已经在生存的,超越地点、时间、历史和文化的东西。文化身份源自某个地区,有自己的历史。但也正像所有历史性的东西一样,它们也经历着持续的转变。它们远不是永远固定于某个本质化的过去,而是服从于历史、文化和权力的不断'游戏';它们远不是基于对过去的简单'恢复',似乎过去就在那里等着被发现,且一旦发现就能确保我们的自我感觉永远不变,而是我们对我们被界定的不同方式的称呼,我们通过对过去的叙述来使自己定位并定位于其中。"①身份的建构是一个历史性过程,这个过程包括接受与选择两个方面,既受诸多因素和力量的约束和限制,也有一定的主动性和自由感,当代政治哲学和文化理论越来越多地强调,不存在由人的本性规定的、像自然界的规律那样可以被认识的、固定存在的理想状态,人的欲望、追求、需要等都是变动的,人性有着无限的广度和深度,人的目的与其说是先验地、本质地存在在那里,不如说是历史地、创造性地,甚至偶然地形成的,人类的选择——只要是在自由的境况下——必然是多样的。同理,人类也不是生活在一个理性主义的、由政治权威或科学理性设计好的世界上,说到底,在所有重大的、基本的问题上,我们并无客观普遍的标准来确定什么是正确的? 什么是谬误的? 一种文化认可的,可能恰恰是另一种文化所拒绝的。文化的差异代表着人类的不同的价值取向和选择方案,体现着人的价值或本性的深刻冲突和多样性。这种价值多元论就是文化多样性的哲

---

① Stuart Hall, "Cultural Identity and Diaspora," in *theorizing diaspora* edited by Jana Evans Braziel and Anita Mannur, Blackwell Publishing Ltd., 2003, p.236.

学基础。在当代思想中对此论证最有力的是英国思想家伯林（Isaiah Berlin）。中国学者钱永祥概括这位思想家的论证说："价值多元论的基本想法不难把握：人类所追求的价值，尤其是终结性的价值与目标，不仅多元，不仅相互冲突而难以共存，并且由于缺乏一个共同的衡量尺度，根本无法在其间比较高下以便排定先后顺序。这个局面之下，追求价值与理想，必须靠选择；而对价值作选择与认定，不仅无法有理性的标准提供完整的理由，并且选择某项价值，往往必须表示放弃其他价值。因此，人生不仅没有完美圆满可言，并且每次抉择，都代表进入价值的冲突与舍弃。"① 这一选择、追求的过程，也就是身份的建构过程。

其实，不但自我的身份是建构的，文化也是建构的。以研究"文化权利"知名的墨西哥学者教授斯塔温黑根（Rodolfo Stavenhagen）认为，每个可识别的文化都是植根于历史且随着时间产生变化的。一种文化如果能够在包容变革的同时还保持自己的特征，即可被认为拥有特别的生命力。但这一视角把文化视为客体，一个独立存在于社会空间的"东西"，因而无视各种社会行为在社会空间里相互关联的事实。人类学家提醒我们，与其说任何群体的民族（文化）特征取决于自己文化的内容，不如说是取决于社会界线，这些界线确定了社会关系的空间。其间，成员资格被归属于这个或那个民族群体。"遵循这一批判，近期的学术界视文化为日益变化的主体不断建构、再建构所创造的事物。这里的重点放在人们理解和谈论自己文化的方式上，而不在文化本身。人们在历史的进程中，集体地想象或设想民族的文化，各种文化又通过政府的教育和文化政策与国家活动密切相连。文化的持续、变革、适应或消亡与经济、政治和领土进行密切相关。在任何一个特定时期和特定地区，都可能存在多数与少数、统治与反统治、霸权与屈从的文化群体。……文化战争（意识形态的紧张关系和在文化问题上的冲突，如教育、语言、文化政策等）可能发生在一体化程度很高的社会里却不会造成分

---

① 钱永祥：《"我总是活在表层上"：说思想家伯林》，载钱永祥：《纵欲与虚无之上》，北京：生活·读书·新知三联书店，2002 年，第 114 页。

裂(通常由于社会、经济和政治的帮助而使竞争者仍保持在一起),而在另一些情况下,文化问题成为全世界政治纷争的强有力的动员力量。"①文化不但是在具体的历史中建构的,而且它永远不会完成、不会终结。这就是文化的演变。"演变"有二义。其一,文化是"变"的,即某一文化因应时代与环境的变化而更新、调适,或因吸收外来的养分而扩张、丰富。其二,变是某一"文化"的变,即某一文化基本价值的延伸、曲折和自我革新。所以,一方面不能把文化间的差异本质化、实体化、永恒化,那种认为不同文化只能处于"冲突"或敌对的状态的观点,是取消文化的可变性和历史性,是一种宿命论。另一方面也不能把某一文化的"演变"看成是某一文化的解体或衰落,正是在文化的"演变"过程中,文化多样性才展开其全部的可能性。比如从古到今,中国文化都有不同于其他文化的独特风貌与内涵,同时又与时俱进,形成不同的历史阶段。"周虽旧邦,其命维新",从文武周公孔子到当代,中国文化始终抱有"日新,又日新,日日新"的创造精神,而且事实上也在吸收新质、转化传统,但无论怎样"新",中国文化植根于远古,还是中国文化。这一演变的过程就是中国文化吐故纳新的过程,一些核心的价值观念仍然一脉相承,而一些失去了生命力的价值、规范和属性也因此解体。文化演变有时会采取非常激烈的方式,比如中国在遭遇西方挑战后,落后的一面更为清晰,因此需要新文化运动来激浊扬清,以自我否定的方式来实现自我新生。

文化总是在建构、在演变,从而对于某一文化中的个体而言,也就不存在固定的文化身份问题。所谓个体固定的"文化身份",不过是一种意识形态的假设以及在此基础上加强的权力压迫,它既非现实的个体认同,亦非现实的文化存在。

第三,全球化时代的多元文化认同。

一般地说,认同或身份建构中的两个方面:内部选择与外部塑造。任何个人或群体,在认同方面都有内在的自决性和主动的选择性,但外部的文化环境与

① [墨]R. 斯塔温黑根:《文化权利:社会科学的视角》,艾德等:《经济、社会和文化的权利》,黄列译,北京:中国社会科学出版社,2003年,第101—102页。

政治制度的作用也绝不能忽视，尽管这一方面被亨廷顿和社群主义所片面强调了。种族或性别认同的少数派，就在很大程度上受到他们无力控制的因素和力量的影响。比如女性走出家庭后，却发现她们所能获得的认同是由男性的刻板印象所提供的。流行的偏见和成见之外，各种社会／政治制度对认同构建具有很大的压力，如国家有权威界定民族性和公民权，职业或其他社会方案强化了阶层差别，教育制度以其等级化的方式划分不同的个体与群体。内部的、主动的因素与外部的、被动的因素之间平衡是变化着的，一般地说，在传统社会，后者具有决定性作用。以至于社群主义理论家泰勒认为："在现代之前。人们并不谈论'同一性'和'认同'，并不是由于人们没有（我们称为的）同一性，也不是由于'同一性'不依赖于认同，而是由于那时认同根本不成问题，不必如此小题大做。"①而在现代社会，认同的建构更倾向于自主选择。所以，英国社会学家吉登斯认为，个体的自我认同，既是个体反思性投射和建构的结果，也是社会结构性建构影响的结果，认同是社会的结构性建构和个体的反思性建构互动的过程和产物。

作为对全球化时代自我认同的一种解释，吉登斯所说的"反思性建构"涉及他对现代性、高度现代性与全球化的通盘理解。在他看来，现代性指的是社会生活或组织形式，它出现在 17 世纪的欧洲，有工业主义与资本主义两个维度。西方现代性以不同的程度在世界范围内产生着影响，一直延伸到当代。也就是说，当代社会不是什么后现代社会，而不过是现代性高度发展的产物。我们正在进入的，是一个晚期现代性或高度现代性，即"反思性现代性"时期。为了强调现代性相对于传统社会的断裂性，吉登斯用"时空分离""社会系统的脱域（disembedding）"和"知识的反思性运用"三个因素来解释现代性的变迁动力。"时空分离"是在无限范围内时—空延伸的条件，它提供了准确区分时—空的手段，使得在场东西的直接作用越来越为在时空意义上的缺场的东西所取代。"社会系统的脱域"包括象征标志的产生和专家系统的建立，它们把社会行动从地域

---

① ［加］查尔斯·泰勒：《现代性之隐忧》，程炼译，北京：中央编译出版社，2001 年，第 55 页。

化情境中"提取出来",并跨越广阔的时—空距离重组社会关系。象征标志指相互交流的媒介,它能传播信息而无须考虑任何特定场景下处理这些信的个人或团体的特殊品质。比如货币,后者指由技术成就和专业队伍所组成的体系,这些体系编织着我们生活于其中的物质和社会环境的博大范围。"知识的反思性运用"是指有关社会生活的系统性知识的生产,本身就是社会系统之再生产的内在组成部分,从而使社会生活从传统的恒定性束缚中游离出来。就是说,个体行动者或社会行动者不再以本地的经验和传统为中介,而以来自不在场的专家系统的知识为中介对社会活动进行反思性监控。以"时空分离""社会制度的抽离化"和"反思性的制度化"为动力的现代性有三个后果。一是"去传统化",时空分离和脱域的制度化反思促使传统全面而快速地从现代生活中撤离,不断被修正的科学知识成为反思的中介,习俗和日常实践受到严重的改变,它们远离地方性情景,由不在场的抽离系统主导行动,现代性毁灭传统和地方,它是一种"后传统"与"后地方"的秩序。二是"自然的终结",人的生活环境越来越由先前的自然环境转变为某种反思性地制造出来的"人造环境",人与自然的主导关系转变为人与社会为主导的关系。人类遇到的最大风险不再来自自然,而来自由高度现代性所带来的各种风险:经济秩序的崩溃、生态的灾难性破坏、极权的增长和核战争的爆发等。在当代文化产业所生产的大量"自然景观""生态公园"中,我们看到了"自然终结"的直观形式。三是"自我认同"的改变,现代个体的自我认同不再是像在传统社会中那样经由仪式代代相传,而是作为连结个人改变和社会变迁的反思过程的一部分,持续地被探索和建构。此即为自我认同的"反思性"(reflexivity):"现代性的反思性指的是多数社会活动以及人与自然的现实关系依据新的知识信息而对之作出的阶段性修正的那种敏感性。""现代性的反思性已经延伸到自我的核心部位,或者说,在后传统秩序的场景中,自我成为反思性投射。"①

---

① [英]安东尼·吉登斯:《现代性与自我认同》,赵旭方等译,北京:生活·读书·新知三联书店,1998年,第22、35页。

现代性的"自我认同"涉及两个过程，一是现代性的"解放的政治"，它力图将个体和群体从对其生活机遇有不良影响的束缚中解放出来，一方面打破过去的枷锁以塑造一种面向未来的态度，另一方面力图克服某些人或群体支配另外一些个人或群体的非合法性统治。"解放意味着通过让个体能够在某种意义上拥有在其社会生活的环境中自由和独立行动的能力，来把集体的生活组织起来。"[1]二是晚期现代性的"生活政治"，"生活政治是一种由反思而调动起来的秩序，这就是晚期现代性的系统，它在个体与集体的层面上都已极端地改变了社会活动的存在性参量。在一种反思性秩序的环境中，它是一种自我实现的政治，在那里这种反思性把自我和身体与全球范围内的系统连结在一起"。[2] 从现代性到晚期现代性，也就是从民族国家到全球化的过程。晚期现代性的特点之一，是"反思性"与"全球化"的连结：

> 我们生活在一个比以往任何时代都更具"反思性"的时代。反思性是各种信息持续不断地流入我们的生活，成为我们实际生活的一部分。在我们生活的时代，传统和风俗越来越被消解，各种蜂拥而至的信息成为决定我们身份和我们该做什么事的基础。……原则上说，任何人都可以从相关的数据库里轻易地得到自己想要的信息。这意味着我们被迫对我们自身的生活进行反思，并且不断根据新的信息调整自己的生活。这种情况造成了个人认同的改变。个人认同是我们自己创造和必须拥有的东西，它不再像过去那样经由过去来形塑，从某种程度上说，你必须决定你是谁，这是你自我认同的一部分。[3]

晚期现代性的反思性是制度化的，它发生在跨越时空的抽象系统再生产的层次，而不仅仅是个体行动者对共同在场的互动情景的监控。远距离外所发生

---

① ［英］安东尼·吉登斯：《现代性与自我认同》，赵旭方等译，北京：生活·读书·新知三联书店，1998年，第250页。

② 同上，第251—252页。

③ ［英］安东尼·吉登斯：《全球时代的民族国家——吉登斯讲演录》，郭忠华译，南京：江苏人民出版社，2012年，第25页。

的事变对近距离事件以及对自我的亲密关系的影响，变得越来越普遍也越来越重要。"在一种当地性的以及全球化的范围内，自我认同的叙述在与迅速变化着的社会生活情景的关系中被形塑、修正和被反思性地保存下来。个体必须要以一种合理而连贯的方式把对未来的设想与过去的经验连结起来，以便能够促使把被传递的经验的差异性中所产生的信息与当地性的生活整合起来。只有当个体能够发展出一种可信性时，这种整合才能获得。"①作为一种"反思的成就"，晚期现代性的自我认同不但越来越成为一种积极建构过程，而且与全球化直接联系起来了。从而，自我认同远非个体的种族/民族、国家/地区、性别/代际所能决定，"多元认同"包括"多元文化认同"。

如果说阿马蒂亚·森强调了任何一种文化体系中的任何一个人都具多元身份，因此文化认同并不必然导致冲突的话，那么安东尼·吉登斯则论证了自我认同具有整合不同文化和全球经验的意义，他们都说明，不同的文化认同并不必然产生冲突，自我认同可以在跨文化的意义上实现。

文化史表明，文化冲突激烈的时代，也是一种文化共同体将自己的文化理想化的时代，这是合理的，因为只有如此，才能显示出一种文化对自我价值的肯定和面对威胁时对自我权利的张扬。但仅仅如此是不够的，文化史同样证明，如果我们更多地探索人与人之间的共性而不只是关注差异甚至人为地加大这种差异，那么人与人之间能更好地找到对话的基础。只有文化间的相互宽容和承认，不同文化之间才能把自我相对化并容忍他者、学习异己，也才能丰富和提升自我。全球化的强劲展开，使得生活在不同民族/国家、不同地域、不同社群的人类已经获得了前所未有的相互学习、相互塑造的机会，人类共通的价值已经为越来越多的人类认知。如何使文化产品和服务的全球流通有助于不同文化的相互理解，有助于化解民族—国家之间的利益冲突，是全球文化产业发展的基本使命之一。

---

① ［英］安东尼·吉登斯：《全球时代的民族国家——吉登斯讲演录》，郭忠华译，南京：江苏人民出版社，2012年，第253页。

关于炎帝神话传说与
中华民族文化精神问题

| 高有鹏（上海交通大学媒体与传播学院）

摘要：

　　神话作为特殊的历史，体现中华民族文化精神。其包含太阳崇拜等原始信仰与审美传统等重要因素。其中的炎帝与神农的融合问题、农耕文明在神话时代中的确立与炎帝神农精神体现问题，和炎帝神农的神性角色与文化表现等问题，值得我们深入思索。

关键词：神话；民族精神；炎帝；神农；文化

Abstract: As a special history, mythology reflects the cultural spirit of the Chinese nation. It includes important factors such as sun worship and other primitive beliefs and aesthetic traditions. Among them, the problems of the integration of Yandi and Shennong, the establishment of agricultural civilization in the age of mythology and the spiritual manifestation of Yandi Shennong, and the divine role and cultural expression of Yandi Shennong are worthy of our deep consideration.

Keywords: mythology; national spirit; Yandi; Shennong; culture

　　许多学者认为，中国不是一个简单的民族国家，而是一个具有古老文明的现代国家。其神话是特殊的历史，并不是说神话就完全等同于历史，而是强调神话亦源于历史，与历史息息相关，包含着社会发展的真实生活内容。而且，古老的神话成为中华民族的信仰，这是一个非常特殊的话题。

　　不论人们如何看待神话与历史的联系，人们都不能否认神话所包含的信仰是在社会历史发展中形成的。它的述说中，包含着中华民族千百年来不屈的意志、情感和审美，尤其是其中贯穿着中华民族坚强的文化精神。长期以来，人们提出神话历史的概念，包括神话考古，把神话与原始文明联系在一起。其中，关于中国神话时代的研究，一直处于一个既定假说阶段，即定位于三皇五帝的范畴之内。这是有道理的，因为中国神话对世界构成与社会进程认同与述说的稳定性，形成其作为文化遗产内在属性而构造成具有经典意义的历史文化框架。这是世界文明格局中，中国文化所具有的重要特色。但是，我们应该看到，仅仅在这样的结构与视角内理解中国神话是远远不够的，具体的神话阶段即神话时代还包含着更为丰富的历史文化，需要我们更深入地理解。如，考古学界提出"我们对中国文明起源的认识，已不再是简单的'五千年文明古国'，而是成体系的古史概念"[①]。这对于中国神话学而言，把神话传说与国家文明起源的研究相结合，具有非常特殊的意义。

　　这里还应该强调，我们的学术史长期坚持的"神话"概念外来说，是不符合事实的。文献典籍材料表明，在明代汤显祖编纂的

---

① 　苏秉琦：《迎接中国考古学的新世纪》，载《东南文化》1993年第1期。

《虞初志》中就已经明确使用这一概念。[①] 对于中国古典神话,包括炎帝神农神话的研究,也并不是只见于顾颉刚他们的《古史辩》和凌纯声他们对少数民族地区的考察;20 世纪 20 年代至 40 年代,以"林兰女士"为名,赵景深、李晓峰等新文学阵营的青年学者,大力提倡重新整理民间文学,借以提高民众素质,所编《民间故事》中,就已经有多处端倪。笔者多次谈到这个问题,在这里所要强调的是以下几个问题:

一、关于炎帝与神农的融合问题

中国神话传说作为古代文明的体现,存在大量重构与融合形象。如中国神话时代的阶段中,炎帝与神农应该是两个不同的神祇,而在神话的具体流传中却合为一体[②]。炎帝神农结合成为一个混沌的神话时代,是伏羲神话时代之后渔猎文明向农耕文明过渡的一个重要转折时代;其中,火神、太阳神、农神三位一体的神性融合,宣告着中国神话时代进入了一个新的文明阶段。

神农时代与炎帝神农时代是两个概念,后者强调更多的是文明进入国家权力色彩的阶段。

炎帝神农神话时代第一次出现庞大的神性力量集团,在某种意义上讲,它寓意着部落或国家形态的雏形。其国家雏形的徽帜,无疑就是太阳,或者称为太阳崇拜。如《白虎通·五行》记述曰:"炎帝者,太阳也。"《左传·哀公九年》记述曰:"炎帝为火师。"这里所讲的都是这种意思。太阳崇拜自神话时代开端就已经存在,盘古神话中的日月起源的阐释、女娲神话中的补天和伏羲神话中的"仰则观象于天",都蕴含有这种崇拜;但只有在炎帝神农时代,作为太阳神身份的炎帝

---

① 高有鹏:《中国近代神话传说与民族文化问题》,载《中国人民大学学报》2012 年第 1 期。
② 此说较早见于晋皇甫谧《世本》,其称:"炎帝,神农氏。"此两者相混为一,应当是当时炎帝神话流传的记录,其原因更复杂。

的神职才第一次明朗化。这说明在农耕文明的发展中,太阳崇拜具有十分独特的意义。

关于炎帝神农氏的出生,《水经注》卷十八《渭水》引晋皇甫谧的《帝王世纪》说其"姜姓",其母"女登"在"游华阳"时"感神而生炎帝"。《太平御览》卷七八引《帝王世纪》云:"神农氏,姜姓也。母曰任姒,有蟜氏之女,名女登,为少典妃。游于华阳,有神龙首,感女登于常羊,生炎帝。"在《三皇本纪》中有同样的描述,只是将炎帝神农之母述为"有娲氏之女"。《国语·晋语四》:"昔少典娶于有蟜氏,生黄帝、炎帝。黄帝以姬水成,炎帝以姜水成。成而异德,故黄帝为姬,炎帝为姜。"在《新书·益壤》中,也提到黄帝为炎帝之兄。《太平御览》卷七九引《帝王世纪》云:"黄帝,有熊氏,少典之子,姬姓也。母曰附宝,其先即炎帝母家有蟜氏之女,世与少典氏婚。"少典为炎帝、黄帝共同的先人,这一命题的提出暗示着炎帝神农时代从伏羲神话时代向黄帝神话时代漫长的过渡。

《管子·轻重》曰:"炎帝作,钻燧生火,以熟荤臊,民食之,无兹胃之病,而天下化之。"《路史·后纪三》曰:"于是修火之利,范金排货,以利国用,因时变燥,以抑时疾,以炮以燔,以为醴酪。"《论衡·祭意》:"炎帝作火,死而为灶。"《左传·昭公十七年》曰:"炎帝氏以火纪,故为火师而火名。"显然,炎帝最初的神性面目是火神,那么,他又如何具有了农神的神性呢?《国语·鲁语上》说得很明白:"昔烈山氏之有天下也,其子曰柱,能植百谷百蔬。"烈山氏即炎帝,《路史·后纪三》讲"肇迹列山,故又以烈山、厉山为氏",即指此。从许多不发达民族的耕作中我们可以看到,火在农业生产中具有非同寻常的作用,以此相推,炎帝在使用火的同时对开拓农业作出了巨大贡献,其道理不难理解。

在史籍文献的记载中,火神并不仅炎帝一人,如韦昭注《国语·周语》中提到"回禄,火神也",其注《左传·昭公十八年》提到"禳火于回禄",其"疏"中说,"吴回为祝融"。祝融与炎帝是何关系?《山海经·海内经》载:"炎帝之妻赤水之子听訞生炎居,炎居生节并,节并生戏器,戏器生祝融。"祝融当为炎帝的后代。祝融是南方神祇,后来被列为颛顼之后,这同样是神话融合的产物。其他还有"舜使益掌火"等,这些都说明火文明在史前社会具有特殊意义,没有火的运用,农耕文明是不可能产生的。

特别是太阳崇拜与炎帝文化,作为中国文化精神的重要内容,值得我们深思。太阳是光明的象征,也是权力的象征,这种权力并不是简单的政治力量的集合,而是各种社会意志的统一体现。从文化属性的考察中我们可以看到,炎帝的"炎"与"帝",其集中了中华民族的神圣意志。他之前的女娲、伏羲被称为皇,包括有巢氏、燧人氏和神农氏,更不用说共工、祝融等影响巨大的神,都没有称为帝。在许多文献中,帝被解释为"王天下之号也"。"号"即"號"的意义体现为旗帜与威严(虎),表现出崇高的威望和神圣的力量。这正是炎帝不同于燧人氏和神农氏等神话的重要内容,即统一天下意志。其神话构成中,既有燧人氏神话的火图腾,又有神农氏神话的五谷文明与医药文明,如此大一统的神话意象赋予炎帝,就自然成为天下人民的认同与选择。因此,在盘古时代、女娲时代、伏羲时代与有巢氏时代、燧人氏时代、神农氏时代等时代,都没有出现大一统的国家文明。而炎帝图腾有太阳、火、牛首等内容,形成经天纬地的新局面,便出现以炎帝为领袖的神话中国。从此,以河洛为中心的中华民族疆域拓展到广大的南方。

二、农耕文明在神话时代中的确立与炎帝神农精神体现

炎帝神农开拓了农业,替代伏羲氏时代的渔猎生产方式,在古代文献典籍中记载的材料更多。前面曾提到"炎帝居姜水以为姓""人身牛首"(见《帝王世纪》《三皇本纪》和《鹿门隐书》等),这一方面表明牛图腾的存在,另一方面说明牛在农耕文明中具有重要作用。炎帝神农时代以农耕构成自己的基本特色。《庄子·盗跖》中称"神农之世,民知其母,不知其父,耕而食";《管子·形势解》称"神农教耕生谷,以致民利";《管子·轻重戊》称"神农作树五谷淇山之阳,九州之民乃知谷食,而天下化之"。诚如《礼记·曲礼·正义》所引《世纪》所言:"神农始教天下种谷,故人号曰神农。"这个时代不仅改变了人们获取食物的生产方

式，而且改变了人们的生存方式，在某种程度上讲，它是自盘古、女娲至伏羲时代的一个总结，是一次突破和飞跃，也是黄帝神话时代的必要的铺垫。

炎帝也好，神农也好，作为农耕文明的开拓者，其神性的光辉被不断张扬，标志着中国神话时代又一个新的创造峰巅。《艺文类聚》卷十一引《周书》曰："神农时，天雨粟，神农耕而种之。"《淮南子·修务训》曰："古者民茹草饮水，采树木之果，食蠃蚌之肉，时多疾病毒伤之害。于是神农乃教民播种五谷，相土地，宜燥湿、肥烧、高下，尝百草之滋味、水泉之甘苦，令民知所辟就。当此之时，一日而遇七十毒。"《新语·道基》曰："民人食肉、饮血、衣皮毛，至于神农，以为行虫走兽难以养民，乃求可食之物，尝百草之实，察酸苦之味，教民食五谷。"《白虎通·号》曰："古之人民，皆食禽兽肉。至于神农，人民众多，禽兽不足。于是神农因天之时，分地之利，制耒耜，教民耕作，神而化之，使民宜之，故谓之神农也。"《太平御览》卷十引《尸子》曰："神农理天下，欲雨则雨，五日为行雨，旬为谷雨，旬五日为时雨，万物咸利，故谓之神农。"炎帝神农的业绩在这里被描绘成一座辉煌的里程碑。

值得注意的是，《淮南子·主术训》中述说神农炎帝，称："昔者神农之治天下也，神不驰于胸中，智不出于四域，怀其仁诚之心，甘雨时降，五谷蕃植，春生夏长，秋收冬藏，月省时考，岁终献功，以时尝谷，祀于明堂。明堂之制，有盖而无四方；风雨不能袭，寒暑不能伤。迁延而入之，养民以公。其民朴重端悫，不忿争而财足，不劳形而功成，因天地之资而与之和同，是故威厉而不杀，刑错而不用，法省而不烦，故其化如神。其地南至交阯，北至幽都，东至旸谷，西至三危，莫不听从。当此之时，法宽刑缓、囹圄空虚，而天下一俗，莫怀奸心。"（《淮南子·主术训》）其强调"昔者神农之治天下也"中的"甘雨时降，五谷繁殖"，与"南至交阯，北至幽都，东至旸谷，西至三危""当此之时，法宽刑缓、囹圄空虚，而天下一俗，莫怀奸心"，包括"禹决江疏河，以为天下兴利，而不能使水西流；稷辟土垦草，以为百姓力农，然不能使禾冬生"（《淮南子·主术训》）。所以，其得出一种国家治理的结论："故太上神化，其次使不得为非，其次赏贤而罚暴。衡之于左右,无私轻重,故可以为平。绳之于内外,无私曲直,故可以为正。人主之于用法,无私好憎。故可以为命。夫权轻重不差蚊首,扶拨在挠不失针锋,直施矫邪不私辟险,好不能枉,谗不能乱,德无所立,怨无所藏,是任术而释人心者也。故为治者不与焉。"(《淮南子·主术训》)这样,神农炎帝神话便克服神农神话,就不仅仅是一种体现世间百姓意志的述说,而是国家政治与权力意志的体现,意味着文明进入一个新的阶段。

在盘古神话中,我们看到了天地的开辟;在女娲神话中,我们看到了人类的诞生;在伏羲神话中,我们不仅看到了渔猎生产的起始,而且看到了文明的曙光即"卦"的创造;而在神农炎帝神话中,我们则看到人类赖以生存发展的最重要的基础——农耕不仅保障人类健康发展,告别了茹毛饮血的蒙昧阶段,而且使人自身发展到了一个崭新的时代,即依靠自身不断发展壮大起来。在更多的文献中,这种自身发展被具体描绘为农业技术和农业工具的发明创造。如王充《论衡·感虚》曰:"神农之揉木为耒,教民耕耨,民始食谷,谷始播种,耕田以为土,凿地以为井。"《论衡·商虫》曰:"(神农)藏种之方,煮马尿以汁渍种者,令禾不虫。"《艺文类聚》卷七二引《古史考》曰:"神农时,民食谷,释米加烧石上而食之。"《艺文类聚》卷九一引《周书》曰:"(神农)作陶冶斤斧,为耜锄耨,以垦草莽。然后五谷兴,以助果蓏实。"《艺文类聚》卷五引《物理论》曰:"畴昔神农始作农功,正节气,审寒温,以为早晚之期,故立历日。"《三皇本纪》曰:"(神农)作五弦之瑟,教人日中为市,交易而退,各得其所,遂重八卦为六十四爻。"《路史·后纪》卷三注引《锦带书》曰:"神农甄四海。"《绎史》卷四引《春秋命历序》曰:"神农始立地形,甄度四海,远近山川,林薮所至,东西九十万里,南北八十三万里。"《太平御览》三六引《春秋元命苞》曰:"神农世,怪兽生白阜,图地形脉道。"又曰:"白阜为神农图水道之画,地形通脉,使不拥塞也。"《水经注·漻水》曰:"神农既诞,九井自穿。"《路史·后纪三》曰:"(神农)教之桑麻,以为布帛。"

总之,神农之神奇在于开辟了农耕时代,教会了人民生产、生活,在工具的制作、种子的保存、历日的制定,图画水道、甄度四海及做瑟、制卦爻、制衣帛等一系列劳动创造中，显现出他卓越的智慧和非凡的功勋。这是中华民族文化精神建构的重要基础。

农耕时代改变了人类的生存方式，其重要标志就是劳动技术的提高与劳动工具的发明创造。神农即农神，其意义就在于此。在我国神话时代中，农耕火神不独炎帝，或不仅有此神农，还有稷、叔均、柱等神话人物，那么他们之间是否有血缘上的联系，是否同处于一个时代呢？《太平御览》卷五三二引《礼记外传》曰："稷者，百谷之神也。"《诗经·鲁颂·閟宫》和《诗经·大雅·生民》以及《世本》中都称姜嫄生下了后稷，《山海经·海内经》中则称"帝俊生后稷"。从《尚书·吕刑》《瑞应图》《国语》《孟子》《新语》《淮南子》《史记》《汉书》《越绝书》等典籍所记述的稷的业绩中，可知稷与神农在许多地方是一样的。其不同处在于，炎帝神农虽生于姜水，活动地点多在南方，包括陕西宝鸡、湖南会同县连山、湖南株洲炎陵县、湖北随州、山西高平、河南商丘柘城等传说，而稷在《史记·周本纪》中明确提到"周后稷"；神农的"遗迹"分布点，有"谬水"（《水经注》卷三二）、"荆州"（《初学记》卷七引）、"淮阳"（《三皇本纪》）、"长沙"或"茶陵"（《路史·后纪三》）、"上党羊头山"（《路史·后纪三》）、"河北昭德百谷岭"（《水浒》第九十六回引传说）等处，而后稷"广利天下"，其"遗迹"分布点有"雍州武功城西南二十二里古邰国"（《史记·周本纪》正义引《括地志》）、"绛郡"（《太平御览》卷四五引《隋图经》）和山西稷山等。《左传·昭公二十九年》载："有烈山氏之子曰柱，为稷。"《礼记·祭法》曰："厉山氏之有天下也，其子曰农，能殖百谷。"在《国语·鲁语》中则称："昔烈山氏之有天下也，其子曰柱，能殖百谷百蔬。"《山海经·海内经》曰："稷之孙曰叔均，是始作牛耕。"不论是否真正如前所说神农与后稷有血缘关系，我们都认为，在中国神话中，神农与后稷大致是同时代的，其中包含着不同地域文化间的交流，尤其是神话的融合与渗透，因此后稷神话当属炎帝神农时代。

后稷开辟等神话是神农炎帝精神的延续与发扬光大，体现出中华民族踏实务本的文化精神。

神农炎帝神话不仅在汉民族中广泛流传,而且也在一些少数民族中流传。如苗族神话中说,神农时的西方恩国有谷种,神农曾告示天下,若有人取回谷种,便可娶其公主。结果神农家的狗翼洛取回了谷种,娶了公主,公主生下血球,血球中跳出七男七女苗汉两家。同类的神话还有许多,在各民族的发展中,具有特殊意义的农耕精神与医药精神如何构建中华民族文化精神是一个避不开的话题。

三、神农炎帝的神性角色与文化表现问题

神农炎帝除融合了火神、太阳神、农神之外,还具有一个更为复杂的神性角色,即战神,其表现就是他在与黄帝的争斗中作为一个失败的英雄神而存在。关于这一点,我在关于黄帝神话时代的论文中有更详细的论述。[①] 炎帝与黄帝是中华民族不可分割的两位神话人物,迄今我们仍自称炎黄子孙就是这个道理。

神农炎帝是一位具有特殊身份的医药之神,是民间百姓的生命保护神,是文明国家建立的重要基础。如前所举例,《淮南子·本经训》中说他"尝百草之滋味、水泉之甘苦,令民知所避就。当此之时,一日而遇七十毒";《搜神记》卷一载:"神农以赭鞭鞭百草,尽知其平毒寒温之性,臭味所主。"其他如《太平御览》卷七二一引《帝王世纪》《文选·蜀都赋》《事物纪原》《梦粱录》《弘明集》等典籍中,都载有类似的事迹。今天,许多地方还敬祀炎帝神农,如河南商丘火星台即阏伯台附近有神农墓,是把神农作为火神敬祀的,在我国南方广大地区特别是许多地方一些草药行也曾供奉神农与炎帝。相比黄帝神话及其信仰而言,神农炎帝神话的流传和信仰更多地存在于下层百姓之中,若追溯其源头,那就是影响了中国神话时代构成的炎黄战争。炎帝神话并没有完全消失,一方面与神农神话相融合,形成神农炎帝神话,另一方面与黄帝神话,包括祝融神话、共工神话等各个族群神

---

① 高有鹏:《山海经与中国古代黄帝神话群》,载《中国社会科学报》2010年3月19日。

话相融合,融入中华民族大一统之中,成为中华民族文化精神的一部分。

神农炎帝神话所包含的神性集团因为炎黄之战而显得非常模糊,但究索文献,我们依然可以从中管窥到诸多痕迹,也就是说,有许多神话我们依据其内容可以大致判断其所处的时代。如著名的"精卫填海",《山海经·北山经》中提到"(精卫)是炎帝之少女",那么,我们就可以把精卫列入炎帝神农时代;还有前面曾提到《山海经·海内经》记载"炎帝生祝融",我们可以把祝融所属的时代,也大致定在炎帝神农时代;甚至著名的夸父逐日神话故事,我们同样可以将其归入这样一个时代,因为这个神话的核心在于太阳崇拜,与炎帝神话中的火神、太阳神相应,而且夸父神话的遗迹也基本处于神农炎帝神话流传分布的区域,所以我们可作此推测,当然也只限于推测①。而如果我们走进田野,诸如湖北随山炎帝陵、河南焦作神农涧、河南淮阳神农台等,那里都有不同类型的历史文化遗址与传说,以非物质文化遗产的形式保存着许多等待解说的内容。

炎帝被称神农炎帝,其实与神农并不完全相同。炎帝与轩辕黄帝并称炎黄,其实与轩辕黄帝更不相同。炎帝统帅南方各民族,与中原地区的各个部族形成密切联系,这表明被历史淹没的,其实更多的是炎帝作为战神,或作为和平之神,显示出他在中华民族统一过程中作出的巨大贡献。有名的神话战争,诸如阪泉之战与涿鹿之战,其见诸《史记·五帝本纪》记载:"轩辕之时,神农氏世衰。诸侯相侵伐,暴虐百姓,而神农氏弗能征。于是轩辕乃习用干戈,以征不享,诸侯咸来宾从。而蚩尤最为暴,莫能伐。炎帝欲侵陵诸侯,诸侯咸归轩辕。轩辕乃修德振兵,治五气,蓺五种,抚万民,度四方,教熊罴貔貅䝙虎,以与炎帝战于阪泉之野。三战,然后得其志。蚩尤作乱,不用帝命。于是黄帝乃征师诸侯,与蚩尤战于涿鹿之野,遂禽杀蚩尤。而诸侯咸尊轩辕为天子,代神农氏,是为黄帝。天下有不顺者,黄帝从而征之,平者去之,披山通道,未尝宁居。"其中的阪泉之战,形

---

① 《山海经·大荒经》有"应龙处南极,杀蚩尤与夸父"句,说明蚩尤与夸父同属一个时代;面蚩尤与黄帝战之前曾与炎帝战,由此也可推测他们属于同一时代。

成神话战争的背景是"诸侯相侵伐,暴虐百姓,而神农氏弗能征"与"炎帝欲侵陵诸侯",轩辕黄帝出手相救。战争的过程被略为"三战",其真实的内容是各个部族的大会战,即"教熊罴貔貅貙虎,以与炎帝战于阪泉之野"。其中的涿鹿之战,战争的起因在于"蚩尤作乱,不用帝命",仍然是部族之间的大会战。炎帝都是神话战争的重要角色。战争的结果并不是炎帝被消灭,而是形成炎帝与黄帝的大联合"诸侯咸尊轩辕为天子,代神农氏"。对于炎黄神话战争的描述,《史记 五帝本纪》只是一种叙说,在其他文献中有更多的叙说。之前的文献如《吕氏春秋·荡兵》描述道:"兵所自来者久矣,黄、炎故用水火矣。"《列子·黄帝》描述道:"黄帝与炎帝战于阪泉之野,帅熊、罴、狼、豹、貙、虎为前驱,雕、鹖、鹰、鸢为旗帜。"如同为汉代的贾谊在《新书》中描述道:"炎帝者,黄帝同母异父兄弟也,各有天下之半。黄帝行道而炎帝不听,故战于涿鹿之野,血流漂杵。"东汉时期的《大戴礼记》描述道:"(黄帝)与赤帝(炎帝)战于阪泉之野,三战,然后得行其志。"神话战争是历史战争的影子,它告诉世人,和平不是无缘无故而来的。炎帝之所以与开辟农业即发现五谷、开辟医药挽救天下生命的神农合为一体,与被天下众人拥戴的黄帝共称为炎黄,就在于其对和平世界的伟大贡献。所以,克服人类疾病和各种灾难的神话英雄,就被人设定为炎帝。这就是中华民族热爱和平、敢于斗争的文化精神的重要体现。

神话中的炎帝被描绘为生命之神,广为传颂,成为中国文化中的箭垛式人物,汇聚着中华民族的伟大精神,成为天下万人敬仰的楷模。如屈原在《远游》中歌唱:"指炎神而直驰兮,吾将往乎南疑。"

南朝宋人谢庄在《明堂歌赤帝》中歌唱道:

> 龙精初见大火中,朱光北至圭景同。
>
> 帝在在离实司衡,水雨方降木槿荣。
>
> 庶物盛长咸殷阜,恩覃四冥被九有。

（《乐府诗集》,南朝宋郊祀歌之二)

韩愈《和水部张员外宣政衙赐百官樱桃诗》歌唱道：

汉家旧种明光殿，炎帝还书《本草经》。

岂似满朝承雨露，共看传赐出青冥。

香随翠笼擎初到，色映银盘写未停。

食罢自知无所报，空然惭汗仰皇扃。

（《韩昌黎集》，四部丛刊本）

尤其是元代王芮，他在《历代蒙求》中描绘中国文明的神圣进程，从"太极未判，混然一气。清浊肇分，高下奠位。轻清为天，重浊为地。中间为人，杂以万类"开始，描绘出一幅绚丽多彩的史诗画卷，其歌唱道：

天生伏羲，首出御世。

始画八卦，更造书契。

万七千年，凡十五代。

世尚洪荒，经史不载。

继生炎帝，号神农氏。

播种百谷，教民耒耜。

八帝相承，四十三纪。

至帝榆罔，诸侯乱起。

维时黄帝，姓为公孙。

亲与帝榆，战于阪泉。

大开明堂，治政百年。

古称三皇，道以此传。

降及五帝，少昊有作。

在位七纪，授于帝颛。

颛亦七纪，传之帝喾。

喾七十载，挚立匪淑。

尧帝践柞,氏为陶唐。

光宅天下,焕乎有章。

荡荡难名,治称垂裳。

九十八载,万国明昌。

舜在侧微,玄德升闻。

尧使嗣位,明物察伦。

举八元恺,诛四凶臣。

历五十载,巍乎圣君。

帝降而王,首称夏禹。

禹授以位,功由水土。

(《历代蒙求》一卷,王芮著,郑镇孙纂注,毛氏汲古阁影元抄本)

他详细勾画出中国史前文明的伟大谱系,而特别指出神农炎帝"播种百谷,教民耒耜"这样一个历史转折时代。

中国历史的大一统,形成特殊的民族精神,神农炎帝成为一个联系各个民族的重要文化纽带。许多人把神农炎帝视作农耕文明中火的创造者、耕作开创者和医药发明者,甚至是人间最早的市场贸易的开创者。如明代诗人陈凤梧《神农赞》歌唱道:

圣皇继作,与天合德。

始尝百草,以济天札。

农有耒耜,市有交易。

泽被生民,功垂无极。

(《圣贤赞》之一①)

----

① 陈凤梧《圣贤赞》,有《伏羲赞》:"于惟神圣,继天立极,仰观俯察,卦爻斯画,始造书契,以代结绳,开物成务,万古文明。"《神农赞》(此略)《黄帝赞》:"帝德通变,神化宜民,垂裳而治,上干下坤,井野分州,迎日推筴,百庶惟熙,万世作则。"《帝尧赞》:"钦明揖逊,德协万邦,巍乎成功,(转下页)

历代诗歌词赋对炎帝的歌颂数不胜数，人们把炎帝视作开辟人类文明、促进中华民族大同一的神圣帝王、文化英雄。这也充分显示出中华民族的追求与向往，表现出中华民族崇高的精神品格。

神话中的炎帝不仅成为人们歌唱的英雄，而且化为大地上的风景，以石刻碑记等形式激励人们奉献天下。如明代文人杨宪易《炎帝庙像服记》所记述："随之厉乡，炎帝所起，民因立庙祠炎帝，至今岁时，水潦旱暵，灾沴病疵，有祷焉辄应，禽鸟蛾蚁，至不敢近游其庙，民以此益尊畏之。其庙中偶土为帝像，而首之形如牛，自昔皇甫谧之徒，盖尝为此说，甚乎传之讹也。炎帝之见于书者多矣，《易》：庖牺氏没，神农氏作，斫木为耜，揉木为耒，耒耜之利以教天下，此炎帝之见于《易》者也。《礼》曰：厉山氏之有天下也，有子曰农，此炎帝之见于《礼》者也。《春秋》左氏曰：炎帝氏以火纪，故为火师而火名，此炎帝之见于《春秋》者也。《易》《礼》《春秋》之述炎帝如此而已矣。不闻其牛首也，借使信然好志怪者，莫如左氏，何不言软？天地之始，今日是也，彼其荒忽寂寥，朴质醇鲁，则信矣。若夫人之形，岂得以与禽兽类，又况其圣人哉？虽然炎帝以教民耒耜，故名为神农，牛者农之所资也，而习俗讹言，因是谓炎帝牛首，此固非君子之所信，则未知皇甫谧之徒奚从而闻之也？宣城杨侯之治随，最重神事，受政之始，使属官代谒庙下，因视庙祠，将治完之，而吏以像为告，侯曰：妄述古先，以渎圣人，此皇甫谧之过也。吾不可以不革，吾不知炎帝之在位服何服，而冠何冠，孔子有言，曰：服周之冕，冕之所美，无易于周，而为圣人之所取也。使炎帝出于周之后，其亦以周冕为服也必矣。即遣工人因庙旧像，更其首形，而始冕。"[1]

神话建构与中华民族文化精神的形成，体现在漫长的岁月中。这里既有原始文明的融入，又有后世各种宗教文化、世俗文化等不同类型文化的融入。特别

（接上页）焕乎文章，天地之文，日月之光，允执厥中，道冠百王。"《帝舜赞》："重华协帝，授受于唐，惟精惟一，浚哲文明，两阶干羽，九韶凤凰，恭已南面，万世纲常。"《禹王赞》："文命四敷，三圣一心，有典有则，克俭克勤，成功不伐，善言则拜，九州攸同，万世永赖。"

[1] 清同治八年《随州志·艺文下·炎帝庙像服记》存。

是各种各样的文学表现,形成特殊的神农炎帝文化精神,成为中国文化力量的重要组成部分。

中华民族常常自称炎黄子孙,历史上的许多南方民族把炎帝视作自己的祖先,许多北方民族也把炎帝视作自己的祖先。这是中华民族文化认同的重要体现,是天下美学为审美表现形式的神话艺术,表现出独特的民族精神。

经济学家眼中的奢侈消费动因：从曼德维尔、凡勃伦到桑巴特

| 谢岱杉（上海交通大学媒体与传播学院）

摘要：

曼德维尔是历史上第一位将奢侈消费"去道德化"的学者，并为后世奠定了有关奢侈消费动因研究的基本框架；凡勃伦为奢侈消费动因的研究树立了基于制度研究的新范式，并提出了影响深远的炫耀性消费理论；桑巴特开创性地将"性"视为奢侈消费的核心动因，为后世提供了崭新的研究视角。三位学者对奢侈消费动因的研究既存在共性，亦各有其自身的特点。他们强调炫耀和感官享乐为奢侈消费提供了内在动力，指出不同社会阶层的财富为奢侈消费提供了外在条件；并关注到公认的社会准则对奢侈消费行为的影响；以及城市这一空间对奢侈消费行为的推动作用。曼德维尔基于人的激情与伦理的对抗进行探讨，凡勃伦将制度作为讨论的核心，而桑巴特则更加关注性冲动与社会风气的历史变迁对奢侈消费的影响。

关键词： 奢侈消费动因；曼德维尔；凡勃伦；桑巴特

Abstract: Mandeville is the first scholar to study luxury consumption in an amoral way in history, and has laid the basic framework for researches on the motivation of luxury consumption for later generations. Veblen set up a new paradigm based on institutional research on the motivation of luxury consumption and put forward a far-reaching theory of conspicuous consumption. Sombart innovatively regarded "sex" as the core motivation of luxury consumption, providing a new research perspective in the field. The three scholars' studies on the motivation of luxury consumption have presented both generality and individuality. They all emphasized that status display and sensual pleasure provided the internal power for luxury consumption. They all pointed out that the wealth of different social classes provided external conditions for luxury consumption. They all paid attention to the influence of recognized social norms on the behavior of luxury consumption. They also studied the positive influence of cities on the motivation of luxury consumption. On the other hand, based on different perspectives, the three scholars have made different interpretations on these issues. Mandeville based his discussion on the confrontation of human passion and ethics, Veblen took institutions as the core of his discussion, and Sombart paid more attention to the influence of sexual impulse and the historical development of social atmosphere on luxury consumption.

Keywords: the motivation of luxury consumption; Mandeville; Veblen; Sombart

一、前言

奢侈消费作为一种"非理性"的消费类型[1]，是西方思想史上一个古老的话题，对其的探讨，可以追溯至古希腊哲人。古希腊学者关注奢侈对战争的引发问题，柏拉图将奢侈视为"战争根源"[2]。古罗马思想家和中世纪神学家关注奢侈消费与道德败坏的关系，古罗马为限制奢侈制定了极为严苛的奢侈法，中世纪普鲁登修斯《善恶之战》及其之后的各类基督教七大（或八大）罪中，都将奢侈作为恶德来批判[3]。而到了18世纪之后，曼德维尔在其著作《蜜蜂的寓言》中，强调奢侈消费的经济价值，从而使奢侈消费的探讨不再局限于伦理哲学领域，而开始成为一个政治经济学问题[4]。

经济学的研究对象是经济活动及其发展规律，更加关注奢侈消费在整个经济活动中扮演的角色，故经济学家对奢侈消费的研究，往往将奢侈消费的影响作为其核心论点，比如曼德维尔将奢侈作为拉动社会生产的砝码，而桑巴特将奢侈消费视作资本主义兴起的原因等。这样"重果轻因"的特点，也体现在后人对这些经济学家理论的研究中。但是"有因才有果"，这些经济学家虽然没有将奢侈消费的动因作为核心问题进行讨论，但这并不代表他们对奢侈消费动因的观点没有被深入研究的价值。许多经济学家在奢

---

[1] 张雄：《非理性与西方近、现代经济理论——从马尔萨斯到贝克尔》，载《国外社会科学》1996年第2期，第1—7页。

[2] ［美］克里斯托弗·贝里：《奢侈的概念：概念及历史的探究》，江红译，上海：上海人民出版社，2005年，第50页。

[3] 同上，第94页。

[4] 李新宽：《18世纪英国奢侈消费大讨论》，载《世界历史》2016年第6期，第4、14、157页。

侈消费动因问题上的探讨是颇具创见的。他们的研究目的、基本假设以及研究方法也都立足于经济学,这使得他们对奢侈消费动因的研究体现出经济学的学术色彩。他们所主张的奢侈消费动因往往基于价值中立的前提,并且将动因的探讨与经济活动和经济发展阶段紧密地联系起来。因此本研究将关注点置于经济学家的视角,对经济学家眼中的奢侈消费动因进行综述式的研究,以补充上述"重果轻因"所带来的研究空缺。

本文选择曼德维尔(Bernard Mandeville)、凡勃伦(Thorstein Veblen)、桑巴特(Werner Sombart)三位经济学家的相关理论进行重点研究。之所以选择这三位学者,是基于以下三个原因。第一,他们的观点具有比较的价值和空间。他们的观点相互之间能看到借鉴、批判和补充的影子,厘清三者观点之间的异同和关联,能够使奢侈消费的动因问题更加深刻而准确地得到解答。第二,他们都在经济学领域具有杰出的成就,这使得他们的奢侈消费动因的理论也更具有研究价值。曼德维尔是苏格兰启蒙运动时期的重要思想家,他提出了在经济学史上著名的"曼德维尔悖论",即"私人的恶德也能构成公众的利益",首次揭示了商业社会的运行原理①;凡勃伦是美国制度经济学的创始人,提出了"炫耀性消费"(conspicuous consumption)概念,为资本主义社会经济发展研究提供了新的视角,率先从非理性的角度,构建起了一套经济理论体系②。桑巴特是德国新历史学派的代表人物,关于资本主义的形成问题,他提出了与韦伯(Max Weber)"禁欲说"针锋相对的"奢侈说",搭建了另一套通过人类心理来分析社会经济发展的理论框架。第三,他们代表着不同时代、不同学派的不同观点。曼德维尔、凡勃伦、桑巴特分别属于18、19、20世纪,是启蒙运动、制度学派、新历史学派的代表人物。通过纵向横向的比较,对他们的观点的梳理和分析就更有张力和空间。

---

① 李非:《试论曼德维尔的启蒙思想》,载《深圳大学学报(人文社会科学版)》2001年第6期,第58—64。

② 张雄:《非理性与西方近、现代经济理论——从马尔萨斯到贝克尔》,载《国外社会科学》1996年第2期,第1—7页。

通过对三位学者奢侈消费动因研究的梳理和比较，本研究尝试解答以下问题：三位学者所认为的奢侈消费动因为何？他们是如何得到这些结论的？他们的分析之间有何异同和关联？其中体现了哪些奢侈消费动因方面的关键论题？他们三人的研究对后世产生了怎样的影响？

二、奢侈消费研究的思想脉络

对于思想脉络的梳理，本研究将按照奢侈消费的定义、奢侈消费的动因两大主题来进行。

定义是动因的逻辑基础。在对奢侈消费的定义上，从古至今的学者都是采用相对定义的方法。他们都将"必需"概念视作与"奢侈"消费相对的概念，通过先定义何为"必需"，来确认何为"奢侈"。但在"必需"的定义方面，不同时代有不同的视角和结论，整体上，奢侈消费的定义可以分为两类："普适性"定义和"非普适性"定义，两种定义在奢侈消费研究的发展历程中交错出现，并呈现出辩证法中否定之否定的螺旋发展特点。

基于对人"天性"的判断，柏拉图认为人的基本的、"自然的"需要有三种：衣、食、住，苏格拉底认为有两种：衣、食[①]。古罗马时期奢侈消费的定义基本上是古希腊的翻版：奢侈消费的定义取决于"必需"概念的界定，而这样的"必需"又受到以"自然""天性"为名的先验因素而定义。塞涅卡等斯多葛派哲学家认为，自然给人肉体上的需要设定了界限[②]。值得注意的是，进入古罗马时代，奢侈消费的底线上升了，更多的需求被划分到"必需"的范畴中。斯多葛派认为，不事奢侈并不意味着粗俗的生活，人们需要保持基本的"礼貌"，塞涅卡称追求衣装的严整、洁净是"自然的"，爱比克泰德也指出，人们不应将用水洗澡当作

---

① ［美］克里斯托弗·贝里：《奢侈的概念：概念及历史的探究》，江红译，上海：上海人民出版社，2005年，第48页。

② 同上，第65页。

"不自然的"①。这一变化与古罗马人喜爱沐浴的社会风气相一致。中世纪时期基督教世界的奢侈消费概念,体现出强烈的神学色彩。确定"必需"范畴的不再是过去的"天性""自然界限",而是"上帝旨意"的限制,奢侈消费则是这一限制之外的消费。德尔图良在《女性服饰论》中就指出:"女人要遵从个人教养的'限度、规范和合理的尺度',这个取悦上帝的尺度是要把欲望限制于简单而充分的精美范围内。"②18世纪前的这些概念划分,总是以某种掌控全人类的力量作为依据。从古希腊的"天性"、到古罗马的"自然限制"、再到基督教徒口中的"上帝旨意",这些时代的学者定义的"必需",排除了每个个体自身的变量(如主观感受、社会阶层、消费习惯等),是通用于全人类的。换言之,这一阶段的奢侈定义体现出了"普适性"。

进入18世纪启蒙运动时期,奢侈消费的概念发生了很大的转变,非普适性的定义开始出现。曼德维尔在《蜜蜂的寓言》中指出奢侈消费的定义需要根据不同的阶层来讨论,即使是同样的物品,对于某些阶层是奢侈品,但对于其上的阶层却可能不是。曼德维尔的定义体现的则不是"普适性",而是"阶层性"。这样阶层性的观点具有开创性,成为了其后许多学者在讨论奢侈消费时的基本观点,并在19世纪得到了进一步补充,对奢侈消费的定义还纳入了纵向的"发展性"观点。马克思对于奢侈消费的界定持动态的观点,他站在历史唯物主义的角度,认为随着生产力的进步,过去的奢侈品,可能在今日被认作必需品。③ 而将发展性的观点采用到对奢侈消费的专门探讨中的,则是凡勃伦。凡勃伦不仅继承并综合了阶层性和发展性两种观点,还将在阶层和时间两个维度下原本极为复杂的奢侈定义,包含到了一个更为宏观的定义之下。他将"对人类生活过程产生客观

---

① [美]克里斯托弗·贝里:《奢侈的概念:概念及历史的探究》,江红译,上海:上海人民出版社,2005年,第66页。
② 同上,第90页。
③ 《马克思恩格斯全集(第46卷)(下)》,北京:人民出版社,2008年,第225页。

意义上的提升"①作为评判"奢侈"的标准，如果人类的本能判断某个消费不符合这个标准，则它就是奢侈消费。利用"本能"这一超越时空的要素，凡勃伦对这阶层性和发展性观点实现了超越，重新达到了奢侈消费的定义的"普适性"。凡勃伦之后，桑巴特也专门对奢侈消费进行了定义上的探讨，他参考了凡勃伦基于"本能"的定义方法，将社会的普遍心理需求作为奢侈消费的评判标准，但由于新历史学派学术观点对于普遍规律的排斥，桑巴特还是将奢侈消费的定义限制在某一划定的历史范围内，指出不同时代的社会心理是不同的。他没有追求一个放之四海皆准、且适合任何时代的"普适性"定义。虽然牺牲了"普适性"，但桑巴特的定义中所体现的"时代性"也可以从过去学者对奢侈消费的定义中得到印证。与奢侈相对的"必需"概念，它的底线随着时代发展的确在不断变化：从古希腊的仅有"衣食住"，到古罗马加入了"礼貌"，到中世纪"简单而充分的精美范围"，到曼德维尔的定义下，"必要"的底线已不再取决于社会最底层的需求，再到凡勃伦的定义下，"必要"的概念已由"实用"所替代，只需对生活过程带来客观提升即可。因此，"必要"和"奢侈"的定义的确存在这样的"时代性"。

总而言之，奢侈消费定义的发展，是建立在对前人定义的否定与超越之上的。由此也可见，在奢侈消费的定义方面，三位学者都提供了先锋式的理论成果。曼德维尔开创性地提出了"阶层性"的定义。凡勃伦在更高的认识层次上，再次使奢侈消费的定义"普适化"。而桑巴特则立足于新历史学派和前人的观点，抓住了奢侈消费定义"时代性"的特点，使奢侈消费定义更加贴合现实。

而对奢侈消费的动因的研究，结论上基本可以概括为两个，一是肉体享受或感官享受，另一个是虚荣、炫耀等心理。但这两个动因的提出是有先后顺序的，感官享受最早被人们所认识为奢侈消费的动因，而对炫耀动因的研究则在 18 世纪被提出，并且其内涵和外延在后来的研究中被不断拓展。

18 世纪前的学者基本上只将感官享受作为奢侈消费的动因。并且，他们将

---

① ［美］凡勃伦：《有闲阶级论》，蔡受百译，北京：商务印书馆，2018 年，第 77 页。

这种享受视作人的天性。古希腊哲人认为,奢侈消费的动因是对肉体享乐的贪图①,柏拉图认为这是无法根除的,因为爱好是人类灵魂的一部分。② 基督教神学家奥古斯丁从神学角度,在《上帝之城》中写道:"亚当犯下罪孽,整个人类便罪有应得地遭到诅咒。这一罪孽的根源是傲慢,而傲慢的实质则是人类自以为能够自我满足……人类奴役地位的标志之一就是人类有了永远的肉欲想法。"③

而进入 18 世纪,随着自然科学的发展和理性主义的兴起,人们得以征服自然、颠覆教权,使得学者们在研究奢侈消费动因时,不再仅仅拘泥于自然或上帝所赋予人类的这具肉身。学者们开始意识到了虚荣、荣誉这些社会性、心理性要素,也是奢侈的动因。尼古拉·巴尔本在《论贸易》中提到了"虚荣"问题,指出我们总觉得自己是被关注和嘉许的对象④。曼德维尔基于人的"自爱"激情,将"虚荣"作为奢侈消费的重要动因进行了大量而深入的探讨。休谟也紧随其后,在《论人性》中基于人的"骄傲",针对"虚荣"进行了非常相似的探讨⑤。亚当·斯密也在《道德情操论》和《国富论》中提及,满足虚荣心的功能是人对财物喜爱的重要原因之一⑥,虚荣会驱使富人进行奢侈消费,以至于"用掉他们全部的实力和权威"⑦。这样的观点一直延续到了 19 至 20 世纪。马克思认为奢侈消费的动因是阶级身份的展示。基于交往异化理论,马克思指出,一旦货币被认作商品交换过程的载体、一切都可以用金钱来计算的时候,拜物的倾向就会逐渐形成,最后,对金钱的占有和消费就成为了人与人之间交往的基础。在这种情况下,资

---

① [美]克里斯托弗·贝里:《奢侈的概念:概念及历史的探究》,江红译,上海:上海人民出版社,2005 年,第 51 页。
② 同上,第 50 页。
③ 同上,第 90 页。
④ 同上,第 121 页。
⑤ 张江伟:《欲望、自利与商业社会》,浙江大学论文,2015 年,第 31—35 页。
⑥ 同上,第 35 页。
⑦ [美]克里斯托弗·贝里:《奢侈的概念:概念及历史的探究》,江红译,上海:上海人民出版社,2005 年,第 154 页。

本家就得以通过奢侈消费来展示自己的身份、对金钱的占有以及偿债能力，从而得到从银行获取信贷的保障[①]。凡勃伦将马克思的观点进一步扩大、深入，指出人具备着"竞赛倾向"，人们通过消费奢侈品来进行"金钱的竞赛"。他还将奢侈消费与身份展示的关系，上升到社会习惯，或社会制度的层面来探讨。桑巴特也继续秉持了对虚荣心理的关注，他将其称为"野心"，并参考凡勃伦对制度的研究，提出了与之观点相似的"文化准则"概念。但他更加关注的，实际上是感官享乐。他将性冲动作为奢侈消费的根本动因，并断言"奢侈，它本身是非法情爱的一个嫡出的孩子"[②]。他极具原创性地指出，色情主义和非法情爱，通过对人们性价值观的改变，赋予了人们强烈的奢侈消费的动因。凯恩斯对人类两类需求的观点，也对凡勃伦提出的"竞赛倾向"构成了一种回应。凯恩斯认为人存在两种需求，绝对的需求和相对的需求。绝对的需求是一直存在的，它的存在与他人的情况是无关的，而相对的需求，则是要获得超越别人的优越感。[③] 新制度学派代表人物加尔布雷斯，在《丰裕社会》中进一步讨论了外部条件对炫耀心理的促进作用。加尔布雷斯称"欲望是生产的结果"。[④] 一方面是因为生产力的提升，使得人们奢侈竞赛的标准在不断提高，促使着人们不断地进行更多的奢侈消费，"生产愈多，为了维持适当的威信，就必须拥有愈多"。[⑤] 另一方面体现在现代广告业的努力，加尔布雷斯认为，广告推销就是"把以前不存在的欲望制造出来"。[⑥] 在当时的产业实践当中，企业更多地将资源投入到"生产欲望"的过程中。

在奢侈消费的动因方面，曼德维尔、凡勃伦和桑巴特的贡献显然是里程碑式的。

[①] 吴琼、刘怀玉：《从交往异化到拜物教的再生产——马克思奢侈消费批判思想的逻辑演变述评》，载《社会科学家》2017 年第 3 期，第 23—28 页。

[②] ［德］维尔纳·桑巴特：《奢侈与资本主义》，王燕平、侯小河译，上海：上海人民出版社，2007 年，233 页。

[③] ［美］加尔布雷斯：《丰裕社会》，徐世平译，上海：上海人民出版社，1965 年，第 127 页。

[④] 同上，第 130 页。

[⑤] 同上，第 131 页。

[⑥] 同上，第 132 页。

曼德维尔首次将"虚荣"纳入奢侈消费讨论中,并将其视作奢侈消费的重要动因,终结了 18 世纪前,感官享乐作为奢侈消费唯一动因的历史。而凡勃伦对于制度的关注,是其在诸多奢侈消费研究者之中独树一帜的地方。而桑巴特对性冲动和社会的性价值观改变的强调,又为奢侈消费动因的探讨,提供了独一无二的新视角。

三、曼德维尔:"自爱"

曼德维尔生活的时代是 17 世纪末、18 世纪初,正值英国从农业社会向商业社会转型的时期。政治上和思想上,经过 1688 年的光荣革命,《权利法案》被通过,君主立宪制在英国被建立起来,《宽容法案》赋予了新教徒宗教自由的权利。在这个时代,权力由过去的世袭封建贵族和旧宗教势力,转交给了宪法、议会和公民。封建社会阶层分明的政治环境,以及教会道德的约束,都被民主自由、"天赋人权"的新价值观所逐渐取代。曼德维尔所代表的正是这个时代的新主张,他批判传统宗教伦理,称《蜜蜂的寓言》意在"唤起注意"[1],并探讨私人恶德通过政治家的手段,向公共利益转化的可能性,实际上是为新的社会提供新的治理方案。经济上,受益于国际贸易发展,英国进入了经济繁荣的时期。通过商业活动,资产阶级可以通过积累财富改变自己所属的阶层,英国的社会流动性不断变大。社会流动性的变大和新的阶层划分,让曼德维尔关注到了不同阶层之间奢侈消费的区别。如此,在思想上和物质上,每一个英国公民都拥有了提升自己阶层的希望。而奢侈品则成为人们进入更高阶层的捷径,通过消费高于自己的阶层的消费水平的奢侈品,人们便能获得阶层提升的美好体验。因此奢侈消费、享乐主义成风,马克辛对 18 世纪英国的奢侈消费情况进行了细致的研究,指出奢侈消费已成为英国当时"甚至在极其普通的人群中,消费和家庭行为发生改变的关键动力"[2]。曼德维尔理论的提

---

① [荷]曼德维尔:《蜜蜂的寓言》,肖聿译,北京:商务印书馆,2018 年,第 4 页。

② [英]马克辛·伯格:《奢侈与逸乐:18 世纪英国的物质世界》,北京:中国工人出版社,2019 年,第 26 页。

出，也正是建立在他对这样的享乐主义的时代下社会现实的深刻剖析。

在这个政治、经济、社会风气全方位的转折期，旧思想与新思想在各个领域发生着碰撞，引发着辩论。在对奢侈消费的探讨方面亦是如此，一些学者将其称为关于奢侈的"18世纪大辩论"。在大辩论中，对于奢侈消费研究的新观点，是从托马斯·芒开始的。芒在其《英格兰财富与对外贸易》中主张应当"谨防在饮食和衣饰上过度消费外国货"。① 虽然对于奢侈品，芒依然延续了传统的批判观点，但是从这里开始，奢侈品被置于贸易的、经济的视角下进行探讨。其后的巴尔本在《贸易论》中，包括曼德维尔在《蜜蜂的寓言》中，也都是基于这样的经济的视角，他们不仅视奢侈品为外贸商品，也将其作为重要的国内商品进行探讨。巴尔本《贸易论》中的许多观点，都可以在曼德维尔的《蜜蜂的寓言》中找到它们的影子。在奢侈消费的动因问题上，巴尔本指出了人类有两种与生俱来的希求物，一类是传统的肉体所需，即衣食住，另一类则是"头脑的希求物"，这类物品就包括奢侈品，可以满足"需要的愿望，灵魂的胃口"②。而这样的精神上的希求，则导致了人们为"排场"大加投入，以彰显自己财富和地位③。在《蜜蜂的寓言》中，曼德维尔将"追求荣誉"视作奢侈消费的重要动因，几乎就是对巴尔本这一论述的扩写。而辩论的另一方，则是代表了传统基督教伦理体系的传统学术观点。这些学者和古希腊、中世纪的学者一样，将奢侈置于恶德的地位进行批判。而曼德维尔便与之争锋相对，一方面尖锐地指出节制和其他所有伦理，乃是社会建立之初，由立法者和其他智者人为建立起来的一套道德体系④，是统治的工具。另一方面，曼德维尔又高举激情大旗来对抗伦理，提出了"人乃是各种激情的复合体"⑤的论

---

① ［美］克里斯托弗·贝里：《奢侈的概念：概念及历史的探究》，江红译，上海：上海人民出版社，2005年，第103页。

② 同上，第111页。

③ 同上，第116页。

④ ［荷］伯纳德·曼德维尔：《蜜蜂的寓言：私人的恶德，公众的利益》，肖聿译，北京：中国社会科学出版社，2002年，第32页。

⑤ 同上，第31页。

断,将纵欲视为人的天性、自然需求,从而使奢侈消费摆脱道德判断。

曼德维尔对"激情"的理解和重视,或许也受到了其医学经历和精神病医生的工作的影响。1685 年入莱顿大学学习哲学和医学,1691 年医学博士毕业,[①]1694 年移民英国,定居伦敦,从事内科医生的工作,曼德维尔对"忧郁症与歇斯底里症"有较为深入的研究。1711 年,他发表了一篇在当时颇有影响的论文《论忧郁情绪和歇斯底里情绪》[②]。对精神疾病的研究和治疗经验,或许部分地解释了曼德维尔为何在《蜜蜂的寓言》中分析奢侈消费动因时,经常依赖于他对于人类非理性因素,即对"激情"的观察和判断。1705 年,曼德维尔出版了散文诗《抱怨的蜂巢或骗子变做老实人》,该诗即为《蜜蜂的寓言》的雏形。1714 年,《蜜蜂的寓言:私人的恶德,公众的利益》出版。在这本著作中,曼德维尔对奢侈消费的定义和动因进行了与前人不同的探讨。

曼德维尔并未对奢侈消费提出直接的定义,但通过对过去的定义进行总结和评价,他暗示出了一种崭新的定义奢侈消费的视角。曼德维尔在这里也提出了过去一直被采用的定义,即奢侈为必需的反面。对于这个定义,他表现出了一种矛盾的态度。一方面,这个定义过于严格,"堪称(严格意义上的)奢侈的东西,若是指一切并不直接满足人的生存需要的东西,那么,世上便不存在奢侈,即使在赤裸的野蛮人当中,亦不存在。野蛮人生活中,对其先前的生活方式做些现时的改进,亦属奢侈"。[③] 但另一方面,他也承认或许没有比这更好的定义了,因为如果不采用这种严格的定义,又会使"奢侈"的概念过于宽泛,而使定义无从下手。"我们若从这个严格定义后退一分,恐怕我们就不知其止境何在了。人们若告诉我说他们只想使自己舒适而干净,我们便根本无法知道他们究竟是指什么。"[④]之所以

① 苏光恩:《对激情的治理:曼德维尔政治思想研究》,浙江大学论文,2013 页。
② [荷]伯纳德·曼德维尔:《蜜蜂的寓言:私人的恶德,公众的利益》,肖聿译,北京:中国社会科学出版社,2002 年,第 2 页。
③ 同上,第 84 页。
④ 同上,第 84 页。

出现了这样的矛盾，一方面是因为曼德维尔将过去的"必需"定义直接运用于他所在的时代，但"必需"这一概念的内涵却在启蒙运动时期发生了变化。随着社会财富积累，生活水平上升，"必需"就拥有更加高的底线，使得以旧时代消费水平为标准的"必需"概念，不再适用于这个时代。在曼德维尔那个时代，"把生肉烤熟了吃"这样的行为实在算不上"奢侈"。但是在古希腊时期，连拥有桌子都会被苏格拉底视为奢侈消费①。而对于更久远的时代的那些吃生肉的野蛮人而言，能吃上一口熟肉，大概也可以称为"奢侈"了。这解释了为何曼德维尔认为奢侈定义过于"严格"。另一方面，启蒙运动时期社会流动性增大，奢侈消费呈现出更显著的阶层化特征，导致普适性的"必需"概念也无法直接照搬到曼德维尔所在的时代来使用。不同阶层的人对于"干净而舒适"的定义是不同的。而如果使用普适性的观点的话，的确会对奢侈的定义"无从下手"。至此并不是在说，曼德维尔没有意识到旧定义的这些特征。相反，正是因为他感觉到了旧定义的这些特征与他所处时代的现实不符，才会在《蜜蜂的寓言》中表现出一种矛盾的态度。并且在陈述完这样的态度后，他就紧接着指出"被某个阶层的人称作多余的东西，会被更高阶层的人视为必需品"②，从而颠覆了"必需"和"奢侈"旧定义的普适性，而社会阶层这一变量被纳入了奢侈定义的考量范围。

以这样一种阶层化的观点作为前提，曼德维尔才得以将"追求荣誉"作为奢侈消费的重要动因来探讨。和巴尔本所描述的"人的希求物"一样，曼德维尔指出的奢侈消费动因，也包括了肉体和精神两方面，即肉体享受和满足"自爱"。前者构成了后者讨论的前提，而后者是其奢侈动因探讨的重点。他探讨了"自爱"具体促进奢侈消费的方式：出于"义务"的奢侈消费和出于"虚荣"的奢侈消费。同时，"自爱"也促使奢侈消费的动因在"掩饰"下发挥着作用。

---

① ［美］克里斯托弗·贝里：《奢侈的概念：概念及历史的探究》，江红译，上海：上海人民出版社，2005 年，第 49 页。

② ［荷］伯纳德·曼德维尔：《蜜蜂的寓言：私人的恶德，公众的利益》，肖聿译，北京：中国社会科学出版社，2002 年，第 85 页。

肉体方面,曼德维尔将肉体享受视作奢侈消费的原因之一。曼德维尔将"奢侈者"称为"追求感官享乐者",他们"反复放荡""大吃大喝"①,通过奢侈品来"放纵自己的种种嗜好"②。但对于肉体享受这个方面,曼德维尔没有进行更加深入的探讨。在《蜜蜂的寓言》中,"激情",或人的一种非理性冲动,是曼德维尔探讨的一个核心问题。因此他也将其注意力更多地集中到奢侈消费精神层面的动因上。

精神方面,曼德维尔所认为的奢侈消费动因,从根本上来说是名为"自爱"的激情。曼德维尔的一个基本假设是,"人乃是各种激情的复合体",并且这些"激情""轮流支配着人,无论人是否愿意,都是如此"③。如要将这一点与其后亚当·斯密的"理性人假设"进行对比的话,可姑且将其称为"激情人假设"。而"自爱"激情作为人类诸项激情当中居于核心地位的一个,是指一种"将美好的希望给予自己"④的偏好,人类"人人都愿意生活幸福,享受快乐,并尽可能地避免痛苦"⑤,都"贪图处处占先,渴望比那些胜过他的人更尊贵"⑥。通过消费奢侈品,"自爱"可以获得满足,因为奢侈品有一种能够左右人们对自己评价的功能。"我们根据人们的外表华丽去判断其财富,根据人们订购的东西猜测其见识。"⑦而拥有财富、处于上流社会的知识等,意味着能够拥有更高的生活水平的能力,在享乐主义盛行的启蒙运动时期,这种能力正是成功的象征。因此,在曼德维尔的理论框架下,肉体享乐作为奢侈消费的动因,实际上也构成了精神享乐的前提。奢侈消费之所以能给人带来优越感,是因为它暗示着更高水平的生活

① ［荷］伯纳德·曼德维尔:《蜜蜂的寓言:私人的恶德,公众的利益》,肖聿译,北京:中国社会科学出版社,2002年,第90页。
② 同上,第80页。
③ 同上,第31页。
④ 同上,第104页。
⑤ 同上,第107页。
⑥ 同上,第114页。
⑦ 同上,第97—98页。

质量和肉体享受。曼德维尔特别指出了在城市环境中，奢侈品的左右评价的功能尤为显著，因为在人口众多的大城市中，人们总是与陌生人交往，而通过身穿高于自己社会地位的衣服，即使是无名之辈也能享受到"被大多数人尊重的快乐"①。

曼德维尔还进一步讨论了"自爱"作为奢侈消费动因的两种具体形态，即"义务"和"虚荣"。由于"自爱"，人们产生了维护自己所处阶层形象的"义务"，由于这种"义务"的存在，人们不得不消费与自己阶层消费水平相符的奢侈品。曼德维尔指出，我们每一个人作为社会中的一员，"使自己的衣着大方文雅，这是一种礼貌；我们与交谈者打交道时，得体的服装往往还是一种义务，尽管它与我们自身没有任何关系"。② 而何种服装，或者何种用品才是"得体"的，这一点就与该社会成员的社会角色和阶层有关了。这一点曼德维尔在讨论军人的奢侈消费时，进行了较为详细的描述，军队的总司令之外，"其他各个位置上的军官，则不得不从自己的军饷当中拿出可观的金钱，购置华丽的军服及配备，满足当时被称为必需的奢侈所要求的一切开销……增添马车等配备，那些东西如同其他一切一样，必须与他们的军阶等级相称"。③ 这里出现了一个看似矛盾的词组"必需的奢侈"，它就是指在这个军阶级别上，一般被认为"得体"的消费标准。

与"义务"相对的，便是"虚荣"。这一相对关系体现在，它们所引发的奢侈消费存在对象上的不同。人们出于"义务"消费符合自己社会阶层的奢侈品，而出于"虚荣"消费超越自己社会阶层的奢侈品。由于个人消费的奢侈品会影响他人对其的评价，奢侈品成为了一种捷径，使虚荣者可借此获得超越自己应得的尊重，满足他们对"自爱"的过度需求。实际上"得到尊重的并非他们本人，而是他

---

① ［荷］伯纳德·曼德维尔：《蜜蜂的寓言：私人的恶德，公众的利益》，肖聿译，北京：中国社会科学出版社，2002年，第98页。
② 同上，第96页。
③ 同上，第92页。

们的外表"。① 这些虚荣者还会产生一种希冀，即"他们的外表就是将来的他们"②。归根结底，这也是"自爱"这种激情所致，因为人们更愿意看到更好的自己。"虚荣"对于奢侈消费的影响，不仅限于虚荣者个人的消费行为，还会间接导致上层阶级进行更加高级的奢侈消费。商人的妻女越界消费了贵族女性的用品，使得贵族女性不得不频繁地更换服装的款式、提升服饰的质地，最后"在华丽的马车、堂皇的家具、奢侈的花园及高贵的宫殿上展示她们的巨富"③，这个过程实际上是下层消费者的"虚荣"的满足，威胁到了上层消费者的"义务"的实现，从而触发了上层消费者更多的奢侈消费动机和行为。

曼德维尔还提到了另一个值得注意的现象，即人们对于奢侈消费的"粉饰"。消费者会"一面完全听凭自己强烈欲望的冲动与放纵，一面渴望世人皆以为他全无骄傲与淫荡之心，并以动听的言辞开脱自己最昭彰的恶德"。这是两个看似矛盾，但实则同根同源的行为。无论是放纵自己的冲动，还是开脱自己的恶德，都是来源于人"自爱"的激情。前者是作为个人的"自爱"，后者是作为社会成员的"自爱"。因此，矛盾的来源正是个人与社会利益之间的这样一组矛盾，这组矛盾实际上也是曼德维尔《蜜蜂的寓言：私人的恶德，公众的利益》所讨论的核心问题。所以"自爱"作为奢侈消费的动因，必然地使得奢侈消费需要在经过"粉饰"的情况下进行。

四、凡勃伦：竞赛与炫耀

凡勃伦的《有闲阶级论》1899 年问世。当时美国经过了第二次工业革命，进入工业社会，生产力得到了飞跃式的进步。经过 19 世纪 60 年代的南北战争，美

---

① ［荷］伯纳德·曼德维尔：《蜜蜂的寓言：私人的恶德，公众的利益》，肖聿译，北京：中国社会科学出版社，2002 年，第 98 页。
② 同上，第 98 页。
③ 同上，第 99 页。

国结束了分裂的历史，北方大资产阶级胜利，美国的资本主义迅速发展。到1894 年，"美国的工业产量已等于全欧洲产量的一半左右"。[①] 在这样繁荣发展的经济中，奢侈消费变得更为常见、更为成熟，富裕的资产阶级所享受的奢侈品越来越精美、高贵。与之相对，繁荣发展的经济背后也存在着日益激化的矛盾。垄断组织逐渐掌握了美国社会的经济命脉，垄断资本与工人阶级的矛盾逐渐突出。19 世纪 80 年代开始，"美国工人就大规模地展开了反对垄断资本的罢工、示威和饥饿进军等运动"。[②] 这一令人沮丧的社会现实，使得许多学者对当时的资本主义制度及主流经济学进行反思。当时的美国面对社会中的新矛盾，产生了对新理论的需求，凡勃伦的《有闲阶级论》及其开创的制度经济学就是在这样的时代背景下，走上了历史的舞台。

制度经济学集各家之长，形成了多元的经济学观点，不是独立地研究经济问题，而是将政治制度、文化习惯等"制度"和经济制度放在一起，进行综合的经济学研究。这样的综合性，得益于凡勃伦丰富而扎实的理论背景。凡勃伦出生于美国中部农村一个挪威移民的家庭，幼年勤奋好学，博览群书，不仅对社会学、心理学、哲学进行学习，还对生物学、自然史、考古学等均有涉猎。[③] 他先是在卡勒顿学院受业于约翰·贝茨·克拉克[④]。克拉克于 1872 年至 1875 年留学德国时，是德国历史学派的主要代表人物卡尔·克尼斯的学生。通过克拉克，凡勃伦深受德国历史学派的影响，因此，其制度经济学体现了许多德国历史学派的特点。在基本学术观点方面，制度经济学与历史学派都认为"适合一切发展阶段不变的自然规律并不存在"[⑤]，在研究方法方面，均主张用历史方法去研究经济问题，着眼于社会在不同历史阶段的具体表现，关注不同制度、文化和社会心理对

① 王志伟：《经济思想史》，北京：中国财政经济出版社，1999 年，第 293 页。
② ［美］凡勃伦：《有闲阶级论》，蔡受百译，北京：商务印书馆，2018 年，第 4 页。
③ 王志伟：《经济思想史》，北京：中国财政经济出版社，1999 年，第 309 页。
④ 慈玉鹏：《"搅局者"：托尔斯坦·凡勃伦》，载《管理学家：实践版》2012 年。
⑤ 刘仁毅：《论制度经济学思想方法及其影响》，载《经济问题探索》1983 年第 5 期，第 70—74 页。

经济产生的影响,以至于一些学者甚至将凡勃伦创立的美国制度学派看作德国历史学派的变种。从卡勒顿学院毕业后,凡勃伦前往约翰霍普金斯大学研习哲学。此时的约翰霍普金斯大学,是美国实用主义哲学的大本营,查尔斯·皮尔士、约翰·詹姆斯、杜威等大师云集于此。[1] 凡勃伦师从皮尔士,受到实用主义哲学的熏陶,以至于他在《有闲阶级论》中对人的最根本假设就是基于实用主义的"作业本能"。现代心理学的发展,也为凡勃伦研究人性和社会心理提供了理论基础,约翰·詹姆斯正是美国现代心理学的代表人物之一。他强调本能对人类行为的决定性影响。这一点给予凡勃伦以启发,构成了其在《有闲阶级论》以及此后的诸多著作中的一套基本逻辑,即"制度由思想习惯形成,思想习惯又从人类本能产生"。[2] 约翰霍普金斯大学的经历对凡勃伦的学术思想产生了重大的影响,但凡勃伦不适应这所大学保守的学术氛围,中途转学到了耶鲁大学,师从社会学家威廉·萨姆纳。萨姆纳坚持社会达尔文主义,这又对凡勃伦的学术观点产生了影响,[3]并引发了凡勃伦对经济制度演进的关注,促使凡勃伦将达尔文的遗传和选择原则应用到个人习惯的固定和社会制度的传承上[4]。马克思对奢侈消费动因的讨论也影响了凡勃伦,凡勃伦对于奢侈消费概念的探讨也体现出唯物辩证法的辩证观点。

总之,凡勃伦的理论背景体现了深刻的德国历史学派的印记,历史学派塑造了其经济研究的基本路径,实用主义哲学和现代心理学为其提供了底层的理论基础,社会达尔文主义和马克思主义哲学丰富了其学术观点和方法论。凡勃伦集各家之长的跨学科特点,使得其对奢侈消费的定义和动因的讨论别具一格。

凡勃伦也沿袭了一个基本观念,即奢侈消费是"非必要事物的消费"[5],但是

---

① 慈玉鹏:《"搅局者":托尔斯坦·凡勃伦》,载《管理学家:实践版》2012 年。

② 王志伟:《经济思想史》,北京:中国财政经济出版社,1999 年,第 311 页。

③ 慈玉鹏:《"搅局者":托尔斯坦·凡勃伦》,载《管理学家:实践版》2012 年。

④ Hodgson, Geoffrey M, *How Veblen generalized Darwinism*, Annual Meeting of the Association-for-Evolutionary-Economics, 2008, 42(2), pp.399 – 405.

⑤ [美] 凡勃伦:《有闲阶级论》,蔡受百译,北京:商务印书馆,2018 年,第 75 页。

对于"必要"的进一步定义，凡勃伦则不再着眼于消费者个人的需求，而是将全体人类的利益作为评判"必要性"的出发点，因为他认为消费者个人的需求是动态变化的。消费者个人会对商品的消费形成使用习惯，一些原本是奢侈浪费的商品，在使用习惯一旦形成后，"在消费者的理解下却变成了生活必需品，其必要程度可能并不亚于消费者的习惯支出中的任何别的项目"。① 因此，消费者与消费者之间，以及某个消费者与不同时间点的自己之间，"必要"的范围都是不同的。凡勃伦不仅从曼德维尔那样的阶层性的视角，还从消费者个体发展的角度对奢侈消费进行了分析。凡勃伦无法像曼德维尔那样，通过将消费者划分成不同阶级的方式，来逐个界定"必要"和"奢侈"的范畴，因为每个消费者本身也需要依据不同的时间进行细分，如此，容易陷入过于主观的境地。

因此凡勃伦从人类全体需求出发，避免定义过于个体化和主观化。对于人类全体的普遍需求，凡勃伦基于一个基本假设，即"作业本能（the instinct of workmanship）"②。这是一种实用主义的特性："由于他是一个行为的主动者，因此他在每一个动作中所寻求的，总是在于实现某种具体的、客观的、非个人性质的目的。他既然是这样的一个行为的主动者，就有了一种爱好，他所好的是有效果的工作，所恶的是不切实际的努力。他所推重的是事物的适用性和有效性，鄙视的是不切实际，浪费和无能。"③于是凡勃伦认为，全部人类都本能地偏好进行非个人性质的、实用意义的努力，这种实用主义本能"是有关经济真理或经济适性的任何问题的最高法院"④。因此，在判定某种消费属于"奢侈"还是"必要"时，人们会本能地基于这样一种偏好来判断，即"它是否直接有助于整个人类生活的提高，是否在非个人性质的意义下，有助于生活过程的推进"。⑤

---

① ［美］凡勃伦：《有闲阶级论》，蔡受百译，北京：商务印书馆，2018 年，第 77 页。

② 同上，第 14 页。

③ 同上。

④ 同上，第 77—78 页。

⑤ 同上，第 77 页。

相比于过去的定义,凡勃伦采用了一种更为宏观的视角,考察消费某种商品是否会对全体人类的生活产生促进作用。在这一定义中,可以看到古希腊以来,对于奢侈消费定义所体现的时代性特征,即奢侈消费的底线是随着时代发展而不断上升的。在凡勃伦的定义中,奢侈消费的底线虽依然被称为"必要",但实质上已经上升为"实用"。对于"实用"与"奢侈"的关系,凡勃伦还基于辩证视角,进行了进一步的探讨。他敏锐地指出,同一商品,不一定绝对属于"实用"或者"奢侈","对消费者所发生的效用,可能是在使用与浪费两者的多种变化的比率下组成的……这两种成分往往是结合在一起的"。① 他没有将"实用"与"奢侈"绝对地二元对立起来,而是将它们作为同一事物的两种性质构成一组事物内部的矛盾。因此,即便人们将某商品划分为"奢侈",也不代表该商品中不存在"实用"的特点。凡勃伦的定义避免了机械式的划分,从而使其更加贴合实际。

在奢侈消费动因方面,人类共有的、强大的"作业本能"也构成了凡勃伦讨论的基点。他指出,提高生活享受固然是奢侈消费的动因之一,但他更强调生发于"作业本能"的"竞赛倾向",即人类总希望自己成为"有用"的人,因此就不断地努力提升自我效能,自我效能的提升,就在与其他社会成员的对比下得到了鲜活的证明。"一旦生活环境或生活传统引起了人与人之间在效能上的对比,作业本能就会使这种对比成为个人之间的竞赛性或歧视性对比。"②这是其奢侈消费动因理论的核心。凡勃伦从以下三个方面展开具体论述:

首先,凡勃伦讨论到一套消费准则,它由"竞赛倾向"发展而成,以制度的形式吸引并规训着人们进行奢侈消费。在人类社会由野蛮阶段向准和平阶段转型的过程中,过去作为效能证明的战利品和征战,逐渐由个人财产与奢侈消费所取代,武力竞赛转变为"金钱的竞赛"③,随着"金钱的竞赛"在社会中的深入人心,它逐渐形成了一套社会共识的消费准则,这套准则促进人们进行奢侈消费。"在

---

① ［美］凡勃伦:《有闲阶级论》,蔡受百译,北京:商务印书馆,2018年,第78页。
② 同上,第14页。
③ 同上,第19页。

社会上要能博得世人的青睐,在财富保有上就得达到某一习惯的、虽然不十分明确的标准"①,这种社会共识的、制度化的消费准则从外部和内部两个方面促使着人们进行奢侈消费。从外部而言,这一准则代表了一种社会对个人的评判标准,如果一个个人没能达到这个标准,就不免要受到轻视、损及自尊;相反,若超过了这个标准,则就会受到大众的钦仰。因此,出于对自尊心的保护,以及为了博取更多荣誉,人们在奢侈消费方面,"总是高到其收益力所能及的程度,不仅如此,它还一直倾向于进一步提高"。② 通过努力积攒财富,达到更高水平的消费标准,以"争取在资历上与社会中其余成员相比之下的优势"。③ 并且,这个人会选择消费"最明显,最容易看到的"④那些奢侈品,来更好地炫耀自己的财富。"多数阶级的成员的家庭内部生活,同他们在大众面前公开的那部分生活比起来,前者多比较简陋,后者多比较奢华。"⑤从内部而言,消费准则影响了人们的品味和爱好,从而使人们养成了某类奢侈消费的习惯。从"金钱的竞赛"出现以来,社会中的上流阶级不仅对于奢侈品的品类有要求,对于商品的品质也越来越考究,这一方面是出于满足"好奇心"⑥的猎奇心理,但更关键的是,要通过消费更加精美的商品,来更好地彰显自己与众不同的财力。在品质方面的竞赛,也使得个人的品位和爱好进一步被要求。正如凡勃伦所举的例子,一个上流阶级的绅士,"对消费品哪些是名贵的,哪些是丑陋的,应当能够相当正确地加以鉴别,这一点现在已经成为他的义务了"。⑦ 并且凡勃伦还指出,这样的审美义务已经深入到社会中的所有阶级中。社会的最高阶级通过"教导和示范"⑧来说明怎样

① ［美］凡勃伦:《有闲阶级论》,蔡受百译,北京:商务印书馆,2018 年,第 25 页。
② 同上,第 86 页。
③ 同上,第 26 页。
④ 同上,第 86 页。
⑤ 同上,第 87 页。
⑥ 同上,第 117 页。
⑦ 同上,第 58—59 页。
⑧ 同上,第 81 页。

才算是"正派的、光荣的生活方式"①。而出于竞赛倾向,每个阶级又总是要争取列入"刚好比它高一级的那个阶级"②,因此"高于我们一等的那些人的习惯"就决定了我们的品位。随着这样一层一层向下延伸的示范效应,一套包含了社会中所有阶级的审美体系就被建立起来。这样习惯的审美体系对人产生了"长期、严密的习惯锻炼"③。基于现代心理学,凡勃伦指出:"我们对一些效果之所以感到愉快,主要是由于我们所受到的锻炼告诉我们,这些效果是令人愉快的。"④这里,凡勃伦基于这样一个基本假设:个人的品位和审美并非与生俱来,而是经过后天训练造成的。因此,在这一套审美体系下,每一个人的品位、爱好和适当的生活方式都是被决定了的,每个阶级所从事的奢侈消费已经成为阶级成员的习惯,"使他有了深刻印象,认为执行这个消费水准是对的、好的"⑤。而一旦从事某些奢侈消费形成了习惯,人就会自发地、自然地去进行,而很难去用经济的头脑来反思自己所消费的商品是否是必要的。对比单纯的出于"金钱的竞赛"而进行的奢侈消费,在这种制度化的消费准则下人们进行的奢侈消费则显得更为被动,他们或受到他人对自己的评价的影响而不得不进行某些奢侈消费,或在无意识中被强加了奢侈消费的习惯。由此可见社会制度、习惯对个人经济行为的强大的规训力量。

其次,"竞赛"实质上是一个自我展示的过程,适合财富展示的环境使得奢侈消费更好地发挥效能竞赛的作用。凡勃伦认为,生活环境会引发人与人之间的对比,而非熟人社会比熟人社会更能引起这种对比。在熟人社会中,由于可以通过人际交流的方式,在邻里闲谈中宣传自己的储蓄金额之大,同样达到展示财富的效果,故而储蓄在某种程度上可以替代奢侈消费。而在熟人很少的社会,人与

---

① ［美］凡勃伦:《有闲阶级论》,蔡受百译,北京:商务印书馆,2018 年,第 80 页。
② 同上。
③ 同上,第 117 页。
④ 同上,第 64—65 页。
⑤ 同上,第 86 页。

人之间甚至没有谈得上话的机会,这时候消费奢侈品就成为展示自己支付能力的唯一途径,而不是将自己多余的可支配收入储蓄起来。因此在城市中,以及参加大型集会机会比较多的现代社会中,人们总是尽其所能地消费奢侈品,以至于过"前吃后空的日子"①,利用超前消费来虚饰自己,博人尊敬。也因此,在这些社会环境中,奢侈消费的标准也在"你追我赶的竞赛中提得比较高"②,人们就不得不同步提升自己奢侈消费所占支出的比例,以使自己不在这些竞争中败下阵来。因此,出于展示财富的需要,在非熟人社会环境中,人们进行奢侈消费的动机更强。

最后,凡勃伦讨论了"竞赛倾向"和"实用倾向"之间的辩证关系,两者同根同源、难以分割,两者之间的互相调和决定了人们如何进行奢侈消费,即人们对哪些奢侈品类进行消费? 用什么形式进行消费? 是"作业本能"所生发的这两种力量之间博弈的结果。"作业本能"一方面造就了人们的"竞赛倾向",让人们进行"炫耀性消费"③,但另一方面还让人们具备了"实用倾向",让人们厌恶炫耀行为。因为"作业本能"使人重视效能、反对浪费,而人们为了金钱竞赛去消费没有实用意义的商品,是对物资的浪费,故而人们就会对此感到憎恶。"作业本能"的这两种相对的倾向,是随着时代的转变而此消彼长的。在准和平阶段,在奴隶制和身份依附的劳动关系下,劳苦的生产工作总是由奴隶或底层阶级来完成的,从而使得实干、实用等价值观带上了奴性、卑劣性,因此"实用倾向"就难以发挥出来。而当进入了和平阶段,在工资劳动和现金支付的劳动关系下,追求实用不再带有卑劣的含义,"实用倾向"在这个阶段抬头。因此,和平阶段的人们,在进行奢侈消费时,更多地"掩饰和作伪"④,来调和这对矛盾。例如用"社交义务""礼仪"等理由,来使自己炫耀性的奢侈消费正当化。值得强调的是,这种调和不仅

---

① ［美］凡勃伦:《有闲阶级论》,蔡受百译,北京:商务印书馆,2018 年,第 69 页。

② 同上。

③ ［美］凡勃伦:《有闲阶级论》,李华夏译,北京:中央编译出版社,2018 年,第 57 页。

④ ［美］凡勃伦:《有闲阶级论》,蔡受百译,北京:商务印书馆,2018 年,第 75 页。

是面向他人的掩饰,也是对自我认可的寻求,因为无论是"竞赛倾向"还是"实用倾向",均源于凡勃伦对人性的基本假设——"作业本能"。

五、桑巴特:性冲动

维尔纳·桑巴特出生于 1863 年,正处于德国的资本主义发展较为落后的时期。19 世纪中叶的德国被分割为 38 个独立的小邦国,国家市场分散,流通受阻,经济发展缓慢。国内新兴资产阶级和传统封建势力之间矛盾尖锐,英国等资本主义先发国家的廉价商品威胁着德国民族工业的发展。此时,德国的经济学急需一种新理论,以促进国家统一和经济现代化。而当时盛行的古典学派的思想过于强调普遍规律。当时的德国社会面临着独特的国际局势和国内问题,美国独立运动、法国大革命等重大社会历史变动的发生,使人们开始重视各个地方或各个国家历史的、社会的特殊性[1]。因此,针对德国国情,着眼于一国历史研究的德国历史学派就应运而生。1871 年,德意志帝国成立,德国获得了统一的国内市场,并在俾斯麦统治下,经济和工业化迅速发展。德国就此开始缩小与英法的差距,并逐渐在第一次世界大战前成为世界资本主义强国之一。德国历史学派的学术观点和政策主张在这个过程中作出了极大的贡献,使其成为了德国国内的主流经济理论。[2] 受到这种社会需要的感染,以及学术风气的影响,桑巴特也加入了他们,成为新历史学派的一员。历史学派对桑巴特带来的影响是非常深刻的,他也被视为新历史学派晚期的代表人物。

桑巴特曾在柏林大学跟随施莫勒学习。施莫勒是当时的新历史学派代表人物,桑巴特是他的崇拜者,并将其视为"对自己的思想发展产生过重要影响的人物"[3]。

---

[1] 王志伟:《经济思想史》,北京:中国财政经济出版社,1999 年,第 262—263 页。

[2] 魏建:《德国历史学派兴衰述评》,载《经济科学》1999 年第 2 期,第 104—110 页。

[3] [德]维尔纳·桑巴特:《奢侈与资本主义》,王燕平、侯小河译,上海:上海人民出版社,2007 年,第 243 页。

历史学派"强调各个国家历史的、社会的特殊性"①,否认放之四海皆准的普遍经济规律的存在。而施莫勒则更甚,他认为构成经济的因素之间关系复杂,且无因果关系,因此他也否认一切规律②。认为对于经济的研究,只有通过对历史材料的整理归纳一途,在旧历史学派,这种方法被称为"历史归纳法",而到了施莫勒这里,他则更加强调统计数据的重要性,从而将"历史归纳法"转变为了"历史统计法"③。史料和统计资料也作为桑巴特《奢侈与资本主义》的理论基础,被大量地使用。新历史学派中,桑巴特的同僚马克斯·韦伯也对他产生了深刻的影响。韦伯比桑巴特小一岁,他们接受的都是历史学派的学术训练④。两人于1904年相识,共同编辑《社会学与社会政治学文献》《立法和统计》等杂志⑤。在两人共事期间,韦伯在《文献》上发表了两篇关于"新教伦理与资本主义精神"的文章⑥。这引发了桑巴特的注意,他开始关注伦理这一要素对于资本主义发展的意义。这一点也体现在了《奢侈与资本主义》中,桑巴特对色情主义颠覆传统婚姻伦理这一点的重视,他将其作为奢侈消费发展乃至社会变化的关键转折点。但桑巴特对于韦伯所选择的"新教伦理"不予认可,他认为新教伦理本质上是排斥资本主义的。他在《资本主义的精华》中指出:"资本主义是某种世俗的东西⋯⋯正是因为该原因,资本主义将受到所有认为现世生活只是来世生活准备阶段的人的憎恶和谴责。"⑦这也使其在解释资本主义起源问题时,将"奢侈"作为根本的动力,与韦伯所强调的新教伦理中的"节制"针锋相对。在历史学派之外,马克思也

① 王志伟:《经济思想史》,北京:中国财政经济出版社,1999年,第263页。

② 同上,第282页。

③ 同上。

④ [德]维尔纳·桑巴特:《奢侈与资本主义》,王燕平、侯小河译,上海:上海人民出版社,2007年,第248页。

⑤ 邢春茹:《影响你一生的世界名人 最具影响力的经济导师 上册》,沈阳:辽海出版社,2007年,第102页。

⑥ [德]维尔纳·桑巴特:《奢侈与资本主义》,王燕平、侯小河译,上海:上海人民出版社,2007年,第248页。

⑦ 同上,第250页。

对桑巴特的学术思想产生了深刻的影响。他不止一次提到,"他的工作是马克思工作的'继续'和对马克思工作的'完善'"①。这也是驱动其对资本主义起源和发展进行了诸多研究的原因之一。并且马克思的经济学思想也影响了桑巴特,在其对奢侈消费的定义中,就将视角放在奢侈品的生产过程中,对于劳动力和资源的耗费方面,体现出了劳动价值论的观点。另外,桑巴特对于性冲动十分关注,甚至将其作为人类所有感官享乐的核心,体现出了浓烈的弗洛伊德性欲论的色彩。《奢侈与资本主义》英译者菲利普·西格曼指出,虽然没有直接证据证明桑巴特对弗洛伊德的著作有意识地利用过,但韦伯曾在1907年接触到弗洛伊德的理论,并对其极有兴趣地进行了阅读,考虑到韦伯和桑巴特之间的经常交换学术意见的事实,以及两者生活圈子的相似②,还有当时弗洛伊德精神分析在欧洲的影响力,有理由相信,弗洛伊德的性欲论直接或间接地影响了桑巴特的学术观点。桑巴特在《奢侈与资本主义》中,也明确提到了曼德维尔和凡勃伦的观点。曼德维尔关于城市对奢侈消费的促进作用,启发了桑巴特,他在曼德维尔的基础上对这一问题提出了自己的独到解释。桑巴特批判式地将凡勃伦的观点纳入了自己的体系,在探讨奢侈消费动因的过程中,他借用了凡勃伦在《有闲阶级论》中的提到的炫耀心理,并借鉴了凡勃伦所讨论的消费准则,提出了自己的"文化准则"观点。

前人对奢侈消费动因的研究,并未让桑巴特的理论显得人云亦云,他有机地将前人研究与上述历史学派等德国学术思想交融在一起,构成了一套与众不同的奢侈消费定义和动因理论。

和先前讨论到的学者一样,桑巴特也将对奢侈消费的定义置于与"必要"概念的对比之下,明确指出"奢侈是任何超出必要开支的花费"③。但与前人不同

---

① [德]维尔纳·桑巴特:《奢侈与资本主义》,王燕平、侯小河译,上海:上海人民出版社,2007年,第245页。
② 同上,第271页。
③ 同上,第86页。

的是，他对于何为"必要"的问题进行了分类讨论。他指出"必要"与"奢侈"的定义问题，存在量和质两个维度①。数量方面的奢侈，就是用超过"必要"数量的人力物力来实现消费，比如"让一百个仆人去干一个人就能完成的工作，或者同时擦亮三根火柴点一支雪茄"②。质量方面的奢侈，就是消费优质物品，即"对产品进行普通用途的加工之外的任何再加工"所生产出来的商品。质和量两个方面的奢侈多数时候是结合在一起的。在这里可以看出桑巴特在对奢侈消费进行定义时，更多的是从生产的角度出发：决定某种消费是否奢侈，要看作为消费对象的商品在生产过程中是否消耗了超过"必要"限度的资源。桑巴特进一步对质量方面的奢侈进行了探讨，指出其定义也有绝对和相对之分。绝对的"优质"定义下，很少有不能归入这一类的商品，"因为我们使用的几乎所有物品都能满足超乎我们的动物生存之上的需求"③，所以"我们必须从相对意义上看待奢侈需求"④。桑巴特指出社会中存在一个流行的奢侈标准，该标准是一个历史时期中，人的普遍心理需要所导致的结果，只有消费超过这个标准的商品才能被称为奢侈消费。

在奢侈消费动因方面，桑巴特将其根源归结到了人的性冲动上：从性冲动本身，到由之引发的非法情爱，是性创造了奢侈消费。也是出于对性的关注，他对色情主义风气下男性和女性不同的奢侈消费动因进行了剖析，并基于社会风气的上行下效，探讨了大城市是如何促进奢侈消费的。

将性冲动视为奢侈消费的根本动因是桑巴特的创见。将性冲动与奢侈消费联系起来的过程，他采用的是倒推的方法。首先，通过对史料的整理与分析，他发现"所有的个人奢侈都是从纯粹的感官快乐中生发的"⑤。由于人们追求眼、

① ［德］维尔纳·桑巴特：《奢侈与资本主义》，王燕平、侯小河译，上海：上海人民出版社，2007年，第86页。
② 同上。
③ 同上，第87页。
④ 同上。
⑤ 同上，第88页。

耳、鼻、舌、身的享受,日常用品被不断地改进,以使得这种享受达到更加完美的形式,而这些经过改进的用品正是那些奢侈品。人们对官能享受的要求的不断上升,导致了奢侈消费。这些官能享受"和性快乐在本质上是相同的"①,因此"有意识或无意识地起作用的性冲动"②才是上述一切的根本原因。桑巴特在此体现出了弗洛伊德泛性论的观点。他所提及的"性冲动",实际上更加接近于弗洛伊德所谓的"力比多"(Libido)或"原欲"③。"原欲"在一切感官快乐中得到满足,而不仅局限于性行为。

桑巴特进一步将性冲动从个人生理需求的层面,提升到整个社会风气的层面上。他立足于历史的视角,对 13 至 18 世纪欧洲社会的色情主义风气进行了研究,并剖析了色情主义、非法情爱如何激发了人们越来越强烈的奢侈消费欲望。

首先,随着色情主义的发展,宫廷情妇逐渐掌握了对宫廷奢侈生活的主导权。文艺复兴时期,色情主义逐渐摆脱宗教和婚姻制度的桎梏,开始得到越来越广泛、越来越充分的认可。桑巴特通过对史料、文艺作品等的整理研究,将这一过程清晰地梳理出来:从 12 至 14 世纪的游吟诗人时代开始,出现了爱情世俗化的观念,游吟诗人"歌唱自由的世俗爱情""肯定天生肉欲的存在"④。这个时期的爱情诗的影响,也体现在了《十日谈》中的那种对世俗爱情和性的表达中。到了 15 世纪,人类的肉体,乃至全裸的妇女形象,开始出现在当时的艺术品中,也是在这个时代,开始有越来越多的文章来论述世俗爱情之美。这样的探讨开始于 15 世纪的意大利,于 17、18 世纪在法国巴黎达到极致。在艺术家和理论家的共同努力下,自由的世俗爱情,开始与婚姻、宗教伦理等分庭抗礼,最终达到了

---

① [德]维尔纳·桑巴特:《奢侈与资本主义》,王燕平、侯小河译,上海:上海人民出版社,2007 年,第 88 页。

② 同上,第 88 页。

③ [奥]西格蒙德·弗洛伊德:《性学三论》,杭州:浙江文艺出版社,2020 年,第 2 页。

④ [德]维尔纳·桑巴特:《奢侈与资本主义》,王燕平、侯小河译,上海:上海人民出版社,2007 年,第 62 页。

"自由情爱在社会中确立起自己的地位，与制度化爱情并存"①。社会大众对于非法情爱开始有了更大的包容，戴绿帽子的男性开始被接纳，非法情爱生下的私生子也能得到教皇和红衣主教为其举行的洗礼仪式。当色情主义在欧洲社会取得了如此的地位时，情妇也就开始站上了历史舞台。她们存在于各个阶级，而其中最具影响力的就是宫廷情妇。她们"在宫中受到接待而且作为国王心爱之人获得正式承认"②，如此，宫廷情妇就依靠君主和侍臣的权力，获得了至高的权势，并在事实上，开始了对宫廷生活方式的统治。法王弗朗西斯一世对这一事实作出了巨大的贡献，他一方面是文艺复兴时期最早拥有情妇的国王，另一方面他"将骑士精神树立为宫廷生活的精髓"③，这种精神使越来越多的男性心甘情愿地拜倒在这些情妇的石榴裙下，向她们献出自己的殷勤。此时，宫廷情妇以及宫外她们的模仿者，就开始对奢侈消费产生影响。

其次，宫廷情妇引发了全社会的奢侈风气。桑巴特对于情妇这个群体有两个逻辑前提，一是她们"喜好奢侈以及轻松、快乐的生活"④。在将性工作者看作喜好奢侈和享乐的人这一点上，与桑巴特将性冲动作为奢侈消费的根本动因是并行不悖的。另一逻辑前提是，她们所从事的是一门"自由艺术"，是需要"天赋和训练"的⑤，这些女性天生丽质，并且全心全意地去精通这门艺术。这两个逻辑前提所导出的结果就是，情妇在主观上和客观上，都需要进行奢侈消费。奢侈消费一方面满足的是她们对奢侈本身的需求，另一方面满足的则是她们装点自己，使自己能更好地从事情爱这门自由艺术的职业需求。她们的需求是如此稳固而强劲，以至于她们需要不断消费、拥有更多的奢侈品，也让为她们所迷倒的

---

① ［德］维尔纳•桑巴特：《奢侈与资本主义》，王燕平、侯小河译，上海：上海人民出版社，2007年，第71页。

② 同上，第75页。

③ 同上，第76页。

④ 同上，第111页。

⑤ 同上，第73页。

男性不断地为她们的奢侈提供资金支持。她们的需求是如此地迫切,以至于那些最有权势的人的情妇所享受的奢侈是臻于极致的。为了满足情妇的奇想,路易十四为她修建了克拉尼城堡,造价高达 200 万法郎①。在此可以看到,桑巴特在对情妇的奢侈消费进行讨论时,实际上进行了消费者和支付者的分离,消费这些商品的是情妇,而为他们的消费买单的则是她们的情人。在这种情况下,也就出现了两种奢侈消费的动因,对于情妇而言,奢侈消费的动因是感官享乐和职业训练,而对于她们的情人而言,则是取悦自己情妇的一种愿望。宫廷情妇成了社会奢侈风气的源头和标准的制定者。宫内奢侈风气也向宫外传播,一直渗透到所有阶层。宫廷对于当时的社交圈具有极大的意义,而宫廷生活又由宫廷宠姬所塑造,因此,那些野心勃勃的城镇女郎,就在时尚和兴趣方面向宫廷靠拢。此时,有产者的妻子和其他"品行端正的女士""不得不自我调整,以便与那些情妇展开竞争,不然她就会从社会生活中完全消失"。② 于是,一种由宫内向全社会,由情妇向全体女性传播的奢侈风气,就在当时的欧洲扩散开来,并产生了一些最低限度的、关于奢侈消费的"文化准则"③,为所有社会地位的女性所遵守。显然,获得感官享乐和在吸引力上胜过其他女性的"野心",都是她们进行奢侈消费的动因。而与之对应的,宫外的男性也受到奢侈消费风气的影响。除了取悦女性,他们也为自己进行奢侈消费。他们的奢侈消费动因也可分为野心和享乐,男性的野心是一种"急切想跻身于有教养社会的愿望"④。随着奢侈风气传遍全社会,"现在完全可以根据一个人在饮食和其他奢侈品上的花销,评价任何一个人的地位"⑤。通过奢侈消费,人们可以让他人将自己看作是上流社会的人士。而所谓享乐动因,也就是追求物质意义、官能意义上的快乐。无论是女性还是男性

---

① ［德］维尔纳·桑巴特:《奢侈与资本主义》,王燕平、侯小河译,上海:上海人民出版社,2007 年,第 104 页。

② 同上,第 80 页。

③ 同上。

④ 同上,第 114 页。

⑤ 同上,第 113 页。

的"野心"，桑巴特的探讨是由点及面的，他首先着眼于宫廷情妇的奢侈消费，接着就是被她们统治的宫廷生活方式和男性们，再拓展到宫外的情妇和守节妇女，以及那些追逐更高社会地位的暴发户和骑士们。

基于奢侈风气自上而下传播的基本思路，桑巴特进一步讨论了大城市对奢侈消费动因的促进作用。通过对城市迅猛发展起因的探寻，桑巴特发现"资本主义早期的大城市基本上都是消费型城市"[1]，许多城市成为大城市，就是得益于王公贵族和新兴的暴发户聚居于此，在此消费。一方面，大城市容纳了统治阶级的奢侈消费形式，向大城市中的普通民众展现了"快乐富足生活的可能性"[2]，为中下层民众的"野心"提供了具象化的目标，使他们更容易地对上流社会的奢侈消费进行模仿。另一方面，因为大量人口的集中，大城市居民的生活空间受到限制。因此，城市居民为了在有限的生活空间中，充分地将自己的财富转化为更高的生活品质，就选择消费更多、更加精致的奢侈品，桑巴特将这一过程称为"奢侈的强化"[3]。

六、三位学者的比较

曼德维尔、凡勃伦、桑巴特所处的时代和社会背景都不同，所代表的学术理论也不同，但在关于奢侈消费动因的研究方面，三者的研究路径和许多基本结论却非常相似。三者观点的区别主要体现在得到这些结论的路径和对结论的进一步阐述上。

在研究路径方面，三位学者奢侈消费的动因的观点，都是以对人性的基本假设为出发点。曼德维尔对人性的假设是，人是被各种激情所支配的，即"激情人

---

① ［德］维尔纳·桑巴特：《奢侈与资本主义》，王燕平、侯小河译，上海：上海人民出版社，2007年，第33页。

② 同上，第147页。

③ 同上，第138页。

假设",他将激情中的"自爱"发展为奢侈消费的动因。凡勃伦对人性的假设是基于实用主义哲学的观点,认为人素来就有"作业本能",它激发了人们通过奢侈消费来展示自我效能的行为。桑巴特强调性冲动对人行为的驱动力,其中就包括对奢侈消费的驱动力。三者的探讨,使得奢侈消费的动因具备了"天生""自然"的属性,与古希腊哲人口中的"衣、食、住"并列,从而为奢侈消费摆脱道德判断提供了理论基础。

在奢侈消费动因的结论方面,三位学者在许多方面都达成一致,却也在许多具体的方面展示出了极大的区别。

首先,他们都认可竞争(或炫耀)以及感官享乐为奢侈消费的动因。但在处理两个动因之间的关系时,三者的态度和方法是很不一样的。曼德维尔将感官享乐作为炫耀的前提,正是因为奢侈消费意味着更高水平的感官享乐,人们才会通过奢侈消费来博取别人的尊重,来让自己感觉更好。而凡勃伦将感官享乐作为炫耀的掩饰,因为感官享乐的提升更加符合"对人类生活有客观提升"这一必要消费的评判标准,它比起炫耀目的更加具有实用价值,于是,人们就会利用感官享乐来作为自己进行炫耀的掩饰或借口,来调和自己"作业本能"所生发的两种矛盾的力量。而桑巴特则将感官享乐置于先于炫耀目的的地位,他认为性冲动、感官享乐才是奢侈消费的根本原因,而炫耀目的则是后来加入的,没有感官享乐,奢侈可能根本不会出现[①]。

第二,他们都指出了阶层之间奢侈消费水平的不同,并认可社会公认的奢侈消费准则的存在,这样的准则在激励人们进行奢侈消费的时候,都带有一定的强制性。但这样的准则发挥作用的途径,在三者的理论中是不同的。曼德维尔指出每个阶级都有自己"必需的奢侈",而进行这些奢侈消费的目的是为了维护自己"得体"的社会形象,这一点也得到了后两位学者的回应,但是桑巴特和凡勃伦

---

① [德]维尔纳·桑巴特:《奢侈与资本主义》,王燕平、侯小河译,上海:上海人民出版社,2007年,
第88页。

还指出了其他的观点。桑巴特指出在社会的"文化准则"下，有产者的妻子被迫改变她们的消费习惯，否则她们将最终在与情妇的竞争中灭亡[①]。相比曼德维尔，桑巴特将消费准则的强制性提升到了生存竞争的级别，但两者都认为，准则促进奢侈消费，是基于人们的主观目的。而凡勃伦认为，"制度化的消费准则"训练了人们的消费习惯和品位，使得人们"无意识"间就进行了奢侈消费。

第三，他们都关注到了城市对于奢侈消费动因的重要性。但是在具体阐述城市是如何激发奢侈消费动因时，又存在出入。曼德维尔和凡勃伦更加关注城市中的人际关系，他们都认为，城市之所以使得奢侈消费的动机更加旺盛，其原因在于，人们在城市中更多地与陌生人打交道，并且人们又存在"以貌取人"的天性，而奢侈消费就是能让陌生人在一瞥之间感受到自己消费能力的最好方法，从而实现"自爱"或者"竞赛倾向"的满足。而桑巴特则从城市的历史和空间特点出发，他认为长期以来，在城市中聚集的上流阶级为人们展示了何为真正的奢侈，并且城市限制了人们生活的空间，在引导和限制的共同作用下，城市中的人们为了提升自己的享受、生活品质，而将更多的财富挥霍在奢侈上。

第四，曼德维尔和凡勃伦都注意到了人们掩饰奢侈消费的现象，并对其作出了解释。他们都意识到，人们一方面想要炫耀，另一方面又不敢做得太露骨，需要进行掩饰才能安心地进行奢侈消费。对于这一问题的解释，他们也都以其基本假设为出发点。曼德维尔认为，"自爱"一方面使人们追求自己的享乐而去奢侈消费，另一方面又使人们关注自己的名声，为了不背上"奢靡"的恶名，就用各种理由来粉饰自己的奢侈消费。凡勃伦则认为，"作业本能"一方面让人将自己的效能发挥在具有实用价值的活动上，另一方面则又促使人们去用奢侈消费向他人展示自己博取财富的效能。两者都将掩饰奢侈消费这一矛盾的现象，与奢

---

① ［德］维尔纳·桑巴特：《奢侈与资本主义》，王燕平、侯小河译，上海：上海人民出版社，2007年，第80页。

侈消费的动因,及其背后的人性特点联系起来,这不仅从心理机制的角度解释了矛盾出现的原因,更是向人们彰显了这一矛盾存在的必然性。

他们在奢侈消费动因问题上的一致,与他们具体观点上的不同,都能给予后世的研究者启发。他们观点上的一致,为奢侈消费动因的研究点出了许多值得关注的论题,比如官能享受、炫耀心理、社会制度、城市中的奢侈、对奢侈的掩饰,等等。他们观点的不同,提供了各种各样的研究视角,支持着人们对这些论题进行更进一步的思考。

七、文化视角下的经济学研究

曼德维尔、凡勃伦和桑巴特从文化解释的维度,为经济学研究提供了宝贵的、前瞻性的学术视角,为经济学科的发展作出了巨大贡献。三位学者都采用了基于事实观察、案例分析的归纳法。但同时三位学者对于奢侈消费问题之答案的寻求,是求诸不同事物之上的,这也就构成了他们三种不同的研究路径,即基于人性的归纳法,基于制度的归纳法,基于历史的归纳法。

曼德维尔对奢侈消费动因问题的探讨是紧密围绕人性问题的。他延续了沙夫茨伯里情感主义的伦理学观点,他批评理性主义,强调情感对人类的判断和行为的决定作用。他对当时的欧洲社会进行了广泛而深入的观察,积累了大量的事实资料,他利用这些资料作为自己的理论基础,对人性中的每一项"激情"的表现及后续影响(包括奢侈消费行为)进行了分析。比如他详细地分析了当时社会当中各个群体的虚荣行为,包括"郊区里最贫穷劳工的妻子""普通小贩的妻子""商人妻女""君王宠爱的女人""脾气暴躁的市长大人""嘴上无毛的少尉""有教养的绅士"等[1],以对人的虚荣心进行阐释。利用事实资料进行人性激情的调

---

[1] [荷]伯纳德·曼德维尔:《蜜蜂的寓言:私人的恶德,公众的利益》,肖聿译,北京:中国社会科学出版社,2002年,第99—102页。

查,在曼德维尔看来,是一种必然路径。他认为"一种事物的本质若没有任何外在表现,你就不要指望能去证明它"①。

　　凡勃伦通过对制度的研究来探讨奢侈消费动因问题。凡勃伦及其所创立的制度学派,将制度作为社会经济发展的根源,他们对制度的定义十分广泛,凡勃伦认为"广泛存在的习惯""公认的生活方式"和经济结构等都是制度②,因此制度学派对经济学的研究一定是从多元的视角进行的,而非孤立地看待经济问题,凡勃伦奢侈消费动因研究中,对消费准则等社会习惯的关注正是这种学术观点的典型。凡勃伦还将人类历史划分为四个阶段(未开化阶段、野蛮阶段、准和平阶段与和平阶段),进而用演进的视角对制度的变迁进行研究,为此,他积累了来自全球各地的历史资料,从东方封建社会到西方工业社会,从部落时代到资本主义时代,从民俗传说到社会习惯。这些庞大的历史资料成为其研究制度及其发展情况的基础,也成为其检验自己理论的参照物③。

　　桑巴特的奢侈消费动因研究充分体现了新历史学派对历史资料的关注。新历史学派排斥普遍规律的存在,认为对经济问题的研究一定要放在特定历史环境下,并将对史料的整理和归纳作为研究方法。在桑巴特进行《奢侈与资本主义》的研究和论述时,他就将讨论的范围限定在13至18世纪的欧洲国家,而不尝试提出一套横跨古今、海内外的理论。他重史料积累,轻理论推导。他在书的每一个章节前专设一个部分,将自己所整理的史料进行罗列和分类梳理,包括文艺作品、历史记述和统计数据等种类丰富的资料。他也不对事物之间内在的因果关系作过多的阐释,他的论点在其对历史现象的陈述和总结中自然地得以呈现。比如"奢侈是非法情爱的一个嫡出的孩子"的观点,并非桑巴特逻辑推导出的结果,而是基于他对13至18世纪欧洲色情行业的发展史的梳理,得到的历史发展的结果。

---

① ［荷］伯纳德·曼德维尔:《蜜蜂的寓言:私人的恶德,公众的利益》,肖聿译,北京:中国社会科学出版社,2002年,第362页。
② 刘仁毅:《论制度经济学思想方法及其影响》,载《经济问题探索》1983年第5期,第70—74页。
③ 同上。

曼德维尔、凡勃伦和桑巴特对于人性、制度和历史的关注,更是展示出他们对文化因素在经济学研究中的重要性的认识。在他们的研究中,奢侈消费由文化定义,由文化引发,它不仅是一种经济行为,更是一种文化现象。如在奢侈消费的定义方面,三位学者都着眼于社会中存在的文化规范。三者都指出,不同的社会阶层内部对于奢侈有着不同的界定标准,这样的标准实际上就是不同阶层当中的消费文化。最高阶层的消费文化通过上行下效的方式,构成全社会的审美和消费标准。令人们出于"义务""虚荣""习惯""品味""野心"等心理,不断地进行奢侈消费。桑巴特站在历史的视角,指出这样的"文化标准"在不同的历史和文化背景中是不同的。奢侈消费不仅是单纯的经济行为,而成为某一历史阶段、文化环境下,存在于某些阶层中的文化特征。基于历史发展的视角,凡勃伦梳理了这种消费文化的进化历程。他站在泛灵论信仰的视角[1],细致分析了人类社会如何在最初建立起"分工的歧视"的文化,以及这样的文化又如何随着社会习俗的变化和制度的演进演变成"勇武的竞赛"和"金钱的竞赛",并最后构建起全社会的消费和审美体系。桑巴特则将奢侈消费解释为社会伦理和社会风气变化的结果,他认为是色情主义对传统宗教伦理的逐渐颠覆,激发了女性的奢侈消费欲望,从而带动了男性的消费欲望。可见,对文化因素的考量贯穿于三位学者的奢侈消费研究的始终。在他们眼中,奢侈消费也已成为一种文化行为,具有深刻的文化意义和内涵。学者们对文化因素的关切,无疑为崇尚科学理性、坚守价值中立的新古典主流经济学提供了重要补充,开拓了经济学的研究视野,丰富了经济学的研究内容。在文化与经济越来越深入交融的今日,三者的研究体现出了高远的前瞻性和重要的借鉴意义。

新古典主流经济学秉承的是启蒙运动时期以来的理性主义与科学主义,永恒的自然法则、稳定的轨道世界、确定的运行方向和均衡的运行状态是其信条[2]。为了

---

[1] [美]凡勃伦:《有闲阶级论》,蔡受百译,北京:商务印书馆,2018年,第10—12页。

[2] 程恩富:《经济学方法论:马克思、西方主流与多学科视角》,上海:上海财经大学出版社,2002年,第185页。

探寻普适意义的规律，新古典经济学排除了本能、社会文化环境、冲动、伦理等复杂的因素，而将人抽象为"理性人"，他们是具有明确目的的行动者，为自身利益进行理性意义上最优化的选择。在分析路径上，新古典经济学采用演绎推理的方式，像自然科学一样用公理和严密的逻辑推理得到经济规律，而认为历史归纳、史料研究、案例分析的经验主义方法并不可靠①。虽然新古典经济学精美而严密的科学逻辑有其不可取代的优点，但也有不可避免的缺陷。抽象化的理性人形象对真正的人类形象的模拟终究是"失真"的，它无法还原人类的非理性因素。基于公理的逻辑推理，及其对普适于任何时空的规律的追求，使其忽视了现实世界的复杂性和发展性，放弃了对影响和塑造人类行为的历史、伦理、制度背景等因素的思考和探索②。新古典经济学的科学主义，使其对现实世界的解释力受到限制。

文化与经济交融的当代社会给新古典经济学解释现实世界带来了更大的挑战。如今的后工业社会，其特点被越来越多的学者进行研究，鲍德里亚称这种社会为"消费社会"③，德国文化社会学家安德雷亚斯·莱克维茨称其为"独异性社会"④。这个社会经历了工业化生产向后工业化生产的转型，规范化、程式化的劳动体系，逐渐被项目式、创意性的劳动体系所取代，基于"专业技能、绩效和职位/职能"的评价体系，逐渐被"能力/潜能、个人形象和表现"的评价体系所取代，劳动主体的特色得以显现，个性的彰显不再被视作规范化生产中的异常因子，而作为员工的独特价值被鼓励和开发⑤。再加上教育的普及，消费者的审美

---

① 闻媛：《科学，抑或人文？——关于经济学研究方法论的反思》，载《天津社会科学》2019年第4期。

② 闻媛：《现代西方经济学的文化经济研究：经济学家的文化世界》，载《上海财经大学学报（哲学社会科学版）》2019年第5期，第4—17页。

③ ［法］让·鲍德里：《消费社会》，南京：南京大学出版社，2019年。

④ ［德］安德雷亚斯·莱克维茨：《独异性社会：现代的结构转型》，北京：社会科学文献出版社，2019年。

⑤ 同上，第147—148页。

能力与主权得到了加强,呈现出对审美化、情感化、个性化的生活方式的追求①。基于这样的变化,两位学者都强调,在后工业社会中,消费实际上是对消费品进行意义赋值、追求个性彰显的过程,这个过程,也就是经济文化化的过程。人们在如今的消费品中追求的不再是物理意义上的质和量,而是符号价值和个性,人们消费的实际上是商品的文化特质。这一现象在现实的商业活动中也不难看到,大众化的消费正在被"个性化"的消费所取代,品牌、设计、广告和消费者都不断地在为商品赋予文化价值,文化创意产业也正是在这个历史大趋势下出现的,文化也在经济化,经济和文化在更深的层次上互相渗透。

曼德维尔、凡勃伦和桑巴特的经济学研究强调人性的非理性,关注社会风气和制度的动态演化,以及不同社会和时代的差异性。对于人类心理的观察和分析成为三位学者学术研究的逻辑起点,对于史料和案例的综合性分析是他们的研究方法。他们的研究充分体现了文化的特殊性和具体性。立足于今日的社会现实,三位学者基于文化视角进行的经济学研究,呈现出了宝贵的前瞻性和巨大的借鉴意义。将经济问题置于文化视阈进行探讨,他们是先于时代的拓荒者。他们的研究视角和研究方法不仅对主流经济学提出了批判和补充,更为新的时代下经济学的学科发展提供了启发和值得参考的既有路径,使经济学能够和文化相结合,更好地还原人类社会的现实情况和本质特征,向着更为系统完善的方向发展。

---

① [德]安德雷亚斯·莱克维茨:《独异性社会:现代的结构转型》,北京:社会科学文献出版社,2019年,第3页。

网络文学场域研究

| 罗　丹（上海交通大学媒体与传播学院）

摘要：

　　网络文学作为"当代四大文化奇迹"，开启文化生态输出新时代。但在主流化的过程中作为大众文本如何承担起经典的重任？其文本本身的质量问题与生产逻辑面临巨大的挑战。借助布尔迪厄提出的文学场理论，本文讨论网络文学场域在模仿与斗争的形成过程中，读者、媒介、资本等文学行动者的占位及其对创作权力的解构，引发的场域内文本创作的异化。主张网络文学场域内生产逻辑与消费逻辑之间的和解，指向立足于社会趣味与经济资本的双向建构的新的经典边界，网络文学场域主流化预示民主化的审美权利，但集体生产的审美民主隐喻着消费过程中文化资本与经济资本的不平等。

关键词： 场域；媒介；大众；经典性

Abstract: As the "four major contemporary cultural miracles", the Network literature has opened a new era of cultural ecological. But in the process of mainstreaming, how do popular texts take on the classic responsibility? The quality of the text and the production logic are faced challenges. With the Bourdieu's theory of literary field, the article discusses the position of readers, media, capital and other literary actors, and Their deconstruction of the right of creation has caused the alienation of text creation in the field. The author proposes a new classic boundary of two-way construction of social interest and economic capital, which will help reconcile the logic of production and consumption in the field of online literature. In addition, the mainstreaming of the Network literature field indicates the democratization of aesthetic rights, while the aesthetic democracy of collective production is a metaphor for the inequality between cultural capital and economic capital in the consumption process.

Keywords: network literature field; media; popular; classical

网络文学百花齐放宣告 IP 时代来临，以独特的想象力跨越不同的媒介，建构起一个庞大的创作空间，成为广大消费者文化娱乐消费的新宠。《庆余年》《陈情令》《斗罗大陆》《三生三世》先后席卷荧幕，具有浓郁中国特色的网络文学在粉丝的保驾护航下开启中国网络文学走向世界的征程。在走向主流的过程中，其文本本身的质量问题与生产逻辑面临巨大的挑战，在走向世界化过程中如何保持奇幻特色？在主流化的过程中大众文本如何承担起经典的重任？借助布尔迪厄文学场的方式对其进行观照，以为网络文学的研究提供新的视角。

一、模仿与斗争：网络文学场域形成

文学场是社会学家布尔迪厄立足于法国文学场域的观察与福楼拜的小说《情感教育》进行分析后所提出的一个结构性与功能性范畴[①]。他认为存在对立的两个文学场：一是"为艺术而艺术""为生产而生产"的先锋文学场[②]，奉行无经济功利性的自主的文学原则；另一个是为大众而生产从属于政治、经济等外部场域的"他治性"文学场域。从挑战社会准则与传统文学话语逻辑的后现代风格的文学场域，发展出迎合读者阅读趣味与惯习的大众文学场，资

---

① 孙士聪：《文学场与文学的在场》，载《学术研究》2016 年第 11 期。
② ［法］布尔迪厄：《艺术的法则：文学场域的生成与结构》，台北：典藏艺术家庭，2016 年，第205 页。

本在其中扮演着催化剂的角色①。这一论断隐喻了网络文学对传统文学场域的模仿与反叛,借助技术的力量在资本斗争与社会结构的权力场中逐渐获得自主性,逐渐获得场域独立性的过程。

(一)模仿传统:野蛮生长的网络文学

"一代有一代之文学",网络文学是网络时代活的文学样式。20 世纪末媒介革命的冲击,推动文学转向新的生产工具,电子化的传播载体保留传统文学的表意形式。精英学子率先介入新的"游戏空间",借助互联网的链接特性,以邮件订阅的形式奠基最初的传播阵地——《华夏文摘》,在"水木清华"筑起"跟帖"高楼,"通过提供作为成员资格象征的符号标记,使阶级成员实现阶级再生产②",在异国文化的重围中安放对中华文化的反思。正如布尔迪厄所意识到的,"小说呈现了一个'真相'。亦即某种作者在小说当中架构出的社会世界结构,也是某种权力场域,其中每个角色及其之间,都象征了在场域中受到的秉性与各种惯习影响的各个位置、及所占位者之间的关系③"。奉行"自由表达之精神"的网络文学由此确立了其原则。网络文学与正统文学的疏离,反映网络时代人民生活方式与思维理念的变化,全新的生产工具与生产话语,没有边界的创作与没有秩序的网络空间,诞生以网络性为根本属性的文学样式,无意识地将创作导向新的习惯。

网络文学不同于传统文学的根本就在于其网络性,网络是其生产空间,也是发表平台④。无门槛的创作与读屏的速度解构曾经的仪式感,写作更趋日常化,精英殿堂的大门被网络敲开,草根作者承担网络文学场域的生产任务,不依赖于印刷出版的网络文学登堂入室,书写属于大众的故事。

---

① [法]布尔迪厄:《艺术的法则:文学场域的生成与结构》,台北:典藏艺术家庭,2016 年,第 338 页。

② [澳]马尔科姆·沃斯特:《现代社会学理论》,北京:华夏出版社,2000 年,第 209 页。

③ [法]布尔迪厄:《艺术的法则:文学场域 的生成与结构》,台北:典藏艺术家庭,2016 年。

④ 邵燕君:《网络时代的文学引渡》,桂林:广西师范大学出版社,2015 年。

虚拟空间收容了不被印刷媒介所接纳的带有另类色彩的小众文学，传统文学却依旧把持创作与评介的话语权，借助印刷出版的市场规则筛选具有审美价值的作品。网络文学又以"畅销书"模式渗透到传统文学场域，借出版获得身份认同与销售盈利，兼具传统文学的审美价值与网络文学的网络性。《明朝那些事儿》可谓是其中典型，作品发于天涯论坛，转载于猫扑，点击率屡创新高，引发了网友的热议，尚在网络连载期间就被结集成书，先后在国内各大出版单位出版，销售超过 500 万册[①]。网络文学在消费社会被赋予了商品性与娱乐性，呈现出开放的特征，拒绝掩饰满足，直接地传达人物情绪与阅读体验。作者按照读者的要求不断调试生产，借助网络实现后现代所倡导的多元共生，文学性不再受限于传统文学领域，而更多以一种感性的方式渗透到网络文学场域的方方面面。但生硬套用传统文学的审美原则与印刷行业的评价标准，本身就脱离了网络文学的生产逻辑。传统文学的血脉与印刷出版的挑剔的目光，网络文学本身的"自由之精神"与读者的欲望交织，审美标准、商业出版、自由创作在权力场域中相互交叉又相互对立，没有任何一方能完全掌控生产的话语权，低自主性的网络文学场域尚未形成通行的法则。

（二）资本斗争：经济资本与类型文学

强有力的经济资本借助网络文学网站挟制网络文学场域的法则，又以网络化的结构对其他场域施加控制力，在场域的交错中确立了网络文学的地位。最显著的是盛大集团收购起点中文后所形成的网文—游戏模式。文学网站以经济资本的绝对优势掌控网络文学生产场域的话语权，反而带来网络文学的创作低谷，如何能够取悦更多的读者、获得更多的收益成为这一时期的主题，大量没有营养与逻辑的小白文面世，盗版、抄袭问题层出不穷，作品高度同质化。网络性耦合文学最基本的人文精神的自由，却不能永远自由下去，曾经陪伴 80、90 后的

---

① 杨庆林：《网络小说实体出版的路径研究》，载《出版与印刷》2018 年第 2 期，第 46—51 页。

网络文学网站的自由之精神逐渐消弭,资本的逻辑消解曾经的大众文化情怀,文学网站为抢夺读者的注意力不断斗争,公共的生产场域催生出大量良莠不齐的文学作品,同质化、平庸化日趋严重。

野蛮生长的网络文学触底反弹向纵深化发展,翻开类型小说的新篇章。从榕树下、起点中文的群雄逐鹿到阅文集团一家独大,市场完成了类型文学的部落化。从时代、性向、情节、背景、人物、结局、创作类型、数据等不同的角度将网络文学分为两百多种类型,不同的类型相互交叉,改变网络文学生产空间的力的对比。通过不同类型的标签搭配,网络文学在不同的欲望之间取交集,为消费者量身定制出符合读者欲望的文学作品。作者在创作之初就确定好时代背景、人物设定与故事梗概,刺激受众的"萌点",规避读者的"雷点",勾勒消费者的心理画像,让读者在阅读的过程中有"爽"的心理感受,这样的作品更容易让读者再次点开,从而获得成功。在网络文学生产场域中大量相似的文本树立故事的背景与秩序,搭建庞大的故事世界框架,不同的作者丰富故事世界细节与情景,"驯养"新的生物在故事世界中安居乐业,形成多元的故事世界,读者铭记在这个故事世界中曾经所获得的快感,出于惯性再次点开,布尔迪厄所说的性情系统演变成习惯。换言之,网络搭建的生产场域正在消解传统文学创作过程中的身份意识与作者塑造世界的权力,创作不是写手的任务,文字的生产才是,而世界架构、逻辑梳理、人物设定这些原本属于作者的权利已经被转移到消费者群体中,网络文学创作是读者的合唱而非作者个人的高歌。正如罗兰·巴特在《S/Z》中的主张"作者对作品的权力是一种虚构,取而代之的主体是读者的文学理论[①]"。

(三) 场域交错:网络文学生产场域的全球化

社会是由不同占位的场域组成的,无论文学场域,抑或知识分子场域,都是整个社会结构中的一部分,彼此依赖共生,社会权力与资本在相互链接的场域中

---

① [法]罗兰·巴特:《S/Z》,上海:上海人民出版社,2016 年。

集散，引发场域内外占位的变革与新一轮的斗争。网络文学滥觞于北美，其创作从一开始囿于中华文化与西方文化的矛盾与冲突。麦克卢汉所预言的"地球村"缩短了文化的距离，中华文明率先借助网络文学媒介，以包容的姿态开始了文化共同体的建设。依赖于数字传媒平台的开放性与包容性，粉丝群体的自发翻译，让网络文学以更柔和的姿态进入异国，跨越了不同高低语境的隔阂，在一定程度上进行文字的再创作，更为不同背景的读者接受。在全球化与媒介革命的双重催促下，网络文学呈现出后现代的去分化趋势，打破东西方文化之间的语境。从最开始西方文化背景的设定到模仿翻译腔的文学创作，网络文学作品中不仅是传统神话中所展现的东方世界，也受到多元文化滋养。江南的《龙族》设计了一个庞大严谨的世界，角色以混血龙裔的身份在美国、日本、俄国、古巴腾转挪移，北欧神话中的奥丁众神以反抗决绝的姿态压制阻绝发展，采用圣经文学中的"三位一体"与天使长设定布置人物关系，还有如同《浮士德》中充满诱惑的恶魔的"路鸣泽"时刻引诱主人公与同伴决裂，最后以日本美学式的结局为下一个故事留白。有网友戏称《龙族》是"披着北欧神话外皮的圣经故事"，实现平凡衰小孩拯救世界的白日梦。多元的文化元素的融合向读者展示了异彩纷呈的幻想世界。网文"出海"之余，也吸引优秀作品的"靠岸"。阅文集团与迪士尼合创"星战系列"中文电子书重新定义网络文学表达方式。国际文化秩序被一种全新的方式颠覆，不同于"印刷机呼唤民族主义，收音机呼唤部落主义[1]"的声音，网络文学呼唤的是文化共同体的凝聚。

文化共同体的凝聚依托于纷繁复杂的多元媒介图景，横向来说，网络文学的生产场域进入国际视野。纵向而言，网络文学产业网络延展，以 IP 为核心的多元媒介开发促使创作分子化，拥有了多元的新形态。在全球语境中，早期的韩国、日本均有大量的网络文学文本"出口"。网络文学却只在中国实现产业化，网络文学的结构场再一次流动，网文成为新的媒介进入其他场域，隐喻着场域新一

---

① ［加］马歇尔·麦克卢汉：《理解媒介：论人的延伸》，南京：译林出版社，2011 年，第 197 页。

轮的角力。影视作品为代表的视觉媒介作为网文出海先锋,率先借图像在世界范围中拥有姓名,《花木兰》的成功案例给网络文学改编注入强心剂。以文字作为媒介的网络文学被视频重新改编,超脱话语所固有的能指与所指的配对,图像更加直观地把网络文学还原到生活中,不同的读者通过视频寻求中华文化的"真相"。网络文学作为媒介整合了视频与文学的生产空间,凭借类型化文本与韩国电视剧和日本动漫接轨,二次元的文化图景成为世界文化市场的主要竞争力量。

二、解构与重构:网络文学的生产

文学创作者在文以载道的使命下长期把持创作的话语权,精英文学以高度的自主性与社会疏离,而经济资本与媒介以摧枯拉朽的姿态打破其铭刻的"与流行话语保持距离"的"合法行为的实践原则",资本分布的结构影响网络文学欲望场的构建,以大众的名义介入网络文学生产的过程。

(一)大众欲望:白日梦与造神逻辑

文学场是幻想的场域。幻觉即是参与游戏的产物与筹码,布尔迪厄将幻觉作为场域这个游戏空间得以产生的条件。"执着于游戏、相信游戏及其筹码的价值的某种形式是游戏得以运作的基础,使得玩这游戏能够忘记辛苦;而在幻想场域中行动者的共谋,成为创作者竞争的根源[1]。"网络文学的欲望修辞建造了平等、自由、高互动性的虚拟世界,消费者自由表达"我"所渴望的快感,作者营造愿望达成的白日梦,文学网站将之拓展为"梦工厂",让读者在真实的幻想中完成自我的认识与定位,长期以来被正统文学所忽视的快感在网络时代一呼百应;将想象与欲望从物化了的外部经验的谴责中解放出来。"经典美学一直以来矢口

---

[1] [法]布尔迪厄:《艺术的法则——文学场的生产与结构》,北京:中央编译出版社,2001年,第357页。

否认和打压排斥的物质功利性和生理快感，在当代审美语境和审美经验中一跃成为美的代言①。"

追求并满足欲望与幻想是生命运行的根本驱动，网络文学为读者提供欲望已满足的虚幻的情感体验，借助其快感补偿功能与美感诱导重构读者的现实感受，在虚幻中建构真实，读者陷入庄周梦蝶的迷幻状态。利维斯夫人指责读者是"沉溺于谎言的瘾君子"，"滋生出做白日梦的习惯"，"导致真实的感受与富有责任心的思考都受到的阻隔"②。而弗洛伊德反驳白日梦源自人被压抑的欲望，是人类作为生命体正常的心理活动，"文学艺术作品是一场白日梦，是欲望的满足，是给予匮乏的现实生活一种无可奈何的替代性解决③"。人不断地产生新的欲望，在追求愿望的畅想中保持文学的青春永驻。网络文学对人性的体贴与尊重，用营造愿望达成的白日梦构成作品的叙事逻辑，搭建现实的童话，使"旁观者的灵魂从日常生活的直接制约和沉闷中解脱出来④"。如《何以笙箫默》的破镜重圆的圆满故事，作者顾漫设定初见时春心萌动，出走异国成长独立，回国后男友一往情深。文化环境的辗转表现出儒家文化的道德伦理之中女性的压抑与挣扎，爱情隐喻人生的乌托邦。最后暗示圆满的爱情需要双方的磨合修补，满足读者对美好爱情的向往，给予其面对现实磋磨的勇气。生长在网络环境的童话，超脱社会环境的客观现实与读者切身感受到的焦虑，搭建了网络中的"拟态环境"，主角即读者的内心投射，在其中预设可能遭遇的苦难与解决方式，达成在客观现实中难以实现的"白日梦"。

网络文学作为大众的文学，与民间故事、神话传说等有异曲同工之处，反映普罗大众的生活愿望与价值理念，传统文化基础加上幻想助力，网络文学延续肉

---

① 傅守祥：《经典美学的危机与大众美学的崛起》，载《中国社会科学院研究生院学报》2007年，第79页。

② ［英］约翰·斯道雷：《文化理论与大众文化导论》，北京：北京大学出版社，2010年，第27页。

③ ［美］埃塞尔·S.珀森、［英］彼得·冯纳吉、［巴西］S.奥古斯托·菲格拉：《论弗洛伊德的〈创造性作家与白日梦〉》，北京：化学工业出版社，2019年，第37页。

④ ［英］麦奎尔、［瑞典］斯文·温德尔：《大众传播模式论》，2008年。

身成神的道路。读者从"上帝视角"看别人的故事,在别人的故事中找到自己的影子,通过"打赏""差评""打榜"威胁作者向"我们"所希望的故事靠拢,且往往能够实现,这种主动权与优越感刺激读者不断对人物故事进行理想化虚构,完成网络文学的神话逻辑。天蚕土豆在《斗破苍穹》塑造了主角萧炎虽为天才,却失去修炼的能力,跌落尘埃受尽冷眼,在药老的指点下闯荡世界终屹立顶端。这与孙悟空的形象有殊途同归之处,但相迥异的是,孙悟空最后的自我度化与超脱在故事中绝迹,网络文学中的主角并不以拯救世界为己任,出身不凡赋予的使命感在强者为尊的激烈竞争中消磨,以暴力打倒邪恶势力的同时自己也站在了正义的对立面,成就的不过是实力强劲的"伪神"。驰名海内外的《盘龙》《圣墟》等玄幻文学也遵循着同样的造神套路。网络文学造神缺失神格,虽有神的神通却难逃人的心性。抛弃了善恶是非的二元对立,借用玄幻文学回归人的"生存"本源,有读者认为这样的文学打破虚伪的道德说教,呈现真实的世界本质,也有读者斥之"丛林社会的强盗逻辑"。网络文学让人重新回归神话家园,对理性与逻辑思维的崇拜,对科学的依赖与倾诉,在网络文学中让位给人类的奇幻思考。毫无疑问,网络文学的神话思维让每个人的精神领土不断扩张,从科学主义的牢笼中解放幻想与想象,但是网络文学的呈现的也许并非富饶的伊甸园。

(二)作者已死:创作权力的解构与重塑

在布尔迪厄场域逻辑中,生产者将场域内的交织的力的秉性集于一身,种种社会制约因素通过塑造作者的习惯而发挥作用。换言之,作者的性情系统受制于社会结构的精神积淀,也受制于自己在场域中的位置。

网络文学的出现隐喻精英文学场域的颠覆,崛起于草根阶层的作者挥舞着网络的武器粗暴地对创作的话语权发起挑战。创作者一极是来自精英殿堂的学子,却不以精英文学为己任;一极是从读者身份转换过来的"草根"。《2018 年中国网络文学发展报告》数据可参照:2018 年国内网络文学创作者达 1 755 万,其签约作者 61 万，兼职作者占其 61.9％，作品总数已超过 2 000 万部①。从未受到系统的文学创作训练与培训的作者，出于对文学的热爱讲述自己的故事。毫无疑问，其写作手法、写作文笔方面存在天然的缺陷，粗制滥造的故事设定缺乏逻辑。有学者不承认其为"作者"，而称之为"写手"，其进行网络创作的动力是为了满足自身在传统媒介中无法轻易实现的自我满足感与交流的欲望，其作品并没有达到文学的高度。更确切地说，其作品所创造的并非文学价值，而是为同样不满足的消费者提供可供消费的形象。无论从什么角度似乎都不能担起传统文学所期待的"天才"美誉。"网络写手在自由的空间里汪洋恣肆，以短、平、快的文字游戏游弋于虚拟的快乐世界，不追求经典性与精致性，他们要做的只是如何更充分地展示自己和被他人欣赏，他所诉求的是自况而非自律，追求的是'当下'和直观，而不是经典的深度与意义②。"大众生产的大众文学回归大众的欲望，作者只是码字的文字匠人，蜕变化蝶取决于读者的选择与经济资本的需要。

媒介的革新延伸了作者与读者的神经末梢，超文本打破传统文本的平面性与完整性，实现了作者与读者之间超越时间与空间的思维交汇。文学阅读本身是一个孤独的审美场域，传统文学在纸张的翻页中获得并巩固自我的信仰，而网络文学场域中多元的观点逆转舆论寡头化的进程，意见发表主体的多样化和观点的丰富性，建构哈贝马斯理想的公共空间，容纳来自广大读者的真正的"民意"。读者实质性地参与了作品的创作甚至决定着作品的存在，接受美学所提出的"真正意义上的读者"在网络文学场域中瓜分了原本属于作者的权力③。生产出符合消费者期待视域和审美经验作品的生产者被消费者捧上神坛，成为新的"大神"。消费者喜闻乐见的情节被大量填充进去，财权的诱惑与道德之间的抉

---

① 中国音像与数字出版协会：《2018 中国网络文学发展》，http：//culture.people.com.cn/n1/2019/0810/c429145-31287235.html。

② 陈定家：《文学的经典化与去经典化》，北京：社会科学文献出版社，2007 年。

③ 杨平：《读者反应批评——文学翻译批评新视角》，载《北京第二外国语学院学报》2009 年第 8 期。

择成为作品标配,大难不死反获奇遇的人生转机、路遇贵人获得指点与赏识比比皆是。消费者把自己对于生活的幻想与渴望传达给作者,作者将所有的情节合情合理地组合起来。换言之,作者生产文字,读者创造意义,"文本世界"与"读者世界"相交呈现出阅读的新意义与新地位。网络打破精英长期把持的文化权力,卸下文学被动承担的布施与训诫的功能,创作的话语权重新走向大众,在网络文学的虚拟空间宣告"民间话语权的网络回归"[①]。传统文学未能完成的"作者—读者—分享[②]"制度,在网络文学场域大行其道。网络文学真实、大众、开放的特性凸显,读者群体建构等量的诠释群体,生产与诠释的场域中作者的缺位宣告罗兰·巴特所言的"作者已死"。

　　一个自主的场域,会要求自己有权定义其正当性的种种原则,而在构成这个场域的关键阶段,来自各种不同占位与立场的角色,都参与对这个场域通行制度的质疑,以及对某种新的律法的创造与推行[③]。经济、社会、文化资本在网络文学场域中重新开始角逐,象征经济资本的文学网站以快刀斩乱麻的姿态收编生产权力,网络文学重蹈新闻场域的覆辙。文学网站树立"VIP会员"和"订阅＋打赏"的商业模式,根据读者阅读的字数进行收费,每千字2～5分。从一字千金到千字半文,网站以低廉的价格提纯读者,实质是经济资本以强势的姿态异化创作的表现,要求网络文学创作屈从于市场所期待的机制。网络文学引以为豪的"自由表达之精神"被强加上商业的逻辑,点击榜、推荐榜、打赏榜层出不穷,大浪淘沙般筛选出能够最快吸引读者、留住读者、说服读者购买的文学作品,一方面确立读者"上帝"的绝对地位,另一方面,作者个人被影响力所取代。所谓的影响力分为三个维度:一是作品的质量,生产者须处理好作者与时代的关系,安放在创作过程中呈现出来的荣格所说的集体无意识。这种集体无意识是在相应的社会

---

① 欧阳友权:《网络文学的学理形态》,北京:中央文献出版社,2007年。
② 邵燕君:《中国网络文学二十年·典文集》,桂林:漓江出版社,2019年。
③ ［法］布尔迪厄:《艺术的法则:文学场域的生成与结构》,台北:典藏艺术家庭,2016年,第114页。

构造下无数同类型的经验在人类心理上的沉淀，不仅仅是个人欲望与情感的表达，亦是社会文化传统、心理状态与社会情感等内核集成，具有时代特色与社会性质，甚至包含着地域特色与群体认知。这些无意识又在阅读的过程中反哺生产者，以点击率、收藏量、推荐量、上榜时间、评论数、评分等级，林林总总的数据引导读者的选择，数据将质量也量化。二是作者在新媒体领域的影响力，包装人设打造卖点，通过"两微一抖"等多媒体平台维持曝光率，提高话题指数。三是网络文学网站本身的影响力，文学网站的目标市场与潜在受众的不同，决定了读者获得文本的不同模式。换言之，作者与文学网站签约便意味着自由创作形态的结束，网站凭借对市场与读者的了解，要求作者按部就班"制作"出符合目标市场的文学产品，由此获得利益。写手、粉丝、文学网站的三边关系勾勒出媒介时代创作的新面貌。网络文学把写作变成一种工业化生产，作者只是整个产业链上的一环，受制于网络时代的生产环境与生产关系，在种种权力纠结的场域肩负生产者的身份，作者个性的泯灭换来成千上万"集体作者"的新生。或许作者只是码字的工具，这个工具所编制的海市蜃楼却是大众共同的美梦。然而，在古老的经典意识和传统的经典信仰被颠覆的同时，作者在文学创作中更新作品的生产方式并处理复杂的生产关系，文学在市场化与数字化生存情况下必然会建立起新标准与新秩序。

（三）媒介革命：文学场域的新角色

"书籍在改变，不是因为书籍改变而是世界在改变[①]。"媒介作为新的资本渗透网络文学的生产，天然具有别于传统文学的根本特性——网络性。这或许是布尔迪厄在分析文学场域时所未能预料到的。网络文学对传统文学的反叛式继承孕育网络时代新的意识形态，放弃传统文学的审美负重，偏好整体上对事物的

---

① ［法］罗杰·夏蒂埃：《书籍的秩序》，北京：商务印书馆，2013年，第89页。

迅疾的感性知觉①，这意味着新一轮的新旧文学机制之争不同于以往的体制之争、代际之争、文学原则之争，更包含了媒介文明之争②。

网络媒介加速信息交换或流通的过程引发分割肢解的作用，这种加速现象又有助于恢复参与强度高的一种部落形式③。网络文学由此部落化，形成一个个基于共同偏好的小型的亚文化，分解读者群体，构成若干类型文学。类型小说是在信息时代图书大规模生产形成的文学现象，可以追溯到中国古代的小说文本，如才子佳人的传统话本到《红楼梦》的经典传世，神异鬼怪的杂文汇集而成《聊斋志异》，代表着一种文学内容的成长成熟，成就一种类型的巅峰。网络文学的类型化，是基于读者不同的愿望实现与情感反映的不同模式而衍生出来的，新的类型对应读者阅读欲望的细分和新欲望的形成，意味着一种潜在欲望被文学具形，每一部流行作品的出现都会更刺激读者的欲望，此后跟风之作不是传统意义上的模仿，而是从"工业化生产"进入"产业化延伸"的批量生产的跟进④。网络文学的写作回归到"文学让生活更有趣"，作者专注于特定的趣味与偏好形成写作特定机制，以愉悦读者作为根本，逐渐形成网络化的趣味审美与性情系统，收拢读者的共同欲望。而大数据的帮衬让网络作品得以厘清读者的喜欢的情节与角色，网络文学生产彻底倒向消费者主权。根据用户的注册信息、阅读时长、阅读类型、收藏书目、购买章节、评论内容、投票榜单建立完整的数据分析模型。如纵横中文网以用户与产品的交互活动了解用户偏好，包括每次回话的访问时长、访问深度、用户对小说的操作行为指标，如对作品的收藏次数、分享次数、充值金额等进行维度下钻分析，根据用户在产品中的交互行为衡量用户质量与作品质量⑤。从"阅读"到"悦读"，消费者在大数据面前透明化，消费者的行为与偏

---

① ［加］马歇尔·麦克卢汉：《理解媒介：论人的延伸》，南京：译林出版社，2011年，第81页。
② 邵燕君：《传统文学生产机制的危机与新型机制的生成》，载《当代文学论坛》。
③ ［加］马歇尔·麦克卢汉：《理解媒介：论人的延伸》，南京：译林出版社，2011年，第81页。
④ 邵燕君：《传统文学生产机制的危机与新型机制的生成》，载《当代文学论坛》。
⑤ 张立：《坚守与变革：遭遇大数据时代的传统出版行业》，北京：社会科学文献出版社，2018年。

好数字化为新的生产资本，进而指导了以"读者为中心"的网络文学实现"定制"化写作，间接参与网络文学的生产与流通过程，以保证作品的点击率与阅读量。媒介构架"集体智慧"的"智库"，又将不同的欲望乃至不同的读者进行分类，大数据的帮扶降低网络文学生产的门槛，与其说是一种技术，不如说是一种生产方式。"根植于'自由网络精神'的自由书写、自由创造、自由想象、自由发表在市场经济资本利润的追逐中备受掣肘，形成网络文学创作新的不自由①。"

　　媒介革命的到来引起人间事物的尺度变化、速度变化和模式变化②，隐喻着生产与阅读模式的改变。移动端阅读设备的出现让阅读成了眼睛的动作。"往日读书需内化之，把自己的声音化为文本的身体。今日文本不再把自己的节奏强加给读者，也不再借读者嗓音来呈现自身③。"当下阅读的上下滑动成为机械化的动作，不定时的规律滑动让其注意力处于"非焦点注视"的状态。换言之，读者习惯的滑屏冲淡文字本身的美学特征，尾随而来的是阅读的麻木，与其说是阅读，不如说是"读屏"。以符号主导的图像美学替代文字媒介的表意文化，"图像中心化的文化转向凸显了图像符号表意功能，却挤压了书写印刷文化的文字审美空间④"。媒介的转变让读者身体从文本撤离，只留下一双远远观望的眼睛。直白的表达与重复的词汇的堆砌，在不同媒体上出没的"段子""梗"频频露脸，一些经典化的情节、人物与情感表达如同程序，只能做出机械化的反应。文学网站在标题上添加"设定""梗"的标签，为读者提供望文明意的便捷分类，提高戳中"萌点"的概率，降低"踩雷"的可能。作者在写作时信手拈来不同的"梗"，重新组合成为旧瓶新酒的"新"作品，这也便于作品跨越媒介的拆解与挪用。继类型化之后，网络文学又成为不同"分子"游离重组的"属性资料库⑤"。例如墨香

---

① 宋学清、乔焕江：《大数据背景下网络文学的新生产机制与新景观》，载《文艺评论》2017 年第 3 期。
② ［加］马歇尔·麦克卢汉：《理解媒介：论人的延伸》，南京：译林出版社，2011 年，第 92 页。
③ ［法］罗杰·夏蒂埃：《书籍的秩序》，北京：商务印书馆，2013 年，第 58 页。
④ 欧阳友权：《网络文艺学探析》，北京：中国社会科学出版社，2018 年。
⑤ 卢冶：《网络文学的"界碑"与"症候"》，载《文学评论》2019 年第 3 期，第 206—214 页。

铜臭的作品《魔道祖师》，影视化后的《陈情令》在原本的故事基础上丰富了原著没有的校园学习立志"锄奸扶弱、无愧于心"的情节，增添魏无羡雨夜救助温氏与同伴决裂的桥段，凸显主人公"是非在己、毁誉由人、得失不论"的信念。网络带来可以不断延伸的空间性，分子在裂变与重组的过程中消弭了故事的时间差异与空间差异，营造多元共生自我圆融的情感共同体，原本传统文学的"孤独的狂欢"式的阅读边缘化，轻松写意的分享与碎片化的"悦读"预订了读者在公共空间的自我放逐。

三、依存与规训：网络文学场域的习惯

在网络空间中，一切支配与被支配的关系变得模糊不清，资本的斗争异化文学生产的自由，承担创作责任、拥有创作权利的主体去中心化，在不同程度上对作者的权利进行解构。布尔迪厄所忽略的集体创作的特性在网络文学场域更加凸显，"文学行动者"的习惯与生产者创作的相互养成，引诱着周围的潜在消费者逐渐向已生产的趣味靠拢。因此对网络文学经典性与主流化讨论的关键回归到作为行动者的大众身上。

（一）实践的习惯：粉丝与作者的相互养成

习惯是社会生活与个人情志双重作用下集聚在个体和群体身上的总体持久性情①，趣味是习惯显性的特征，作为场域的区隔与场域内部部落的审美标志。在对传统文学场域的模仿与斗争之间，网络文学生产者本身的习惯引导受众选择趣味的实践，受众以否定的方式拒绝其他的趣味，引导着其他同好者向其所在的位置靠拢，逐渐养成这个趣味的拥有者与位置的占有者所具备的特质。"消费

---

① 陆扬：《后现代文化景观》，北京：新星出版社，2014年，第166页。

的逻辑把这高级趣味与低级趣味贯穿起来①"，网络的虚拟空间连结起习惯指涉不同的阶级习性与美学性情，网络的间性与阶级的间性抵消，呈现出作为人的趣味与特质，展示"新的自然"。当然，文本本身不生产阶级不平等，但生活的底色彰显不同的趣味，不同趣味的消费者又决定文本编码与解码的不同方式。趣味作为一种使阶级与教育放大和延伸的社会资产，在网络化的象征的世界被赋予神秘的威望，网络性成为客体感知与性情结构的根本属性，重新安排了人的组合模式和文学的创作模式。

网络文学场域对整个社会场域传达后现代的反抗、网络时代的幻想，社会结构对网络文学的结构性规制又在产业化的过程中导向新的习惯与趣味。长时间对文化符号与艺术代码的习得，重新建构了网络文学的趣味标准，指向网络化的人与网络化的性情系统。"趣味判断调和了人的感性与理性，界定了什么是完善的人②。"新的习惯与社会结构的生成影响之后经验的感知与评价，在原有的基础上一步步召唤经典网络文学出现，更确切地说，网络化的新一代渴望创造甚至重新定义经典的标准，表彰属于网络的新的经典作品。由习惯所带来的"结构性的实践"与"被构造性的实践"，在部落化与反部落化的过程中呈现出后现代的大众文学的真理。读者"通过与人物同欢乐共痛苦、关注他们的命运、赞同他们的希望和他们的美好动机、体验他们的生活来进入游戏的愿望，依赖了一种投入形式，即善良观众的一种'天真'、坦率、轻信的决心③"，促使生产者与读者互相成就。读者"审美的趣味与经验被融入了来源于阶级的、在特定家庭结构类型中得到验证的处境出发组织起来的系统的生平的统一性当中④"，形成以自我为中心的、跨越文化与实践场景的自我的认识，以弗洛伊德的说法就是对"本我"的认知。习惯生产的逻辑就显现出来了：一是作为行动者参与到场域中，并在场域

---

① 朱国华：《权利的文化逻辑：布尔迪厄的社会学诗学》，上海：上海人民出版社，2016，第265页。

② ［法］布尔迪厄：《区分：判断力的社会批判》，北京：商务印书馆，第47页。

③ 同上，第50页。

④ ［法］布尔迪厄：《实践理论大纲》，北京：中国人民大学出版社，2017年，第240页。

中获得经验;二是经验的结构化,从而引导实践。快穿类型文即显著的案例,多环圆形空间结构的时空设定让主角快速穿梭于不同的伦理情景中,快速经历生老病死跌宕起伏,习惯与趣味在加倍速的人生中成型,密集的"爽点"冲击在类型文中已经建构起成熟的世界。如《快穿之打脸狂魔》中设定"非典型主角"黑客周允晟,其被迫绑定"反派系统"成为命运的棋子,以科技打破固有剧本,"把自己变成一个病毒"反抗"世界上最有序、最精密、最不可撼动"的主神系统设定的命运桎梏,对类型文已有的设定进行反类型化的创作。他就像英雄,在主角黯然退场时强势地虐渣打脸、主持正义,成为读者共同的"爽点"。但是别人带来的复仇快感始终是有隔阂的,《不要在垃圾桶里捡男朋友》中,主角池小池意识到炮灰的灵魂依然留存,勤勤恳恳地弥补原身的遗憾,在以恶行对抗恶性的不顾后果的毁灭中重新做出理性的选择,回归"自己"是人生的主角的认知。而小说中设定的"熵值",即主人公情绪的波动所产生的能量成为世界运转的燃料,暗合了网络文学的欲望场的本质。文本中所塑造的主角是"救世主",更是"后悔药",知悉失败原因后人生读档重来,规避一切风险与陷阱,"生而知之"的意识给主角重新挽回的机会。屈从于现实的天真、善良、理想化的人格在网络文学场域的重生,读者的理性思维回归,否定纠结在过去痛苦的颓唐,重新将发展的方向回归到过好自己生活的期望。这是作者与粉丝共同选择的自我解脱。网络文学类型化、专门化的生产让创作水平往纵深方向发展,从直观的、感性的共鸣到理性的选择予以意义与方向,网络文学的欲望叙事指向性情系统,不意味着网络文学场域理性的缺位。文本创作的关系革新,文学一改印刷时代"间接的、单向的、主从授受的权力关系",在互联网语境下的完成"异体受精",诞生了"异地远程、即时飞速、主从授受关系模糊不清"的网络文学①,作者与粉丝共享生产权利,养成趣味与习惯,建构起共享的文本与价值观。更明确地说,走向经典的关键则在于网络文学场域所有的生产行动者的习惯与趣味的相互养成。

---

① [美]内格罗蓬特:《数字化生存》,海口:海南出版社,1996年。

（二）文化的经济：经济生产与趣味生产的和解

作为"促使趣味得以实现的、为不同趣味提供作为风格可能性系统的文化经济空间①"，网络文学场域内供求之间的配合既不是生产对消费实施的简单强制的作用，也不是生产迎合消费者需要的一种有意识寻求的作用，而是生产场的逻辑与消费场的逻辑客观配合的结果②，在两者的习惯和趣味之间找到经济生产与趣味生产的一致性。特殊的供求关系使得千差万别的趣味与性情系统在网络文学的生产场域中找到其形成和运行的条件，读者不同的趣味为不同类型的作品提供了长期或短期的市场。实际上读者趣味得以实现取决于经济资本所供应的力量，资本的任何变化都会引起趣味所在的生产系统的生存条件与资本关系的地震，由此解释了资本生产的作品与社会衍生的趣味之间的统一性。读者的趣味与资本的运行在文学的生产场域中取得和解，审美趋向民主化。

资本的动态关系主导下的生产机制与大众趣味生成的文本无须特意寻找就能与读者的需求不期而遇，成为趣味变化的根源。"每一种占位都从否定关系里才能获得它的独特价值，是否定的关系将它与其他共存的占位联系起来，每种占位都在客观上参照其他共存的占位，其他共存的占位限制了它的空间，也就决定了它的样貌③。"网络文学在否定之否定间确定自己的位置，成就网络文学的差异化的标签。最初的宫斗文树立女性同样能参与政治斗争并获取价值和认同的形象，否定男尊女卑、女性为爱情冲昏头脑的故事设定，再到种田流《知否？知否？应是绿肥红瘦》讲述平淡生活的智慧，打破穿越必定引进先进生产技术进行革新的狂妄，再到《木兰无长兄》古今大龄剩女的隔空对话，携带当代女性生命经验与现代文明价值观，体察乱世中弱者的命运④。网络文学在不断的否定中步

---

① ［法］布尔迪厄：《区分：判断力的社会批判》，北京：商务印书馆，2015年，第255页。

② 同上，第357页。

③ ［法］布尔迪厄：《艺术的法则：文学场域的生成与结构》，石武耕、李沅洳、陈羚芝译，台北：典藏艺术家庭，2016，第361页。

④ 参考北京大学公众号推文，https：//mp.weixin.qq.com/s/M3Bf8CgIwtpM_v0wpiNm8A。

步迈向经典，完成自我的成长与建构；从世界设定到生产关系，非庞大叙事的结构向现实靠拢，充满了隐喻和象征意味的主角形象投射当代读者的心理画像。这种否定是读者在阅读过程中快感逐渐麻痹需要寻求新的"爽点"的过程，是作者关于人性与世界新的洞察，也是资本挖掘消费者新的欲望与痛点的泛化。高度异化的故事开拓读者不同的欲望，在一切爱好皆可满足的指涉下，欲望不尽，文本的生产就没有边界。以趣味作为生产的动力与根源，网络文学这样的运行逻辑与发展策略使得场域生生不息。

但是这样的和解对于网络文学场域的生产逻辑俨然是巨大的挑战。经济资本将网络文学的生产看作获取资本的工具，读者将网络文学视为生活趣味的来源，指涉网络文学读者的审美倾向、审美标准、审美癖好。而读者有向往真善美的一面，也有面向欲望与快感的一面。网络文学屡禁不绝的大量淫秽、色情、暴力文本就是最好的案例。没有健全完善的习惯引导，网络文学必将步入歧途，为博人眼球不断添加隐秘的欲望的情节，导致对趣味的理性的判断迷失在主观的幻想中。在经济的工具理性与趣味的价值理性之间，网络文学经典性的根本将指向社会整体价值的纠偏。

（三）场域交织：媒介化的网络文学场域

场域所处的位置的变化与场域内部资本的变化，代表斗争的一种新的形式引起场域的关系的变化。《易经》中"为道也屡迁，变动不居"与麦克卢汉的"尾随发生的只有变化"在媒介变革的时代达成共识[①]。所有的变化，在媒介的传导作用下，在不同的领域掀起新的海啸。

分析网络文学的意义与价值的问题，一如审美判断之趣味的问题，都需要在网络文学的社会史当中才能找到解答。网络文学虚拟空间与现实社会结构的对立、文化的冲突，都在场域交涉之间相互把建构的逻辑施加到另一个场域。场域

---

① ［加］马歇尔·麦克卢汉：《理解媒介：论人的延伸》，南京：译林出版社，2011 年。

成为媒介，一方面是人的延伸，一方面是国家与民族的延伸，任何延伸的形式都极端重要。"无论文学或是艺术，所有社会场域的运作，其根源皆是一种幻象，一种对于场域内'游戏'的潜心投入，亦即一种集体生产与复制的集体信仰与价值，借此交织建构出社会世界的意义，同时，也是各个位置之间的权利垄断与斗争。"①网络文学场域回归到媒介场域这个本质中，文字一反印刷时代的冷媒介本性，借助共同的趣味对其加热；以趣味为代表的审美标准与价值作为社会关系的主要力量，可以作为价值的储藏空间、作为文化的转换器和交换工具，在网络文学场域显现出一个民族特质，为描绘当代中华民族的形象提供了可能。

　　"无论我们是否愿意，媒介会消灭一种文化，引进另一种文化②。"从一方面来说，布尔迪厄所论证的"集体生产已复制的集体信仰与价值"正在发生改变，中华传统文化中"胜天半子"的不屈抗争与美国电影的"破坏的使命"同样表现出对权威的反抗与消解，但网络文学是依托屏幕存在的虚拟空间，屏幕一旦关闭，这个可感知的世界就消失了，读者依然回归自己所处的文化空间中，"悦读"的悸动与快感荡然无存。从另一方面来说，这种反抗与消解对现有的社会结构构成新的挑战，欧洲基督天主协会痛斥中国网络小说对宗教的设定，"主角要对抗一个欧美宗教为原型的邪恶势力，这种势力被描述为残忍、虚伪、贪婪的群体，充斥着所谓的宗教纷争，最终主角甚至要杀掉这些宗教的神，或者说就是上帝和耶稣"，这样的桥段毫无疑问引起信仰者的反抗与抵制，连带对中国文化的深感忌惮。还有中国威胁论的甚嚣尘上，网络文学也成为现实社会结构的角力场。网络文学的占位是国家实力与中华文化获得认可的缩影，也必将因国家地位的变化而变化。各类作品的变化衍生藏在网络文化生产的场域之中，准确来说，就是在诸多施为者与制度之间进行的种种斗争，其策略取决于志趣，其志趣决定于特定资本分布中所处位置。因此，一旦同时向众位生产者与消费者提供选择的、由各种

---

① ［法］布尔迪厄：《艺术的法则：文学场域的生成与结构》，台北：典藏艺术家庭，2016年，第357页。

② ［加］马歇尔·麦克卢汉：《理解媒介：论人的延伸》，南京：译林出版社，2017年，第38页。

可代替的选项所组成的一方天地发生了变化,那么这种占位的意义与价值也就自动改变①。

在传统的文学之中,文学是与其真理一起、也在真理中呈现的②,而网络文学以大众的幻想与欲望的集体无意识取而代之,显现出的媒介时代不同文化背景的读者的共同体。进入21世纪后,在浩如烟海的世界性变革面前,我们又一次面对媒介储存信息并加快信息传输的功能③,或者说储存信息就是为了加快信息的传输,互联网作为声色追求的放大器与搜索器,具有整体、有机和心理的统一性,无论是作者还是读者都在互联网的浪潮中管窥世界与文化,世界在多个屏幕的转换之间变透明,原本各自独立的文化空间与系统,在互联网这个中介的作用下,被容纳进了一个统一、连续而"合理"的空间④,网络文学也具备了作为交换中介的秉性。不置可否,媒介是技术与文化的中介,不同文化背景在赛博空间中消弭,高度依存的生活时代让彼此的趣味有了共同的特质,网络文学场域由此成为中国文化与世界文化的中介。

四、网络文学的主流化反思

网络文学所生产的大众的欲望文本,在模仿与斗争的过程中形成符合网络时代生产逻辑与消费习惯的共鸣,成功在权力场与经济资本的干预下创造了一个大众的神话,从而走向主流话语。但是网络文学本身就处于权力场域的斗争中,经济资本把持创作的方向,大众的喧嚣解构作者创作的权利,网络文学生产机制的去中心态势导致经典边界也模糊不清。学者夏烈提出类型文学的边界既

---

① [法]布尔迪厄:《艺术的法则:文学场域的生成与结构》,台北:典藏艺术家庭,2016年,第361页。

② 同上,第17页。

③ [加]马歇尔·麦克卢汉:《理解媒介:论人的延伸》,南京:译林出版社,2011年,第183页。

④ 同上,第185页。

是"当代"的，又是"大众"的。"当代"，意味着类型文学是与当代科技和资本相适应的文学创作形态；"大众"，隐藏着读者各式各样的欲望①。技术的更新与媒介的迭代导向了属于当代的大众的文学经典。而处于全球化的文化竞争之中的网络文学场，面临文化与信息的传播来赢取新的地区影响力而展开的文化之争，借助媒介的生产认同，呼唤着属于大众的经典文本。经典性不仅是衡量文学作品的标尺，其本身就是文学标准变化的风向仪②。网络文学的经典化的评判标准掌握在大众的手中，读者的认可给网络文学加冕，成为唯一能够确定经典边界的界碑。由此具有更高的改编价值的网络性文本，能够在不同的媒介场域以不同的媒介形态传达同一个价值体系的作品，更加容易被大众感知，不断拓展着经典的边界。所谓的"经典"不同于传统的经典标准，而是由网络文学场域所链接的场域共同认可的经典原则，审美权力与习惯趣味的民主化，打破纵向而论的历时性的精英文化秩序，专注于横向的、即时性的、日常化的文化接受层面的"经典"。

　　网络文学场域的经典是民主化的审美权利，但是集体生产的审美民主隐喻着网络文学消费过程中的文化资本与经济资本的不平等。各种榜单与数据的背后是读者的充值金额与 VIP 等级，没有"月石""阅读时长"的读者没有权利刷负分或者负面评价，读者群体中形成新的意见领袖，在读者与作者之间粉饰太平。文本以作为商品的"符号"功能刺激读者消费，背后折射出文化消费与娱乐消遣的经济关系。网络文学场域成为世界了解中国文化的新的媒介，对网络文学的质量提出新的要求，传统学界召唤文本向现实生活的回归，也需要生产更多表现中国当代社会的作品。除了主题的要求，网络文学从流行走向主流，需要意义生产的回归，借助核心的价值观与意义的诠释在国际上寻找文化的接轨。

---

① 夏烈：《类型文学：一个新概念和一种杰出的传统》，《文艺报》2010 年 8 月 27 日。
② 邵燕君：《网络文学的"网络性"与"经典性"》，载《北京大学学报（哲学社会科学版）》2015 年第 1 期。

公共文化管理

作为审美经验的"艺术振兴乡村"

| 张　楠（上海交通大学媒体与传播学院）

摘要：

　　社会独异化转型过程中，艺术振兴乡村成为乡村建设的重要战略。但在艺术振兴乡村实践中乱象频现，一部分是由于市场主导的缘故，一部分实际上是艺术振兴乡村背后艺术理论不适宜所造成的，难以实现艺术振兴乡村、以艺术推动生活发展的初衷。基于此，本文以大地艺术节为范式，以杜威实用主义美学为理论基础，从艺术产品与艺术作品之区别，以及艺术原始材料之来源解构艺术振兴乡村之内涵。发现艺术振兴乡村本质上是人的振兴，只有通过艺术作品带入现代艺术，激活当地传统文化，在客观世界与有机体的"做"与"受"的过程中形成新的审美经验。方能实现艺术之于乡村的文化唤醒和经济激活的有机振兴。

关键词：艺术即经验；艺术振兴乡村；杜威

Abstract: In the process of transforming society into an independent society, the revitalization of the arts has become an important strategy for rural development. However, in the practice of art revitalization in the countryside, chaos frequently appears, partly due to the market dominance and partly due to the inappropriateness of the art theory behind art revitalization in the countryside, which makes it difficult to realize the original purpose of art revitalization in the countryside to promote the development of life through art. Based on this, this paper takes the Earth Art Festival as a paradigm and Dewey's pragmatic aesthetics as its theoretical foundation, and deconstructs the connotation of art revitalization in the countryside in terms of the difference between art products and art works, and the source of raw materials for art. It is found that the revitalization of the countryside through art is essentially the revitalization of human beings, and that only by bringing modern art into the countryside through art works and activating local traditional culture can a new aesthetic experience be formed through the process of "doing" and "receiving" from the objective world and the organism. Only by bringing art works into the countryside can we achieve the organic revitalization of art's cultural awakening and economic activation.

Keywords: art as experience; art to revitalize villages; Dewey

近年来,艺术振兴乡村成为我国乡村振兴战略实施的重要路径。特色小镇、文化村落、艺术家驻村等模式被赋予了文化激活、经济发展、社会转型的多重责任。但在实践过程中不乏村民让位于商人、地方文化让位于文化商品等同质化、过度商业化问题出现,致使作为传统文化留存地的乡村在振兴中,最终走向了均质化的集休闲、娱乐、消费为一体的旅游地。而日本大地艺术节模式在全球各种艺术振兴乡村探索中独树一帜。曾是川端康成笔下"穿过县界长长的隧道"便是夜空下白茫茫一片的雪国越后妻有,在现代艺术的十年沉淀与打磨中成为艺术朝圣之地。在这里,艺术超越了自我狂欢的意义,将越后妻有打造成在地居民、游客、艺术家高度融合的艺术节,回馈给这片曾经荒芜的雪乡无以名状的惊喜,使之成为"全球最美乡村复兴样本"。此后,日本大地艺术节模式作为艺术振兴乡村的典型范式在全球各地生根发芽,阿尔卑斯国际艺术节、奥能登国际艺术节、浙江桐庐富春江大地艺术节都在追寻着越后妻有的脚步,探索艺术与乡村生活之间的火花。可以说,大地艺术节范式的成功引发全球对艺术振兴乡村的再思考。其艺术指导理念和乡村振兴模式或许能为我们重新审视艺术振兴乡村的内核提供线索。

一、大地艺术节:艺术与生活的重新结合

大地艺术节范式本质上是艺术与生活重新接合的探寻,是对艺术之于人的意义的肯定。北川富朗,大地艺术节的操刀者,在《乡土在造之力:大地艺术节的 10 种创想》中写道:"艺术作品展示

于作为现代建筑最小模块的白色立方体中，并通过艺术展、拍卖等形式流传于大众社会成为普遍做法。应该注意到，这里的白色立方体，是由全球化、机会均等、民主主义等价值观支撑的均质空间，如同科学研究中的无菌无动力实验室，与现代社会是脱节的。"①艺术脱离大众生活而被迫附带上过多的意识形态和商业的东西是他所不愿看到的，如何打破艺术与现代社会的脱节，重新接合艺术与生活成为他设计大地艺术节的初衷。

重新接合艺术与生活，首先要厘清现代艺术与生活脱节的缘由。这与现代化进程密不可分，艺术中屈从于商品交换规则的"低级领域"（艺术产品）和抵制商品化的"高级领域"（艺术作品）之间出现了分裂。② 并分别对应于"肯定的文化"和高雅艺术两种文化形态。马尔库塞指出"肯定的文化"是现代工业社会以产品交换的方式为消费者许诺纯粹的美和没有目的的幸福的"伪文化"，消解了人类对现实的超越性。艺术在艺术产品之中成为被消费的对象，而非被审美的对象。③ 高雅艺术则是艺术自我窄化的结果，主要由两方面原因促成：一方面，是艺术的博物馆观念的兴起。过去留存的艺术作品在全球化的裹挟下离开文化故土，被军国主义和殖民主义"驱逐"进博物馆、艺术馆、画廊等带有文化区隔特征的审美空间，那些曾经积攒的、与当下社会无关的巨大声名化身"光晕"，成为艺术被审美感知的对象。④ 对这些艺术作品的收藏、展览和欣赏则成为上层阶级的身份象征；另一方面，是对"肯定的文化"的批判与摒弃。在艺术创作维度，为了不迎合于经济力量的趋势，直面现代工业侵扰的艺术家们开始重新寻求自我定位。他们感到有必要在艺术制作中表现奇特和怪异，并将艺术与社会的分

---

① ［日］北川富朗：《乡土再造之力：大地艺术节的10种创想》，欧小林译，北京：清华大学出版社，2015年。

② ［英］阿兰·斯威伍德：《文化理论与现代性问题》，黄世权译，北京：中国人民大学出版社，2013年，第47页。

③ ［美］赫伯特·马尔库塞：《审美之维》，李小兵译，桂林：广西师范大学出版社，2001年，第7页。

④ ［美］约翰·杜威：《艺术即经验》，高建平译，北京：商务印书馆，2018年，第6页。

离性夸大到怪异的程度，来彰显孤独地"自我表现"的个性，①将自己囿于"为了艺术而艺术"的象牙塔中，不断攀登精神性的高峰。在文化理论维度，面对"肯定的文化"将人囿于现实世界，人在虚幻美好和快乐中变得消极而短视的现状，以及资本主义文化残破零碎的"未然"特性。意识形态中"积极的将来性"一面退居到文学艺术之中，成为"乌托邦剩余"。基于此，布洛赫认为优秀的艺术无一例外地具有"乌托邦精神"，即艺术需要为人们构建一个以未来为导向的理想的社会可能性。布洛赫的这一理论对后世影响深远，艺术的超越性成为评判艺术的重要标准。② "关于这个乌托邦实现的可能性的理论，在法兰克福学派的文化理论中扮演着关键的角色。"③霍克海默和阿多诺将在《启蒙辩证法》中将文化工业视为"对大众欺骗的启蒙"，而艺术则被认为承担着揭露文化工业所遮蔽的真理。至此，艺术站在了现实世界中资本主义经济非人性逻辑的对立面，表达着与既有现实背道而驰的价值、希望和期待，成为飘荡在日常生活之上的精神乌托邦。马修·阿诺德紧接着以一种怀乡病式的回视方式，提出了一种将经典发展成为惯性权威的观念，进一步拉开了艺术与现实社会的距离。他认为经典是考察诗歌崇高性是否存在的可靠试金石，只有牢牢记住一些大师们的诗句与措辞，并且像试金石一样将它们用于其他的诗是判断其是否属于能对我们起好的作用的真正优秀的作品的最好方式。④ 在资本主义发展浪潮下，伴随着日常生活的下沉，艺术超越性日益上升成为立在过去的丰碑，可令人仰其巍峨，却难以投射进现代人的内心。它所获得的尊敬是苍白无力的，大众不得不因审美饥渴而去寻找便宜而粗俗的替代品。而美育成为艺术超越性与现实人世的重要接合点，但建立在文化区隔和古典主义倾向之上的美育，同样是苍白而无力的。到了 20 世纪，达

---

① ［美］约翰·杜威：《艺术即经验》，高建平译，北京：商务印书馆，2018 年，第 11 页。
② ［英］阿兰·斯威伍德：《文化理论与现代性问题》，黄世权译，北京：中国人民大学出版社，2013 年，第 41—42 页。
③ 同上，第 43 页。
④ ［美］约翰·杜威：《艺术即经验》，高建平译，北京：商务印书馆，2018 年，第 347—348 页。

达主义、大地主义、极简主义、波普艺术等艺术形式的出现突破了旧有的艺术理论。艺术理论与艺术实践难以契合，于是西方美学界开始了对"艺术是什么"的探寻。但分析美学在艺术之中寻求艺术的本质是无意义的，它甚至抽离了艺术之于人的意义阶梯。① 艺术与生活的脱节由此产生，艺术以纯粹的美或绝对真理而抽象地存在于美学理论之中，或是作为具象而静止的艺术作品被展示和瞻仰，艺术世界高高在上与日常生活远远隔开，艺术家为了艺术而逃离社会，欣赏者只能以凝视和观照的方式在博物馆等地观光。

二、艺术即经验

"每当分析哲学走入死胡同时，人们都会发现，杜威正等在那里。"罗蒂如是说。杜威认为上溯种种美学立足于经典艺术作品的研究切入点是错误的。经典作品是经由人挑选而出的，这些作品在被挑选的过程中已然被人为划定了美的标准。围绕这些艺术作品进行分析是不可能形成有关美的根源的艺术理论的，且这种回溯过往艺术实践的研究视角是向后看的，无益于当下的世界和更好的未来。② 于是杜威选择了绕道而行，转而关注艺术对于社会变革、对于人的发展的作用。他从早期艺术中找回了艺术与生活的关系，发现艺术实际上是增强社群集体经验的必需品，并得出"人类经验的历史就是一部艺术发展史"的结论。③

由此，杜威认为审美的经验并非是某种奥秘、特殊的经验，而只是集中、连贯、完整的日常生活经验而已，他将之称为"一个经验"。所谓"一个经验"，杜威

---

① 李媛媛：《杜威"艺术即经验"思想对当代"艺术定义"难题的启示》，载《文艺理论研究》2011年第1期，第68—72年。

② 高建平：《美学与艺术向日常生活的回归》，载《北京大学学报（哲学社会科学版）》2007年第4期，第61—65页。

③ ［美］约翰·杜威：《艺术即经验》，高建平译，北京：商务印书馆，2018年，第7—8页。

并未给"一个经验"作出清晰、明确的界定,而用滚石的比喻对其进行了形象的诠释:"石头带着欲求盼望最终的结果;它对途中所遇到的事物,对推动和阻碍其运动,从而影响其结果的条件感兴趣;它按照自己归结于这些条件的阻滞和帮助的功能来形成和感受;以及最后的终止与所有在此之前作为一种连续的运动的积累联系在一起。这样,这块石头就将拥有一个经验,一个带有审美性质的经验。"①从这个比喻我们可以很好地理解"一个经验"所具有的特征。其一,石头带着对最终结果的盼望及达成这个结果的整个过程是"一个经验",即"一个经验"是奔向一个目标的具有流动性的整体的经验,"在这样的经验中,每个相继的部分都自由地流动到后续的部分,其间没有缝隙,没有未填的空白。与此同时,又不以牺牲各部分的自我确证为代价"。②论及目的,杜威将无目的和纯目的都排斥于"一个经验"外。他认为无目的导致经验散漫,完全由情绪所支配,这样的经验只是情感的宣泄而非表现。纯目的则会产生机械化的经验,在过分地追求效率中完全由理智所控制。杜威认为目的最初是欲求所盼望的结果,但在经验持续的运动过程中目的会不断发展,最终引动经验按照自身的逻辑发展到一个自然的结构。在此过程中,理智与情感保持一种平衡的关系。关于目的的讨论构成了杜威对康德美学的批判,康德认为审美是无功利或无利害的,杜威则认为审美与功用并非是对立的,尽管我们不能说实用是美,但美并不能排斥实用。同时,关于目的与"一个经验"的关系也对我们从杜威的角度重新去区分艺术产业和艺术有至关重要的作用。

其二,"一个经验"的过程是做(doing)和受(underdoing)间的交互构成的,是石头自身的行动与接收行动所得的反馈间不断交互反馈的动态过程。舒斯特曼认为,杜威"一个经验"与英国经验主义中"经验"的概念最主要的区别即在于,将经验从个人化的心理过程扩展开,关注做的一面,即主动的经验。在做与受的

---

① [美]约翰·杜威:《艺术即经验》,高建平译,北京:商务印书馆,2018年,第46页。
② 同上,第42页。

过程中,有机体与自然环境相互作用共同形成了"一个经验"。它既非客观也非主观,而是超越物质和精神对立的"纯粹经验"或"原始经验"。① 石头带着欲求从山顶滚落是有机体主观的行为,而在途中遇到的各种事物是客观环境,只有两者共同作用才能获得"一个经验"。同时,杜威认为"一个经验"是从有机体满足需求的冲动开始的,而有机体的需求只有通过建立与环境的确定的关系才能得以满足。尽管冲动是当下出现的,但它实际上却是从过去的经验中获得形式。就像婴儿啼哭虽是本能,但只有理解了啼哭能获得父母的关注之后,方才能在有被关注的需要时产生啼哭的冲动一样,啼哭的冲动是由主观的想要受到关注和过去经验所积攒的啼哭与受到关注之间的客观规律共同作用所产生。"一个经验"的过程也是如此,是有机体与环境在做与受的相互过程中持续不断向前滚动形成的。当做与受达到平衡时便诞生了日常生活的审美性,而艺术则是这种平衡的典范。

其三,冲动之外,阻碍、阻滞是一个石头滚落山谷形成"一个经验"的另一个关键环节。杜威认为,"一个经验"的意义诞生于经验过程中遇到的抵抗性因素,石头在平坦大道上滚动是没有意义的。他强调这种抵抗和阻碍必须是内在的,不是任意而外在的。这意味着,杜威所言的抵抗是一种思维或情感上的抵抗,即艺术审美过程中与已有经验不同的多元的因素,这些因素的阻碍会引起受众好奇的兴趣和热切的关注,而当它们被克服和吸收之时会给受众带来成就、满足的兴奋,从而推动经验持续、连贯地发展成完整的"一个经验"。但是,当这种抵抗过大或过小都是无法推动"一个经验"的形成的。过度的抵抗就像石头滚落中遇到的巨大山坳,在审美感知过程中引发烦躁和愤怒,甚至是思想上的反抗,最终打断经验的发展。过小的抵抗,则因为受众轻松就能将之吸收,难以提供持久的刺激和兴奋,很快就会被消耗掉,无法形成持久的"一个经验"。

其四,"一个经验"是一个学习的过程,指向生活与未来。"经验只有在活跃

---

① 徐岱:《杜威的艺术即经验论》,载《美育学刊》2016年第2期,第1—8页。

于其中的能量起了合适的作用时才中止",这里的作用就是艺术之于人的意义。① 杜威认为在有机体与客观环境的相互作用中,人们能够获得一个新的经验并从中获得教益,实现对生命过程的集中和改进,推动人与社会的不断、持续的向前运动。这是早期艺术诞生的原因,同样也是基于此,杜威找到了艺术之于人的意义,从而打破了艺术审美与日常生活分离的传统美学观念,使艺术从纯粹的美或道德世界中走出来,作用于社会和人的发展。

艺术是"一个经验"的典范。杜威认为艺术是在做与受的平衡中对美的追求的过程。艺术制作本身即为艺术家审美的过程,只有在创作过程中艺术家审其作品为美时,制作美的艺术作品的目的方才达成。② 这意味着传统意义上属于生产者立场的艺术创造与属于消费者立场的审美欣赏,在"一个经验"的概念中得到了统一。艺术是精力充沛的做与深刻而强烈的受的有机整体。艺术审美经验同时也是特殊的"一个经验",尽管"一个经验"都具有审美性质,但非艺术的"一个经验"并不以审美为主导。在理性的和实践的"一个经验"中,经验的结果具有其自身的价值,可以被抽象为一个公式或"真理"脱离出经验本身,为人们所运用。而审美经验是一个不可分割的和谐整体,审美性质占据主导地位。无论是一出戏剧还是一首诗歌,它们的意义和价值都不在于一个人物或一句话,而是各种不同的要素共同作为一个和谐整体被欣赏。因此杜威提出:"使一个经验成为审美经验的独特之处在于,将抵制与紧张,将本身是倾向于分离的刺激,转化为一个朝向包容一切而又臻于完善的结局的过程。"③如若情感与理智、做与受、主观与客观,任何一个因素的突兀都会造成经验的扭曲和片面,意义都会变得贫乏而虚假。审美经验的特殊性还在于它不能通过认知而获得,而需要通过审美知觉来获得。杜威认为认知是知觉最初级的阶段,用于给事物加上标签以示区

---

① [美]约翰·杜威:《艺术即经验》,高建平译,北京:商务印书馆,2018年,第48页。

② 同上,第54—56页。

③ 同上,第65页。

分和辨认，而审美知觉需要人们在认识的基础上开始研究并"接受"，在此过程中意识变得生动富有活力，并产生一种对当下经验重构的行动。这需要人们在兴趣的驱动下投入情感，并在接受艺术作品中所传达的艺术家的"一个经验"后，创造属于自己的经验。杜威用经验解构艺术，突破了传统美学观念中艺术的概念。并在此基础上提出艺术之于人和社会的意义。对于艺术的意义，杜威作出了精彩的表述，他说艺术："表现打破了将人与人隔开的障碍。由于艺术是最普遍的语言形式，由于它由公共世界中普遍的性质构成，甚至非文学的艺术也是如此，因而它是最普遍而最自由的交流形式。每一个强烈的友谊与感情的经验都艺术地完成自身。由艺术品所产生的共享感可以带上一种明确的宗教性质。人与人相互的联合是从古到今人们纪念出生、死亡与婚姻的仪式的源泉。艺术是礼仪与典礼的力量的延长，这些仪式与典礼通过一种共享的庆典，将人们与所有生活的事件与景观结合起来。这一功能是艺术的回报与印记。艺术也使人们意识到他们在起源于命运上的相互联合。"[①]这同样也是杜威所作出的最重要的美学贡献，在艺术对人的功用中寻求到艺术的本质，审美经验架构起艺术与生活的桥梁，建立起艺术经验与日常生活经验、艺术与非艺术、精英艺术与通俗大众艺术之间的连续性。[②] 杜威实用主义美学与艺术振兴乡村的理念在逻辑深处是高度契合的，它们有着沟通艺术与生活、指向人与社会未来发展的共同愿景。这一追求不是一厢情愿的、抽象的空想和幻想，而是来自日常生活归向日常生活的某种可实践的艺术的社会功能。因此，本文将以"艺术即经验"为理论标尺来解构"艺术振兴乡村"。

三、从艺术产品和艺术作品的区别解构艺术振兴乡村

艺术产品和艺术作品是杜威经验美学中一组重要概念，同时两者的关系问

---

① ［美］约翰·杜威：《艺术即经验》，高建平译，北京：商务印书馆，2018年，第314页。
② 高建平：《美学与艺术向日常生活的回归》，载《北京大学学报（哲学社会科学版）》2007年第4期，第61—65页。

题也是造成艺术振兴乡村同质化的根源,是解构艺术振兴乡村需要最先辨析的。艺术产品和艺术作品分别对应着两种不同的艺术振兴乡村模式:前者以濑户内海国际艺术节、德国鲁尔区为代表,后者以深圳大芬村、纽约 SOHO 区为代表。对这两种模式何者更符合艺术振兴乡村的问题,需要回归艺术产品和艺术作品的区别问题。不同于工业时代基于实用与否的界定标准,杜威坚信美并不排斥实用,而是反对专门化的实用性。尽管经验也有目标指向,但杜威认为"经验的倾向并不具有精确固定的限制。这些倾向的目标是带状而不是线状的,它们的性质形成了一个谱系,而不能分散在各自的格子里"。[①] 当目标变成线性的、具有专门的导向、甚至是经验伊始便被设立了一个预先目标时,艺术就走向了学院派和折中主义,是艺术产品而非艺术作品。

以艺术产业实现乡村振兴,艺术产值就成为不言自明的预设目标,文化消费市场取代了审美经验成为振兴的核心逻辑。在大芬村,绘画创作的过程为流水线生产所取代,本可连贯、完整的"一个经验"被切碎、拆分成无数个点,以最有效率地追求预设的经济目标。此间,所有艺术获得的效果都是预先就谋划好的,是由单价、成本、人工费用多个数字精心计算的结果。[②] 由此,生产出的艺术产品也就不可避免地走向机械性。在严格的品控下,绘画工人的"创造"只能躲在不起眼的角落,更像是日复一日不断重复的模仿中,偶尔爆发的一次对规范的顽皮反抗。如此这般的生产过程早已走出了艺术的边界,虽然技法在经典模仿中增强,但曾经激发这些经典技法与形式的紧迫的经验早已远离,不会在枯燥、单调的重复中进入绘画工人的经验中。可以说,艺术产品并非艺术,只是如服装产品、家居产品……被冠以了艺术的名头,艺术在这里只是一个用于识别的标签而已。它们除了能带来经济产值外,并不能带来更多的经验的东西了。在地居民仅仅是生产艺术产品的廉价劳动力,他们被排除在艺术产品所需迎合的市场之

---

① ［美］约翰·杜威:《艺术即经验》,高建平译,北京:商务印书馆,2018 年,第 260 页。
② 高建平:《读杜威〈艺术即经验〉(二)》,载《外国美学》2014 年第 2 期,第 248—273 页。

外。在机械性的艺术产业劳作中，在地居民缺乏对土地恰当的审美，当地的生活剥露出最务实最粗俗的一面，越来越追求实用化，而生活越来越无趣，越来越枯萎。地方的传统文化让位于经济发展，在经济振兴中被消耗、侵蚀。艺术产业振兴乡村，实际上是乡村的经济振兴，艺术和乡村只是经济振兴的原材料。艺术没有留下印记，人们也没有从这片土地中获取审美经验。乡村作为一个地理空间完成了城镇化、现代化，但历史文化发展的线索却被斩断，机械复制的生产活力取代了土地孕育出的文化活力。未来这片土地的发展是无根的、任意的，他们可以成为现代社会中另一个均质化的空间，却再也不是那个从历史文化中走出的自己。

大芬村是纯粹以艺术产业振兴乡村的模式，而无锡拈花湾、纽约 SOHO 区等更多的案例则是走艺术作品和艺术产品融合的艺术振兴之路。其思路一般在于通过艺术作品的独异性文化集聚人气，同时为艺术产品提供符号化 IP，由艺术产业的发展再进一步培育大众艺术审美力，以此实现文化、社会、经济的多重振兴。这种设想本身是美好的，却在实践过程出现了歧路，导致这一偏差的关键在于对艺术衍生产品的认识。部分业界人士将艺术与生活的连接寄希望于艺术衍生产品，认为它将艺术作品之精髓通过文化市场传达至最广泛的大众，实现美育的普及化。然而这种想法是天真的。诚然，过去的经典与晚近经验能够激活灵感，推动新的表现性行为，形成新的审美经验，但由此形成的并不是艺术衍生产品，而是属于艺术作品的行列。艺术衍生产品具有两个特征：其一，盈利是其天生使命，文化消费市场是其最终归宿；其二，青睐于对经典艺术作品的符号化开发。这两点使得艺术衍生产品不具有审美性质，根本不存在传达审美经验的可能。关于此，杜威在讨论艺术产品和艺术作品区别时多有论及。杜威认为这种将抽象、独立出的符号当作对艺术品的提示的做法，本质上是对艺术实质与主旨的混淆，艺术作品的实质是指质料、情感各种要素和谐构成的整体，也就是作品本身，而非作品的主旨。① 艺术符号能够成为艺术品的指代或主题，但无法承

---

① ［美］约翰·杜威：《艺术即经验》，高建平译，北京：商务印书馆，2018 年，第 127—132 页。

载艺术作品魅影。王尔德也曾提出类似的观点,他用"现代艺术始于符号终止处"来表现符号与艺术之间的关系。① 可见,艺术衍生产品传达艺术魅影的观点仅是艺术产品市场的甜美包装。以无锡拈花湾为例,它通过从无锡灵山大佛抽取"禅"的主旨进行符号化开发,开设茶道、花道等相关的衍生产品,这些衍生产品本身与无锡灵山大佛之间的联系微弱,"以至于不能唤起体现了价值与能量的完全配置",也就不能为消费者提供灵山大佛相关的联想。② 当从艺术产品中获得的愉悦感与其所能提供的理智不相匹配时,艺术衍生产品所能提供的仅仅是愉悦感,以及愉悦过后审美上的空虚和失望。于是,消费者空虚、游荡的想象便飘向产品背后的社会地位等文化区隔因素,逐渐形塑出文化消费主义中大众的文化区隔式审美趋向。而开发者为了填补这一空虚,转向对产品装饰性的进一步增强,希望借由对感官的刺激,以短暂但高频的满足性快感,取代审美知觉可提供的绵长的经验型快感。③ 使艺术衍生产品像麻醉品、兴奋剂一样,令人沉湎于持续不断的感官刺激中,消费者在消费过程中被愉悦感包围而暂停思考,自然也就无暇注意到审美上的空虚与失望。

艺术衍生产品不仅无法从艺术作品处承载审美经验,同时它的"一时流行"也无法承担普及美育的重任。艺术衍生产品的美育功能只是市场所营造的虚幻假象,杜威警示我们对此需保持警惕。他认为艺术作品之所以畅销,是因为他所包含的经验轻松而平均,能够被最广泛的大众所快速、容易地吸收。但同时也就意味着它们所提供的经验很快就能被消耗掉,"仅仅是以一个惬意的方式对我们已有经验的回忆,引发一种像搔痒一样暂时的快感"。④ 受众消费这些艺术衍生产品,就好比拆一份生日礼物,尽管其外包装精致美丽、包装手法复杂神奇,但费尽心思拆开来内心却是千篇一律的礼物。这种没有抵抗性因素存在的经验只能

---

① [英]奥斯卡·王尔德:《自深深处》,叶蔚芳译,西安:陕西师范大学出版社,2016年。
② [美]约翰·杜威:《艺术即经验》,高建平译,北京:商务印书馆,2018年,第311页。
③ 高建平:《读杜威〈艺术即经验〉(三)》,载《外国美学》2015年第1期,第234—242年。
④ [美]约翰·杜威:《艺术即经验》,高建平译,北京:商务印书馆,2018年,第193—198页。

给人以情感性的回忆，而不能提供理智性的思考。杜威认为抵抗性因素是形成审美经验的重要因素，它决定了智力在美的艺术品生产中的位置，为审美经验提供了张力和阻力，在此处受众可感知、可思考、可回忆，让新旧经验得以碰撞。畅销的艺术产品"没有内在的张力，就只会有一种直奔直线目标的液流；不存在可被称为发展与完满实现的东西"。① 因此，艺术衍生产品虽然能将艺术符号带至大众，但并不能为消费者带来新的审美经验，更是无法承担艺术审美大众化和美育普及化的功能。

从上述具体的分析中不难看出，艺术产品振兴乡村实质上是艺术的工具理性化过程，是乡村的文化工业化发展。此间，艺术的实质理性被否定，启蒙运动以来关于人类进步的信念也遭到了否定。艺术与生活的结合在此只是大众文化市场发展的幌子，而其背后是西方文化工业发展的阴影，只会导致艺术与生活之间裂痕的日益深重。诚然，艺术产品能带动经济增长、产业结构转型和提供就业机会，实现经济振兴，却无法实现对社会和文化的振兴。因为在工具理性之下艺术仅是经济发展的附庸，是经济振兴的原料，其审美价值成为明码标价的标准。艺术只有摆脱了工具理性的奴役，才能以审美经验的形式作用于人和乡村的发展振兴。正如杜威认为艺术不排斥功用，艺术振兴乡村也并不排斥经济振兴，但过度关注艺术产品的艺术振兴模式却是本末倒置的。如何平衡艺术振兴中艺术作品与艺术产品的关系成为艺术振兴乡村的关键。只有给艺术作品让出空间，使其能够在受众的"做"与"受"的过程中形成审美经验，才是艺术推动乡村持久振兴的驱动内核。大地艺术节范式的成功正得益于此，它以艺术节为舞台，以艺术作品为核心构成，通过艺术作品引领地域再现历史、生活环境、共同体和互助精神，突破乡村困境，从而"迫使地方在基础结构上做出改变，而非简单的带来游客和经济收益"。②

---

① ［美］约翰·杜威：《艺术即经验》，高建平译，北京：商务印书馆，2018年，第160页。
② ［日］北川富朗：《乡土再造之力：大地艺术节的10中创想》，欧小林译，北京：清华大学出版社，2015年。

四、从艺术原始材料的来源解构艺术振兴乡村

明确了艺术作品是艺术振兴乡村的核心之后,那么艺术作品的原始材料从何处来?这是眼下艺术振兴乡村面临的另一个关键问题。对于这个问题的回答,首先需要我们理解乡村这一文化空间,作为艺术振兴对象的特殊性之所在。乡村这个文化空间有别于艺术馆、艺术园区等专业化、集中度较高的空间,无论是艺术还是艺术振兴的具体对象都以在地居民为主,兼以游客为辅。他们本身的艺术习得较少,更加热衷于艺术产品的消费。与受众艺术审美的缺乏相反,乡村是国家文化之根本。尤其在中国,我们的文化脉络皆源于广袤的黄土地上的农耕生产和生活方式。从最初的神祇、祖灵崇拜开枝散叶,逐步杂糅、融合和交错形成了如今的"天人合一"的文化体系。① 尽管在现代化进程中,乡村成为落后破败的代名词,并日益在老龄化中失去发展的活力。但也正是乡村,在承担着文化传承和发扬的时代重任,不计其数的物质、非物质文化遗产珍宝在这里一代一代地传承下来。

在掌握了乡村文化空间特性的基础上,我们进一步对艺术振兴乡村中艺术作品的原始材料来源问题进行深挖和剖析。就现有的艺术振兴乡村模式而言,质料来源无外乎两种,现代文化和传统文化。其中,现代文化看似缤纷多彩,实际却暗含着普适化、均质化的消费主义内在逻辑。正是这一内在的运行逻辑,导致了不同历史文化背景下的大理、西江、江南古镇却充斥着千篇一律的银器、藏器和陶笛店……给游客提供了热闹和喧嚣,却提供不了值得吸收和回味的审美经验。经验有着一种天然的追求新鲜性的要求,以此维持和支撑情感,促进长期的关注和沉浸,最终形成审美经验。单调、乏味是审美最大的敌人。② 尤其是在

① 许倬云:《说中国:一个不断变化的复杂共同体》,桂林:广西师范大学出版社,2015年。
② 高建平:《读杜威〈艺术即经验〉(二)》,载《外国美学》2014年第2期,第248—273页。

独异性社会，人们厌倦了统一、整齐和规范，以个性、小众为审美趣味。[1] 取材于现代文化的艺术振兴不仅难以提供审美性质，甚至很难吸引口味刁钻的晚现代消费者。而眼下的繁荣只是乡村与生俱来的光晕未被内耗殆尽前，带来的短暂的注意力经济的振兴罢了，于文化的振兴大抵是无益的。

由此，艺术振兴的目光便集中回向了传统文化。但这种对传统文化的依赖并非是学院派美学观念的回归，因为当艺术退居回自身时是不具有增强经验的价值的，这一点我们在前文中已多有论述。杜威认为传统是需要被激活的，过去的或异域的经典被接受、被提倡皆是因为这些经典在当下的语境中具有产生新经验的可能。故对于传统文化的审美重现，重现的是关心而非其中的成分或技巧，即单纯资助文化遗产的发展和文化遗产符号的借用都是无意义的。只有将传统文化根据此时此地的语境，融合进新经验之中，文化遗产才能成为现代人的审美经验。但单纯的引入艺术家驻村建工作室的艺术振兴乡村的模式也是有待商榷的，无论是艺术家在乡村避世隐居专心艺术，还是通过艺术家潜移默化的审美教化都笼罩着"为艺术而艺术"的阴影。地方传统文化确实进入了艺术家的审美经验之中，但这种经验的传达是艰难的，于村民和游客的当下经验是没有助益的，还需另寻艺术和生活的通路。那么，传统文化如何避免文化消费的吞噬，并依附到我们日常生活的对象之上呢？日本人地艺术节范式提供了一种实践的可能：在越后妻有，艺术家至少需要在那片荒芜的雪乡待上半年，沉浸于当地文化之中。他们必须成为乡村的体验者，借助情感与环境黏合形成一个和谐统一的整体，从而获得艺术表现的灵感。这正像王尔德所说："若仅做一名生活的旁观者，他可能会太过关注圣殿中器皿的美丽，而忽略了自己凝神注目的正是悲伤的圣殿本身。"[2] 若艺术家仅作为走马观花的乡村观察者，他们的视线可能被局部的新奇、美好阻挡，无法让自我流溢出的情感与乡村环境相互作用。而如果艺术

---

① ［德］安德雷亚斯·莱克维：《独异性社会》，巩婕译，北京：社会科学文献出版社，2019年。
② ［英］奥斯卡·王尔德：《自深深处》，叶蔚芳译，西安：陕西师范大学出版社，2016年。

灵感想要在这片土地上落地生根,则必须经过艺术家与村民间的对话环节。[①]正是这一场对话,承担着沟通艺术家与受众、艺术与生活的功能。艺术家需要将自己的艺术灵感叙述给土地的拥有者,获得其认可,艺术灵感才能转化为艺术作品。在这个过程中,艺术家主动走出了艺术乌托邦,把他们过去的经验和在当地经历的一个新的经验传达给村民,同时获得来自传统文化的反馈。而村民在对话中更容易获得审美同理心,有助于他们通过艺术家的眼睛,对过去因熟悉而漠不关心的日常生活环境进行再次审美,重新认识到土地资源的价值。这场对话是村民与艺术家互相移情的过程,对话的完成同时也就预示着传统文化与现代艺术、艺术与日常生活实现了有机融合,传统文化的内核在当下话语中被激活为一个新的经验,成为乡村振兴的动力。

由此,从艺术的质料来源出发,即会发现艺术振兴乡村就其初衷而言,实际上是通过引入现代艺术,激活传统文化的独异性振兴。这种激活,并非外力介入的任意组合可以实现的,而是在当下经验与过去经验、自身经验与外部环境充分的相互作用中,情感与材料通过内在逻辑黏合而达成的。这就要求艺术振兴乡村中的艺术作品既是艺术家,同时也是受众的"做"与"受"的过程创作而出的,只有两者都在其中充分感知和反馈,才能更有效地黏合新旧经验,形成具有专属于地方的审美经验,而这些艺术作品才真正地扎根土地,与乡村融为一体,共同走向更加美好的乡村振兴之路。

---

① [日]北川富朗:《乡土再造之力:大地艺术节的 10 中创想》,欧小林译,北京:清华大学出版社,2015 年。

艺术展览沉浸式三阶段研究

| 周　雯（上海交通大学媒体与传播学院）

摘要：

　　艺术展览沉浸式体验是在体验经济的背景下艺术与科技碰撞产生的文化体验，是当前最受大众关注的文娱活动之一。沉浸式展览的出现颠覆了传统艺术展览的体验模式，观众在体验的审美过程中产生了不同以往的深层次的心理体验。事实上，沉浸体验是一种"心流体验"理论的实际表现。根据"心流体验"理论，沉浸式展览的运作逻辑与心流体验相似，包含了三个环节和九个要素，环节之间大体呈三角关系，再结合实际案例进行相应调整，最终得出沉浸式展览整体的框架。该框架不仅可以加深大众对沉浸式体验的理解，同时为业界人士提升沉浸式展览的体验质量提供可行思路。

关键词：艺术展览；沉浸式体验；心流体验；体验要素

Abstract: The immersive experience of art exhibition is a cultural experience produced by the collision of art and technology in the context of experience economy. It is currently one of the most popular cultural and entertainment activities. The emergence of immersive exhibitions has subverted the experience mode of traditional art exhibitions, and the audience has produced a deeper psychological experience different from the past in the aesthetic process of experience. In fact, immersion experience is a practical expression of the theory of "flow experience". According to the theory of "flow experience", the operation logic of immersive exhibition is similar to that of flow experience. It contains three links and nine elements. The links are roughly triangular in relation to each other, and the actual cases are adjusted accordingly to finally get the immersion The overall framework of the exhibition. This framework can not only deepen the public's understanding of immersive experience, but also provide feasible ideas for industry professionals to improve the experience quality of immersive exhibitions.

Keywords: art exhibition; immersive experience; flow experience; experience elements

在数字化时代的背景下，大众对艺术体验方式的需求发生较大的变化。为了更好地满足消费者的需求，艺术家不断尝试创新来突破传统模式的局限性，其中沉浸式体验则是当下艺术家和策展人使用频率最高的策略。受多方面因素的影响，如今设计者们已针对沉浸式展览大致摸索出一套逻辑框架和思考路径，但相对而言并不严谨完善。由于沉浸式展览的核心在于影响观众审美时的心理活动，从而使其对体验印象深刻，因此本文选择从心理学理论切入，对沉浸式展览展开研究。

一、艺术展览沉浸式体验分析的理论框架

沉浸式体验，表面上可理解为参与者在特定的环境下，内外感官体验结合所产生"迷失"的感受，而大众普遍将这种迷失感认作是沉浸感或浸入感。从心理学角度出发，这种心理活动实质上是积极心理学中所谓的"心流体验"，沉浸感则是参与者在达到"心流"后的标识性状态。由此可见，"心流体验"理论对沉浸式体验研究有指导性意义。

艺术展览的功能之一是观众提供审美体验，其目的在于通过多样化的表达媒介来调动观众感性情绪变化。同时，心流体验也是一套由感性层面上升到理性层面的理论，因此心流体验理论可用于结构化分析观众在展览审美中产生的感性情绪。

（一）心流体验要素维度

1975 年，心理学家米哈里·齐克森米哈里(Mihaly Csikszentmihalyi)

在 *Beyond Boredom and Anxiety* 中提出了"心流体验"的概念。他对 173 名艺术家、棋手、攀岩者及作曲家等人进行观察，发现"最好的时光通常是在一个人完成某项有挑战而有意义的任务，把体能或智力发挥到极致的时候"，他将这种状态称之为"最优体验"，也称为"心流体验"，即一种将个人精神力完全投注在某种活动上的感觉。主体在产生心流时将伴随产生高度的兴奋感以及充实感，而忧虑感和时间感则会改变甚至消失。由于心流体验是一个反映型构念(Reflective Construct)，因此在进行研究时可以从多维度对其进行描述和评估，米哈里将其总结为以下九个维度。

控制感：参与者认为自己游刃有余，可以控制体验中潜在的"可能性"。

自我意识减弱/丧失：当参与者完全投入某种活动时，会发生暂时忘我的状态，"自我"意识隐遁于知觉之外，参与者与环境结合为一体。

挑战—技能平衡：只有当挑战与行动能力达到平衡的黄金比例时，参与者会感受到最大的乐趣，挑战过难或过于简单则会让参与者感到焦虑或无聊。

行动—意识融合：当情况要求一个人运用相关技巧来应付挑战时，这个人的注意力就会完全投入，不剩一丝精神能量处理无关资讯，主客体达到高度融合状态。

目标清晰：参与者知道自己参与体验的目标以及如何达成目标的具体方法。

反馈准确且及时：参与者能及时获得明确的反馈信息，从而得知自己做得好不好，确认自己没有偏离基本目标，也为下一步工作提供信息。

注意力高度集中：参与者完全将所有精力投入于目标上，心里完全没有容纳不相干信息的余地。

时间感减弱/消失：心流发生时，参与者所感受的时间流逝速度与客观时间不同，当参与者完全沉浸于愉悦感中，他们会感受不到时间的飞逝。

自成目标：参与者不追求任何回报，自愿全身心投入体验，体验本身就是最大的回馈。

在此基础上，其他学者提出了两要素、三要素和多要素等不同意见。

Rheinberg 和 Vollmeyer 通过评估电脑游戏用户的心理活动得出，只有行为流畅性与注意力集中并存时才能产生心流。[①] Bakker 认为工作中的心流只包含注意力高度集中、个体兴趣与内在动机三个要素，且后两者是核心要素，[②]Engeser 提出了心流五要素模型，包括了知行合一、注意力高度集中、自我意识丧失、控制感、活动中自带目的性体验，其中注意力集中是核心要素。[③] Chin-Lung Hsu 在测量电子游戏用户的心流体验时仅发现了即时反馈、技能和挑战以及兴趣是心流的要素。除此之外，还有学者提出了身份认同感、好奇心、更高的能力状态、远程感知和互动性等其他心流要素。虽然学者对心流要素各执一词，但大部分人就其中一个要素达成共识，即注意力高度集中是心流的核心要素。同时以上研究也表明了其他要素的选择将受到研究目标场景的影响，因而在针对某一具体场景的下的心流体验需要对各要素具体分析讨论，由此得出适合的心流体验要素。

（二）心流体验阶段维度

米哈里认为心流体验的九个要素特征不总是同时出现，往往在不同阶段中个别特征表现更为明显。在此基础上，Novak、Hoffman 和 Yung 将九要素进一步归纳为前因、特性和结果三个群组，每个群组包含了三个维度的特征[④]。相似地，Chen、Wigand 和 Nilan 也将其视作前因、体验和结果的三个心流阶段，[⑤]而陈秀娟等人也做了类似的群组划分。

---

① Rheinberg，F.，& Vollmeyer，R，"Flow experience in a computer game under experimentally controlled conditions"，*Zeitschrift Fur Psychologie*，2003，211(4)，pp.161-170.

② Bakker A B，"The work-related flow inventory：Construction and initial validation of the WOLF"，*Journal of Vocational Behavior*，2008，72(3)，pp.400-414.

③ Engeser S，"Comments on schiefele and Raabe：Flow is a multifaceted experience defined by several components"，*Psychological Reports*，2012，111(1)，pp.24-26.

④ Novak T P，Hoffman D L，Yung Y F，"Measuring the Customer Experience in Online Environments：A Structural Modeling Approach"，*Marketing Science*，2000，19(1)，pp.22-42.

⑤ Chen H，WIGAND，R. T，et al.，"Optimal experience of Web activities"，*Computers in Human Behavior*，1999，15(5)，pp.585-608.

表 1-1　心流体验阶段与特征

阶　　段	心 流 前 因	心 流 过 程	心 流 结 果
特　　征	目标清晰 反馈准确且及时 挑战—技能相匹配	行动—意识融合 控制感 注意力高度集中	自我意识减弱/丧失 时间感减弱/消失 自成目标

　　在针对挑战—技能匹配要素上,米哈里绘制了三通道模型来说明心流体验的生产机制,只有在挑战与技能平衡时才能产生心流体验,技能高于挑战个体会感到厌倦无聊,反之则会焦虑。个体可以通过两者水平的调整而发生情绪的转变。Massimini 和 Carili 对三通道进行修正,构建了心流体验四通道模型,如图 1-1①。心流四通道模型显示,个体只会在技能和挑战都处于一定水平的平衡状态下才会发生心流体验。之后,米哈里和 Carli 提出更细致的心流八区间模型,如图 1-2,其中 2 区为最可能发生心流体验的区域,挑战和技能都处于高水平状态,其中 1 区和 3 区则是有可能转向心流的区域,处于相对位置的 6 区是心流发生的可能性最小的区域。

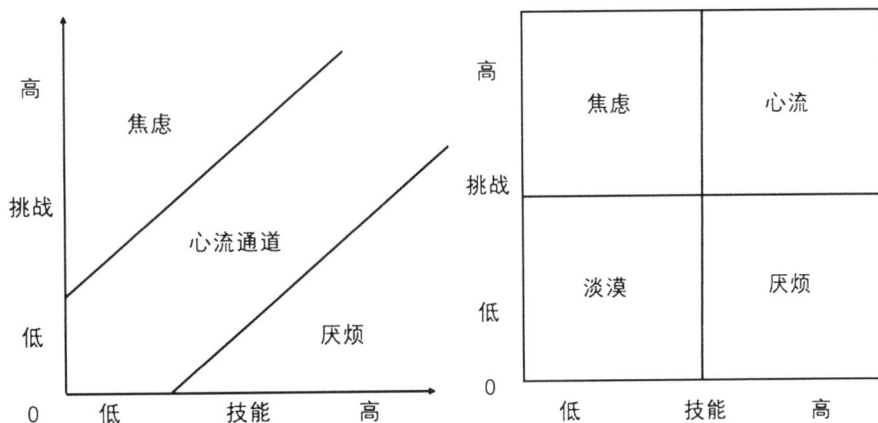

图 1-1　心流体验三通道模型和四通道模型

① Massimini F,"The systematic assessment of flow in daily experience", *Optimal experience*, 1988, pp.266－278.

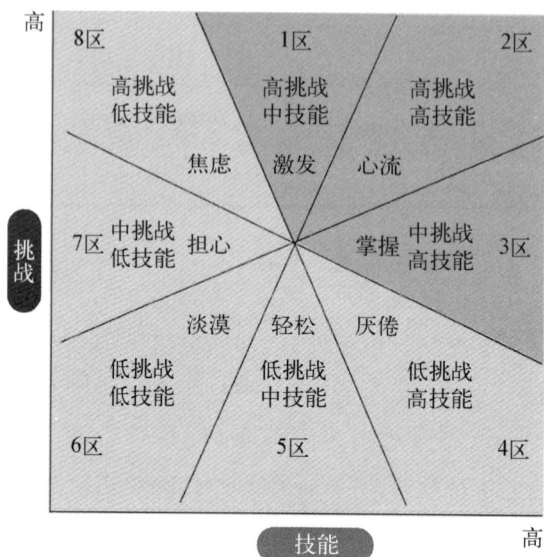

图 1-2　心流体验八区间模型

如上文所言，在针对某特定的使用场景下，心流体验的要素数量存在一定差异，同样地，心流体验要素特征也会因场景而有所不同。例如 Hoffman 和 Novak 对超媒体环境下消费者浏览网站的行为提出了心流前提的模型。该模型分为主前提和次前提，其中主前提是必要条件，包含挑战—技能相匹配且在临界点以上和集中注意力。次前提包含的是影响主前提的因素，分为互动性和临场感。此外，参与动机也会对参与者注意力集中程度造成影响，具体可分为内在和外在激励两个类型。

表 1-2　超媒体环境下的心流阶段与特征

阶　段	心流主前提	心流次前提	心流结果
特　征	挑战—技能相匹配，并且在临界点以上注意力集中	互动性 临场感 内在/外在激励	增加学习和探索行为 控制感 积极的主观经验

从上可知，在实际场景的分析中，心流体验模型在阶段群组分类上的变化相对较小，但是内含的特征形态会因场景变化而产生较大差异，因此在不同场景下

的讨论可先参照大体的阶段框架进行,然后根据实际情况分类研究不同阶段所包含的体验特征差异以及对应的具体要素。

(三) 基于心流体验的沉浸式展览分析逻辑

由于沉浸式体验的最终目标状态与心流体验相似,因此艺术展览沉浸式体验的分析逻辑可以参照心流体验的框架和要素来分组讨论。前人在心流体验这一现象分析时大致都按照时间线性逻辑进行讨论,说明时间对于心流体验的形成有较强的影响作用,然而如果直接借用时间三段论的说法来理解分析未免过于简单,不仅无法准确描述出观众的主观能动性,并且忽略了艺术展览体验环节的复杂性,所以沉浸式展览的分析框架需要在此基础上进一步调整。

从意识形成的角度而言,康德曾在《纯粹理性批判》的第一版"先验演绎"中提出过著名的"三重综合"。康德认为要想获得知识,达到认识与对象的统一,必须要经过三重综合才能获得,而这三重综合则可以认作是知识的三个主观来源,分别是"领会的综合""再现的综合"和"认定的综合"。"领会的综合"指的是直观中把握的综合,"再现的综合"指的是想象力再生的综合,而"认定的综合"是概念中认识的综合,第三个综合将前两种综合进行配置和剪辑,使两者成为同一个独一的时间流,形成了主体在认识过程中的运行模式。在此基础上,法国哲学家贝尔纳·斯蒂格勒(Bernard Stiegler)借助现象学家胡塞尔的时间客体概念进一步对三维结构进行深入分析,认为这"三重综合"与时间的第一持留(感知的当下时刻)、第二持留(想象与回忆构成的过去时刻)和第三持留(意识的代具)密不可分。事实上,在意识的整个现象中,三种综合是三种形式的持留的另一种表述方式。[1] 笔者从斯蒂格勒对电影时间持留的分析中发现,以上的三个持留与心流三阶段有异曲同工之妙,人在欣赏电影一类的文化产品时所发生的意识变

---

[1]　[法]贝尔纳·斯蒂格勒:《技术与时间(第3卷)》,方尔平译,南京:译林出版社,2012年,第59页。

化本身也可以构成心流体验过程,三重综合及时间持留的概念可以进一步诠释技术介入后所导致的主体意识流的变化。

此外,从斯蒂格勒的分析中可以看出,三个综合彼此之间同时存在着更复杂的关系。首先是领会综合与再生综合的前后顺序并非完全确定,甚至可能是交互影响,其次第三重则是将过去时刻以及正在流逝的意识的时间空间化,代表着第三重前面两重综合作用后得出的结果。由此可见,这三重综合之间的关系并非单向依次的线性关系,更可能呈现为包含单双向关系的三角形态。对应于上文提出的思考,笔者认为沉浸式展览群组的排列结构也可能是呈现为如此形态,可以将沉浸式体验中的心流三阶段与三重综合的概念融合起来综合理解分析。

图1-3 "三重综合"之间的关系

1. 体验前因—领会环节

在心流体验中,位于首位的前因环节是体验者产生心流体验的关键阶段,而"领会的综合"表明,参与者第一持留是对当下时间点的生活所产生的感知。结合两者来分析,基本可以确定艺术展览体验阶段在此环节的关注重点是体验对象和触达通道,其中对象是观众对其所产生的第一记忆的时间持留,即在直观中所领会的作品对象。

在这个环节中,艺术家需要使观众对体验对象降低陌生感而迅速接受意识浸入,勾起观众对展览产生深入学习感知的兴趣,从感官和思想上为浸入做好准备。从心流体验来看,明确的目标、符合观众审美水平的挑战内容和准确而及时的反馈是该阶段心流体验所呈现的要素特征。针对这三点要素,沉浸式体验在此环节包含了三个要素,即**明确的展览主题、即时的操作及逻辑反馈和审美效能阻力适中**。

2. 体验过程—再生环节

根据米哈里的观点,当一个人能完成某项具有挑战性和有意义的目标时就是所谓的最优体验,参与者需要将自己的技能与体力发挥至极致而产生情绪波动。康德认为先验统觉中的再现性统觉是发挥想象力或者利用回忆来把握到对象。综合两者来理解,当观众进入这个环节时,他们需要从适才懵懂的被动状态转变为花费精力的主动状态,才能更好地把握当下的审美体验对象。

斯蒂格勒认为"再生"的意义在于在此阶段中人会用自己的记忆或者想象对当下经历进行遴选和意识中的再现,阐述主体经过前一环节发生的变化之间的关联,康德也是使用"再生(reproduction)"一词来描述该环节中发生的活动,因此可将这个阶段理解为意识上的"再生产",观众的主观能动性在此得以利用发挥。此时的展览重点则在于利用观众与作品的交互运作使体验按照设定好的规则不断再生产,从而使观众在活动中产生深层次感知变化。结合实际案例,再生产的形式基本呈现为主客体之间的交互行为,当观众自由顺畅地与艺术装置之间互动时,观众更容易感受到强烈的情感共鸣,因此在这个环节所对应的心流特征为知行合一和潜在的控制感,具体表现为**多感官选择性交互、装置运行反应流畅和控制感积极且充分**。

3. 体验结果—认定环节

体验结果是艺术家预期观众最终能达到的审美体验效果,是观众在对艺术的审美意识上经过体验后发生的变化。斯蒂格勒的观点是最后产生的认定综合即是可再现性意识流的统一,是意识在某种形式上的外在化和客观化。在此层面上,"认定综合"需要通过某种介质或技术将过去和未来连结,而这种介质可以被读者进行各种各样的诠释从而产生不同的意识。技术留住了转瞬即逝的意识流,"意识流的实践性直觉(意识本身以及某一他者的意识的时间性直觉)在流逝的过程中,持留的代具为意识流提供了一些空间性直觉"。相似地,技术的介质或技术集合主要表现为艺术的整个表征空间,观众在空间中产生意识变化从而与其产生关联。

当进入结果阶段时,观众可能发生自我意识减弱或消失、以及时间感和空间感的错位,可以理解为此时已经全身心沉浸在空间内的特定情景。因此如何利用技术打造易沉浸的空间意境是艺术家对该阶段主要关注的方向,承载艺术表达功能的审美空间则是技术的介质。针对以上内容,艺术家可以从**空间冲击力、空间封闭度和身体临场感**的方面深化分析,从而加深观众最后的心流体验效果。

综上所述,艺术展览沉浸式体验的逻辑框架主要包含三个环节,每一阶段包含2～3个心流体验特征,并得出相对应的体验要素,如表1-3。

表1-3　基于心流体验的艺术展览沉浸式体验逻辑

群　　组	心　流　特　征	方　　　向	体　验　要　素
领会环节	目标清晰 符合观众审美技能的挑战 反馈准确且及时	以审美为目的	展览主题明确 审美效能阻力适中 操作和逻辑反馈即时
再生环节	注意力高度集中 行动与意识融合 控制感	以交互为手段	多感官选择性交互 反应装置运行流畅 控制感积极且充分
认定环节	自我意识消失 时空感错位	以空间为载体	空间绝对与相对封闭 空间冲击感知强烈 临场感虚实结合

二、体验之领会环节要素分析

在领会环节中,体验者需要凭借自己积累的审美能力和记忆来领悟当前展览主题所呈现的意识流,那么沉浸式展览在这个环节的设置则主要围绕于探索符合观众审美习惯和需求的基本要素而展开,协助观众快速把握展览的美感。

从心流体验的角度来看,沉浸式体验在该环节的要素设置也是评判体验是否达到沉浸的最低标准。因此在艺术展览沉浸式体验的领会阶段,体验内容需要秉承以审美为核心,设置符合心流的要素内容,具体表现为清晰明确的展览主题、符合观众审美水平的体验可玩性以及巧妙的即时反馈。

（一）展览主题明确

对于心流体验而言,目标明确是产生心流体验的必要条件。观众的体验目标是理解展览的主题思想并从中有所收获,因此沉浸式展览的"目标"与主题的演绎表述紧密相关。在艺术展览中,主题演绎是决定展览体验质量的灵魂,艺术家们会在同一主题下提供相关性作品叙事性展陈,以此确保观众在体验全程都拥有统一且明确的审美目标,沉浸式展览也不例外。在实际操作中,艺术展览主题的表达分为意境塑造和情景叙事。

1. 意境营造

意境是艺术家常用于营造空间场所感和传递主题内容的基础方法。哲学家宗白华先生这样描述,"艺术家以心灵映射万象,代山川而立言,他所表现的是主观的生命情调与客观的自然景象交融互渗,成就一个鸢飞鱼跃、活泼玲珑、渊然而深的灵境,这灵境就是构成艺术之所以为艺术的'意境'"[①],强调艺术家心灵和宇宙意境的构建。不难看出,传统的意境创造要求做到深刻表现艺术家对宇宙人生意蕴上的感受和体验,个人的情思表达是艺术展览意境的重点。相比于此,沉浸式展览不仅是美学在于"艺术家的实践所启示的美的体会或体验"[②],也是观众接受意境后的反馈和再创作。"人"是沉浸式体验的核心,所以沉浸式艺术展览在主题意境上做到清晰表达艺术家个人的志趣和思想仅仅是基础,更重要的是准确地满足受众的审美需求,提高观众参与的积极性,为下一环节做好基础。为了让观众更易接受展览体验的目标,沉浸式展览需要在大众易接受的知识领域或体验方式上建立特殊的空间意境。

在具体操作上,大多数艺术展览沉浸式体验会选择打造有启发性和教育意义的内容。原因有二:一是打造普适性的认知格式可以降低区域文化和个体经验差异对观众感知的影响。在不同社会背景和文化环境下,大众的审美水平不同,因此在接受意象和审美感知上也会存在一定差异,那么观众对同一主题肯定会存在不同程度的理解。然而只有体验所呈现的意境能被观众接受和理解,并

---

① 宗白华:《美从何处寻 宗白华别集》,重庆:重庆大学出版社,2014 年,第 61 页。
② 宗白华:《艺苑趣谈录》,合肥:安徽教育出版社,2008 年,第 604 页。

且与个人经历的审美结构相符时,观众才能开始消化信息并产生情绪共鸣和沉浸心理。反之,观众则会感受到疏离和陌生,甚至会无聊或厌恶。"根据被试在先前的实验背景中掌握的意义并依靠该实验时,如果被试能在外观上或在过去的外貌中认出它和把握它,呈现的词语才是有效的。"①因此,主题意境营造需要符合大多数观众的艺术修养和生活经历,才能使观众有效感知其主题和建立起清晰的体验目标。

另一方面,选择此类主题的艺术展览体验贴合了社会发展预期。在社会环境下,精神文明的健康发展是容不下与社会发展不相符的艺术作品存在的。艺术展览本身也承担着文化教育和价值观宣传的责任,因此沉浸式体验在主题的选择上需要明确符合社会心理期望,以促成观众欣赏艺术的原动力和精神文明的健康发展。

2. 叙事表达

空间叙事是传递空间内涵和强调主题的重要方法。自古以来,大众对故事的癖好和痴迷代代相传,任何事件的发展都离不开故事欲。在现代公共艺术中,艺术家借助于"形"的叙事表达规划与塑造,传递出艺术品主题所要营造与传递的精神意蕴,通过色彩、造型、材质、装饰等多种叙事语言来传递主题思想。②同理,沉浸式体验也可利用叙事来实现各片段的目标一致和风格统一,在叙事手法上也通常会选择串联度或关联性比较强的方法。

目前沉浸式展览的叙事主要分为三种。第一是色彩叙事,营造特别的色彩氛围将观众包围起来,以此向观众传达主题和场所精神。这种方法的好处在于观众不需要文字音像解析就可以理解、感知和想象。这一类型常在草间弥生的展览中出现,五彩的波点图案遍布于艺术雕塑和房间中,让观众在不同色彩交织而成的场景中感受"宇宙""世界"和"爱"等具有丰富想象空间的艺术主题。

---

① [法]莫里斯·梅洛-庞蒂:《知觉现象学》,第10—11页。
② 宋益民:《城市公共艺术设计叙事性表达:以形赋意》,载《安徽工业大学学报(社会科学版)》2018年第3期,第52—53页。

第二是符号叙事,这一类型与色彩叙事相似,同时利用经典的符号意象来唤起观众的记忆和联想。这一方法在当下许多热门的商业展览中会出现,例如失恋展、穿越展、游戏展等展览,所有围绕人的需求层次的符号均可成为叙事表达的主题。

第三是蒙太奇式电影叙事。艺术家通过蒙太奇的电影手法将主题和内涵分解重构,各个叙事片段在结果组装拼接后所形成的"叙事性影片"可以逐步增强观众的心流体验,而不是每进入一个独立主题的展厅观众都需要重新开始。例如 2018 年艺术家 Miguel Chevalier 在法国推出的沉浸式展览"数字深渊(Digital Abysses)2018"。该展览主题为海底植物和动物群,采用了诗意和隐喻的手法将海洋环境解构重组,例如软件系统重建的新亚特兰蒂斯(万年前被洪水淹没的城市)是一个关于海洋城市的想象空间,真实和虚拟穿插并由同一主题所串联,为观众在想象与现实间穿梭漫步提供了机会。

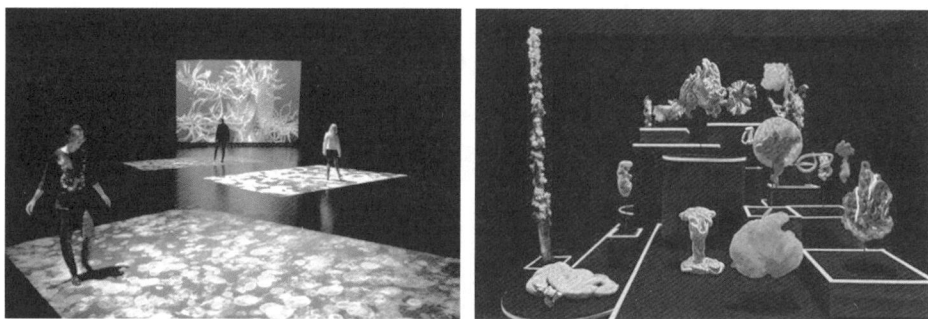

图 2 - 1　　Miguel Chevalier "数字深渊 2018"

相比于传统的展览体验,沉浸式体验模式的承载主体从单个作品延伸至整个空间场景,展览的意境选择和叙事结构也发生了相应的变化。然而万变不离其宗,展览依旧需要保证主题明确性,并且此时的重要程度会比传统模式相对更高。沉浸式体验所使用的叙事表达手法和打造主题意境都是出于巩固主题明确性的终极目的,尽可能确保观众身心的心流体验目标统一,避免其初步接触展览时被体验形式分散注意力而忽略艺术展览本身的审美意义。在此之下,意境层次和叙事表达的多元化可以丰富审美体验的多样性，从而增强对观众的吸引力。

（二）审美效能阻力适中

心流能激发个体的成长是因为其核心机制在于调整挑战和技能的相对关系，实现参与者技能水平和体验难度的动态平衡。个体会自发地寻求进一步的学习来保证技能水平和挑战难度平衡，从而达到心流并维持这一状态。据此，米哈里提出了心流设计的"最省力法则"，而这个法则对沉浸感的作用机制分析有指导性意义。

1. 心流"最省力法则"

在心流最省力法则中，米哈里将技能和挑战难度称为效能阻力，分为认知阻力和运动阻力。认知阻力是达成目标所需要的脑力活动量，包含感知、记忆和思考等思维活动，运动阻力是指达成目标所需要的体力活动总量，包含操作步骤、动作协调和力量强度。最省力法则的重点在于效能阻力需要保持在恰好的区域内来保证参与者产生心流的可能性和体验质量。

根据心流八区间模型，个体在高挑战—高技能水平时最容易产生心流体验，除此之外，当个体在高挑战—中技能时会激发好胜心和学习欲望，热衷于提高技能来接近心流，处于中挑战—高技能时会充分享受掌控带来的愉悦体验。从体验过程来看，个体的情绪走向基本时遵照"激发—心流—掌握"的路径循环往复。而相比于以上三种情况，其余水平组合则会带来个体焦虑、担心、淡漠、厌倦等情绪，可能会造成体验中止。因此，体验的效能阻力不能过高或过低，需让参与者正好进入这三个情绪领域内，并且保持在其中循环往复。

2. 审美能力—挑战匹配设计

在艺术展览沉浸式体验中，挑战—技能平衡程度的评估指标是体验的审美效能阻力。在很长一段时间里，承载艺术展览的博物馆是由精英和统治阶级中的少数人掌握文化话语权，只有受过高等教育的精英阶层才能接受展览的审美效能阻力。"白盒子"的展览机制以及场域的逻辑压力让观众习惯于保持一定距离的凝视作品,在阅读式观展习惯的驱使下,观众所能接触和吸收的信息其实只有那些浮夸、华而不实的作品描述文字,灌输式和说教式的策展方式忽略了观众的审美感受,拉远了观众与艺术之间的距离。

20世纪60年代中期,美国开始进入"巨型展览时代",其主要特征表现为展览规模、费用膨胀和观众数量的急剧增加。[1] 艺术展览开始从小众的艺术文化活动逐渐变成全民性的艺术狂欢。为了适应发展潮流和满足大众需求,当代艺术展览开始尝试着从展品主导向观众主导转变,探索能使观众与作品之间实现有效互动、对话和融合的叙述方法,沉浸式体验模式则是近年来从业人员发现能拉近观众与展览之间距离的办法之一,然而了解观众的审美水平和保证不同审美水平的观众的参与权利是决定沉浸式体验成功的关键要素。首先,策展人和艺术家在策展前需要确定目标群体并且展开一定范围内的调研,可以对目标观众群体的社会结构、生活态度、教育背景和价值取向等方面信息进行了解,综合把握目标群体的审美能力水平。

结合心流理论中的挑战—技能八区间模型,比较合适的体验挑战应是与观众的审美技能水平相匹配、可稍微超出临界点的水平。鉴于大众的教育水平和审美习惯,当代沉浸式展览选择的方式是通过触觉和肢体活动使场景产生变化,将原本对观众审美水平的挑战转变为交互项目的难易程度,提升了体验过程的可控性。同时,因互动而产生变化的交互项目可以保持观众的参与乐趣,还能打破以往艺术在观众心中高高在上的地位。在济南举办的展览《2019梵高未曾见过》就做了这样的尝试,观众通过触屏来控制作品内容变化,例如变换向日葵的色彩、使桥连接、让马车过桥、变换梵高房间的色彩和花纹。此外,体验还为观众提供了与梵高的自画像实时对话的机会,通过简易直观的方法让观众在交流中感受梵高的回应,几乎可以符合所有观众的技能水平。

---

[1]　巫鸿:《美术史十议》,北京:生活·读书·新知三联书店,2008年,第31页。

（三）操作和逻辑反馈即时

在心流理论中,准确及时的反馈是纠正参与者靠近既定目标和成功的引导信号。及时的反馈可以让参与者产生内在的秩序性,米哈里认为即时反馈的重要性不在于反馈内容本身,因为内容很可能因来源渠道而变化,然而反馈的存在性可以使参与者内心稳定而专注,减少不确定性所带来的焦虑感,由此使参与者以最短路径进入心流。另外,信息的良性传播本就包含了受众反馈和传播者反馈传播。德弗勒（Melvin Defleur）指出:"传播能否取得理想效果,关键看传者对反馈的重视程度如何。"①当传播者接受反馈再进行相应的反馈传播时,两者共同构成了完整的传播循环系统,这一切均需要建立在首轮信息反馈的顺畅传递的基础上,因此高质量的反馈是保证展览内容传播效果的重要环节。

对于沉浸式展览而言,即时反馈尤为重要,因为艺术展览沉浸式体验不再是以往的授受式学习方式,而是为观众打造了一个可供其探究式学习的艺术实践场。为了维持观众主动探索的好奇心理,他们需要在每次探索和挑战中获得即时、明确和丰富的反馈,通过交互来保持一定时间内的意识"浸入"状态。依照当下体验模式现状,即时的信息反馈体现在操作和逻辑两个层面。

1. 操作反馈

操作反馈指的是观众在当下与装置发生交互时所产生的直接反馈,观众可以在互动中迅速捕捉到艺术家表达的重点。观众每一次交互所产生的即时反馈不仅维系了他们的好奇心和专注力,而且加深了自己的存在感。

沉浸式展览在操作即时反馈的实践上最为典型的是兰登国际（Random International）的著名互动装置作品《雨屋》,亮点在于装置可以对观众各种行动作出即时反馈。观众可以在人造雨中任意漫步而不被淋湿,环绕的 3D 镜头会监测观众实时移动情况并及时传给控制系统,系统再控制雨水即时避开观众。如果该反馈系统存在延迟或者不够即时的问题,观众就会因被雨淋到而体验质

---

① 张国良:《传播学原理》,上海:复旦大学出版社,2009 年,第 43—44 页。

图 2－2　兰登国际(Random International)《雨屋》

量下降,因此操作反馈即时性是《雨屋》的灵魂要素和核心优势。

2.逻辑反馈

逻辑层面的反馈为内容推进所需的叙事型间接反馈,为正确引导观众进入下一环节而提供即时信息。由于该方式对艺术家的构思和叙事能力要求较高,因此只有极少数展览会选择在这个层面设置即时反馈。在国家地理推出的展览《国家地理・深蓝》中,观众需要根据一个拯救海洋的科幻故事展开体验,跟随剧情的线索反馈互动,以此激发观众保护海洋的环保意识。还有更简单的形式是中国艺术家黄石和李敬峰的作品《空窗子》,通过分析观众脑电波和眨眼睛的频率来实现画面变化和内容推进,例如眨眼时竹叶落下。

总而言之,两个层面所设置的反馈即时性基本出于同一目的,即为将观众引导进入一定的思维框架中,通过即时反馈所组成的信息链维持观众在体验中的好奇心和注意力。然而,由于该要素过分注重以结果为导向,不少学者和理论家曾批评这种过于快餐式的即时反馈限制了观众的思考空间。实际上,问题并不是出在即时反馈本身,因为不是所有的即时反馈都会导向这种结果,只有突兀简单的即时反馈才会限制观众在审美层面的深入思考从而使体验显得无聊枯燥。巧妙的反馈设置不仅可以持续提升观众的注意力,还能让其充满探索和求知的力量。因此,笔者认为这里的重点应该放在评判及时反馈置入体验的方法是否合适恰当,并不影响即时反馈本身存在的意义。

三、体验之再生环节要素分析

在体验再生的环节中,观众除了漫步观看以外,其行为基本表现为一定程度的感官交互行动。因此交互是体验再生的核心关键,在沉浸式展览的再生环节时首先要维持观众在交互过程中的注意力,在此基础上保证交互行动的流畅程度。具体可分为感官交互、操作流畅和体验控制感三个角度。

（一）多感官选择性交互

在具体分析前,笔者认为有必要理解感官交互体验与审美鉴赏质量之间的关系。在康德的美学鉴赏判断的理论体系中,鉴赏可分为感官鉴赏和方式鉴赏,只有反思的鉴赏才能称为真正的审美,黑格尔曾明确提出非视听的感官不能审美,理由是这三觉与精神无关。然而环境美学的兴起拓宽了审美感官的范围,研究该领域的学者认为不同的感官都能为审美过程作出贡献,并且提倡将审美方式从静观转变为参与介入审美对象中去,倾向于积极投入的审美态度。歌德在《收藏家及其伙伴们》中第五封信里说到,"艺术作品必须向人的这个整体说话,必须适应人的这种丰富的统一整体",这要求艺术活动需要发动人们身心的全部意识以体会多方面的情感与力量。在当代艺术展览中,艺术审美体验通过技术装置实现了多感官知觉深化与立体化,为观众提供了更独特的综合性审美体验,对体验过程整体质量的提升有积极影响。

由于观众感受到的是多维度的感官刺激,因此讨论单个感官交互程度并不能覆盖他们的感知范围。同理,这也不意味着感官刺激越丰富心流越强烈,实际上感官交互的结果在很大程度上受认知负荷影响。

1. 认知负荷限制因素

心流体验的源头在于参与者的全情投入,因此保证注意力高度集中是参与者在进入心流体验过程的关键条件。人的注意力可以通过认知资源(主要是工作记忆容量)衡量。根据认知负荷理论,人的认知资源是有限的,所有学习和完成任务的活动都需要耗费认知资源,从而形成了认知负荷的概念。认知负荷基本分为外在认知负荷、内在认知负荷和相关认知负荷,[①]其中内在认知负荷是由在工作中需要交互和加工整合进入学习图式中的元素数量决定,是沉浸式体验中主要考虑的变量。

目前公认的是同时进行交互加工的元素数量越多,内在的认知负荷则会越高,感官是获取交互加工元素的主要渠道,由此可以判断,感官输入量与认知负荷存在正相关关系。感官输入量越多,耗费的认知资源越多,认知负荷越大。当认知负荷过大时,参与者难以同时处理感官刺激所带来的大量信息,更无法专心学习,事后记忆也会打折扣。根据美国心理学家 George A. Miller 的"7±2"原则,人的短时记忆能力的广度为 7±2 个信息块,短时记忆所能吸收的信息量在这个区间浮动。心理学家 Alan Baddeley 继续将这个区间缩小至 4 项左右,如果超出这个区间,信息吸收的效果将大打折扣。

其次认知负荷是最占用脑力资源的负荷,并且不同的认知负荷所占用的脑力资源不同,认知占用最多,其次是视觉和动作负荷。当体验接收过多的感官输入量时,大脑会开启一种注意力机制来保证正常运作,要么主动过滤部分信息,要么抛弃所有的输入信息而开始走神。

2. 多感官交互设计

为了保证参与者在沉浸式展览中保持有效且高效的注意力集中,从而进行审美体验,沉浸式体验的实践需要在感官交互上遵循多元但简约的原则,可适当参考 Alan Baddeley 的短期记忆规则和上文的"7±2"原则。根据心理学家赤瑞特拉所作的实验结果显示,人的大脑每天通过感官接受外部信息的比例分别为:

---

① Paas F, Renkl A, Sweller J, "Cognitive load theory and instructional design: Recent developments", *Educational psychology*, 2003, 38(1), pp.1-4.

视觉 83％、听觉 11％、嗅觉 3.5％、触觉 1.5％和味觉 1％，该比例也可以作为设置感官交互度的参考指标。

实际上，五感并非独立分离地运作来实现高层次的理性建构，而是面对多样的感受信息时彼此合作组合成通感，丰富个体的感知能力。设计者可以通过加深单个感官的交互程度，再与其他感官结合交互形成通感交互来综合提升观众感知程度。例如对视觉和听觉的交互可以参考扬·盖尔在《交往与空间》提出的5 种可以促进或妨碍视线和声音交流的方法。

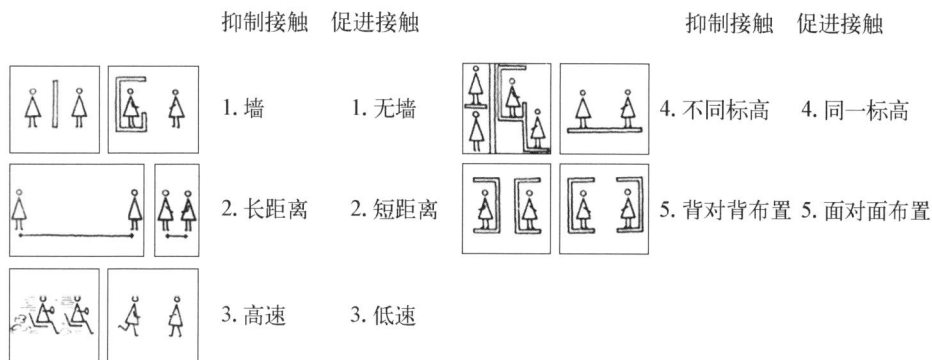

图 3-1　可以促进或妨碍视线和声音交流的方法

在实际体验时，味觉交互的实现难度较高，因此部分展览在增加感官交互的多元性时，只能在视听觉的基础上尝试覆盖嗅觉和触觉来形成通感。以展览装置《绽放的艺术》为例。该展览意在表达樱花掉落时"震撼之美"，当观众走入包含有 2 500 朵鲜花的花盘下会闻到扑鼻的清香，同时观众的活动会触发一阵花瓣雨，观众可以触碰到从天而降的由牛皮纸仿制的花瓣，通过视觉、嗅觉和触觉结合与观众发生交互，触发观众对人与自然共生的思考。

（二）装置运行反应流畅

米哈里从访谈中总结得出，个体在专注时，"一切动作都不假思索、完全自发自动"，"意识运作流畅，每个动作衔接的天衣无缝"，并且"心流中没有反省的空间,所有行动宛若一股魔力,带着我们勇往直前"①。个体在心流中是处于连贯流畅的行为和情绪状态下,过程中不能存在任何打扰连贯性的影响因素存在,当流畅度发生问题时,参与者可能会迅速脱离沉浸,甚至放弃探索和体验。如果审美过程中的认知加工非常流畅,观众就会感受到一种积极情绪,同时这种积极情绪可以作为动作性反馈,使感知者对审美对象有进一步的加工,使感知者产出更多审美愉悦。② 因此艺术展览沉浸式体验的流畅性不仅能维持观众知行合一的状态,而且可以让观众不断产生积极的体验反馈,推进深层次的思考。

聚焦到沉浸式展览上,观众需要在获取信息的认知过程中感受高度的流畅性。具体而言,体验的流畅性可以分为环境层面的装置运行和交互层面的人机互动两个方面。

1. 环境层面—装置运行

在部分展览中,观众学习欣赏的对象是整个空间。因为空间的意境或氛围是多个环境装置配合营造的效果,所以此类展览要满足所有的装置运行流畅,以保证信息正常传达给观众所感知。以视觉体验为例。在不少展览中,设计者采用了 360 度环绕式屏幕来播放全景全息影像,或者采用 VR 设备来创造独立的虚拟现实体验,意在营造出身临其境的逼真场景。此时,影像内容的自然流畅播放和过渡,加上观众"被迫"专注于欣赏唯一对象,沉浸感才得以形成。反之,一旦技术设置不当或者发生故障,影响信息交互的渠道流畅度,观众也会被干扰因素迅速分散注意力而脱离心流状态,需要花费另外的时间来重新进入心流的情绪路径。哪怕观众重新达到了心流,此时因被打断而产生的负面情绪对展览体验已经造成一定影响,所产生的沉浸感或者心流的效果也会大打折扣。因此装置运行流畅度是影响此类展览效果的决定性因素。

2. 交互层面—人机互动

目前的技术水平可以做到通过语音输入、动作手势和行走移动来实现人机

---

① ［美］米哈里·契克森哈赖著:《幸福的真意》,张定绮译,北京:中信出版社,2009 年,第 73 页。
② 柴方圆、喻丰、彭凯平:《审美愉悦与加工流畅性》,载《心理学探新》2016 年第 2 期,第 6—11 页。

交互,而沉浸式体验巧妙地利用这些方法为观众提供了再次创作的独特体验机会。同上,观众在再创作的心流中也需要体验的高度流畅。若要保证观众在走向心流的过程中感觉每个动作之间不存在明显的加载空隙,人机交互的算法需要具备较高的识别率和识别速度,能有效适应连续的数据流,同时拥有高运行速度和高鲁棒性(Robust),两者结合方能提供自然流畅的人机交互。比如作品《那年的午夜》,观众需要面对一面镜子的装置,如果盯着镜子时间过长,就会从眼里冒出白烟,直到烟雾笼罩整面镜子,实时记录的眼球会被堆放在镜子下方。装置识别观众集中注意力注视和呈现影像效果的速度直接影响整个作品的展示效果。

（三）控制感积极且充分

心流体验的控制感不仅是控制自身的行为走向,而且还有掌控未发生的可能性,其根本来源于人的需求层次中的安全需求。安全需求可以被划分为三个层次:确定感、安全感和控制感,[①]其中,控制感是安全需求的最高层次,是与客观控制(即环境与个人实际具有的控制条件)相对的主观控制直觉,是个体对控制的一种感知、感受或信念。[②] 在此概念上,有学者将"自我超越的生命意义"与"自我控制"相结合,称之为"生命控制感",指的是当人们追求和执着丁自我超越的生命意义时,人们总能感受到依托和控制。

在相关研究中,控制感的模式主要分为两种,一种是能动的、积极的改变模式,另一种是顺服的、消极的接受模式。由于人处于心流体验时对自己的技能水平是十分自信的,并且保持高水平的认知确定性,能分清可控和不可控因素,所以心流体验中所产生的控制感应该是属于主动积极的模式,与所谓的"生命控制感"的定义相似。

---

① 于世刚:《确定感、安全感、控制感——人的安全需要的三个层次》,载《社会心理科学》2011 年第 2 期,第 5—10 页。

② 高伟娟:《对控制感的心理学理解》,2005 年。

在实际操作中,若要满足观众获得充分且积极的控制感,艺术家需要先满足确定性和安全感的需求,来保障个体达到稳定的安全状态。当观众首次进入体验时,陌生的环境对他们而言是充满不确定性的,观众并不能分清哪些因素是确定可控的,更无法得知不可控因素会造成的后果。对此,设计者需要提升观众的认知确定性,协助其了解体验内容的秩序和规则,确定可控的范围和失败的后果。其次是规则的设计需顺应观众的自然感觉规律和行为习惯,降低观众产生抵触情绪和不安全感的概率,并且设置可供观众控制的体验空间,使其在主观积极的活动中建立起正确的控制感。

据笔者的现场调研来看,该要素的实施需要由艺术团队的前期设计加上展馆工作人员现场管理来共同完成,艺术团队前期设定适宜观众技能和认知水平的体验规则,工作人员则是保证观众现场了解和使用体验规则,确保观众在设定好的秩序范围内通过体验获得控制感。

四、体验之认定环节要素分析

心流的结果特征之一是自我意识从知觉中消失,同时对时间和空间产生错位的感受。此处的自我意识消失并不代表自我随之消失,甚至意识依然存在,只不过它不再感觉到自我而已。[①] 这种状态也是美学家最常讨论的移情作用。根据罗伯特·费肖尔的观点,感觉和情感可以分为相对应的前向、后随和移入三个层级,等到情感到达移入情感(移情作用)的级别时,审美活动达到最完满的阶段,"我们把自己完全沉没到事物里去,并且也把事物沉没到自我里去"[②],个体发生移情时自我意识的移位实现了知觉和情感上的物我统一。

结合斯蒂格勒的观点,第三持留的结构是意识的投映载体,人们因此得以形

---

① [美]米哈里·契克森哈赖:《幸福的真意》,张定绮译,北京:中信出版社,2009年,第85页。
② 朱光潜:《西方美学史(下卷)》,南京:江苏人民出版社,2015年,第535页。

成统一的"我们"。"该统一过程要求大写的我们通过一种蒙太奇和一种投映式的场景（scène projective），构成一个严密逻辑的流（flux cohérent），也即'它'的大写历史（Histoire）；这也就是说，大写的我们必须有能力向前自我投映，有能力欲求一个共同的未来，尽管揭幕这一未来的过去时刻并不是共同的过去时刻。"①在沉浸式体验中，意识投映的场景以及移情对象就是整个空间场景，观众在前序环节中体会了蒙太奇的建构，在认定环节中则是利用第三持留的投映式空间场景让所有的"我们"共时化。这种例外的共时化过程实现同样需要人们专注于当下，从而融入一个想象中的"我们"之中去。由此可以得出，沉浸式体验认定环节的重点在于如何能通过第三持留层面的空间来引导生成所谓的"我们"。

　　观众将情感和思想移置于所处空间，在心理上实现与空间"同形同构"的效果，由此产生更多审美的情趣。由此可见，观众感知的最好结果就是主观感觉与空间载体形成互动和连结，被空间外在化的力量引导而生成共时化认同。因此该环节需要把控的是空间场景与观众之间关系的处理，可以从空间封闭度、冲击强度和身体临场感方面着手分析。

（一）空间绝对与相对封闭

　　人在处于心流阶段时往往不愿意被外界打扰，不断的干扰信息不仅会分散参与者当下的注意力，而且让参与者重新想起自身在现实世界中的烦恼与焦虑，强化现实世界中的自我。从移情的角度来看，审美的移情作用只有在忘记实际生活中的兴趣和情调时才会发生。因而艺术展览首先需要在物理空间上将观众与现实世界进行高度隔离，保证观众的注意力高度集中在展览本身。

　　此外，审美的空间是有生命的形式空间，意味着沉浸式展览内部的物理空间

---

① ［法］贝尔纳·斯蒂格勒：《技术与时间（第3卷）》，方尔平译，南京：译林出版社，2012年，第125页。

还需要配合主题意象作出合适的形式设计,内容与形式两者统一形成完整的审美对象。因此沉浸式体验在内部的尺度与层次上也要保证欣赏区域的相对封闭以及空间意象的呈现,综合作用来隔断干扰信息的传输渠道。

1. 绝对封闭—外部围合

高封闭度的空间可以隔绝展览外一切干扰信息,确保沉浸式体验的私密性,增加观众产生心流体验的可能性。观众对于审美对象的选择就可以简单类比于饮水,传统模式是观众可从多瓶"饮料"中挑选一瓶用吸管饮用,而沉浸式体验则是将观众浸入水中,半强迫式饮用。传统的白盒子模式为了吸引观众的注意力而选择纯粹、极致的展陈环境以突出作品的独特性,虽然在展览的平滑空间中观众可以慢步移动,但是在当下只能面对一个作品投入精力而无暇分身。当沉浸式体验模式将具体的审美对象从小型单一作品拓展至整个大型空间场景时,观众的感知范围也随即扩大。若此时是开放或半开放式体验场景,观众不可能集中注意力,更遑论自我意识消失与沉浸融合。正因如此,沉浸式体验概念从诞生起便保持着"黑匣子"体验场景,打造高度封闭空间供观众沉浸融合。

2. 相对封闭—内部层次与尺度

沉浸式体验的内部空间主要是通过尺度和层次实现区域分割,由此形成多个封闭空间,与外部空间的封闭性共同构成了审美空间的形态特征。空间的层次即为空间内部的景观序列,不同层次的设置可引导观众逐步发生认知和体验,如此将他们的时间感与空间感关联,形成综合性体验。空间尺度则是衡量体验空间氛围的标准,是人对空间距离的直观感受。狭窄、小巧和拥挤的空间可以缩短人与空间以及人与人之间的距离,给人以热情、温暖的氛围,相反空旷、巨大的体验空间则会让人感觉到孤独、空寂和冷漠的氛围。

根据线下调研结果显示,沉浸式展览整体呈现为高私密性的封闭空间,选择在大面积展厅空间进行,体验面积从 100 m^2～3 500 m^2 不等,巨大空旷的面积可以减少体验中产生的偶发性公共交往空间,降低高度围合对观众造成的局促感和焦虑感。空间内部通常被分成多个封闭独立的空间来组成体验空间链条,每个空间之间的出入口设计极为隐蔽，由内部的工作人员为观众提供引导。为了降低展览内不同空间之间的影响，每一个封闭空间的连接处基本以走道距离或转折空间来拉开不同空间场景之间的距离。对于使用 VR 产品的沉浸式展览，头戴式的设备已经利用头盔显示器等交互设备把用户的视听触觉与现实世界隔绝，体验交流的对象也不再是现实空间，因此在空间封闭程度方面的要求会相对较低，仅保证观众体验过程中的安全性即可。

（二）空间强度感受强烈

空间冲击是在空间封闭的基础上直接作用于观众感官走向心流体验的因素。德国哲学家德勒兹认为，强度是综合差异力量的产物，也是一切感觉的基础。因此，本文使用空间强度来描述空间的冲击力。在心流体验中，空间强度感知主要是针对自我意识减弱或丧失的要素而作用。

1. 空间强度的作用

米哈里观察到人在心流中发生了自我意识丧失，与某种"大我"意识融为一体，如同水手在行驶中感觉与船只合为一体，棋手在下棋时认为被棋盘的力场吸入一般。这一描述与福柯提出的生存美学的自我概念有异曲同工之妙，自我既是自由的、解放的，又是向异质场域开放、开拓和延展的。同时，德国美学家立普斯提出，在审美的移情作用里，主观与客观须由对立关系变成统一的关系，[1]观众可以体会到自己活在审美对象里，并且亲身体验投入对象里的活动，才能感受到审美欣赏所特有的喜悦。这说明审美作用必须包含物我融合的实际感受，也从另外一个角度佐证了心流体验中自我意识与"大我"结合实现的自我超越和拓展可以让观众感受到和谐的快乐。对于沉浸式艺术展览而言，空间是观众自我拓展与融合的必要工具。

---

[1] 朱光潜：《西方美学史（下卷）》，南京：江苏人民出版社，2015 年，第 540 页。

对于感受本身而言,它只能被强度所把握。[1] 审美注意的产生依赖于审美客体的刺激强度。审美注意是审美体验的首要环节,表现为日常意识状态的中断,即突然被特定的审美对象所吸引,从散漫恍惚的无意识状态中被唤醒。[2] 以审美导向的沉浸式展览体验利用了空间冲击强度来唤醒观众进入专注,以非常激进的方式倒向改变观众感知艺术体验作用力的过程。如果说观众在以往的审美体验过程中是因为个人兴趣或审美取向而主动专注观赏,那么在沉浸式体验中,体验空间则会在观众进入时将其迅速吸附进去,强烈的空间冲击强度会使观众在置身于空间时感受到从四面八方涌来的压迫感,使观众不自觉、又不得不与环境融为一体,从而产生思考和冥想。

2. 空间强度的呈现方式

强烈的视觉冲击是传统艺术展览提升强度的常用方法,然而大多只能满足审美体验中浅层次的感知需求。费肖尔认为感知和情感可以分为三级,位于第一级的前向感觉和情感对应的是观众对视觉的感知,主要关注审美对象的光线和颜色。当进入第二级的后随感觉和情感时,观众开始追随对象的形式轮廓,并将其看成有生命、能活动的对象。等到了第三级的移入感知和情感时,参加审美活动的观众完全和被审美的对象融为一体,审美活动至此完满。传统艺术展览利用物体形状和颜色满足了观众的前后向感觉和情感,然而在满足移情作用的感知和情感层级需求的能力较弱。当代艺术展示开始转向包含通感作用的作品场力,实现深层次的移入感觉和情感变化。沉浸式体验的审美对象从单纯的视觉感受有形作品转变为以视觉为主的综合感受空间强度,通过色彩、光线、声音等方式改变空间质感。

2017 年詹姆斯·特瑞尔(James Turrell)推出的《全域装置(香格里拉)》很好地展示了高强度的空间设计。该作品灵感来源于"甘兹菲尔德效应(Ganzfeld

---

① 李佳一:《从展场到展览——中国当代艺术博物馆展览空间研究》,2017 年。
② 闫承恂:《论审美体验的层次性》,载《美与时代》2007 年第 3 期,第 34—36 页。

Effect)"，将空间中充满有形光物质，并将观众放置在场域情境中，通过设计剥离其原有的感官认知，使观众无法识别地平与维度而感受到进入无限空间，其中几秒钟的高频变色闪烁更是将视觉错视体验推向高潮。[①] 该作品将空间体验推至极致，观众在空无一物的立方体中感知到的就是光影效果的变化，这个变化的程度对应的就是空间对象的变化强度。

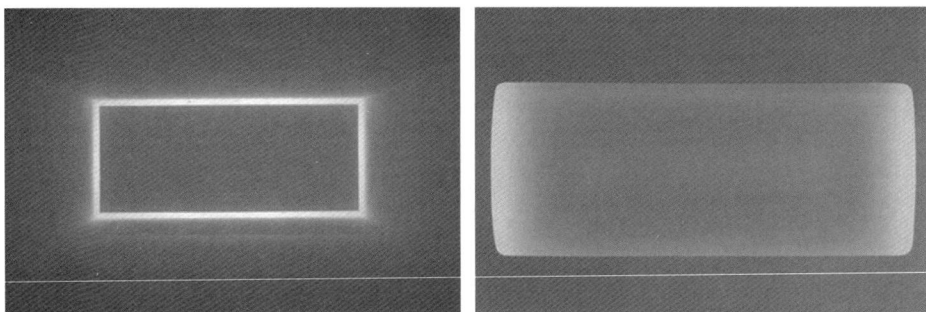

图 4-1　詹姆斯·特瑞尔(James Turrell)《全域装置》

（三）临场感虚实结合

"身临其境"是参与者对沉浸式体验的评价中最常出现的词汇，实质上所指为时空感的错位。这其中包含两层含义，一是空间意境为观众提供的一种"在场"式的场所感，是从心理透出的某种具有特定方向和强度的力，这种力度使参与者迅速脱离现实而进入另外设定好的时空中。第二层是参与者体验后回归现实世界所产生的时空感混乱，在部分体验中，第二层含义是建立在第一层含义与现实世界对比的基础上所形成的。这个过程形成可以归结于人的身体知觉场和空间的生存场域之间的关联问题。此处的身体代表的是一种实际的知觉性生存场域。[②] 在身体场的作用下，体验环境被纳入参与者的知觉场域，逼真的临场感

---

① 胡新宇：《德勒兹差异哲学与美学研究》，2012 年。

② 文成伟：《从现象学的视角看虚拟现实空间中的身体临场感》，载《自然辩证法研究》2018 年第 2
期，第 26—30 页。

有助于将体验环境与身体场相融合成为因参与者而存在的场域,使参与者产生强烈的身体性的沉浸感。

在空间的意境表达中,虚实相生的呈现方法起到了至关重要的作用,可以将意境表达提升至更高的境界。同理,沉浸式展览也是通过虚实相生使意境丰富化和临场感立体化,使用的方法主要有塑造情感性场域和打造虚拟现实,前者是在真实中塑造幻象,后者则是在幻象中贴近现实。在情感性场域的塑造上,多数艺术家会倾向于设定时空背景和角色情景等细节来触达观众的记忆故事。弗洛伊德认为,体验是瞬间的幻象,是对过去的追忆,是对现在的感受,是对未来的期待,因此承载记忆的场域可以让观众追溯过去和引发在场的想象。设计者倾向于使用带有时代印记的特定材质和符号作为载体,调动观众追溯记忆以发生情绪变化。例如老上海 1930 风情一条街就是基本还原了民国时期的空间格局,包含了上海茶馆、老虎灶、石库门客堂间和 1∶1 复制的旧式消防栓等多个 20 世纪30 年代的老上海标志场景。参与者在经过这短短 50 余米的街道时很容易就会产生"穿越"的错觉,犹如电影里的主人公,上海本地市民可能还会因此而想起儿时的情景,进入自身过去的回忆中。

事实上,物理方式实现的临场感有限,而虚拟现实技术可以突破时空限制来创造更多可能的"虚"与"实",在细节打造和场景还原上有无可比拟的优势。参与者在体验虚拟现实中拥有更加独特的"第一人称被给予性",第一人称的存在感得以突出。虚拟现实环境提供的并不仅是第一人称获得的视觉感知,而是整个身体知觉场的感官变化。以展览"David Bowie is"为例。为了加深观众的临场感,博物馆和索尼合作推出了"数字展览体验"方式,以巧妙连接的视听空间序列让观众亲身体验 Bowie 曾经的作品及使用过的物件。索尼还利用 3D 扫描技术丰富展览细节,完美复现他精美的服装和珍贵的物品。这种体验如果没有虚拟现实的技术是无法在真实环境中实现的,但 VR 却可以让观众近距离地接触自己的偶像,并且以第一人称发生进一步交互,其身体知觉场和以 Bowie 为中心的空间场域达到了高度融合状态,从而在观众身上实现时空感错位的效果。

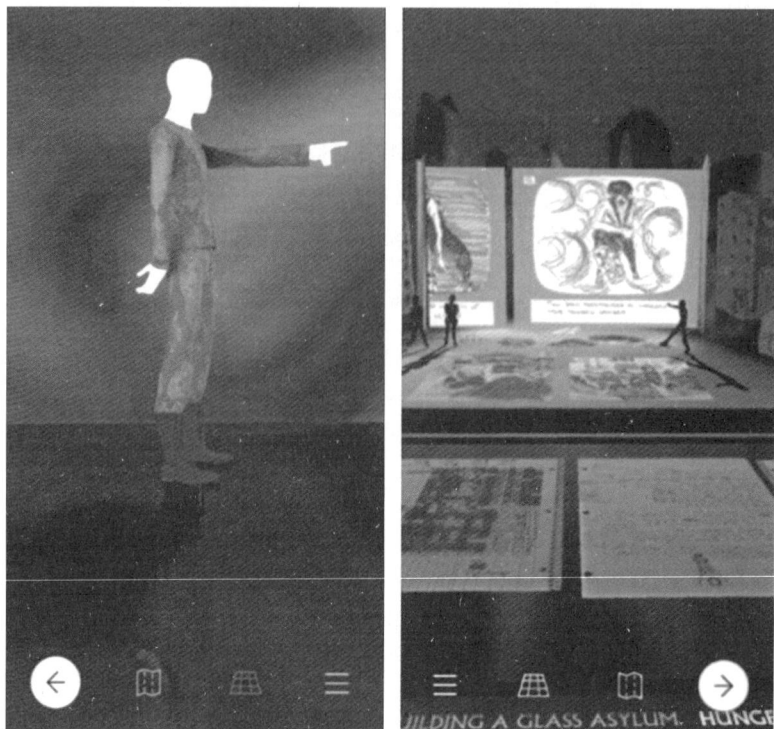

图 4 - 2　V&A 博物馆与森海塞尔合作开发的 AR 应用"David Bowie is"

五、结语

在产业发展背景和艺术语境变化等多方面因素的驱动下，艺术展览从传统的"白盒子"模式迅速转变为当前"黑匣子"式的沉浸式体验模式，颠覆以往大众对艺术展览体验的认知，满足了大众消费者在精神层面的更高追求。从学术研究的角度来看，心流理论为沉浸式展览提供了学术性的视角和系统性的逻辑框架，借助相关的理论可以整理出沉浸式展览的要素结构和运作机制，了解当前沉浸式展览的优势之处。同时案例横向对比后发现，大部分沉浸式展览设计可以满足心流体验的部分条件，然而在沉浸感的完整性设计上仍有所欠缺，因此整体呈现的效果仍未达到真正的沉浸感。

沉浸式展览当下还处于发展的萌芽期,对沉浸感的追逐下隐含的是对艺术和技术平衡点的不断尝试与找寻。随着产业整体趋向成熟,从业人员需要用更加理性的眼光来谨慎对待沉浸式艺术展览的发展,更要关注繁华背后的危机与乱象,把握好艺术展览的核心。沉浸式展览未来的发展成功与否,其关键点在于艺术家们能否把握住艺术展览中审美体验的终极目标,并且明确艺术和技术在实现沉浸感中所承担的功能。只有真正把握住观众对体验的心理需求,并且掌控好展览的艺术性和功能性,艺术家才能为观众提供真正高水平的艺术展览沉浸式体验。

文化产业管理

我国书画类艺术品的资产组合优化实证研究[①]

| 江 凌 王恩洁 郝 烨（上海交通大学媒体与传播学院）

摘要：

当下，中国已经涌现出越来越多的投资机构、个体投资者、收藏者开始进行包含艺术品的产品投资或资产组合。从优化投资组合的角度来说，降低整体投资风险的有效方法是提升投资组合的多样性，降低投资品之间的相互关联程度。因此，本文基于现代资产组合管理理论，主要讨论两个问题：资产组合是否会因为加入了书画类艺术品而得到优化和改善，以及如果书画类艺术品的加入能够改善现有资产组合的收益风险状况，如何将资金分配于几种不同的资产。通过对书画类艺术品、股票债券、房产投资等三大市场的价格指数进行数据处理及比较分析，得出在我国书画类艺术品子市场内不同艺术类别划分的国画400指数和油画100指数的相关性较低，可以通过艺术品市场的多元化投资来实现降低资产组合风险的目标。同时，我国书画类艺术品与其他传统投资领域的相关性较低，可通过引入艺术品来降低组合整体风险，优化投资组合。最后，针对当前艺术品投资组合中存在的风险和效益，向机构、企业和个体投资者提出了一些前瞻性建议。

关键词： 书画类艺术品；市场价格指数；资产组合管理；收益风险

---

① 基金项目：国家社科基金项目"近代地方官书局文化研究"（项目编号：18BXW039）阶段性成果。

Abstract: At present, China has emerged more and more investment institutions or individual investors, collectors began to include works of art investment products or portfolio. From the perspective of optimizing the portfolio, an effective way to reduce the overall portfolio risk is to increase the diversity of the portfolio and reduce the interrelationships between the investment products. Therefore, based on the theory of modern portfolio management, this paper mainly discusses two issues: whether the portfolio of traditional investment fields in China will be optimized and improved by joining the art of painting and calligraphy, and if the art of painting and calligraphy can be improved the current portfolio of income risk situation, how will the allocation of funds in different assets. Through the data processing and comparative analysis of the price indices of the three major markets such as painting and calligraphy, stock and stock investment, real estate investment, the paper draws the Chinese painting 400 index and the oil painting 100 index divided into different art categories in the art market of Chinese painting and calligraphy low correlation, through the art market diversification of investment to achieve the goal of reducing the risk of portfolio. At the same time, Chinese painting and calligraphy works of art and other areas of traditional investment is relatively low, through the introduction of works of art to reduce the overall risk of integration, optimize the portfolio. Finally, some forward-looking recommendations are made to agencies, businesses and individual investors for the risks and benefits of the current art portfolio.

Keywords: painting artwork; market price index; portfolio management; investment return

一、引言

目前,我国已经具备相对稳定和成熟的艺术品投资环境,从宏观层面来看,我国艺术品市场已经向层次多样、结构完善、市场功能齐全的方向发展,艺术品市场评价指数得以建立和完善;从微观主体来看,艺术品市场的从业者,如艺术品鉴定专家、艺术品拍卖人员、评论家及策划人员,因为资本引入而获得了更高的专业性,成为投资方案的实施者及从事艺术品投资金融机构的合作者。当下,我国已经涌现出越来越多的投资机构、个体投资者、收藏者开始进行艺术品的投资或资产组合。然而,由于艺术品种类较多,不同种类的艺术品市场环境、投资特点和收益不尽相同。我国书画类艺术品是否具备合适的市场投资特性以便加入资产组合之中?如何优化书画类艺术品的投资组合?投资机构和个人在进行书画类艺术品投资时有哪些建议和对策?本文基于马克韦茨的资产组合理论和各项市场指数的表征与计算,实证分析我国书画类艺术品纳入资产组合管理中的可行性,并提出投资组合优化的对策建议。

(一)研究目的和意义

尽管我国艺术品还未成为绝对主流的投资产品,但当前投资艺术品、将艺术品纳入资产组合的热度持续升高。然而在此趋势下,我国相关领域的学术研究还未跟上市场变化的步伐。本文研究的目的和意义在于:一是丰富艺术品市场投资研究内容,促进书画类艺术品市场投资研究跟上市场变化步伐;二是对书画类艺术品市场的投资行为提出建议。投资行为主体包括金融投资机构和个体投资人。对于金融投资机构而言，本研究意义在于提供符合我国艺术品投资市场的可行性建议。目前，我国越来越多的企业、银行等投资机构开始涉足书画类艺术品投资的领域，并且这种投资呈现出不断上升势头，然而相关领域的投资研究还没有跟上，无法满足现阶段书画艺术品投资市场实践的需求。在这种情况下，强化符合我国书画类艺术品投资市场环境和特色的学术研究很有必要性，其中值得关注的研究焦点是我国书画类艺术品的投资风险收益，而这一领域的研究成果多数出自国外学者，不容忽视的是，国内外书画类艺术品市场投资环境的差异巨大，书画类艺术品拍卖交易市场的发展阶段以及市场成熟程度不同，如果直接参照国外的研究结论，将会和我国书画类艺术品投资市场的实际情况有所偏差，影响投资决策的准确性。对于投资者个体而言，由于他们获取书画类艺术品投资信息的渠道主要局限于口碑相传及网络媒体、社交媒体，因信息渠道限制造成的信息不对称，会对他们的投资决策产生影响。如今，网络媒体对于艺术品交易火爆行情的炒作和对个别艺术品短期增值事例的过分吹嘘，都会影响个体投资者对整体艺术品市场行情的认知和判断，造成个体投资者对书画类艺术品投资的期望过高。因此，对于我国书画类艺术品投资的风险收益状况，以及加入资产组合后所带来的影响，需要做出符合投资市场实际情况的、科学的实证研究。本文借鉴国外相关研究文献中比较普遍的研究方法，分析我国艺术品投资市场和艺术品加入资产组合的初步尝试，以期为我国投资机构和个人的书画类艺术品投资行为提供参考建议。

（二）国内外研究文献回顾

1. 国外研究文献回顾

20 世纪 90 年代以来，一些西方学者将艺术品投资收益风险与股票债券相比较，作出相关性的研究之后，以马克维茨资产组合理论为基础，讨论艺术品引入投资组合中的效果和作用。西方学者的主要研究文献成果有：

Pesando 分析了高盛在 1977 年至 1992 年 28 位现代版画艺术家有重复交易记录的艺术作品,计算得出其平均收益率为 1.51%,标准差为 0.199 4,均低于同期的债券及股票市场。但由于艺术品和股票债券的相关系数较低,形成 94% 的债券和 6% 的版画艺术品可以获得最优的投资组合。[1] Barre 收集了 1962 年至 1991 年之间部分画家的拍卖价格数据,并以艺术家知名度为标准将所有样本进行分类,计算结果得出知名度更高的艺术品具有更高的名义收益率,同时提出投资组合的期限长短会影响艺术品选择的类别和在其中占据的比例,相对来说,长期投资的资产组合中艺术品占比更高。[2]

Michael Tucker 等人选取了 1981 年至 1990 年间的艺术品拍卖价格半年期指数,对比同期的标准普尔指数、政府债券指数及黄金价格指数。经计算得出黄金市场与艺术品呈现正相关的关系,其余投资品均为负相关性,并进一步得出他们认为的最优资产组合为 36.49% 的艺术品、55.62% 的国债以及 7.89% 的普通股。[3] Mei 等人的研究方法与前人类似,研究的时间跨度为 1950 年至 1990 年之间,选取的比较对象为标准普尔指数、道琼斯指数、政府债券和企业债券,最终得出结论:艺术品与标准普尔指数和道琼斯指数间的相关性很低,分别为 0.04 和 0.03。因此将艺术品可以作为降低组合风险的投资品加入资产组合。[4]

Campbell 提出艺术品的收益风险特性会因为选取时间周期的长短形成较大差异。虽然在 1965 年至 2002 年之间,艺术品相对于股票市场的表现有着更高的收益和更低的风险,但在这一周期内的部分子时间段却变化较大。此外,

[1] Pesando J E, "Art as an Investment: The Market for Modern Prints," *American Economic Review*, 1993, 83(5), pp.1075-1089.

[2] Barre D L, DOCCLO, GINSBURGH, *Returns of impressionist, modern and contemporary European paintings*, Core Discussion Papers Rp, 2015.

[3] Tucker M, Hlawischka W, Pierne J, "Art as an Investment: A Portfolio Allocation Analysis", *Managerial Finance*, 1995, 21(6), pp.16-24.

[4] Mei J, Moses M, "Art as an Investment and the Underperformance of Masterpieces", *American Economic Review*, 2002, 92(5), pp.1656-1668.

Campbell 还通过计算证明了提高艺术品在资产组合中的占比可以起到增加收益，减小风险的作用。[①] Campbell 除了再次证明了艺术品投资可以优化资产组合之外，还在之前的研究基础上进一步深入讨论了金融市场与艺术品市场之间的联动是否受到潜在的因果关系的影响，并得出结论两者没有明显的因果关系影响。[②] Campbell 的研究主要是拓宽了之前研究对象的范围。在艺术品市场指数的选择上，Campbell 进一步细化了艺术家的国别分类以及各个艺术流派的分类，在金融市场指数上也进行了不同时间跨度、不同投资产品的分类计算。再次强调了艺术品在资产组合中的积极作用。[③]

2. 国内研究文献回顾

由于中国艺术品市场发展起步较晚，我国艺术品拍卖数据十分零散，在中国艺术品投资结构与优化组合领域的学术文献数量较少，与此相关的定量分析、实证研究远远不能满足市场的发展速度。目前仅有以下学者有所研究：

赵宇和黄治斌首次采用了国外学者的研究方法，收集了我国在 1994 年至 2007 年之间的艺术品价格数据，并筛选出其中有着重复交易记录的艺术品，以此构建了半年期的艺术品交易价格指数。最终计算得出了与国外研究成果有很大差异的结论：艺术品市场和股票债券之间形成负相关关系，相较于同期的金融投资产品，我国艺术品有着明显更高的收益和显著更低的风险。在这种条件下，最优的投资组合就应该包含 87％的艺术品和 13％的股票（在不考虑通货膨胀的情况下）。[④] 但由于该研究选取数据的方式还缺乏科学性，容易受到极端数据的影响，以及数据选取的时期受到外部环境的影响较大，因此该结论可能存在

[①] Campbell R A J，"The art of portfolio diversification"，*Economic Review*，2002，1.

[②] Campbell R A J，Kraussl R，*Time Varying Downside Risk: An Application to the Art Market*，2005.

[③] Campbell R A J，Pownall R A J，"Art as a financial investment"，*Journal of Alternative Investments*，2008，10（4），pp.119-150.

[④] 赵宇、黄治斌：《收藏市场与股票市场的相关性研究及艺术品投资问题》，载《科技创新导报》2008 年，第 142—144 页。

一定的偏差。

贺雷选取了艺术品市场、股票债券市场、黄金市场的多个指数,分别从符合我国国情的定性分析以及参考 CAMP 模型的实证研究两个方面证明了艺术品对于优化资产组合的重要性。[①] 程晓敏和胡列曲同样对比了艺术市场及金融市场的指数情况,认为加入艺术品投资后资产组合的情况会加以改善,并提出在我国国画投资相对于油画的收益更高、风险更低,因此在最优组合中的国画和油画比例应分别为 1.22% 和 0%。[②]

总的来看,关于艺术品投资的收益风险问题研究,国内外研究成果即使在数据选择、数据处理方法和债券股票收益风险比较结果上有一定的差异,但也存在部分相同的研究结论,如外部环境的变化和动荡会造成艺术品交易价格的变动;知名度较高的艺术家作品更可能获得高于平均水平的投资收益率;对研究对象的细化和分类会体现投资特性的差异。关于艺术品加入资产组合问题的研究,国内外相关研究文献通过数据计算,论证了增加艺术品市场投资有利于组合的多元化收益,并因为艺术品与其他投资产品的低相关性,得以降低投资组合的风险。不同之处在于,国内外学者们选择的数据的时间跨度、艺术流派、国家范围、对比产品类别有所差异,但这些差异并没有从根本上影响艺术品的投资特性。

(三)本研究的扩展点与思路框架

目前,国内外实证研究文献很少涉及艺术品市场的具体种类研究。其中,具体到书画类艺术品市场的实证研究,目前成果较少,本文聚焦于这类艺术品投资收益风险和投资行为研究,具有明显的创新价值。本文主要运用文献研究法和实证研究法进行书画类艺术品加入投资组合经济特性的分析研究。基于国内外学者研究成果的总结归纳以及通过对已有数据的计量统计,对当代中国艺术品

---

① 贺雷:《中国艺术品在资产组合管理中的应用及实证研究》,浙江大学硕士论文,2010 年。
② 程晓敏、胡列曲:《艺术品在资产配置中的有效性研究》,载《时代金融旬刊》2013 年,第 29 页。

的风险收益等投资特性和其是否适合引入资产组合进行了讨论。本文基于Harry Markowitz 的资产组合理论,进行模型假设和资产组合的收益风险衡量,构建均值—方差模型,对国内外艺术品市场进行数据筛选和分析,对 2000 年至2016 年多项艺术品价格指数半年期收益率进行统计运算。首先,以艺术品类别和艺术品创作时间为标准做出两个分类,对比计算了艺术品多个子市场的相关性条件,得出艺术品市场中不同的子市场之间存在着差异化的投资属性。其次,构建了两个不同的投资组合,通过比较相同收益状况下组合之间的风险差距,逐步论证将我国的书画类艺术品引入资产组合之中可以有效地降低组合风险,达到优化改善资产组合的效果。再次,为了进一步讨论书画类艺术品对于资产组合的优化程度和效果,当艺术品在资产组合中所占的比例与预期收益相同时,本文将包含艺术品的资产组合风险降低的幅度放在同一表格中进行直观比较,发现组合收益与艺术品占比之间的联系,即资产组合的预期收益率越高,引入艺术品所能产生的优化效果越明显。

本文从宏观市场状况和指数数据表征,总体分析了在我国艺术品市场环境中艺术品是否能够作为具有收益的投资产品,以及书画类艺术品加入资产组合的市场条件是否成熟的问题。但由于我国艺术品投资市场种类繁多,艺术品分类有别于国外的市场特性,文中所选取的当代书画 50 指数具有局限性,无法完整地显示艺术品拍卖交易市场中的整体状况。同时,由于受数据获取的限制,对于具体影响艺术品投资收益率的因素、不同艺术品子市场的具体风险收益差别,以及如何进行艺术品投资以及怎样将其纳入资产组合等问题,有待以后进一步讨论。

二、模型假设、资产组合的收益风险衡量与均值—方差模型

Harry Markowitz 于 1952 年发表的资产组合理论经典论文 *Portfolio Selection* 依据投资多样化的常规实践,分析投资者应如何通过选择波动不完全

同步的股票来实现降低投资组合收益率标准差的目标,同时进一步总结出构建一个投资组合的几项基本原则。[①] 该文研究中使用的均值方差范式以及均值方差模型均成为现代资产组合理论的研究基础。

(一) 模型假设

现代资产组合管理理论的基本假设如下:

假设一,投资者均处于完全竞争的市场环境之中。每一个投资者所拥有的财富相对于全部投资者财富总和来说都是不值一提的,因此每一个投资者在整个市场中都是市场价格的接受者,无法因为投资者的个体行为影响整体市场环境。

假设二,所有投资者都限制在特定的投资周期。市场中的投资者在进行自己的投资行为时都是处于同一个证券持有期,因此这种投资行为也是短视的。

假设三,可以选择的资产范围仅限于可在市场上进行公开交易的资产。一些非交易性质的资产并不在可以纳入资产组合的范围之中。

假设四,资产组合中的资产均为无限可分的,且投资者一致通过研究投资产品的收益率和方差作出决策。

假设五,交易环境无摩擦。各类交易费用、税费,如服务费和佣金等均为零。

假设六,所有投资者均是理性的。市场中的所有投资参与者都是理性且利己的,即在收益水平相同的情况下,投资者的目标为风险最小化;在风险水平相同的情况下,投资者的目标为收益最大化。

(二) 资产组合的收益风险衡量

在给定时期内,特定资产的收益率可用投资收益期初投资额的比值计算。

---

① Markowitz H,"Portfolio Selection",*The Journal of Finance*,1952,7(1),pp.77 - 91.

其中，投资收益可由期末价格减去期初价格加投资收入得出。

$$r_{i,t} = \frac{p_{i,t} - p_{i,t-1} + Div_{i,t}}{p_{i,t-1}} \times 100\% \qquad (2-1)$$

其中，$r_{i,t}$ 代表在第 t 期资产 i 的收益率；$p_{i,t}$ 和 $p_{i,t-1}$ 分别代表了在第 t 期和 $t-1$ 期时资产 i 的期末价格；$Div_{i,t}$ 代表了资产 i 在 t 时期的收益，$t = 1, 2, 3\cdots$

需要注意的是，由于本文中采用的数据均为各种资产的指数值，即已经考虑了各时期的分红情况，因此在后文的计算中均不涉及 $Div_{i,t}$。

鉴于对所有的风险资产而言，它们的未来收益情况均为不可确定的，因此在研究过程中，我们默认资产的收益率是一个符合正态分布的随机变量，并且这个随机变量能够组成的时间序列具有一定的稳定性。因此，在本文计算资产收益率时使用以下公式：

$$u_i = E(r_i) = \frac{1}{T}\sum r_{i,t} \qquad (2-2)$$

$$\sigma_i^2 = Var(r_i) = \frac{1}{T}\sum (r_{i,t} - u_i)^2 \qquad (2-3)$$

资产组合的收益情况是由资产组合中的各项产品收益加权平均数计算得出的。资产组合的风险情况是由各项产品收益率的协方差计算得出。

在一个包含了 N 种投资产品的资产组合 p 中，收益和风险情况的计算公式如下：

$$u_p = E(r_p) = \sum_{i=1}^{N} x_i \times u_i \qquad (2-4)$$

$$\sigma_p^2 = Var(r_p) = \sum_{i=1}^{N}\sum_{j=1}^{N} x_i x_j \sigma_i \sigma_j \rho_{ij} \qquad (2-5)$$

其中，u_p 表示资产组合 p 的预期收益率；x_i 表示资产 i 资产组合 p 中所占的比重；σ_p^2 代表资产组合的方差；σ_i 代表资产 i 的标准差；ρ_{ij} 代表 i 与 j 资产的相关系数。

（三）均值—方差模型

如上文提及资产组合的假设条件，在风险水平确定的情况下，最优的投资组合应该是具有最大预期收益率的产品组合；同理在预期收益率确定已知的情况下，最优的资产组合选择则是具有最小风险的。由此可知，如何选择资产组合则可以看作是如下的数学公式：

$$\min\sigma_p^2 = \sum_{i=1}^N \sum_{j=1}^N x_i x_j \sigma_i \sigma_j \rho_{ij} \qquad (2-6)$$

$$s.t = \begin{cases} \sum_{i=1}^N x_i \times u_i = u_p \\ \sum_{i=1}^N x_i = 1 \end{cases} \qquad (2-7)$$

其中，u_p 代表给定情况下的收益率。

运用向量计算及构造拉格朗日函数将上述规划问题进行求解，可以得出资产组合的最小方差为：

$$\sigma_p^2 = X' \sum X = \frac{a\mu_p^2 - 2b\mu_p + c}{\Delta} \qquad (2-8)$$

其中，$a = 1' \sum^{-1} 1$，$b = 1' \sum^{-1} \mu$，$c = \mu' \sum^{-1} \mu$，$\Delta = ac - b^2$。

在假定以标准差为纵坐标，均值为横坐标的坐标系中，按照上式会出现一个双曲线函数，并且根据市场无摩擦的假定，可以得到投资组合的有效边界。并且我们可以根据自己对风险的偏好，对承担风险的接受程度来选择有效边界上具体的一点，一般情况下，我们会用收益除以风险的结果来表示不同权重下资产组合的收益情况。

$$X = \sum^{-1} \left[\left(\frac{c - \mu_p b}{\Delta} \right) + \left(\frac{\mu_p a - b}{\Delta} \right) \mu \right] \qquad (2-9)$$

资产组合管理理论实际上是一套完整地解释了资产配置、资本资产定价和市场均衡的理论。本文只运用了涉及资产收益风险测定和资产配置最优比例的一部分内容。

三、国内外艺术品市场数据分析与筛选依据

我们借鉴当前国外学者普遍的研究方法与分析模型，在数据选择方面，尽可能地寻找我国和国外研究相对应的、有相似意义的艺术品市场指数及传统投资市场指数。为此，本文选取雅昌艺术品数据库中的雅昌综合指数、分类指数和重复交易指数，作为衡量艺术品市场的指标；选取上证指数、国债指数以及商品房销售价格指数作为衡量传统投资领域的指标，以进行艺术品投资子市场分析和艺术品与其他投资产品的比较研究。

（一）中国艺术品市场的数据筛选

艺术品的市场价格指数主要是用来反映在不同时期内艺术品价格水平的变化方向、趋势和程度的经济指标，一般以报告期数值与基准期数值的比例表示。[①] 通常，艺术品指数的制定需要选取在整个市场中具有代表性的、一定数量的艺术家及作品，经过统计艺术品的交易价格加以计算，并最后处理形成指数数据。在国外学者的相关研究中，艺术品市场价格指数已经普遍成为一种能够指导艺术品投资行为的常用工具。鉴于我国艺术品市场中符合选择标准的交易数据来源有限，尽管艺术品的市场价格指数并不能完全准确反映市场中的每一变化细节，但仍可借助价格指数分析一段时间区间中艺术品市场的整体运行情况，并对市场的长期发展趋势进行预测。

我国当前比较常用的有以下三种艺术品价格指数：**一是中艺指数**，即中国艺术品市场行情动态指数系统。该指数由中国艺术网于 2003 年 9 月首次发布，

---

① 陶宇：《艺术品市场概论》，北京：中国建筑工业出版社，2011 年，第 110 页。

其计算方法主要参照国外流行的 ASI 艺术品拍卖价格指数,并且综合考虑通胀和市场利率变化等多种因素。[1] 中艺指数属于成分艺术品指数,系我国首个艺术品价格指数分析系统,但由于中艺指数仅将中国近现代至今的国画画家纳入样本,并没有考虑油画或其他种类的艺术品市场运行状况,因此本文没有选用中艺指数作为艺术品市场的代表指数。**二是梅摩指数,**即西方学者研究成果中较为常见的艺术品指数,它主要追踪苏富比、佳士得两大拍卖行交易记录内著名艺术家作品的多次成交信息。值得一提的是,梅摩指数是目前艺术品市场记录期最长的艺术品价格指数,可以反映自 1956 年以来的市场价格运行趋势,相比于其他艺术品价格指数,梅摩指数更加接近真实的市场状况,也更能准确预测艺术品市场的长期运行走势。同时,梅摩指数选取的拍卖行数据样本具有较高的可靠性,其多次交易价格记录能够保证反复追踪同一艺术品的价格状况,有效避免艺术市场很高的异质性,从而保证梅摩指数的客观性和科学性,这是其他艺术品价格指数几乎难以做到的。[2] 然而,由于梅摩指数的样本范围仅限于西方艺术品市场,缺乏中国的艺术品交易数据,因此本文不使用梅摩指数进行分析。**三是雅昌书画拍卖指数,**即雅昌艺术网于 2004 年 6 月首次发布的艺术品指数,其指数系统主要分为成分指数、分类指数、艺术品信心指数和艺术家个人价格指数四类,其样本来源于我国十大艺术品拍卖公司的价格交易记录。因此,雅昌指数经常用来检测我国的艺术品市场整体发展趋势。同时,雅昌指数还包含多个细分的分类指数,如海派书画 50 指数、18 热门指数、京津画派 70 指数等,因此被认为系统与全面地反映了我国艺术品拍卖市场中各个书画类板块的价格变化趋势。[3] 综合多方考虑,本文选择雅昌书画拍卖指数作为书画类艺术品市场的衡

---

① 周思达、杨胜刚:《艺术品指数编制方法的比较分析》,载《湘潭大学学报(哲学社会科学版)》2014 年第 1 期,第 39—42 页。

② 毕秋灵、黄森:《艺术品投资的回报与风险——专访"梅摩指数"创始人梅建平教授》,载《文化产业导刊》2011 年第 2 期,第 12—16 页。

③ 林子:《解码三大艺术品指数》,载《新财经》2011 年第 5 期,第 76—77 页。

量指标。

在雅昌艺术市场监测中心发布的艺术品价格指数系统的众多指数中,我们选择以当代书画50指数代表艺术品市场的运行状况和行业趋势,因为考虑到当代书画50指数主要以当代的50位在世艺术家作为研究标的,并且是雅昌艺术品指数中唯一采用和梅摩指数相同的重复交易编制法进行数据处理的指数,当代书画50指数的样本是在艺术品市场中具有更高流通性和更高市场认可程度的作品。选择雅昌书画拍卖指数的三个关键原因:首先,它包括当下艺术品交易市场中,在世的当代艺术家作品是可以查询和鉴定真伪的,这使得当代书画类艺术品具有较高的保真度,解决了艺术品交易中难以辨别真伪的困境;其次,如今越来越多的收藏者和投资机构更加倾向于进行当代艺术品的投资,因为在世的当代艺术家作品是未来市场的重要参与主体,相对于其他的艺术品分类具有更大的增值空间。再次,当代书画50指数作为重复交易指数能够基本解决艺术品市场异质性严重的问题,能够更加准确地用来计算市场的投资收益与风险。

我们处理艺术品指数的半年期收益率步骤如下:以2000年春季至2016年秋季的34期当代书画50指数为研究对象,在现有指数基础上,经过计算,除去艺术品拍卖需缴纳的佣金及个人所得税后的收益,得出半年期收益率的具体情况。与其他投资领域不同的是,以拍卖形式进行的艺术品交易存在着较为高昂的交易费用,因此它在计算投资收益率时不可以被忽略。本文计算佣金水平时采取的比例为10%。根据《中华人民共和国拍卖法》,对拍卖任意物品收取不同比例的佣金,委托人和拍卖人之前有约定的,按约定收取,艺术品拍卖收取佣金比例一般为10%。值得注意的是,我国目前艺术品拍卖市场佣金收取比例的差异很大,不同拍卖行之间由于规模不同、知名度不同,造成其在佣金收取的比例和收取方式上都有很大的弹性。由中国拍卖行业协会发布的《2015年中国文物艺术品拍卖市场统计年鉴》指出,2016年,全国文物艺术品拍卖行业买卖双方实收平均佣金率14.46%,实现主营业务收入23.63亿元,连续四年呈下降趋势。① 综合考虑本文选取数据的时间周期、近年来的拍卖佣金收取比例变动和未来的下调趋势,以及不同拍卖行之间的佣金比例差异,我们最终将拍卖佣金比例设置为 10%,以便于计算和尽可能保留其科学性。

在个人所得税方面,我们依照国家税务局规定,以 20% 的税率缴纳"财产转让所得"项目的个人所得税。关于个人通过拍卖市场拍卖个人财产取得收入征收的个税分为两种情况,若个人不能提供完整、准确的拍卖品原值凭证,则以 3% 的税率征收个人取得的全部拍卖收入;若拍卖品的财产原值凭证存在,则将以收入额减去财产原值和合理费用后的余额视为应纳税所得额,以 20% 的税率缴纳个人所得税。本文中选取的当代书画 50 指数为采用重复交易法编制的指数,鉴于其追踪的是同一件艺术品多次交易的价格,因此绝大多数拍卖品符合上文第二种情况。

综上,本文计算雅昌当代书画 50 指数的半年期收益率公式如下:

$$r_t = \begin{cases} \dfrac{p_t \times 90\% - p_{t-1}}{p_{t-1}} \times 80\% & (r_t > 0) \\[3mm] \dfrac{p_t \times 90\% - p_{t-1}}{p_{t-1}} \times 100\% & (r_t \leqslant 0) \end{cases} \qquad (3-1)$$

其中,r_t 表示在 t 时期当代书画 50 指数的半年期收益率;p_t 表示在 t 时期的指数数值。最终经过计算得出的当代书画 50 指数半年期收益率如下表所示。

表 3-1　2000—2016 年当代书画 50 指数半年期收益率

时　间	2000 年春季	2000 年秋季	2001 年春季	2001 年秋季	2002 年春季
收益率		159.82%	−28.70%	−30.04%	29.30%
时　间	2002 年秋季	2003 年春季	2003 年秋季	2004 年春季	2004 年秋季
收益率	−16.45%	−8.97%	5.34%	11.97%	9.82%

---

① 中国拍卖行业协会:《2016 年中国文物艺术品拍卖市场统计年报》,https://www.sohu.com/a/167086284_774112。

（续表）

时　间	2005 年春季	2005 年秋季	2006 年春季	2006 年秋季	2007 年春季
收益率	14.87％	8.88％	−4.33％	−8.81％	−0.18％
时　间	2007 年秋季	2008 年春季	2008 年秋季	2009 年春季	2009 年秋季
收益率	−28.18％	3.33％	−9.73％	−2.57％	1.61％
时　间	2010 年春季	2010 年秋季	2011 年春季	2011 年秋季	2012 年春季
收益率	−2.22％	7.40％	15.74％	8.39％	−3.84％
时　间	2012 年秋季	2013 年春季	2013 年秋季	2014 年春季	2014 年秋季
收益率	−14.22％	4.01％	−4.81％	−20.82％	−10.83％
时　间	2015 年春季	2015 年秋季	2016 年春季	2016 年秋季	
收益率	7.33％	−21.14％	5.29％	−14.67％	

（二）传统投资产品的数据筛选

在传统投资产品方面，我们以上证指数（000001）及国债指数（000012）考量金融资本市场，以商品房销售价格指数考量我国房产投资市场。由于 2000 年至 2016 年期间的研究周期较短，不能体现黄金的投资优势，因此，本文没有将黄金价格指数作为主要的研究对象之一，也没有将黄金作为可选择的投资产品纳入资产组合之中。

同时，为了使传统投资产品与我国艺术品投资情况具有一定的可比性，我们选用这三类指数每半年周期的月指数回报率的平均值，作为其各自半年期指数收益率。具体计算公式如下：

$$r_t = \frac{\sum_{i=1}^{6} p_{t,i}}{6} \tag{3-2}$$

其中，r_t 表示在 t 时期各项指数的半年期收益率；$p_{t,i}$ 表示在 t 时期下对应

的 i 月份具体的指数数值。

由于我国艺术品拍卖行业的发展进程较为缓慢,若选用国际普遍采用的重复交易法编制,则可供选择的、具有重复交易记录的艺术品数量十分有限,要保证数据统计的科学性存在一定的困难。本文选择的雅昌当代书画 50 指数是以我国具有重复交易记录的 50 位当代书画艺术家作为研究标的,借此反映艺术品投资市场的市场拍卖交易行情、价格走势变动、市场收益风险情况。同时,我国艺术品市场的拍卖交易指数是在 2000 年才首次得以公布,不像以苏富比和佳士得两大拍卖行为数据来源的梅摩指数,可以拥有 50 年的记录期。因此,本文研究结论适用于短期的投资行为分析。同时,由于上证国债指数数据仅从 2003 年开始记录,在艺术品、股票债券、房产三方的指数比较中并不能完全同期进行,只能选择各自记录期之内的数据对比,不可避免地存在一些偏差。但本文主要目的是从宏观角度考察艺术品在加入资产组合后的优化作用,且当前艺术品市场仍处于不断上升趋势,未来发展方向不会在短期内产生巨变,因此,在数据选取方面产生的偏差处于可控范围内,不会对研究结果造成影响。

四、艺术品投资收益风险的描述性统计分析

统计性描述对于研究优化投资组合具有不容小视的重要性:一方面,统计性描述有助于更加清晰地从多个维度展现各个投资产品的投资特性;另一方面,统计性描述有助于深入地研究各类投资市场之间的相关性。本文从艺术品市场内部及书画类艺术品与其他投资产品的对比两部分分别进行统计分析。

(一)书画类艺术品子市场的统计分析

对雅昌艺术市场监测中心提供的数据进行分类,以综合指数为标准可划分为国画 400 成分指数和油画 100 成分指数,以分类指数为标准可按时间阶段划分为近现代名家指数和当代中国画指数,或是按地域划分为京津画派指数、海派

书画指数、岭南画派指数等等。本文选取国画 400 指数和油画 100 指数为一组，近现代名家指数和当代中国画指数为一组分别进行统计性描述和相关性检验。其具体含义以国画 400 指数为例，2016 年秋季的指数数值为 5 895，表示在该时间段内属国画派别的近四百位国画艺术家作品的平均价格为 5 895 元/尺，其他指数具体含义类同。①

选择这两组指数作为主要研究对象是出于以下原因：首先，当前艺术品投资领域一个亟待解决的问题是分散投资于不同类别的艺术品是否会降低投资风险，产生不同于单一品类投资的效果。其次，两组数据分别是横向对比以艺术类别划分艺术品投资的不同领域，纵向对比以艺术家所处时代划分艺术品产生的时间，因此，研究成果可适用于较全面的艺术品投资选择。

基于国画 400 指数、油画 100 指数、近现代名家指数和当代中国画指数四类指数均使用的编制方法是平均价格编制法，即以单次拍卖成交的数据为研究对象，对艺术品市场整体成交的作品进行加权平均，旨在反映艺术品各子市场的价格趋势，不似当代书画 50 指数采用的重复交易法编制。② 本文仅用于对艺术品子市场的统计性研究和相关性分析，在优化资产组合的部分则统一使用当代书画 50 指数。

表 4-1　国画 400 指数和油画 100 指数统计性分析

	国画 400 指数	油画 100 指数
收益率平均值	8.99%	18.21%
收益率标准差	27.75%	59.39%
峰度	0.016 1	11.905 2
偏度	0.352 6	2.946 9
平均值/标准差	0.323 8	0.306 6

① 《雅昌指数说明》，http：//amma.artron.net/artronHelp.php。
② 王可望：《当代书画 50 指数说明》，http：//amma.artron.net/observation_shownews.php?newid=730887。

通过历年的回报率计算出各项指数的平均数、标准差、峰度、偏度以及平均数/标准差,运用这几项指标可以基本衡量平均回报率、投资风险、是否容易出现回报率的极端值、可能出现极端值的大小范围,以及综合考虑了风险和收益后的回报。[①] 从表 4-1 可以看出,自 2000 年春季至 2016 年春季,国画 400 指数的收益率平均值为 8.99%,而同期的油画 100 则为 18.21%,其表现远远优于国画的市场收益。结合风险-收益的特征比较,高收益的油画 100 指数同样拥有着幅度更大的波动,也就意味着可能出现的风险越大,该时间段内,其收益率的标准差为 59.39%,约为同期国画 400 指数的标准差的两倍,国画收益率标准差仅为 27.75%。峰度的数学概念为概率密度分布曲线尾部的厚度,可以归结为峰度系数越大,指数分布曲线就会有越多的极端值出现,那么其余的指数值就会更加集中在众数周围。油画 100 指数的峰度值远远高于国画指数,也就是说,油画 100 指数出现极端值的频率会远高于国画。偏度的数学意义为分布曲线相对于平均值不对称程度的特征数,也就是密度函数曲线尾部的相对长度,其数值大于 0 时分布具有正偏离。国画和油画指数的偏度值均为正数,意味着两者都更容易出现大于平均值的极端值。因此,综合考虑单位风险下的收益,即收益风险比率,国画市场的表现要略微优于我国油画市场,两者平均值/标准差的结果分别为 0.323 8 和 0.306 6。

由图 4-1 可以看出,油画 100 指数的指数值总体始终保持着高于国画 400 指数的状态,在国画市场和油画市场在近年同时上升的情况下,油画的波动性要高于国画,其原因可以部分归结于我国当代油画艺术市场参与者的非理性判断和不成熟表现。正是因此,虽然我国国画和油画市场的总体趋势较为一致,但从市场的收益风险投资角度来说,它们之间并不存在完全的替代性。

---

① Andrew C. Worthingotn & Helen Higgs, "Art as an Investment: Risk, Return and Portfolio Diversification in Major Painting Markets", *Accounting and Finance*, 2004, pp.257 - 271.

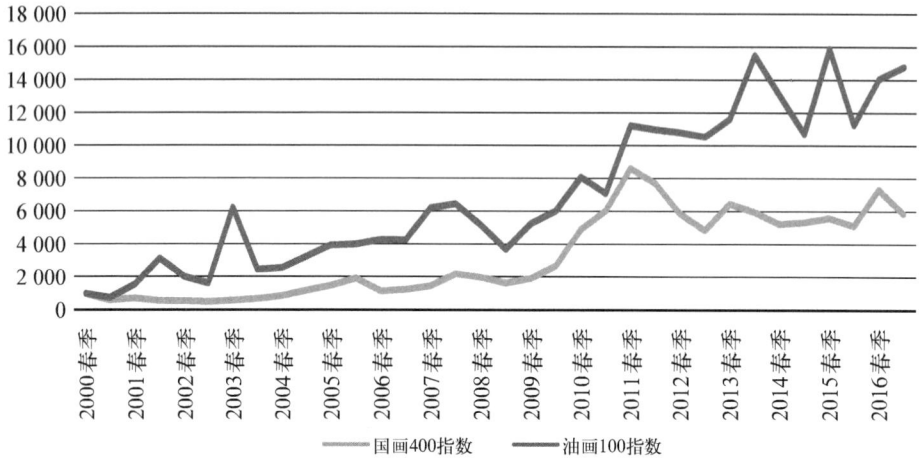

图 4 - 1　2009—2016 年国画 400 指数和油画 100 指数

数据来源：雅昌艺术市场监测中心，http：／／amma. artron. net／artronindex. php？cbid＝1＃all ［2017－06－01］。

表 4 - 2　近现代名家指数和当代中国画指数统计性分析

	近现代名家指数	当代中国画指数
收益率平均值	11.95％	12.74％
收益率标准差	31.46％	37.09％
峰　度	−0.302 8	1.203 8
偏　度	0.581 1	1.038 5
平均值／标准差	0.379 9	0.343 5

　　反观以时间为标准纵向划分我国艺术品投资市场得出的两个指数：近现代名家指数和当代中国画指数，从表 4－2 可以看出，两者的收益率平均值十分相近，分别为 11.95％和 12.74％。以收益率标准差来反映收益率的稳定性，当代中国画指数有相对较高的波动频率，其具体数值为 37.09％，而同期近现代名家的收益率标准差为 31.46％。因此，在收益率平均值相近，而当代中国画的收益率标准差较高的情况下，以收益率平均值／标准差衡量单位风险收益，

近现代名家就有更好的市场表现,数值为 0.379 9,当代中国画为 0.353 4。从峰度和偏度来看,当代中国画的数值均大于近现代名家指数,由此可判断当代中国画市场更容易出现指数极端值,并且其极端值的绝对值也应该比近现代名家更大。

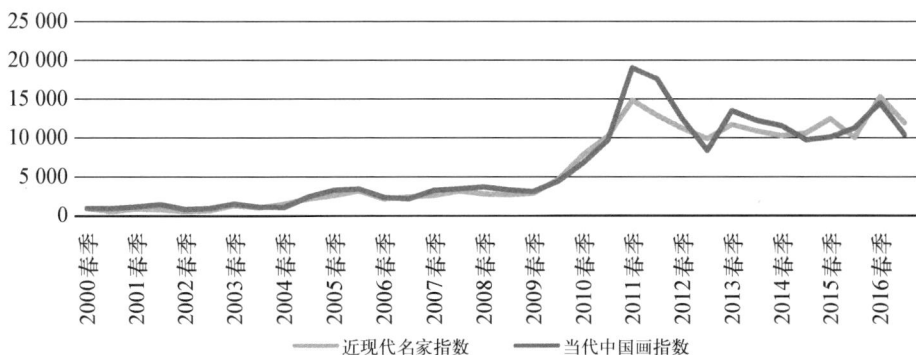

图 4-2　2009—2016 近现代名家指数和当代中国画指数

数据来源:雅昌艺术市场监测中心,http://amma.artron.net/artronindex_indexall.php? cbid=14 [2017-06-01]。

从图 4-2 来看,从 2000 年春季至 2011 年春季之前,近现代名家指数和当代中国画指数都保持着较为接近的发展趋势,2011 年之后的当代中国画指数则经历了更为明显的波动状况。其原因可能为当代中国画指数包含的样本艺术家比近现代名家的样本艺术家成名时间更短、知名度更低、藏家接受程度也就相对较低,因此在艺术品市场存在波动之时,最容易受到冲击的也是市场认可度较低的艺术品。

(二)艺术品及传统投资产品的统计分析

不同于上文在艺术品内部子市场的统计性分析,这里重点比较我国三个传统的投资领域与当代艺术品市场之间的收益风险情况。

当代书画 50 指数、上证指数、国债指数、商品房销售价格指数的收益率具体数值详见表 4-3。

表 4-3 多个投资市场的统计性分析

	当代书画 50	上证指数	国债指数	商品房销售
收益率平均值	0.018 966 934	0.007 251 167	0.002 555 316	−0.004 784 75
收益率标准差	0.315 538 067	0.043 890 56	0.004 362 039	0.020 129 915
峰度	20.513 334 89	−0.170 766 808	2.998 863 178	0.017 754 214
偏度	4.057 661 016	0.003 187 728	0.711 816 588	0.120 950 557
平均值/标准差	0.060 109 812	0.165 210 164	0.585 807 599	−0.237 693 48

由表 4-3 可知,仅从单位风险的收益情况来看,国债指数的投资属性最优,其指数收益率的平均值/标准差的结果约为 0.59,远高于上证指数的 0.17 和当代书画 50 指数的 0.06,商品房销售价格指数由于收益率平均值为负,在除以标准差后的结果也依然小于 0。然而,由于国债指数的标准差可近乎不计,其收益率平均值相比于当代书画指数和上证指数都是远远不及的。平均收益率最高的无疑还是艺术品市场,具体平均值达到 0.019,同期上证指数仅有 0.007,伴随着艺术品市场高收益投资特征的还有较高的投资风险,其 0.316 的收益率标准差也是远远高于上证指数的 0.044 和房产市场的 0.020。

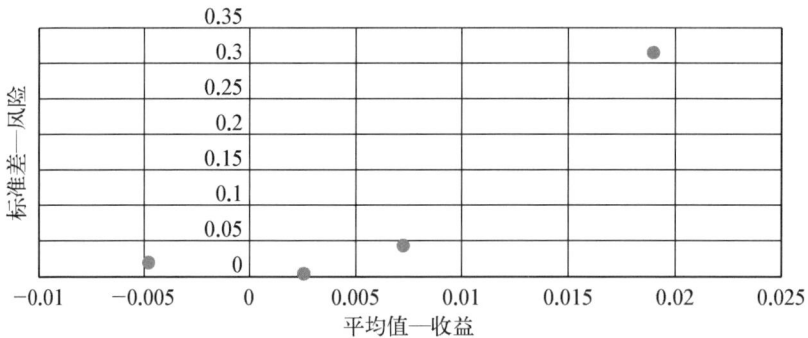

图 4-3 多个投资市场风险收益状态散点图

从图 4-3 可看出,除了商品房销售价格指数的负收益市场投资表现之外,其他三者的收益-风险情况均符合投资市场规律,既投资的风险和收益呈正相关关系,收益越高也就意味着风险越高。

五、书画类艺术品资产组合的实证分析

评判一个投资产品是否能够起到优化资产组合的作用,不仅仅凭借它的收益风险状况是否能良好,还要考虑它和资产组合内的其他投资产品是否具有较低的相关性,以及在构建了新的资产组合后艺术品是否能发挥自身的投资属性,在资产组合中保有较好的表现。这里,我们运用马克韦茨的均值—方差模型进行实证研究。

(一)艺术品投资与传统投资市场的相关性分析

选择一个资产组合的构成产品,其相关性研究十分重要,因为各类资产之间的相关系数影响着它们所构成的资产组合降低组合风险的效果。下面分别讨论我国艺术品投资子市场的相关性和艺术品市场与其他投资市场的相关性,在此基础上探析艺术品投资在优化资产组合的作用。

1. 中国书画类艺术品投资子市场的相关性分析

在计算我国书画类艺术品子市场的相关性系数时,为保持逻辑的连贯性,我们按照前文的分类标准,横向对比以艺术类别划分艺术品投资的不同领域,纵向以艺术家所处时代划分艺术品产生的时间,以此分为艺术品子市场的两个类别。

横向来看,以不同艺术类别划分的国画 400 指数和油画 100 指数的相关系数为 0.185 7,这说明我国国画和油画艺术品市场只是存在很小程度的关联,因此可以通过个体分析后实现组合投资,以实现在艺术品子市场投资中最大化收益、最小化风险。然而,考虑到这两类指数在编制方法上存在一些缺陷,我们没有进一步通过模型求解具体计算艺术品市场国画和油画的分类投资可以减小风险的效果,但通过相关性结果可以得出,我国书画类艺术品市场的投资不仅仅局限于单一品类的艺术品,艺术品子市场的多元化投资同样可以优化资产组合。

表 5 - 1　国画 400 指数和油画 100 指数相关性

	国画 400	油画 100
国画 400	1.000 0	
油画 100	0.185 7	1.000 0

　　纵向来看,以创作时间先后划分的艺术品子市场,近现代名家指数和当代中国画指数的相关系数高达 0.684 0,说明我国近现代名家艺术品和当代艺术品之间的市场关联性相对之前不同类别的艺术品子市场来说比较高,这意味着以时间划分的艺术品投资通过资产组合降低风险的作用有限。我国艺术品子市场中的近现代艺术和当代艺术品没有因为艺术创作者所处的时代环境不同而使得它们在风险收益等投资属性上产生足够的差异,至少在投资价值来看,时间跨度对于艺术品的影响相对于其他因素较小。

表 5 - 2　近现代名家指数和当代中国画指数相关性

	近现代名家	当代中国画
近现代名家	1.000 0	
当代中国画	0.684 0	1.000 0

2. 艺术品市场与其他投资市场的相关性分析

　　目前国外研究成果已证明,国外艺术品市场大多与其传统金融投资市场存在着较弱的相关性,因此艺术品可以作为优化资产组合的投资产品被纳入其中。这里,我们借助我国的四项指数数据进行分析,讨论当前市场环境下多种投资产品之间的关联程度。

表 5 - 3　多个投资市场相关性

	当代书画 50	上证指数	国债指数	商品房销售
当代书画 50	1.000 0			
上证指数	0.001 5	1.000 0		

	当代书画 50	上证指数	国债指数	商品房销售
国债指数	−0.040 8	−0.335 2	1.000 0	
商品房销售	−0.306 3	−0.133 0	0.143 6	1.000 0

由表 5 - 3 可以看出，当代书画 50 指数所代表的我国书画类艺术品市场与其他三个投资领域的相关性保持着较低的状态，甚至存在着负相关关系，与上证指数、国债指数、商品房销售价格指数之间的相关系数分别为 0.001 5、−0.040 8、−0.306 3。该结果表明，艺术品市场与其他传统投资市场之间的密切程度较低，并不容易出现同步波动的情况，能对它们产生影响的共同因素也很少。由此可以判断，在传统投资组合的基础上加入书画类艺术品投资将会产生优化资产组合的作用。

（二）艺术品投资与传统投资产品的资产组合分析

为进一步研究书画类艺术品在资产组合的具体优化效果，我们构建两个不同的投资组合，分别是不包含艺术品的传统投资组合、包含艺术品之后的投资组合，并在这两个不同的组合基础上，分析它们之间存在的风险和收益差异，以此得出书画类艺术品在资产组合中的具体作用。

1. 传统投资市场的资产组合状况分析

为与纳入艺术品投资后的资产组合进行对比，此处分析包含上证指数、国债指数和商品房销售价格指数的资产组合基本情况。马克韦茨均值方差理论得出了有效边界上的资产配置比例。该理论从以下两个函数推导：

$$\sigma_p^2 = X' \sum X = \frac{a\mu_p^2 - 2b\mu_p + c}{\Delta} \tag{5-1}$$

$$X = \sum^{-1} \left[\left(\frac{c - \mu_p b}{\Delta} \right) + \left(\frac{\mu_p a - b}{\Delta} \right) \mu \right] \tag{5-2}$$

要得出上述两个函数，需要获得不同投资产品之间的相关系数以及各项资产的平均收益率和方差值。前文以表格形式列出上证指数、国债指数和商品房销售价格指数的相关系数和平均收益率、方差均值。通过 Excel 软件，将三项指数的相关数据进行规划求解，便可得出资产组合在有效边界上拥有不同预期收益率时的各项资产比例。各项资产具体比例见表 5-4。

表 5-4　传统资产组合在有效边界上的风险收益

	上证指数	国债指数	商品房指数	风　险	收　益	收益/风险
组合 1	98.97%	1.03%	0.00%	0.043 4	0.007 2	0.165 8
组合 2	96.95%	3.05%	0.00%	0.042 5	0.007 1	0.167 0
组合 3	94.93%	5.07%	0.00%	0.041 6	0.007 0	0.168 2
组合 4	92.92%	7.08%	0.00%	0.040 7	0.006 9	0.169 5
组合 5	90.90%	9.10%	0.00%	0.039 8	0.006 8	0.170 9
组合 6	88.88%	11.12%	0.00%	0.038 9	0.006 7	0.172 3
组合 7	86.87%	13.13%	0.00%	0.038 0	0.006 6	0.173 8
组合 8	84.85%	15.15%	0.00%	0.037 1	0.006 5	0.175 3
组合 9	82.83%	17.17%	0.00%	0.036 2	0.006 4	0.176 9
组合 10	80.81%	19.19%	0.00%	0.035 3	0.006 3	0.178 6

从表 5-4 可以看出，资产组合收益率平均值的升高伴随着收益率标准差的升高，即随着传统资产组合预期收益率不断上升，从 0.006 3 至 0.007 2（即从组合 10 至组合 1），资产组合风险也在持续升高，从 0.035 3 升至 0.043 4。值得注意的是，为考量一定单位风险下的收益状况，我们计算了收益/风险的结果，在只包含传统投资产品的资产组合中，由于收益增长的幅度并不能及风险的升高，因此在风险和收益同时增长时，收益/风险的结果反而在下降。

为将加入艺术品的资产组合和传统投资产品的资产组合在同等收益的情况下对风险状况进行对比，本文仅在完整的有效边界上以资产组合收益率为标准，等距离选取了 10 个点，每两个点的预期收益率差距为 0.000 1。从表 5-4 中不难发现,在收益率增高、风险上升的同时,上证指数的比例在不断上升,与之相对应的是国债指数的比例在接连下降。因此可见,在仅由上证指数、国债指数、商品房销售价格指数所构成的传统资产组合中,上证指数属于具有高收益、高风险属性的投资产品,而国债指数属于低收益但能起到降低组合风险作用的投资产品,商品房销售价格指数平均收益率为负,无法纳入投资组合的产品。三者在资产组合中各有影响,可以根据投资者的风险偏好进行配置,获得有效边界上的最优选择。我们可以据此画出有效边界的图表,见图5-1、图5-2。

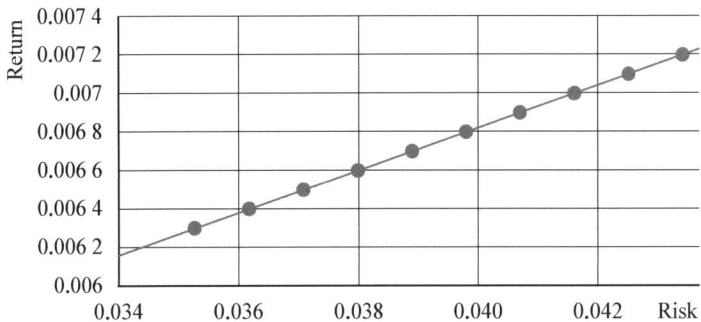

图 5 - 1　传统资产组合的均值方差有效边界

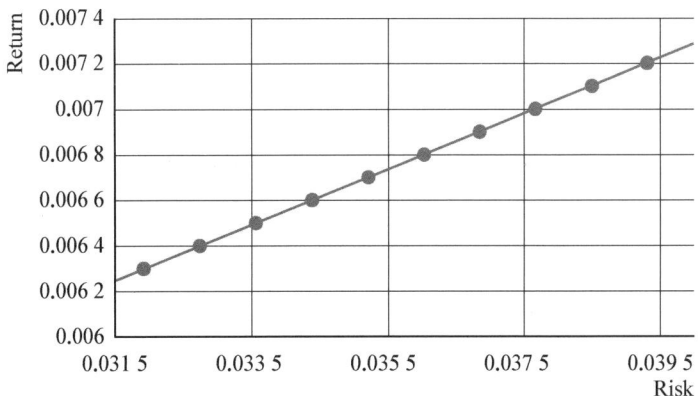

图 5 - 2　包含艺术品的资产组合均值方差有效边界

2. 艺术品在资产组合中的收益风险分析

再看加入了艺术品指数后的投资组合。利用各投资产品的相关数据,可以得出有限边界上新的资产组合的风险收益状况和各类资产所占比例,见表5-5。其均值方差有效边界的图表详见图5-2。

表5-5　包含艺术品的资产组合在有效边界上的风险收益

	当代书画50	上证指数	国债指数	商品房指数	风　险	收　益	收益/风险
组合1	5.38%	81.48%	13.14%	0.00%	0.039 3	0.007 2	0.183 1
组合2	5.27%	79.82%	14.91%	0.00%	0.038 5	0.007 1	0.184 4
组合3	5.16%	78.17%	16.67%	0.00%	0.037 7	0.007 0	0.185 8
组合4	5.05%	76.51%	18.44%	0.00%	0.036 9	0.006 9	0.187 2
组合5	4.93%	74.86%	20.21%	0.00%	0.036 0	0.006 8	0.188 7
组合6	4.82%	73.20%	21.97%	0.00%	0.035 2	0.006 7	0.190 3
组合7	4.71%	71.55%	23.74%	0.00%	0.034 4	0.006 6	0.191 9
组合8	4.60%	69.89%	25.51%	0.00%	0.033 6	0.006 5	0.193 7
组合9	4.49%	68.24%	27.27%	0.00%	0.032 7	0.006 4	0.195 5
组合10	4.38%	66.58%	29.04%	0.00%	0.031 9	0.006 3	0.197 4

为更清晰地对包含与不包含艺术品的资产组合风险收益状况进行对比,我们将表5-4和表5-5的内容进行了整合,以观察在同一收益水平下两个资产组合的风险状况差异,具体见表5-6。

表5-6　包含与不包含艺术品的资产组合风险对比

艺术品比例	预期收益率	风险(传统资产组合)	风险(包含艺术品的资产组合)	风险减少幅度
5.38%	0.007 2	0.043 4	0.039 3	0.004 1
5.27%	0.007 1	0.042 5	0.038 5	0.004 0
5.16%	0.007 0	0.041 6	0.037 7	0.003 9
5.05%	0.006 9	0.040 7	0.036 9	0.003 9
4.93%	0.006 8	0.039 8	0.036 0	0.003 8
4.82%	0.006 7	0.038 9	0.035 2	0.003 7

（续表）

艺术品比例	预期收益率	风险（传统资产组合）	风险（包含艺术品的资产组合）	风险减少幅度
4.71%	0.006 6	0.038 0	0.034 4	0.003 6
4.60%	0.006 5	0.037 1	0.033 6	0.003 5
4.49%	0.006 4	0.036 2	0.032 7	0.003 4
4.38%	0.006 3	0.035 3	0.031 9	0.003 3

从表 5-6 可以看出,在预期收益水平确定的情况下,包含艺术品的资产组合均比不包含艺术品的传统资产组合拥有更低的组合风险,且随着预期收益率的上升,艺术品在资产组合中的比例持续增加,从在收益率为 0.006 3 时艺术品占比 4.38%,上升为收益率在 0.007 2 时艺术品占比 5.38%。随之,资产组合的风险减小幅度也越来越大,从降低 0.003 3 的风险发展为降低 0.004 1 的风险。其风险减小幅度的具体数值可通过固定收益率下两类资产组合的标准差相减的绝对值得出。综上可以得出结论,艺术品在已有的传统资产组合中具备一定程度的降低组合风险、优化改善资产组合的作用。

为将结论更加直观清晰地展现出来,我们将包含与不包含艺术品的资产组合的有效边界共同绘制在同一坐标系之中。如图 5-3 所示。

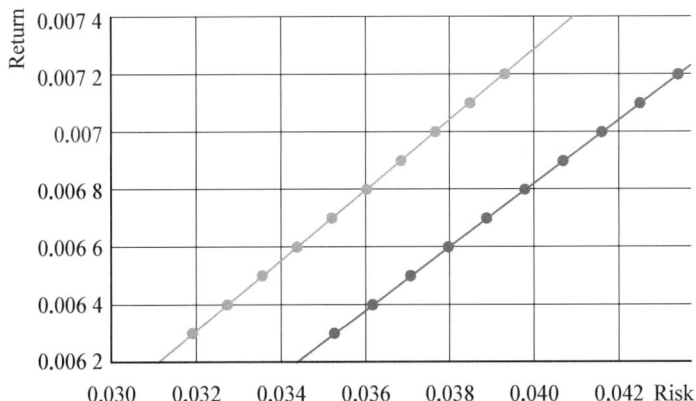

图 5-3　包含与不包含艺术品的两类资产组合均值方差有效边界

由图 5 - 3 可得出,包含艺术品的资产组合均值方差有效边界(即左边线),在风险—收益坐标轴中均处于不包含艺术品的传统资产组合有效边界(即右边线)的左上方。这说明在代表风险的横坐标系数固定时,左边线所对应的点将始终处于右边线对应点的上方,说明在同一风险水平下,包含艺术品的资产组合的预期收益率将始终高于传统资产组合。在代表收益的纵坐标系数固定时,左边线对应点将始终位于右边线对应点的左侧,说明在同一收益水平下,包含艺术品的资产组合的风险将始终低于传统资产组合。此外,从图中还可以发现,在预期收益率水平处于较低的位置时,两条线的距离相对较近,随着收益率的上升,左边线和右边线的间距在逐渐拉大。因此,可以再一次验证由表 5 - 6 得出的结论,将我国书画类艺术品纳入资产组合之中,能够优化改善已有的传统资产组合,而且资产组合的预期收益率越高,引入艺术品所能产生的优化效果越明显。

六、结论与展望

艺术品作为当代投资领域的新热点,已经逐渐获得越来越多研究学者和投资机构的关注。本文根据这一市场发展趋势,基于马克韦茨资产组合理论和各项市场指数,从定量分析和实证研究角度分析了在我国艺术品市场环境下,将书画类艺术品纳入资产组合管理中的可行性。本文的主要结论和对投资机构、企业和个人的艺术品投资行为的建议如下:

(一) 研究结论

本文基于对 2000—2016 年多项艺术品价格指数半年期收益率的统计计算,首先,以艺术品类别和艺术品创作时间为标准作出两个分类,计算并计较分析艺术品多个子市场的相关性条件,得出艺术品市场中不同的子市场之间存在着差异化的投资属性。其次,构建了两个不同的投资组合,通过比较相同收益状况下组合之间的风险差距,论证了将我国的书画类艺术品引入资产组合之中可以有效地降低组合风险,达到优化改善资产组合的目的。再次,进一步讨论艺术品对于资产组合的具体优化程度和改善效果。当艺术品在资产组合中所占比例与预期收益相同时,本文将包含艺术品的资产组合风险降低的幅度放在同一表格中进行直观比较,发现组合收益与艺术品占比之间的联系,即资产组合的预期收益率越高,引入艺术品所能产生的优化效果越明显。综合上述条件,从某种程度上说,在目前的艺术品市场环境中,将我国书画类艺术品加入资产组合管理的条件已经成熟。具体结论主要有以下几点:

1. 通过计算书画类艺术品子市场相关性、艺术品市场与其他投资市场之间的相关性,可得出结论:以不同艺术类别划分的国画 400 指数和油画 100 指数的相关性较低,可通过艺术品市场中的多元化投资来实现降低资产组合风险;以创作时间先后划分的近现代名家指数和当代中国画指数的相关性较高,说明艺术品创作不同的时代环境没有使其投资属性具有差异化的效果,投资者很难通过区别艺术品的时间跨度来优化资产组合;代表书画类艺术品市场的当代书画 50 指数与其他三个投资领域的相关性较低,由此判断,将书画类艺术品引入传统的资产组合可能会起到优化资产组合的作用。

2. 国书画类艺术品与其他如股票、债券、房产为代表的传统投资领域的相关性较低,可通过引入艺术品来降低组合整体风险,优化投资组合。

3. 资产组合的预期收益率和引入艺术品所能产生的优化效果成正比例关系,组合的预期收益越高,加入艺术品后能降低组合风险的幅度越大。

(二)建议与展望

目前,我国已经涌现出越来越多的投资机构或者个体投资者、收藏者开始构建包含艺术品的投资产品或资产组合,而艺术品拍卖佣金比例尽管有走低趋势但仍居高不下,同时,因拍卖交易征收的个人所得税对整个艺术品交易市场活性也有不利的影响。居高不下的拍卖行业佣金费用加速了艺术品交易者在市场中流失,转而选择其他如画廊、展览会等艺术品交易场所。呈上升趋势的拍卖交易个人所得税导致部分艺术品交易者铤而走险进行艺术品的地下交易，严重破坏了整个艺术品拍卖行业的规范性和标准化。因此，从行业和国家层面来说，制定合理并符合市场发展规律的佣金比例及个人所得税税率是维护整个艺术品交易市场秩序的必要手段。对此，我们不应仅仅跟随西方成熟的艺术品市场脚步，而要尊重我国艺术品拍卖市场的发展阶段和实际，充分调研市场交易数据，作为政策制定的基础，提出更为合理和有益的市场行业标准和交易规则。对于艺术品投资机构和个体从业者而言，有三方面建议供参考：

1. 平衡资产组合的收益性与安全性。比如，通过引入书画类艺术品作为新的配置资产，以期实现优化资产组合结构的目标，改善资产组合的风险收益状况，并进一步平衡自身资产组合的收益性与安全性。

2. 关注艺术品子市场的投资属性差异，进行差异化、个性化资产配置。对于金融机构或个体投资者而言，在进行投资决策时需要考虑书画类艺术品的高门槛、高交易成本和低流动性等特点，将艺术品投资的定位设置成追求短期利润的投资是不明智的。应认清艺术品自身的投资属性、风险收益特点，将对于投资收益的期望与自身艺术审美偏好相结合，针对不同的艺术品类别，采取不同的投资方法。

3. 金融机构或企业可通过热点艺术品投资提高自身的社会知名度。在如今高速、高效、多热点的艺术品市场环境中，交易拍卖热点的书画类艺术品容易引起大众的关注和讨论。此外，金融机构或企业的艺术品投资行为可能会被侧面解读为其资产结构多样、质量上乘、投资产品高端，等等。因此，在进行艺术品投资时不应仅仅关注其资产收益状况，还应考虑投资品的正外部性及长期收益。

实体书店营销模式创新研究

| 袁化云（上海交通大学媒体与传播学院）

摘要：

　　网络书店的兴盛和数字化阅读的兴起，以不可阻挡之势，抢占图书市场，挤压了实体书店的生存空间。纵然实体书店积极创新，构建了多种复合经营模式，开通线上销售渠道，似乎都收效甚微，无力与网络书店、数字化阅读抗衡。2020年新冠肺炎疫情期间，实体书店遭受前所未有的重创，全国范围内所有实体书店被迫停业，没有任何收入，部分中小型书店不堪重负，面临倒闭危机。本文基于营销模式创新的视角，综合运用场景理论、身体消费理论、体验理论、社群理论、品牌基因理论和数字技术理论，借助 PEST 和 SWOT 分析工具，多方面、多层次剖析实体书店发展现状，进而从场景体验营销、社群营销、活动营销与品牌营销等角度，为实体书店营销模式的创新提供参考性建议，具有重要的理论和现实意义。

关键词： 实体书店；营销模式创新；PEST 与 SWOT 分析；对策建议

Abstract: The rise of online bookstores and digital reading has seized the book market with an irresistible trend, squeezing the living space of physical bookstores. Even though physical bookstores are actively innovating, building a variety of compound business models, and opening online sales channels, they seem to have little effect, unable to compete with online bookstores and digital reading. During the outbreak of COVID − 19 in 2020, physical bookstores suffered unprecedented hits. All physical bookstores across the country were forced to suspend business without any income. Some small and medium-sized bookstores were overwhelmed and faced a crisis of closure. Based on the perspective of marketing model innovation, comprehensive use of scene theory, body consumption theory, experience theory, community theory, brand gene theory and digital technology theory, with the help of PEST and SWOT analysis tools, analyzes the development status of physical bookstores in many aspects and at multiple levels, and then from the perspective of scene experience marketing, community marketing, event marketing and brand marketing, it is of great theoretical and practical significance to provide reference suggestions for the innovation of the physical bookstore marketing model.

Keywords: physical bookstore; marketing model innovation; PEST and SWOT analysis; countermeasures and suggestions

随着互联网技术的发展和电子商务的兴起,尤其是数字阅读的崛起和网络购书的风行,传统实体书店备受冲击,面临着巨大的市场压力。加之场地租赁、水电费用、员工工资与福利等运营成本的提高,重荷之下,实体书店陷入举步维艰的境遇。2012 年至 2017 年间,全国共有出版物发行网点由 172 633 家减少到 162 811 家,下降了 5.69％;其中二级民营批发网点和个体零售网点由 123 596 家减少到 112 159 家,下降了 9.25％。[①] 由整体发展趋势看,实体书店的经营状况严峻,生存环境堪忧。与此同时,实体书店对于城市文化建设的重要性日益凸显。实体书店是建设书香城市、推进城市全民阅读风潮的重要媒介空间,是提升城市居民精神素养的重要物质载体。有助于城市文化形象的塑造与文化品牌的缔造,更有助于城市文化蕴涵和文化品位的提升。因而,扶持传统实体书店的发展是城市文化建设的题中之意,也是国家文化建设不可或缺的重要组成部分。

为此,中宣部与文化部等 11 个部门于 2016 年 6 月联合出台了扶植实体书店发展的政策,着重提出了助推实体书店建设的六项主要任务和鼓励实体书店改革创新的五项政策举措,助推实体书店更好地适应大众日渐增长的文化消费需求,并给予实体书店的革新与发展以政策指导和全方面保障。[②] 为全面贯彻实施 11 部委联合印发的指导文件,各省市依据各自实体书店的发展实际,纷纷出台更具有针对性的地方性扶持政策。比如,浙江省 13 个省级部门于 2016 年 11 月联合制定了扶植实体书店发展的政策,提出了

① 《全国新闻出版业基本情况》,http：//www.sapprft.gov.cn/sapprft/govpublic/6676.shtml。

② 《11 部门联合印发〈关于支持实体书店发展的指导意见〉》,http：//www.gov.cn/xinwen/2016-06/18/content_5083377.htm。

扶持实体书店,应对新常态、谋求新发展的六项重点任务①;江苏省 12 个省级部门于 2017 年 3 月联合下发扶植实体书店发展的利好政策,突显实体书店文化价值地位,布局实体书店乡镇网点,推进全省实体书店信息网络管理,顺应差异化、多元化、品质化消费趋势;②上海市于 2017 年 4 月发布扶植上海市实体书店的政策,指出了革新实体书店经营模式、优化本市实体书店网点布局、加强精品出版物供给、施展实体书店的社会服务功能、驱策实体书店信息化建设等五项重点工作和十项保障措施。③ 2020 年初,国内新冠肺炎疫情全面爆发,实体书店相继暂停营业。国家新闻出版署于 2020 年 3 月 11 日发布了《关于支持出版物发行企业抓好疫情防控有序恢复经营的通知》,推出五方面措施:抓好疫情防控工作、增强宣传文化系统资源支撑、支持出版企业的改制和重建,加强政府机构的服务保障,以帮助出版发行企业有序恢复经营。④

本文以实体书店经营面临的困境和上述政策性支持实体书店发展为背景,从营销模式创新的视角,借助场景理论、身体消费理论、社群理论、数字技术理论,综合运用多种营销方式,为实体书店突破现存瓶颈、获得长足发展提供参考性建议。在对接国家"书香社会"建设要求的同时,助力实体书店经营转型升级。

一、文献综述

（一）国内研究现状

近年来,国内关于实体书店的研究成果不少,在研究著作方面,望南编著

---

① 《我省出台政策支持实体书店发展》,http://gdj.zj.gov.cn/art/2016/12/29/art_1228990155_41373825.html。

② 《江苏省出台政策支持实体书店发展》,http://www.sapprft.gov.cn/sapprft/contents/6582/316561.shtml。

③ 《上海出台新一轮扶持实体书店发展政策措施》,http://shzw.eastday.com/shzw/G/20170424/u1ai10529158.html。

④ 《关于支持出版物发行企业抓好疫情防控有序恢复经营的通知》,http://media.people.com.cn/n1/2020/0319/c40606-31639834.html。

的《中国最美书店：钟书阁》，以充满理性、淡然平和的笔触，叙说了钟书阁的创始历程，辅以图片，活灵活现地呈现了钟书阁独特的设计理念与内部构造，继而探讨了电商对实体书店的冲击，并集合文化艺术界不同人士的多角度的有关钟书阁、有关实体书店的言说，鞭辟入里、发人深思。[①] 钟芳玲二十余年间，游走于国内外书业，走访了上千家书店，以散文式的笔触，先介绍了五家位于美法两国的、拥有悠长历史的、极具代表性的独立书店，继而讲述了涵括女性主义、旅游、悬谜小说、歌剧等主题的特色书店，展现了实体书店的独特魅力。[②]

研究论文方面，国内关于实体书店的研究主要集中于四个方面。一，从实体书店经营困境、存在问题角度进行研究。王子博通过实地走访北京的实体书店，总结了实体书店经营的主要困局：书店流动人数多，交易金额小；书店支出较大，入不敷出；依靠个人投资的民营书店资金链不稳定；收入多样化的背景下，图书销售额仍为书店主要收入；由名人效应带动的签名售书销售量极不稳定。[③] 陈含章归纳了实体书店发展道路阻力重重的四点原因：购书群体锐减、运营成本压力加大且得不到有效缓解、盗版书籍屡禁不止、实体书店自身观念袭故守常或管理薄弱，并从政治、社会、实体书店本身三个层面，提出六项建议。[④] 二，从探寻实体书店转型升级路径、具体方案的角度进行研究。井琪以实体书店生存状况与生存瓶颈的评述为基础，辅以英国、德国、日本实体书店的经验，提出我国实体书店现代化变革的四大路径：政府加大政策扶持力度、书店积极运用互联网拓宽销售渠道、书店进行数字化创新、书店多方位延伸文化服

① 望南：《中国最美书店：钟书阁》，上海：上海交通大学出版社，2017 年。
② 钟芳玲：《书店风景》，北京：中央编译出版社，2009 年。
③ 王子博：《实体书店的困局与转机——北京实体书店生存现状及出路调查研究》，载《编辑之友》2013 年第 2 期，第 83—86 页。
④ 陈含章：《转型中的实体书店发展现状、问题与建议》，载《出版发行研究》2016 年第 3 期，第 44—47 页。

务功能,并细化出 11 个具体方案。① 李淼基于场景理论,结合案例从流动空间、触媒空间、融合空间三个层面展开分析,并提出三大建议:以空间为媒介营造场景,包括万物皆媒、营造动态知识场景、搭建多元生活场景;以书店为节点激活场景,包括激活交往场景、激活社区生活场景、激活城市文化场景;以技术为驱动革新场景,包括技术升级场景、社群激活场景、共享连接场景。② 三,从借鉴国内外优秀实体书店的成功实践经验角度,进行案例分析研究。王震基于新媒体视角,详细分析了单向街书店的新媒体应用现状、利用新媒体平台推演扩大出版品牌的成功实践、书店新媒体营销方案;随后总结了单向街书店合理运用新媒体的启示:提升新媒体内容编辑力、拓展新媒体营销手段、开展体验式营销。③ 许甲子、马赈辕着重分析了台湾地区诚品书店蓬勃发展的原因,包括多元化经营和体验式经营,在采用复合经营模式的同时,构建美学体验,场域文化、品牌视觉形象、尊重地域特色的设计体验,注重服务体验。④ 四,从经营管理、营销策略角度进行研究。李月起运用 4V 营销理论,从业务差异化、服务功能灵活化、品牌增值化、链接共鸣化四个角度为实体书店提供经营性建议:一是差异化,以实体书店比较优势满足顾客个性化需求,强化“视觉＋体验”、打造“智慧书城”、精准定位顾客需求;二是功能弹性化,向网络适度拓展延伸,推动实体书店线上发展、众筹出版;三是附加价值,传递文化价值和情感体验,强化数字出版、打造书店“第三空间”;四是共鸣,提升顾客认同与获得感,重视售后服务、积极与顾客互动。⑤ 王震以单向街书店为例,详细介绍了新媒体环境下单向街书店品牌构建和营销

① 井琪:《中国实体书店经营的现实困境、国际经验借鉴与路径选择》,载《图书与情报》2017 年第 3 期,第 114—119 页。
② 李淼:《“去”书店:基于场景的实体书店转型策略与实践》,载《编辑之友》2018 年第 11 期,第 37—41 页。
③ 王震:《新媒体环境下实体书店的品牌构建与营销研究——以单向街书店为例》,载《出版广角》2017 年第 6 期,第 37—39 页。
④ 许甲子、马赈辕:《多元化体验经营在实体书店中的实践探索——以诚品书店为例》,载《出版广角》2019 年第 4 期,第 62—64 页。
⑤ 李月起:《基于 4V 营销理论的实体书店发展策略》,载《编辑之友》2017 年第 9 期,第 30—33 页。

的成功实践;以此提出互联网大潮下书店应该坚持内容为王、增进新媒体内容编辑力,整合互联网思维,扩展新媒体营销技术,开展体验式营销,增强品牌认可度。①

(二)国外研究现状

国外关于实体书店的研究多集中于两方面。一,关注实体书店生存环境,探讨网络书店与实体书店的竞争关系。Xiaohua Wu 收集了 1994—2012 年间美国实体书店相关数据,结合福雷斯特研究公司对电子商务水平的技术调查,衡量了网络竞争对实体书店的差异效应;他借助实证研究发现:网络书店的直接影响挤占了实体书店销售额,相较于大型连锁书店,独立书店经受更大影响;网络书店的间接影响通过实体书店的相互竞争实现;非书籍产品的多样性减轻了网络书店对实体书店的负面影响,而由于大型连锁书店在非书籍产品方面处于劣势,网络书店的兴起对大型连锁书店的负面影响尤其明显;因此非书籍产品种类的丰富能让实体书店更好地抵御网络书店带来的冲击。② 二,关于实体书店转变经营模式的对策建议。Dan Cuffen 对美国书商协会发起的项目"Book Sense"进行案例分析,他认为,美国的 50 个州、超过 1 200 家实体书店参加了该项目;"Book Sense"每月推出畅销书单,年终评选最佳图书奖,并创建网站为实体书店提供线上销售渠道;"Book Sense"吸引了全国范围内的广泛宣传,将消费者的兴趣集中于精选图书;"Book Sense"集合了美国所有实体书店的全部力量,并创建了统一的在线购物平台,为消费者提供线上书店的消费体验,以抗衡网络书店对实体书店的威胁。③

---

① 王震:《新媒体环境下实体书店的品牌构建与营销研究——以单向街书店为例》,载《出版广角》2017 年第 6 期,第 37—39 页。

② Xiaohu Wu. "Adaptation or Death? Bookstore Chains Meet Online Competition", *SSRN Electronic Journal*. 2018,Vol.10,p.2139.

③ Dan Cuffen. "Book sense independent bookstores for independent minds", *Publishing Research Quarterly*,2005,21(2).

二、理论概述

（一）场景理论与身体消费理论概述

1. 场景理论概述

城市文化消费和数字经济的快速发展催生了场景理论。20世纪80年代以来，经济全球一体化和科学技术迅猛发展，第三产业蓬勃兴起，知识经济崛起，后工业阶段特征日趋显著。与此同时，城市经济社会发展也面临诸多挑战，如城市人口增长停滞、产业结构调整和生产组织方式变革导致就业机会大幅向第三产业倾斜、消费导向型社会凸显、信息技术极大拓展了文化创意空间，场景理论应运而生。[①] 克拉克最早在《城市：一部娱乐机器》一书中，以消费和生产的崛起为起点，结合芝加哥学派社会互动领域的研究和沃尔特·本杰明的早期研究范式，提出"场景"（Scenes）概念。"场景"有多重含义，以克拉克和西尔为首的新芝加哥学派聚焦于某区域、空间的美学意义。

克拉克从化学元素周期表中汲取灵感，构建了围绕"场景"的文化元素周期表，选取了3个主维度和15个次维度，衡量"场景"的文化价值取向，分别是"真实性""戏剧性""合法性"。"真实性"是对真实自我的身份界定与认同，可细化为本土性、种族性、团体性、国家、理性主义5个次维度；"戏剧性"是指通过外化的服饰、举止、礼节等展现自我，可细化为迷人时尚、睦邻友好、越轨违规、正式拘谨、炫耀张扬5个次维度；"合法性"阐述群体进行场景互动的目的和理由，可细化为传统主义、领袖魅力、功利主义、平等主义、自我表达5个次维度。[②]

西方学者将场景理论广泛应用于城市规划建设、文化创意空间建设、文化遗产保护等领域，场景理论传入中国后，部分中国学者对其进行本土化解读，运用

---

① ［加］丹尼尔·亚伦·西尔、［美］特里·尼克尔斯·克拉克：《场景：空间品质如何塑造社会生活（译者序）》，北京：社会科学文献出版社，2019年，第1页。

② 同上，第51—65页。

场景理论分析公共文化场所的受众参与度、文化创意园区现代化改造途径、社区老年文化建设等方面。

2. 身体消费理论概述

一直以来,"身体"都是备受争议的话题,中国古代数千年间受儒家纲常伦理思想的影响,"身体"特别是女性身体受到严格控制。而在宗教色彩浓厚的西方国家,"身体"同样受到压制。伴随着资本主义社会的发展,物质产品极大丰盛,商店里堆积着琳琅满目的服装、食品、生活用品,甚至出现过剩现象,生产社会被消费社会所取代。鲍德里亚早在《物体系》一书中,便建构了"消费社会"概念,他将人类社会分成三种:前商品社会、商品社会、消费社会;消费社会遵照着商品交换的原则,任何事物都可以归入消费的系统中去,而物品的终极存在意义即是消费。[①] 消费社会是高度世俗化的社会,释放了人本身的欲望,催化了人们对"身体"的关注,身体成为"最美消费品",蜕变为欲望与审美的象征,承载着消费者自我价值的外化。正如特纳所说:"现代自我身份的出现,与消费主义的发展密不可分,现代的自我意识与个人无限消费幸福之物的消费观念息息相关。"[②]一些西方学者认为,身体日渐成为现代人自我认同的核心。

鲍德里亚以消费社会为背景,探讨了身体的三个特性——功用性、符号性、媚俗性。"功用性"是指人们不再从宗教视角视身体为与灵魂相悖的"肉体",也不再简单使用工业逻辑,仅仅把身体视为劳动力。相反,由"有形的"理想性出发,把身体视为自恋式崇拜对象,因而身体被圣化为功能性的身体指数价值。[③]鲍德里亚认为,"资本主义消费结构中的一系列消费品,是整套消费品之间必然存在的调节关系,这其中是由通过符号话语所创造的暗示性的结构意义和符号

---

① 张晓:《消费社会中的身体消费研究》,西南交通大学论文,2014年,第10页。
② 李康化:《身体的时尚消费——文化消费主义研究之三》,载《中国文化产业评论》2006年,第146页。
③ [法]鲍德里亚:《消费社会》,刘成富、金志刚译,南京:南京大学出版社,2014年,第124页。

价值起根本性支配作用"，①作为"最美消费品"的身体，潜移默化地具有符号属性。"身体被重新占有的缘由，并不是为了达到主体的自主目标，而是直接关系到特定的娱乐与享乐主义效益的标准化原则、被直接与生产和指导性消费的社会编码规则相联系的对象统制。"②人们管理自己的身体、投入经济成本，身体的美学标准被制定，完美身体的典范被大肆广告宣传，引发人们争相模仿，其中以化妆和整容最具代表性。炫耀式的外在表象逐渐形成了对消费者心理的深层统治与支配，暗含了身体的媚俗性。

3. 场景理论与身体消费理论的融合

场景理论和身体消费理论均生发于后工业时代的"消费导向型社会"背景下，因此两者的立论之处都是资本主义社会的根本结构和基础从生产导向转向消费导向，每个个体都不再只是生产者和居住者，消费者身份日益凸显，两者从不同角度揭示后工业时期的经济社会现象。其次，两者的文化价值取向相同，"场景"的真实性、合法性、戏剧性，分别对应着"身体消费"的功用性、符号性、媚俗性。

人们以消费者的身份存在于场景之中，他们的消费行为是基于对场景中物质对象、界线和非物质文化象征价值的认可，因而场景本质上是具有象征性符号意义的集合空间。③身体消费实质上就是满足消费者自身对符号价值、结构性意义的追求。当今社会，几乎所有消费经济都围绕着身体消费展开，场景空间恰恰能够满足消费者的身体消费需求，两者都是符号价值的构建。

（二）体验营销理论概述

美国战略地咨询 LLP 公司的两位创始人派恩和吉尔莫尔，率先注意到体验

---

① ［法］鲍德里亚：《消费社会》，刘成富、金志刚译，南京：南京大学出版社，2014 年，第 7 页。
② 同上，第 123—124 页。
③ 李康化：《文化市场营销学》，北京：中国人民大学出版社，2018 年，第 137 页。

经济时代的来临,他们长虑顾后,用长远的战略眼光明确了经济价值演化的四个阶段——商品、货品、服务、体验,伴随着诸如长途电话等服务的产品商业化,体验也逐渐成为经济价值演进过程中的下一阶段。[①] 派恩和吉尔莫尔有关体验经济的阐释为哥伦比亚大学商学院教授施密特提出"体验营销"概念奠定了基础,施密特详细分析了传统营销的特点——注重产品特色与功效、狭隘定义产品的分类和竞争、视顾客为理性决策者、常用数据分析方法,继而概括了体验营销的四大特征:把顾客视为感性理性兼具的决策者、考量消费情状、重视顾客体验、运用多种方法手段。[②]

施密特认为,体验是顾客对营销刺激的内在反应,体验营销则基于个体顾客社会行为的心理学研究,他由此构建了 SEMs 模型,把体验划分为感知体验、思维体验、情感体验、行动体验、关系体验。感知体验即触动五类感官:刺激视、听、触、味、嗅觉创建感官上的体验。它激发消费者购买行为和增添产品的附加值等,适用于区分公司和产品;情感体验即触动消费者的内心情感,真正从消费者的感受出发,使消费者在消费时获得心理满足感,从对某品牌略有好感转向强烈偏爱;思维体验是引发消费者的好奇心,以创意的方式激发消费者的惊奇和创造性思维,为消费者创造认知和处理问题的体验,继而对相关企业及其产品重新加以认识;行动体验旨在通过消费者身体体验的加强,展现其他做事方式和另类生活形态,鼓励消费者自动或被动地改变生活方式,从而丰富消费者的生活;关系体验借助消费者完善自我的渴望,广泛连结个体与社会,继而构建牢固的品牌关系和品牌社区。[③]

(三) 社群理论概述

德国社会学家滕尼森最早从人类学角度提出"社群"概念,他将社群定义为:

---

① [美]伯恩德·H.施密特:《体验式营销》,北京:中国三峡出版社,2001 年,第 11 页。
② 同上,第 24—28 页。
③ 同上,第 61—68 页。

"在一定地理范围内聚居的人群，以及由他们所组成的社会生活共同体；桑德斯把社群视为带有地理区域性、社会互动性、调节适应性等特质的互动体系。"[①]可见，由于地理空间的限制，早期学者对社群概念的界定都离不开地理空间。随着互联网和社交媒体的兴起，社群关系已跨越时空限制，虚拟社区由此形成。社会学家 Rheingold 最早于 1993 年，首创"虚拟社区"的概念，即"借由互联网连接起来的人们跨越地域限制，进行互相沟通、信息共享的基于相同喜好志趣和情绪共鸣而构造的特殊关系网络"[②]。

一般而言，社群具有以下特征：社群成员拥有一致的价值观和兴趣爱好，社群拥有独特的群体结构，囊括成员构成、交流平台、准入原则、管理标准等，社群成员间还具有一致的行为规范和行动能力。按照形成原因，社群可分为基于产品的社群、基于喜好志趣的社群、以共同目标为导向的社群和融合类社群。产品型社群是基于某个具体产品聚集的粉丝群体，他们都是产品的潜在消费者；喜好志趣型社群是由各式各样的具有相同志趣的小组构成的，大家的兴趣爱好相同，很容易互动交流；以共同目标为导向的社群，通常是为了完结某一任务或处理某些问题而创立的社群，带有极强的目的性，组建较为容易；融合类社群包含了其他两种以上类型的社群。[③]社群由初建到消亡，都会经历一个或长或短的生命周期，为了延长社群的生命周期、维持成员的新鲜感与关注度，首先需要一位具有人格魅力和号召力的领袖，以吸引更多参与者；其次，社群需要一些兼具自我管理能力和团队能力的管理员，他们应该顾及整体状况、应机立断、果刑信赏，以确保成员间相处的和谐，且随着成员数量的增加，社群管理难度也不断加大，对管理员的要求也相应提高。[④] 因此，社群规则的重要性凸显，运营良好的社群必然是有组织、有纪律、凝

---

① 邵志远：《社交媒体对品牌迷影响机理的研究》，东华大学硕士论文，2016 年，第 10 页。

② 金韶、倪宁：《"社群经济"的传播特征和商业模式》，载《现代传播（中国传媒大学学报）》2016 年第 4 期，第 114 页。

③ 李康化：《文化市场营销学》，北京：中国人民大学出版社，2018 年，第 158—159 页。

④ 同上，第 160 页。

聚力强的社群。而维系社群的核心是社群文化,社群文化是社群吸纳新成员、增强成员黏性的精神内核,是给予成员归属感、认同感的不竭源泉。

(四)品牌基因理论概述

1950 年,"广告教父"Ogilvy 首次从广告学视角创造了"品牌"这一概念。秩年后,美国市场营销协会(AMA)将品牌定义成用来区别经营者的产品或服务的名称、记号、术语或设计及其组合,从而区别于竞争者的产品或服务[①]。而"现代营销之父"Kotler 则详细解读了品牌的六层意涵:第一是属性,即品牌固有的外在形象;第二是利益,即消费者使用品牌获得的满足感;第三是价值,即品牌的使用价值和价值感;第四是文化,即通过人为附加达成的象征品牌的文化;第五是个性,即品牌可以激发消费者遐想与心理定式的特质;第六是使用者,即使用或购买该品牌产品的是哪一类消费者。[②]

品牌基因理论连结了细胞生物学的基因理论与市场营销学的品牌理论,以生物遗传基因视角,分析品牌孕育于发展的融合型理论。品牌基因理论认为,自然界中的所有物种都有决定其关键特征的基因。如果把品牌看作商业物种,品牌就具有特定的品牌基因,该基因决定了品牌的文化特性,带有多种产品基因和文化基因的遗传信息。品牌资产的主体构成部分是品牌基因,使客户明晰确切地界定品牌的独特个性和利益特征,激发客户对品牌的情感倾向和忠诚度,[③]品牌基因内含于品牌核心价值观和品牌文化,外化于品牌定位、产品服务、包装宣传等方面,影响着消费者对品牌的感知,决定了品牌能否长期发展。伴随着品牌基因理论的成熟,我国主流学者把"品牌基因"细分为:产业品牌基因、文化品牌基因、环境品牌基因、服务品牌基因四个层面。本文把品牌

---

① 余明阳、杨珊珊:《品牌营销管理》,武汉:武汉大学出版社,2008 年,第 2 页。

② 同上,第 4 页。

③ 江凌:《品牌基因理论视角下特色小镇文化品牌建设——以乌镇为中心的考察》,载《贵州大学学报(社会科学版)》2019 年第 5 期,第 85 页。

基因理论使用到实体书店品牌营销创新中,挖掘影响其品牌价值的基因要素,有利于其塑造品牌形象,发现品牌核心价值,加强品牌凝聚力和活力,从而打响品牌知名度,走向合理完善的品牌营销道路。实体书店品牌基因要素结构图如图2-1:

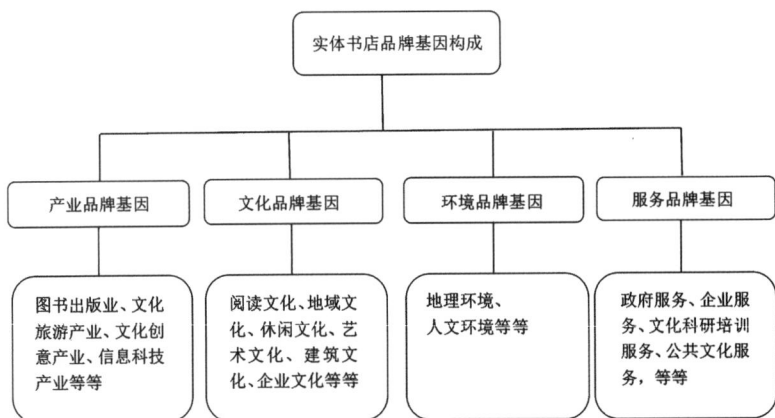

图 2-1　实体书店品牌基因结构图

(五)数字技术理论概述

伴随着5G、人工智能等高新技术的加速发展,不断突破技术瓶颈,数字技术与经济社会的连结逐渐深化,逐渐渗入传统文化产业业态,丰富了现有文化表现形式。本文主要借助5G、大数据、人工智能、VR等数字技术,结合多种营销模式,探寻实体书店转型路径。

1.5G技术

相较于2G、3G、4G网络技术,第五代移动通信技术即5G技术,不但继承了它们的优点,还采用了纳米技术和隐私保密技术,实现了技术升级,致力于为用户提供更高速率、更短延时、更低功耗的网络,更大规模的设备连接。[1] 5G最显

---

① 王辉:《5G时代我国图书馆智慧服务发展研究》,载《图书馆工作与研究》2020年第5期,第71页。

著的优势是数据传输速率极高、延时较低,网络传输速度超 4G 近百倍,用户体验速率峰值高达 10 Gb/s,基于 5G 网络的采编和传输设备能够解决超高清视频卡顿的问题,实现稳定高效回传;其次,能够实现人与人、人与物、物与物之间的连接的 5G 泛在网,将随时为社会提供不受任何时间和空间维度限制的通信服务,真正做到万物相互关联;另外,高密度覆盖的小基站使得网络信号在偏远山区都能获得联通,解除网络地域限制,让随时随地使用网络成为可能;同时 5G 低功耗的特点能够降低网络使用成本,数据传输和分享更为廉价。[①]

2. VR 技术

虚拟现实(Virtual Reality, VR)技术也被学者翻译为灵境、幻真或临境技术,把计算机技术当作核心生成的一种虚拟化环境,用户借助于相关设备,与虚拟环境进行视觉、听觉、触觉等多种方式的交互,来获取真实的体验。美国 VPL 公司的创建人拉尼尔,初构虚拟现实的技术构思。而后,美国计算机图形学之父 Ivan Sutherlan,始创首个被称为"头戴显示"或"头盔显示"(Head Mounted Display,HMD)的图形可视化的"虚拟现实"设备;以技术层面来看,现阶段的虚拟现实眼镜或者头盔依然能被划分为 HMD 的范畴;如今,虚拟现实已经融入了计算机技术、图像处理技术、多媒体技术、传感器技术、网络技术等信息技术的最新成果。[②]

浸入感、交互性、构想性是 VR 技术的三大本质特征。虚拟现实强调综合各种媒体元素形成的环境效果,强调人机交互方式是自主交互,强调的效果是沉浸感,对人体的视、听、触觉感官全方位的刺激,通过专业设备,完成主动感知和参与,借助传感器、三维鼠标、运动跟踪器、力学反馈装置、数据手套、语音识别与合成系统等工具,采用逼真的感知和自然动作,使人仿佛置身于真实世界。[③]

---

① 吴承忠:《5G 智能时代的文化产业创新》,载《深圳大学学报(人文社会科学版)》2019 年第 4 期,第 52 页。

② 张泊平:《虚拟现实理论与实践》,北京:清华大学出版社,2017 年,第 1 页。

③ 同上,第 3 页。

3. 大数据技术

移动互联网时代，海量网络信息的爆发式增长催生了大数据的技术和应用。现今尚未明确"大数据"的定义，但正如 Informatica 大中国区首席技术顾问但彬说的那样，大数据涵盖了关于交易和交互数据集的所有数据集，且它的规模或复杂性均高于普通技术层面，遵循合理的成本和时限捕捉的基准，进行数据集的管理及处理；大数据汇聚了三大数据处理技术：海量交易数据、海量交互数据和海量数据处理。[①]

虽然各界针对大数据的解读各异，不过，主流观点认为大数据主要具有 4 "V"特征，Volume(体量大)、Variety(多样性)、Velocity(速度快)、Value(价值)[②]。Volume 指的是大数据数据量的庞大和完整度，尽管业界对大数据的规模量级尚未定论，但对于很多行业的应用环境来说，数据的完整度极其重要；Variety 指的是发现量级大、种类多的数据的内在联系，互联网时代，个体用户既是信息的获取者也是信息的传播者，丰富信息多样性的同时，更加速了数据量级式增长；Velocity 指的是加速满足实时性需求，借助各种有线和无线网络，让万物互联成为可能，而由此产生的数据交换，越来越要求数据的实时化；Value 指的是洞察力和价值的获取。[③] 如今海量数据的高速增长导致获取有用信息的难度加大，云计算的重要性就此显现，云计算是大数据的技术基础，也是大数据成长发展的驱动力。

4. 人工智能技术

1956 年，美国达特茅斯学院助理教授 McCarthy 始创"人工智能"(Artificial Intelligence，AI)概念，人工智能是由多学科交叉渗透而发展的新兴学科，综合了计算机、控制论、信息论、逻辑学、神经生理学、语言学、伦理学等多种学科。[④] 而

①　陶雪娇、胡晓峰、刘洋：《大数据研究综述》，载《系统仿真学报》2013 年第 S1 期，第 143 页。

②　刘智慧、张泉灵：《大数据技术研究综述》，载《浙江大学学报(工学版)》2014 年第 6 期，第 960 页。

③　余建斌、赵展慧：《大数据成信息技术领域热门概念》，http：//www.c114.com.cn/news/212/a747301.html。

④　[美]罗素·诺维格：《人工智能：一种现代的方法(第三版)》，北京：清华大学出版社，2013 年，第 17 页。

人工智能领域的研究包括机器人、语言识别、图像识别、自然语言处理和专家系统等,西方各界学者均对人工智能有过不同定义,总的来说,人工智能是对人类意识、思维与行为的模拟,致力于让计算机像人一样合理思考、像人一样合理行动。

人工智能技术日臻成熟,应用也愈加广泛,现今人工智能的主要应用领域,涵盖智能感知、智能推理、智能行动、智能思维、智能学习。此中,智能感知涉及识别模式和理解自然语言,而模式的识别指的是,计算机系统模拟通过感官直接接收外部信息的人类、具有感知辨别的能力来理解周围环境,理解自然语言指的是基于阅读文本资料,创建内部数据库,依据给定的指令获取内容;智能推理涉及求解问题、推理逻辑与定理证明、行家系统、自动编程规划,分解困难的问题为简单问题,搜索和还原问题,加以假设推理解决专业难题,并自行设计程序;智能学习是计算机获取智能的根本路径,包括计算智能、机器学习、进化计算、神经网络等方面;智能行动作为人工智能最广泛的应用领域,包括机器人学、智能检索、智能调度与命令、智能控制、智能体与分布式人工智能、知识探索与数据挖掘、人工生命、机器视觉,把确定完美的机器人移动序列当作目标,最终成功地创造人工生命。[①]

三、实体书店发展现状分析

(一)实体书店发展现状 PEST 分析

PEST 分析意指宏观环境分析,代表着影响所有行业和企业的各种不同的宏观力量。依据不同行业和企业的特质和经营需求,宏观环境分析的具体内容各有差异,但总的来说,影响企业的外部环境因素,主要为四种:政治(Political)、经

---

① 陈晋:《人工智能技术发展的伦理困境研究》,吉林大学硕士论文,2016 年,第 9—10 页。

济(Economic)、社会(Social)、技术(Technological)①。凭依 PEST 分析框架,有利于从宏观层面了解我国实体书店发展现状,进而为后续实体书店营销模式创新具体方案的提出奠定基础、指引方向。

1. 政治环境(Politics)

(1) 国家政策红利

2013 年年底,国家启动实体书店试点扶植工作,全国范围内选择北京、上海、南京等 12 个城市作为试点城市,首次给予这些城市的 56 家实体书店奖励资金 9 000 万元,且拥有为期五年的图书批发和零售环节税收优惠。② 2015 年 2 月,试点范围扩大至江苏、云南等 16 省市,每个省市被限定只能推选不超过 6 家书店,由中央财政从中择取优异者,予以资金奖励。③ 2016 年 4 月,财政部下发文化产业专项资金申报的通知,意欲加强农村出版网点建设的财政扶助,给予长期服务于农村的实体书店和城市中发挥示范性作用的品牌实体书店奖励。④

2016 年 6 月,中宣部、文化部等 11 部门联合制定扶植实体书店发展的政策,着重提出了推动实体书店建设的六项主要任务和鼓励实体书店改革创新的五项政策措施。⑤ 2017 年 3 月,国务院明确要求为了支持实体书店发展,加快实体书店网点在全国乡镇覆盖率的推进速度。⑥ 2017 年 9 月,国家新闻出版广电总局印发《新闻出版广播影视"十三五"规划》,指出"助推实体书店城乡建设,鼓

---

① MBA 智库:《PEST 模型分析》,https://wiki.mbalib.com/wiki/PEST 分析模型。

② 《实体书店扶持试点将扩至 12 省份　重点支持民营书店》,http://www.ce.cn/culture/gd/201404/11/t20140411_2642994.shtml。

③ 财政部:《关于申报 2015 年度文化产业发展专项资金的通知》,https://mp.weixin.qq.com/s/IbryNLKz2r9B61pHwVRa5w。

④ 《关于征集 2016 年度文化产业发展专项资金新闻出版广播影视重大项目的通知》,http://www.gov.cn/xinwen/2016-04-29/content_5069125.htm。

⑤ 《11 部门联合印发〈关于支持实体书店发展的指导意见〉》,http://www.gov.cn/xinwen/2016-06-18/content_5083377.htm。

⑥ 《关于印发"十三五"推进基本公共服务均等化规划的通知》,http://www.gov.cn/zhengce/content/2017-03/01/content_5172013.htm。

励景区特色实体书店的建设、加快实体书店服务升级"。① 2018 年 6 月,财政部与税务总局共同下发通知,接续文化增值税免征优惠,2018 年初至 2020 年底,都免征图书批发、零售环节增值税。② 2019 年 7 月,国家教育部办公厅发布支持高校校园实体书店的意见,强调校园图书店建设的重要意义,提出要充分调动各方面力量,打造开放多元、特色鲜明的校园实体书店。③ 2020 年 3 月,国家新闻出版署发布扶植出版物发行企业有序恢复经营的通知,指出要推进"降低实体书店运营成本"相关政策措施的落实。④ 中央层面的这些扶持政策不仅为实体书店发展指明了方向,更提供了有力的物质和条件保障。

(2)地方政府政策扶持

为了贯彻国务院扶植实体书店的部署要求,各省市秉持国务院传达的精神,共出台了近 20 份地方性扶持实体书店发展的实施意见。⑤ 比如 2016 年 10 月,四川省下发文件,鼓励实体书店强化"互联网＋"思维、积极由传统模式向新业态转变。⑥ 2016 年 12 月,安徽省制定实施意见,强调借助奖励、贴息、项目补助等形式,推进实体书店特色创新项目和中小型书店的革新转型。⑦ 此外,全国各地区还出台了近 20 项扶持实体书店发展的专项资金政策,以项目补助、面积补贴、

---

① 《关于印发〈新闻出版广播影视"十三五"发展规划〉》,http：//www.gapp.gov.cn/sapprft/contents/6588/350248.shtml。

② 《关于延续宣传文化增值税优惠政策的通知》,http：//www.chinatax.gov.cn/n810341/n810755/c3497821/content.html。

③ 《关于进一步支持高校校园实体书店发展的指导意见》,http：//www.gov.cn/xinwen/2019-07/25/content_5415100.htm。

④ 《关于支持出版物发行企业抓好疫情防控有序恢复经营的通知》,http：//media.people.com.cn/n1/2020/0319/c40606-31639834.html。

⑤ 《重磅! 2018 年国家及各省市实体书店最新政策汇总及解读》,https：//www.qianzhan.com/analyst/detail/220/180503-1d746aaf.html。

⑥ 《四川印发〈关于推进实体书店发展的实施意见〉》,http：//www.sapprft.gov.cn/sapprft/contents/6582/307809.shtml。

⑦ 《安徽省出台支持实体书店发展实施意见》,http：//www.gapp.gov.cn/sapprft/contents/6582/310701.shtml。

贴息、奖励等形式,给予书店资金扶助。如2015年11月,温州市提出,每年专门拨出300万元资助实体书店,每平方米用房每月补贴10～15元,书店的连锁扩张与设备更新同样有补贴。①

2020年初,新冠肺炎疫情爆发,各省市纷纷出台地方性关于助力出版物发行行业健康发展的相关政策法规。比如,北京市于2020年2月28日紧急发布助力北京市实体书店应对新冠肺炎疫情的通知,提出了"强化资金支持力度、加强服务保障力度、做好实体书店复工复产工作"等16项具体措施。② 江苏省新闻出版局于2020年3月16日发布通知,助力出版物发行企业持续健康发展以应对新冠肺炎疫情影响,提出"积极助推发行企业扩展网络销售渠道、突显出版物发行行业协会桥梁作用"等10项举措。③ 此外,新冠肺炎疫情期间,山东省、湖南省、吉林省等地均出台扶持举措,助推出版物发行行业复苏。

2. 经济环境(Economic)

(1) 国民经济平稳运行

2020年是我国全面建成小康社会收官之年,回想2019年,尽管国际环境复杂严峻,我国仍然实现了经济的持续平稳运行。我国在全面建成小康社会的道路上,取得了新的重大成就。④ 2019年按可比价格计算,我国国内生产总值为990 865亿元,较上年增长6.1%,达成6%～6.5%的预期目标;服务业飞速发展,第三产业增加值534 233亿元,增长6.9%,占国内生产总值的比重为53.9%;全国居民人均可支配收入30 733元,较上年名义增长8.9%;人均消费

① 《重磅! 2018年国家及各省市实体书店最新政策汇总及解读》,https://www.qianzhan.com/analyst/detail/220/180503-1d746aaf.html。

② 《关于应对新冠肺炎疫情影响　做好北京市实体书店扶持工作的紧急通知》,http://www.beijing.gov.cn/zhengce/gfxwj/202002/t20200228_1670353.html。

③ 江苏省新闻出版局:《关于应对新冠肺炎疫情影响促进出版发行企业持续健康发展的通知》,http://www.jssxwcbj.gov.cn/art/2020/3/17/art_4_66914.html。

④ 《中国经济再写新篇章(经济形势理性看)》,http://opinion.people.com.cn/n1/2020/0122/c1003-31559154.html。

支出 21 559 元,名义增长 8.6%,首次高于 2 万元。[①] 可见,2019 年我国经济总体运行状态良好,服务业增长势头较好,全国居民人均收入和支出稳定增长,为实体书店的发展提供了良好的经济环境。然而,新冠肺炎的爆发对我国经济社会发展产生了一定的冲击,带来了一些不利影响。2020 年 1—3 月份,国内生产总值为 206 504 亿元,同比下降 6.8%;全国服务业生产指数下降 9.1%,社会消费品零售总额 78 580 亿元,同比下降 19.0%;货物进出口总额 65 742 亿元,同比下降 6.4%。[②] 值得欣慰的是,在以习近平同志为核心的党中央的坚强领导下,我国疫情得到了有效控制,国内不同地区的各个部门都在协调防控疫情。得益于全国人民的一致努力和各项政策措施,企业复工复产进程加快,生产秩序和生活逐步恢复,国民经济运行有序,国民基本生活得到保障。疫情的影响是短暂的、可以控制的,我国经济社会必将再次平稳健康运行。

(2)数字经济发展迅速

2019 年 5 月,第二届数字中国建设峰会期间,中央网信办发布了 2018 年度数字中国建设的发展报告。报告显示,2018 年中国数字经济规模达到 31.3 万亿元,占据 GDP 的 34.8%;电子商务交易额为 31.63 万亿元,网络零售规模超 9 万亿元,网络支付用户规模达 6 亿;同时农业数字化转型进程稳步推进,互联网与制造业深度耦合,跨境电商零售进出口总额快速增长。[③] 数字中国建设取得重大进展,我国数字经济内生动力强劲,数字化新业态不断涌现。此外,截至 2018 年,全球 47 个国家数字经济规模总计 30.2 万亿美元,中国位列第二。[④] 数

---

① 《2019 年国民经济运行总体平稳　发展主要预期目标较好实现》,http：//www.stats.gov.cn/tjsj/zxfb/202001/t20200117_1723383.html。

② 《2020 年一季度国民经济运行情况新闻发布会》,http：//www.stats.gov.cn/tjgz/spxw/202004/t20200420_1739892.html。

③ 《国家网信办发布〈数字中国建设发展报告(2018)〉》,https：//baijiahao.baidu.com/s?id=1632779952713958335&wfr=spider&for=pc。

④ 《重磅!一文帮你看懂数字经济的影响!》,https：//baijiahao.baidu.com/s?id=1664230676418693578&wfr=spider&for=pc。

字经济俨然已成为全球经济增长的重要动力，发展前景不可估量。

3. 社会环境（Society）

（1）"全民阅读"蔚然成风

在全民阅读被正式提出后，"倡导全民阅读"接连三年被写入国务院政府工作报告。国家新闻出版广电总局于 2016 年 12 月，印发首个国家级"全民阅读"规划，提出到 2020 年，实现各式各样的全民阅读活动遍地开花、全民阅读氛围愈加浓厚、全民阅读理念广泛盛行[1]。随后，各级地方政府纷纷制定推动"全民阅读"工作的地方性法规，其开展了千汇万状、异彩纷呈的全民阅读活动。且众多"全民阅读"活动的开展依托于实体书店场所空间及其组织参与，盛况空前。比如，2018 年北京市 140 余家实体书店受益于政府资助，农村实体书店网点建设有序推进，全民阅读基础设施日趋完善，全年共举办 30 000 余场阅读活动，超 1 000 万人直接或间接参与其中，阅读"七进"工作成效明显。[2] 2018 年第四届浙江全民阅读节以纪念改革开放 40 周年为契机，以"八八战略"实施 15 周年为主线，图书销量达 6 万余册，成交额近 320 万元，同比增长 37.83%（其中纯图书销售额增长 44.4%，占比重 67.3%；教育文化产品的销售额占比 16.5%；文具文创销售额占比 15.8%）。[3] 由此可见，全民阅读风潮与实体书店互为依托，相辅相成，助推书香社会建设。

（2）书香社会氛围浓厚

2019 年 8 月，习近平总书记视察读者出版集团时指出："要增进阅读，创设书香社会，持续提升人民思想境界、增强人民精神力量，中华民族的精神世界就

---

[1] 《关于印发〈全民阅读"十三五"时期发展规划〉的通知》，http：//www. sapprft. gov. cn /sapprft /contents /6588 /311617. shtml。

[2] 《2019 北京全民阅读暨第九届书香中国·北京阅读季启动活动在京举办》，http：//www. cbbr. com. cn /article /128030. html。

[3] 《第四届浙江全民阅读节暨 2018 宁波书展·宁波读书节——走进新时代　同圆阅读梦》，https：//zgcb. chinaxwcb. com /info /126708。

能更加雄深雅健。"①继"建设书香社会"于 2015 年被首次写入国务院政府工作报告后,②全国各地区积极开展"书香"系列活动,营造书香社会已成为社会各界的普遍共识,各地书香社会建设也颇有成效。以北京为例,第八届书香中国·北京阅读季阅读盛典于 2018 年 12 月举办,同期发布了北京市居民年度阅读评估报告。报告显示"北京市全民综合阅读率为 93.48%,纸质阅读率 84.13%,数字阅读率 89.11%,高于全国平均阅读水平;北京市居民年度阅读文化消费支出达1 131.59 元,年均购买纸质图书花费 343.42 元"。③ 可以看出,以北京市政府为主导的社会各界力量的引领下,北京市居民已经基本养成阅读习惯,乐于参加社群阅读活动,北京市全民阅读实现了社会效益和经济效益并驾齐驱,值得其他地区汲取经验。

4. 技术环境(Technology)

2019 年 5 月,GSMA 发表的《智能连接:5G＋AI＋大数据＋IOT 如何改变一切?》一文指出,全球已有 79 家移动运营商宣布推出 5G 服务计划,5G 移动网络的部署为智能连接扫清了障碍,而物联网的迅速扩张和 AI 用途的扩展将持续深化智能连接的应用实践;同时物联网收集的现实数据将助力机器学习,进一步提高自动化水平,改进精准制造。④ 现今,5G、AI、云计算、大数据、物联网等高新技术日渐臻进,融合广度与深度不断加强,而 5G 的落实推广将彻底打破各类高新技术的区隔,使智能连接成为可能。超级互联网时代即将开启,为数字经济注入不竭动力,中国乃至全球各国的政治经济与社会生活的发展都会迎来深刻变革,智能时代终将来临。实体书店也会大大受益于高新技术融合发展带来的新

---

① 《要提倡多读书,建设书香社会》,https://www.chinaxwcb.com/info/555752。

② 百度百科:《书香社会》,https://baike.baidu.com/item/书香社会/16848064#viewPageContent。

③ 《〈2017—2018 年度北京市全民阅读综合评估报告〉发布》,http://www.cnr.cn/bj/jrbj/20181206/t20181206_524441579.shtml。

④ 《5G＋AI＋大数据＋IoT 如何改变一切?》,https://www.ofweek.com/ai/2019-05/ART-201721-8470-30382309.html。

发展机遇，实现数字化、智能化、颠覆式创新升级。

（二）实体书店发展现状 SWOT 分析

20 世纪 80 年代初，SWOT 分析模型由美国旧金山大学国际管理和行为科学教授海因茨·韦里克始创。[①] SWOT 分析模型以矩阵视图的形式，一一列出了与研究对象密切关联的内部优势、劣势及外部机会、威胁因素，并运用系统分析的研究方法将各因素相互匹配、加以分析，确认企业关键能力和关键限制，从而为决策咨询提供可借鉴的参考性建议。基于 SWOT 分析框架，依据实体书店发展现状，对实体书店内外部条件进行综合性评估，可以为实体书店提供符合其现阶段发展态势的营销模式转型升级的可行性方案。

1. 内部优势（Strengths）

（1）实地体验感较强

实体书店相比于网络书店最明显的差异、最不可取代的核心优势就是极强的实地体验感，消费者迈入书店大门的那一刻便已身处于书店为其构造的独特空间体验之中。别具一格的装修设计，考究有序的书籍摆放，优雅舒缓的音乐配置，热情友善的人工服务，都为消费者营造了静谧澄净、舒适惬意、具有浓重文艺气息的阅读氛围。许多实体书店还增设了咖啡厅、画廊、文创店、餐厅等区域，积极探索"书店＋咖啡厅""书店＋文创""书店＋艺术"等复合经营模式，提升消费者体验的同时，进一步烘托书店的文艺情怀。此外，纸质书籍的可观、可触、可感，也是线上购书、数字化阅读无法比拟的。

（2）图书质量较高

早在 2012 年新闻出版总署便通过研读党的十八大精神，明确了推进出版强国建设的新使命，而注重图书内容建设、提高图书质量、创作更多精品图书，就是缔造出版强国的根本途径。然而在图书市场竞争日趋激烈的形势下，图书质量

---

① 《SWOT 分析模型》，https：//wiki.mbalib.com/wiki/SWOT 分析模型。

良莠不齐,低俗读物和盗版书籍或是我国走向出版强国的最大阻碍。为大家所熟知的"童话大王"郑渊洁于 2019 年 2 月,实名举报了两家网上书店,它们利用网络交易、物流发货的方式,用远低于正版图书售价的折扣抛售盗版"皮皮鲁总动员"系列图书,此举严重侵犯了他本人的著作权。值得一提的是,郑渊洁先生曾被新闻出版总署授予"反盗版形象大使"称号,经有关部门调查,此盗版图书案件,竟然涉及 21 家出版社的 75 种图书,共印刷、售卖盗版图书 100 余万册,非法金额高达 1 000 多万元,因此被认定为网络购书风行的新态势下,侵犯著作权的特大型盗版图书案件。① 现今,盗版书猖獗于网络书店,尽管国家努力打击侵犯知识产权犯罪的行为,这类案件仍层见叠出、屡禁不止。盗版书籍不仅侵犯了著作者的知识产权,其错讹百出的内容、质量低劣的纸张和设计都会给消费者造成不同程度的危害,低俗读物则会影响青少年的身心健康。而实体书店拥有正规购书渠道,图书内容种类相对可控,在保证图书质量的同时,可有效抵制低俗读物、盗版书籍对消费者的侵害。

2. 内部劣势(Weaknesses)

(1) 运营成本居高难下

实体书店为获取人流量,主要取位于城市中心区域的繁华街道,然而高人流量也意味着高租金。2019 年下半年,全国 15 个重点城市的 100 条主要商业街的平均租金为 25.9 元/平方米·天,环比上涨 0.58%;一线城市中租金环比上涨的商业街占 74.1%,14.8%的商业街租金持平;二线城市中租金环比上涨的商业街占 70%。② 可见,店面租金对于实体书店来说,是一项不可逃避的沉重负担。与此同时,劳动力成本持续腾贵。2019 年全国城镇非私营单位就业人员年平均工资为 90 501 元,较上年增长 9.8%;城镇私营单位就业人员年平均工资为 53 604 元,较上年增长 8.1%;伴随文化事业和文化产业的快速发展,相关行业就

---

① 赖名芳:《揭下披着合法外衣"狼"的面具——江苏淮安"2·22"特大侵犯著作权案侦破纪实》,https://www.chinaxwcb.com/info/555307。

② 《2019 中国商铺租金指数研究报告(附下载)》,http://www.199it.com/archives/982987.html。

业人员平均工资增长较快,2019 年城镇非私营单位的广播电视电影和新闻出版业就业人员年平均工资分别增长 13.7％和 13.4％。[①] 除此之外,图书进价成本、空间布置成本、阅读活动与图书促销成本、税收负担等都束缚着实体书店维稳运营。

（2）图书品种有限

实体书店受限于地理空间,图书展示数量和种类有限,上架的每一本书都有一定的附加成本。正因如此,实体书店出于销售业绩方面的考量,会优先展示收益率高、销售量高的热门畅销书籍,图书种类也因此受限。网络书店则与之不同,消费者通过浏览网页便可获悉其所经营的图书种类,更可以借助页面分类栏、搜索栏,迅速找到目标书籍,了解书籍库存,这种展示方式不仅成本低廉,便利消费者查询书籍,更可以囊括成千上万个图书品类。以当当网为例,2018 年当当网在售图书高达 500 万种,致力于图书全品种经营。[②] 因此,相较于实体书店,网络书店在图书种类与数量、图书展示成本方面占据绝对优势,是中小型实体书店无法企及的。

（3）图书折扣力度小

网络书店和实体书店最关键的区别在于图书售价的差异,图书作为商品,不可避免地会受到价格规律的影响。线上书店 2018 年的整体售价折扣为 6.2 折,2019 年折扣力度进一步加大,下降至 5.9 折;与此同时,实体书店渠道的售价折扣为 8.9 折。[③] 可以看出,网络书店折扣力度强于实体书店,线上书店图书价格远低于实体书店价格,进而影响实体书店图书零售业绩。2017—2019 年纸质图书零售交易中,文教书、儿童书成交额占比较大,且成增长趋势;文学书、社科

① 《城镇单位平均工资稳定增长》,http：／／www.ce.cn／macro／more／202005／16／t20200516_34918749.shtml。

② 《2018 中国图书阅读市场专题分析》,http：／／www.199it.com／archives／732353.html。

③ 《2019 中国图书零售市场报告》,http：／／www.199it.com／archives／997065.html。

书、经管励志书紧随其后。① 值得关注的是,网店渠道中,心理自助类图书折扣力度最大,低至 4 折;学术文化、少儿类图书折扣为 5~6 折,文学教育类图书折扣为 6~7 折。② 网店渠道各类图书售价折扣与各类纸质图书售出数量呈正相关。单纯从价格差异来看,消费者更可能选择网络书店购书,而实体书店被图书进价限制,无力与网络书店展开价格竞争。

3. 外部机会(Opportunities)

(1) 公共数字文化建设

国家文化部于 2017 年 7 月,制定助推公共数字文化建设的规划。用公共数字文化服务云平台为依托,广泛使用线上线下互动服务模式;鼓励使用虚拟现实、增强现实等技术,创设互动体验空间;优化升级数字文化资源库群。③ 文化和旅游办公厅于 2019 年 4 月,制订助推公共数字文化工程励精更始的实施方案,提出创建公共文化大数据平台、拓展资源传输渠道④。实体书店作为公共文化建设的重要组成部分,有关助推公共数字文化构建的政策方针,必将惠及实体书店革新升级,为实体书店数字化建设搭桥铺路。

(2) 高校校园书店建设

国家教育部办公厅于 2019 年 7 月,制定了扶植高校校园实体书店建设的指导性意见,着重强调了校园实体书店对于高校文化设施和精神文明建设的重要性,提议所有高校在校园建设总体规划中,纳入校园实体书店,以协助大学生创业引领计划的推行,推进校园实体书店信息化管理的加强。⑤ 当前,全国现有高

① 《2019 中国图书市场报告(附下载)》,http://www.199it.com/archives/987654.html。

② 《2019 中国图书零售市场报告》,http://www.199it.com/archives/997065.html。

③ 《关于印发〈文化部"十三五"时期公共数字文化建设规划〉的通知》,http://www.ndcnc.gov.cn/shifanqu/fagui/201803/t20180312_1378404.htm。

④ 《公共数字文化工程融合创新发展实施方案》,http://www.scio.gov.cn/xwfbh/xwbfbh/wqfbh/39595/40355/xgzc40361/Document/1653910/1653910.htm。

⑤ 《教育部办公厅关于进一步支持高校校园实体书店发展的指导意见》,http://www.moe.gov.cn/srcsite/A03/moe_1892/moe_630/201907/t20190724_392124.html。

等院校的数量是 2 956 所,包括 2 688 所(含独立学院 257 所)普通高等学校和 268 所成人高等学校。① 不但为实体书店入驻校园提供了诸多高校资源,更为校园书店的发展创造了巨大的空间。高校可对校园书店的场地租金、日常运营等方面的费用,给予适当优惠,以保证书店的长效运营。校园书店也可为高校学生提供勤工俭学岗位,与高校互惠互利。

(3) 5G 技术的加持

2019 年 11 月 21 日,首届"世界 5G 大会"如期举办,工业和信息化部副部长陈肇雄表示,"5G 发展进入应用推广的关键阶段"。华为公司轮值董事长徐直军表示,中国 5G 物理站址的数量超 300 万,中国拥有完整的终端产业链,许多地方政府出台了扶持 5G 发展的市场化措施。② 5G 时代脚步加快,5G 技术应用推广的实践有着坚实的基础。基于 5G 超稳定、高速度、低能耗、低时延的特点,实体书店不仅可以强化与顾客间紧密互动,还可以利用 AR、VR 等技术为顾客提供高质量沉浸式体验,更可以准确细分顾客群,了解顾客消费需求导向。

(4)"新基建"的东风

2018 年 12 月,5G、人工智能、工业互联网、物联网等技术在中央经济会议上,被首次定位为"新型基础设施建设"技术领域;2019 年政府工作报告纳入了助推新一代信息基础设施建设的规划。2020 年 3 月,加快新型基础设施建设(以下简称新基建)被中共中央政治局常务委员会、工信部所召开的会议多次强调。在党中央的紧密部署下,新基建迎来风口,截至 4 月中旬已有 13 个省市区发布了 2020 年新基建相关重点项目投资计划,其中 8 个省份计划总投资额共达 33.83 万亿元。③ 2020 年 4 月 20 日,国家发改委对"新基建"的概念做出权威解

① 《2019 年全国高等学校名单》,http：//www.moe.gov.cn /jyb_xxgk /s5743 /s5744 /201906 / t20190617_386200.html。

② 《5G 发展进入落地关键阶段　全球电信运营商积极布局》,https：//baijiahao.baidu.com /s?id= 16508207563957 54325&-wfr= spider&for= pc。

③ 《新基建,是什么?》,http：//www.xinhuanet.com /2020 - 04 /26 /c_1125908061.htm。

读,新基建是基于信息技术和高质量发展需求的新型发展理念,依托于技术创新驱动,以提供数字转型、智能升级、融合创新等服务为目的的基础设施体系。[①] 5G、大数据、人工智能等新技术在抗击疫情过程中,发挥了巨大作用,也推动了新基建的兴盛。以高新技术为发展基础的新基建,无疑是刺激我国经济增长的新动力,能够有效缓解疫情引发的经济下行压力。"新基建"东风有助于实体书店步入数字化转型阶段,实体书店即将迎来创新升级的重大机遇。

4. 外部威胁(Threats)

(1) 数字阅读盛行

据《2019 年度中国数字阅读市场研究报告》显示,2019 年我国数字阅读用户规模达 7.4 亿人,同比增长 14%;数字阅读用户使用频率较高,近四成用户每天多次使用数字阅读;37.2%的数字阅读用户单日阅读时长为 30～60 分钟,21.8%的用户阅读时长为 1～2 小时。[②] 数字阅读正在悄然改变许多人的阅读习惯。不但如此,针对国民阅读情况的报告显示,2018 年我国 76.2%的成年国民接触过数字化阅读方式,同比增长 3.2%,图书阅读率为 59%,基本持平;纵观 2008 年至 2018 年间的数据,我国成年国民数字化阅读方式接触率由 24.5%增至 76.2%,涨幅较大;而有关国民倾向的阅读方式的研究发现,38.4%成年居民倾向于"纸质阅读",同比下降 6.7%;40.2%成年国民倾向于"手机阅读",同比增长 5.1%;而倾向于"网络在线阅读"的成年国民占比 12.8%,倾向于"数字阅读器阅读"的成年国民占比 7.7%。[③] 显而易见,2018 年倾向于数字阅读方式的成年国民所占比重较大,为 60.7%;纸质阅读意愿小幅度下降且占比重较少。综上所述,数字阅读通过改变国民阅读习惯,给实体书店带来了前所未见的巨大冲

① 姜慧梓:《"新基建"包括哪些领域?国家发改委权威解读》,http://www.bjnews.com.cn/news/2020/04/20/718855.html?from=timeline&isappinstalled=0。

② 《2019 年度中国数字阅读市场研究报告》,http://www.bigdata-research.cn/content/202001/1065.html。

③ 中国新闻出版研究院:《第十六次全国国民阅读调查》,http://www.199it.com/archives/868955.html。

击，而随着数字阅读方式的不断革新，实体书店的发展道路将愈加艰险，道阻且长。

（2）网络书店挤压

随着网购市场发展的日益成熟，2012—2018年中国线上图书市场规模逐年扩大，2018年市场规模达573亿元；线上图书零售额占比持续上涨，由28%增至64.1%；同时实体书店图书销售额占比逐年下降，由72%减至35.9%。① 2018年图书网上销售渠道对图书零售市场增长的贡献率为125.7%，图书实体书店销售渠道的贡献率为−25.27%。② 可以看出，网络书店已经成为拉动我国图书零售市场增长的决定性力量，而实体书店的表现堪忧。与此同时，网络书店为顾客提供的购书便捷性、选书多样与丰富性，大大改变了顾客的消费习惯与消费方式。另外，网上书店不受限于任何时间、地点和空间的束缚，这些显著优势都是实体书店无法比拟的，严重挤压了实体书店的生存空间。

（3）新冠肺炎疫情冲击

2020年初，突如其来的新冠肺炎疫情席卷全国，众多行业陷入停摆状态。出版发行领域的多个环节受到冲击，出版社的内容创作、生产印制、线下销售渠道陷入困境，使原本就勉力维持的实体书店内外交困，如履薄冰。据《疫情笼罩下的实体书店呼声——超千家实体书店问卷调查分析报告》可知，全国各地区1 021家中小型实体书店中，90.7%的书店被迫停止营业，数量为926家；98.14%书店的主营业务是图书，59.26%书店的主营业务是文具文创，19.29%书店的主营业务是场地租赁，16.26%书店的主营业务是餐饮；同时91.97%的实体书店在疫情爆发严重期间，几乎没有任何收入。③ 由此可见，参与调查的1 021家中小

---

① 《2019中国图书市场报告（附下载）》，http：//www.199it.com/archives/987654.html。
② 《2018年中国图书零售市场现状与发展前景　线上销售拉动行业稳定增长》，https：//www.qianzhan.com/analyst/detail/220/190213-36304bc7.html。
③ 曾锋、孙谦：《疫情笼罩下的实体书店呼声——超千家实体书店问卷调查分析报告》，https：//mp.weixin.qq.com/s/LRY46nywNV-v4kERtGUaaQ。

型实体书店主营项目单一,对作为主营品种的图书,依赖性高。尽管现在新冠肺炎疫情已经得到有效控制,但它所带来的一系列连锁效应仍在发酵,实体书店发展前景堪忧。

四、细分市场,明确目标消费者

(一) 细分市场,明确目标消费者

施行任何营销手段的基石是明确消费者需求,而识别现有消费者和潜在消费者,就必须通晓消费者的需求。如日本茑屋书店的目标消费者是拥有高品位、高信息敏感度的成年人,所以这类人不会轻信广告,而是基于自身的独立思考做出判断、表达见解,于是茑屋书店采用了把普通推销员替换为专家级导购的策略。"整合营销之父"唐·舒尔茨依据消费者行为,提出利用"聚合法"划分消费者。现有消费者是指正在使企业获取经济利益的消费者,也可进一步细分归类为高购买量或高利润率的消费者与偶尔购买或低利润率的消费者;潜在消费者可分为竞争对手消费者和新兴消费者,竞争对手消费者是指那些徘徊犹豫、举棋不定于本企业产品和其他企业产品间的人,可以细分为忠诚于竞争对手的用户与已往行为表现摇摆不定的用户;新兴消费者是指刚接触某一品类产品,拥有消费潜力,还未与任何竞争对手建立强有力联系的人,可能他们有着特定的信息需求,并且需要以不同于企业已经建立的触及消费者的途径渠道去接触他们。[①]

而划分消费者的途径,便是借助大数据技术采集、存取、处理、分析、挖掘相关数据,主要分为以下四个步骤:一,收集现有消费者和潜在消费者的历史行为和交易数据、地域/人口统计数据、心理统计数据、满意度调研报告、客户服务报告、辛迪加数据等数据信息;二,把接收的数据导入数据库并执行流式运算指令;

① [美]唐·舒尔茨,海蒂·舒尔茨:《整合营销传播:创造企业价值的五大关键步骤》,北京:清华大学出版社,2013年,第78页。

三,统计分析并分类汇总所存储的海量数据;四,基于各类算法,实现高级别数据分析需求。[1]

实体书店可能无法独自完成上述操作,但可以和专业大数据分析公司或平台合作,实现对阅读市场的细分与消费者行为的深度分析。

（二）打造独特场景体验空间,创新场景体验营销

场景是具有美学意义的符号空间,场景营销就是要以具有符号内涵的场景为基础,借助各式各样的方法吸引消费者进入场景、留存消费者使其沉浸场景、鼓励消费者分享场景并最终实现变现场景的过程。[2]为了使消费者全身心沉浸场景,有必要满足消费者的感官体验需求,满足消费者的休闲时尚需求与情感需求,使消费者对场景文化意涵产生享受与认同。本文将场景理论与体验理论相结合,融入身体消费理论,创新场景体验营销。

1. 美化空间设计,营造书香场景

实体书店作为具有物理结构的实体空间,有着固定场所和明确边界,物理属性是其基本属性。因此,进行场景营销的第一步便是以空间为媒,从感官体验着手,美化书店空间设计,聚焦于丰富的场景元素运用,营造书香场景。实体书店中书籍摆放和书架陈列、设施材质、灯光色调、音乐类型、装修风格的搭配组合,可以调动消费者多重视听与触觉感官,为消费者塑造沉浸式场景体验。

（1）空间形态

通过对空间形态的审视,给予消费者视觉美感,驱使消费者心理和情绪的改变。比如上海钟书阁(松江区泰晤士小镇店),整栋建筑为砖红色欧式洋楼,与泰晤士小镇其他建筑融为一体。外墙是玻璃式结构,印满字母、公式等内容,形成黑板画式样,给人以强烈视觉冲击感。店内采用"藏书阁＋图书馆"风格布列图

---

[1] ［美］唐·舒尔茨,海蒂·舒尔茨:《整合营销传播:创造企业价值的五大关键步骤》,北京:清华大学出版社,2013年,第36页。

[2] 李康化:《文化市场营销学》,北京:中国人民大学出版社,2018年,第145页。

书,无论是天花板、墙面,还是玻璃地窗下都放置书籍,满目所见,皆为书籍,仿佛步入了书的海洋。二楼阅读区建有半拱形结构的高顶,整体以白色为主,给人以神圣感,仿佛置身知识殿堂。露台也为消费者提供了极目远眺的安静之所,整个阅读空间充溢着书香情调。钟书阁具有美学意涵的空间设计,不仅为消费者打造了独特的阅读休闲场景,也为消费者提供了拍照打卡的留念景点,满足消费者身份认同需求和对符号价值的追求。

再如诚品书店(高雄大远百店),用"知识港口"作为设计理念,以黑、白、酒红色为主色调,富有层次感的高大空间作为中庭,透明的玻璃窗和白色的背景墙营造出强烈的空间感,走道两侧九米高的梁柱整齐排列,通过序列性排布的柱式形态,给人以神圣庄重之感,生成象征性的情感符号,激发消费者的联想、回忆、深思,传达书店魅力的同时,引发消费者心灵深处的遐想。[1] 随着消费者对书店空间的不停探索,逐渐形成对书店的最终印象,因此按照美学规律划分不同功能区,浏览路线的巧妙安排促使消费者浸入场景。实体书店入口空间、阅览空间、休憩空间的设计,在保留独特风格、调动消费者视觉感官的同时,应注重书店空间的序列性和通道流线的舒适性,各个功能区应该有衔接、有区分度,使书店空间连贯且循序渐进,为消费者提供便利舒适、高效合理的浏览体验。

(2)设施材质

形形色色的器具有着方圆殊趣的材质,带给人们迥然不同的心理感受。厚重的材质给人坚实牢固、可依靠的感觉,粗糙的材质给人素朴沉古、自然朴实的感觉,光滑的材质给人线条柔和、流畅飘逸之感,石材给人质朴沉稳之感,玻璃的冰冷透明给人轻巧脆弱之感,金属的冷峻坚硬容易使人产生距离感,木材给人亲切温暖之感,象征着自然的回归。[2] 书架作为陈列书籍的重要载体,在材质选择上应考量是否符合书店空间整体风格,能否给予消费者舒适感、时尚感或设计

---

[1] 张娟:《基于情感体验的实体书店空间设计研究》,北京:北京理工大学硕士论文,2015 年,第 31 页。

[2] 同上,第 29 页。

感。同时书架的大小、高矮、位置，甚至是放置密度，都会影响消费者的阅读体验，都需满足便于消费者取阅放还的基本要求。此外，消费者休憩的沙发、座椅的材质和高度、宽度、长度，都会从视觉和触觉上影响消费者的体验。因此，实体书店大都选择亲和力较强的木质书架，舒适度较高的材质柔软的沙发座椅。

（3）音乐配置

《黄帝内经》曾指出，"故音乐者，所以动荡血脉流通精神和正心也"，而现代音乐汇融了医学、心理学、护理学等，形成了音乐疗法。当音乐连结人的思维、遐想、记忆、想象力等引起情绪共鸣的各种因素时，就能够唤起人们的内心情感；在音乐情态的诱发下，自然赋予人们的情感特性被唤醒，审美主体的情绪得到释放与宣泄，从而强化了人的乐观心态、消解了悲观情绪的桎梏。[①] 舒缓雅致的音乐配置，能够给予消费者舒适惬意的听觉享受，使消费者放松身心，融入其中。以星巴克为例，店内时常播放美国乡村音乐、爵士乐和钢琴独奏，正好迎合需要精神放松的白领阶层，为人们提供了一个独自享受、随意欢笑的空间，感受有着相同人生情调及社会价值观的文化体验。实体书店亦可根据目标消费者的特性，为其播放旋律或悠扬、或婉转、或舒缓、或优柔、或明快、或欢畅的音乐，与书店氛围相映成趣，让消费者更惬意地畅游于书海。

2. 连结周边社区，激活社区场景

"场景激发了人类居住栖息之所的意义，某个生活场所是否具有吸引力是由其所能塑造的特定生活方式决定的。"[②]氛围和谐、具有吸引力的社区是能够引发他人共鸣，诱人驻足停留的场景空间。不论实体书店选址何处，必然与周边服务设施具有相似性特征，而周边社区群体的消费习惯与周边服务设施最起码在经济水平层面具有一致性，所谓经济基础决定上层建筑，社区整体的文化价值取向也有一定相似度。实体书店通过为社区公众提供阅读空间、书籍购买，甚至书

---

① 卢银兰、赖文：《近 20 年来音乐疗法的研究概况》，载《上海中医药杂志》2002 年第 1 期，第 46 页。

② ［法］鲍德里亚：《消费社会》，刘成富、金志刚译，南京：南京大学出版社，2014 年，第 192 页。

籍借阅等服务,引导社区公众热爱阅读、习惯于纸质阅读;与社区负责人讨论,举办社区文化类或教育培训类活动,建立互动空间便于社区邻里的交流,激活社区生活网络的节点,成为社区公共文化服务的载体,实现双赢局面。打造文墨书香、志趣高雅的文化氛围,塑造风雅惬意的生活方式,激活社区场景。互联网电商当当针对图书层级要求不高的大众群体,推出实体书店"当当书吧",主要选址于超市、县城等小型社区,平均面积100~300平方米,当当书吧于2016年为当当实体书店创收了80%的销售额。① 上海大隐书局与社区图书馆合作,社区居民凭借社区图书馆借阅卡到大隐书局直接借书,社区图书馆付费;同时大隐书局为社区图书馆提供管培业务、托管运营服务,从中获取收益。"书店+社区"的运营模式有很多,而如何结合书店自身特点和社区公众需求,为周边社区提供特殊化服务,是该模式成功与否的关键。

3. 数字技术升级,构建数字场景

当实体书店生存空间被线上书店挤压而开通线上销售渠道以谋求发展时,亚马逊、当当、京东等大型电商平台纷纷转战"线下",开设实体书店,开启"线上+线下"融合售书模式。不过,与普通实体书店不同的是,电商平台旗下实体书店传承了其深厚的互联网基因。以亚马逊实体书店为例,按照亚马逊网站评论过万、被加入心愿单最多、评分最高、Kindle用户阅读数据等指标,进行书目分类。"线上+线下"共构消费场景似乎成为大势所趋。

此外,5G技术的高速率、低时延、低功耗等特质,为实体书店构建数字场景创造了新机遇。VR技术制造的沉浸式体验,借助声、色、光、影综合呈现技术,为体验者制造了人机交流的私密空间和完美的视听盛宴,体现了对身体要素的重视,释放了体验者身心。但是目前VR视频的清晰度普遍不够,由于VR视频制作过程非常复杂且受限于3G、4G网络的低带宽和高延迟,致使沉浸感体验比

---

① 刘蓓蓓:《当当如何做到:开百余家实体书店没亏损》,载《中国新闻出版广电报》2017年8月7日。

较差。在 5G 通信技术的支持下，VR 技术将迈向更高的发展阶段。全国首家
"5G 智慧博物馆"于 2019 年 5 月正式亮相，湖北省博物馆已经实现了全馆覆盖
5G 网络，并使用 5G 和虚拟现实技术，植入了 VR 游戏；通过 5G 网络，体验者可
佩带 VR 眼镜和两只手持手柄，一秒穿越回到战国时期，进行虚拟编钟敲击。[1]
湖北博物馆对 5G 技术的应用仅仅是 VR 技术和其他高新技术相结合的开始，
"云计算＋VR"可以摆脱用户端依赖高性能设备的问题，通过云端连接，直接在
云端运行 VR 应用；用户也无须终端设备处理视频音频，就能够直接接收云端编
码压缩后的音视频信息，VR 内容和渲染都通过云端处理，极大减少对用户终端
硬件性能的要求。[2]

4. 融合 AI 技术，构造智能场景

人工智能技术作为新基建的重要领域，是构造智能社会、智能生活，实现我
国经济新增长的基础。通过智能机器人节省人力成本，实现了新冠肺炎疫情的
高效防控。深圳 5G 机器人义警和警用巡逻机器人在高铁站、高速公路等交通
地点，分别执行疫情宣传和巡逻任务；优必选科技的三款防疫机器人入驻医院、
学校、办公楼，助力复工复产。[3] 实体书店利用人工智能技术，塑造智能场景，并
非遥不可及的愿想。

阿里无人酒店、银行智能机器人，都为实体书店运用人工智能技术，提供了
新思路。书店入口空间可放置智能机器人与进店消费者即时沟通，带给消费者
新奇体验，也可为消费者答疑解惑、宣传优惠活动、办理会员卡等。同时，还可利
用智能机器人，提供书目查询服务、统计客流。鉴于许多书店增设了咖啡厅、茶
室、酒吧、餐厅等区域，送餐机器人便可发挥作用。此外，部分书店的消费者在美

---

① 刘天纵：《全国首家"5G 智慧博物馆"亮相》，《湖北日报》2019 年 5 月 1 日。

② 凡麦资本：《5G＋VR：智能教育文娱的无限想象空间》，2018 年 8 月 30 日，https：//baijiahao.
baidu.com/s?id=16101397273729586998-wfr=spider&for=pc。

③ 《优必选科技聚焦"新基建" 加速人工智能落地和人才培养》，http：//www.chinanews.com/it/
2020/05－25/194282.shtml。

团 App 上反映,书店所售饮品味道不如人意,由此显示出,部分书店增设咖啡厅、餐厅等徒有形式,未能尽善尽美。而机器手臂可以完成咖啡制作、调酒等工作,可精准调配绝佳口味。人工智能机器人不仅能承担大量内容简单的重复性工作,节省人力成本,更能予以消费者新鲜感、新奇感、智能体验感。

(三)借助社交媒体平台,创新社群营销

随着互联网的发展,社群已跨越地理限制,良好的社群营销能迅速且精准地传播企业讯息,间接增强企业影响力,从而达到提高产品销量的目的。而网络为社群注入非同一般的活力和发展空间,社交媒体也为创建社群、运营社群提供了广阔平台。依据马斯洛需求层次理论,一旦满足了人的生理和安全需要,他们便会转向社交需求,渴望从与他人的相处和联系中,找到归属感和认同感。实体书店应灵活运用微信、微博、抖音等社交媒体平台,吸引流量、留存流量、变现流量。

微博作为社交媒体平台,利用互联网低准入门槛、快速的信息流、较小信息壁垒的特性,为用户提供了分享交流的平台、获得资讯的平台。还通过点赞、转发、评论等功能激发用户的主观能动性,同时通过微博超级话题、微群等形式,让用户找到归属感和存在感。抖音短视频的动态内容突出重点,带给受众多重视听刺激,通过点赞、转发、评论形成互动,抖音的直播功能也增强了抖音的变现能力。微信实现了强人际关系的网络社交,微信群、公众号、朋友圈都可作为社群运营的主阵地。实体书店开设微博账号、抖音账号,虽不能像头部用户一样,吸粉无数,但可借助两平台扩充知名度,将粉丝引流到微信群。同时,书店可通过线下销售渠道,允诺消费者不定时发布优惠活动,引导消费者添加书店微信企业账号或加入书店微信群。将消费者引流到微信平台后,便开始社群运营维系的步骤。首先书店应该选择管理能力和沟通能力较强的店员或店长,作为微信群的管理员,及时与群成员沟通、解决群内矛盾。其次,加强成员黏性。除了不定期发布优惠活动信息,书店应该定期为成员推送丰富充实的多样内容。如每周

主题打卡，满足成员分享、想要受到关注的需求，或不定期抽奖，赠送店内文创产品或热门书籍。上海读者书店以发红包形式，奖励手气最佳者到店免费赠饮品，引导成员线下消费。再次，书店可以图片、视频、漫画、动画、推文等形式，选定立意新颖、贴合成员特性、融入成员生活、工作的主题，触发成员情感共鸣。另外，书店微信官方账号可通过朋友圈，定期发布特色内容与优惠信息，上海读者书店每天都会以图片形式，发布摘自《读者》杂志的名言警句，宣传《读者》杂志的同时，强化消费者对书店的记忆。

（四）丰富特色活动形式，创新活动营销

活动营销是基于策划周密且明确的主题，以单个或一系列活动为载体的营销活动，它可以产生轰动效应，并且具有较强新闻价值以确保品牌的有效传播和产品销售的增长，企业得以推广品牌或实现销售量的增长。[①] 互联网和社交媒体的产生，为实体书店打通了网络活动营销渠道，"线上＋线下"双渠道展开活动营销，对于实体书店大有裨益。

1. 线上活动营销

互联网为实体书店线上活动营销开辟了广阔的发展空间。书店可借助微信群、微博群、抖音直播等形式，举行线上图书导读、读者分享等活动，在哔哩哔哩视频的学习区上传专家讲座、知识讲座视频。值得一提的是，"书店＋盲盒"的售卖形式异军突起，多家书店开启"图书盲盒"。然而，有些书店从中获益，有些书店销售惨淡。究其根源，部分书店利用名人效应，推出"李彦宏书单"盲盒，或借助网红主播流量。因此，图书盲盒除却名人效应并不具有吸引力，部分书店打着盲盒名号，清理库存，不能形成卖点。

若要打破僵局，就要从盲盒内容着手。玩偶盲盒最大的吸引力在于每套玩偶制作精美，全凭运气抽取常规款、稀有款、隐藏款，激发了消费者的好奇心，利

---

① 欧阳国忠：《大活动　大营销（第二版）》，北京：清华大学出版社，2015 年，第 2 页。

用了消费者的猎奇心态和赌徒心理,甚至诱发必须集齐整套的收藏癖,容易成瘾。"书店＋盲盒"可分为"图书＋盲盒"与"文创产品＋盲盒"。"图书＋盲盒"可按分类放置精装版书籍、热门书籍、签售书籍、绝版书籍等,选择对于消费者价值度较高的书籍,才能提高盲盒吸引力。"文创产品＋盲盒"首先要保证文创产品的精美,猫的天空之城主营文具用品与文创产品,其推出的设计师款扑克牌、复古胸针、原创图案拼图、猫咪书签和书夹、纸胶带、冰箱贴等,都具有不同程度的吸引力,主营图书的书店也可设计独特、精美的文创产品,而不是局限于只带有品牌印记的文具、水杯。确定盲盒内容后,可通过微信小程序开设商城,进行线上售卖,收获一定热度后,增设线下购买渠道。

2. 线下活动营销

当前实体书店开展的线下活动,大多集中于作者签售会、读者分享与交流会、专家专题讲座、小型展演或新书导读等活动,具备一定的多样性,但未能与社会形成广泛联系,活动影响力不足,成效不够显著。星巴克的活动营销方式,值得借鉴。星巴克把容易引发社会广泛关注、同品牌产品相关度高且具有强烈新闻价值和轰动效应的公益事业作为活动主题。星巴克在"Eothos水为中心"的活动中,用"每杯水都意味着不同"作为宣传标语,每当顾客购买一瓶水,星巴克都会捐赠5美分支持世界饮用水工程,涓流成河,帮助世界各地儿童获取纯净的饮用水;再如星巴克发起的"自带咖啡杯"活动,为鼓励顾客自备咖啡杯,给予他们适当的价格优惠,以此号召顾客减少使用一次性用品,维护地球资源环境。[①] 星巴克倡导的活动,具有极高的参与度,每位消费者都能参与其中,且带有公益属性,拉动线下消费的同时,使消费者拥有获得感、满足感、社会责任感,触动消费者深层情感。更为重要的是,提升了品牌知名度、美誉度,是较为完美的活动营销案例。实体书店亦可选择与图书、文创产品相关度高、话题性强、新闻价值高的活动主题,开展公益性活动。如大隐书局(上海)携手永和文化与海银公益,于

---

① 邢峥:《体验营销——星巴克的咖啡之道》,载《商业经济》2009 年第 14 期,第 127—128 页。

2020年"六一"儿童节即将到来之际,鼓励上海市市民,为贵州省务川县石朝乡6~15岁儿童捐赠闲置书籍,改善贫困地区孩童阅读情况。[①]

(五)培育书店品牌基因,创新品牌营销

本文依托品牌基因理论,以宏观、多维度视角剖析实体书店的产业、文化、环境、服务品牌基因,从而对实体书店品牌营销进行系统化阐释,提升书店品牌价值,确立系统完善、理念先进的品牌战略,实现实体书店品牌营销的创新升级。

1. 壮大产业品牌基因,提升书店品牌价值

(1)坚持政府主体引领,加强市场监管

近些年,中央及地方政府均出台多项扶植实体书店发展、助推实体书店转向新业态的政策法规,给予实体书店专项资金、税收减负等物质性扶助,引领实体书店适应互联网时代,创新经营模式,并把实体书店纳入城市文化基础设施建设,保证实体书店基本生存空间。而实体书店得益于政府的大力扶持,逐步革新,开启复合经营模式,开通线上销售渠道,设计文创产品,努力与网络书店抗争,消解数字化阅读的压迫。

然而,线上书店和数字化阅读极大地压缩了实体书店的生存空间,纵使实体书店坐拥政策扶植,依然难与其抗衡,实体书店似乎陷入"必然衰败"的绝境,只能任人宰割。网络书店的超低折扣,实则为恶性竞争,单纯依靠市场调节,已经无法保证图书市场的良性发展。德美法等国规定,新书要先在实体书店出售,在此期间不允许网上书店出售电子或纸质版新书;日韩两国设定了最低图书折扣,限定销售价格不得低于成本价,有效避免了恶性竞争。[②] 与其继续耗费财力物力鼓励实体书店革新,不如加强对图书价格、盗版书籍的监管,限定最低图书价格折扣,从源头上解决实体书店无力与网络书店抗衡的问题。

---

① 《书香贵州　让爱不再闲置|大隐·公益》,https://mp.weixin.qq.com/s/rlBxjtImD‐KAYCj2BxhLOQ。

② 张抗抗:《有关保护实体书店生存的再次提案》,http://lianghui.people.com.cn/2013cppcc/n/2013/0303/c357111‐20659078.html。

（2）依托文化旅游业，提升品牌知名度

如今，文旅融合正稳步迈向高质量发展，业态创新的步伐倍道兼进。各地秉持"宜融则融，能融尽融，以文促旅，以旅彰文"的准则，增进文化和旅游深度耦合。全域旅游已成为热点，当前我国构建了包含文旅融合创新发展型、旅游扶贫富民创新发展型、景城共建创新发展型、景区带动创新发展型、生态依托创新发展型、休闲度假创新发展型、资源转型创新发展型、边境开放开发创新发展型的71个国家全域旅游展区，寓教于游的研学旅游也备受青睐。[①] 国家统计局数据显示，2019年我国全年国内游客60.1亿次，较上年增长8.4％；国内旅游收入57 251亿元，增长11.7％；入境游客14 531万人次，增长2.9％。[②] 可见，文化旅游业发展前景广阔。我国各省市的文化旅游资源丰富，实体书店多位于各地区的核心商业街或繁华商圈或处于热门景区内，获取高人流量的同时，易得到游客的关注。现今，实体书店均注重内部装修，颇具设计感，若能把实体书店纳入各地区全域旅游范围，设定精品旅游路线，定能增加实体书店客流量与品牌知名度。另外，实体书店可与组织研学旅游的教育机构和旅游机构合作，为接待相关旅客，增设特色项目。依托文化旅游业，借助多元旅游模式，是助力实体书店提升品牌知名度的重要途径。

2. 凝聚文化品牌基因，彰显书店文化魅力

文化是实体书店区别于网络书店的精神内核，文化品牌基因是实体书店品牌的灵魂导向。城市文化基因与实体书店文化品牌基因，枝附叶着，息息相通，相得益彰。就建筑文化来说，实体书店与其所在区域的整体建筑风格如出一辙，并融合所在区域人文特质。上海钟书阁（松江泰晤士小镇店）延续泰晤士小镇欧式别墅风格，融合泰晤士小镇的英伦风情，建造别具一格的玻璃印花外墙。就书店内部设计来说，四川钟书阁（成都店）构造了融合川剧脸谱、宽窄巷子、熊猫等

---

① 《2019年文化旅游的十大关键词》，http：//www.ccitimes.com/index.php? m＝content&c＝index&a＝show&catid＝70&id＝19390.

② 《2019年国内游客量达60.1亿 国内旅游收入57 251亿元》，http：//travel.people.com.cn/n1/2020/0229/c41570－31610659.html.

元素的空间幕墙，以成都特色"竹子"作为书架填充空间，地砖仿制"竹笋"形状，空间布局彰显蜀文化元素。①

实体书店还应融汇所在区域文化特征于特色业务拓展中，突显自身不拘一格的文化魅力。"衡山·和集"（上海）书店，融汇衡山路附近的徐家汇电影、上海怀旧情怀等文化元素，囊括文化、时尚、艺术要素。衡山书店由四栋法式洋房组成，分别为 The Red Couture(女装概念店、高级时装实验馆)、Mr. Blue(男装生活博物馆)、My Black Attitude(YNOT 概念商店、实验生活馆、独立设计师概念馆)和 Dr. White(电影主题区、杂志主题区、杂志博物馆)，该集合体验空间是混合了书籍零售、杂志销售、博物馆藏、视听衍生品、咖啡休闲、服饰时尚的集合体验空间。② 衡山书店突破了实体书店的想象空间，缔造了汇集书籍、生活、休闲、时尚的前卫销售理念。

3. 重视环境品牌基因，构建深厚人文环境

作为城市文化地标的实体书店，承载着每个城市独特的精神文化与文化情怀，不仅有利于城市文化市场的繁荣，更有利于城市人文环境的塑造。以实体书店为载体，开展的各类人文艺术活动，丰富了城市居民的娱乐休闲生活与人文情趣。"思南书局·概念店"（上海）集合优质文化资源，创建了拥有 1 046 种书籍、100 多个文创产品、30 余张 20 世纪 70 年代的唱片的"60 天 60 位作家"主题快闪书店，并邀请李欧梵、金宇澄、潘向黎等 60 位知名作家轮流坐镇书店，与读者面对面交流，吸引了大批读者前往。③

同时，实体书店作为打造书香城市、推进全民阅读的重要载体，对于城市居民人文素养、思想境界、纸质阅读习惯的养成至关重要。随着城市化的扩张，人

---

① 《钟书阁在成都新开的书店，走的依然是夸张装修的路线》，http：//www.qdaily.com /articles /41850.html。

② 陈逸舟：《"和"，而不同——衡山·和集的过去、现在和未来》，http：//www.ad-cn.net /read /7695.html。

③ 《60 天"快闪书店"思南书局开业了，60 位作家轮流驻店》，http：//www.thepaper.cn /baidu.jsp? contid=1851457。

口频繁流动,生活节奏加快,让人容易滋生孤独感、空虚感,丧失归属感,产生物质享受无法弥补的情感空缺。实体书店予以消费者专属阅读空间、知识汲取空间、休闲放松空间,阅读亦是漂泊不定、随世沉浮的城市异乡人的精神寄托。实体书店不单是有形的实体阅读空间,更是无形的知识汲取空间与情感依托空间,是构建城市人文环境的媒介空间。

4. 创建服务品牌基因,提供人性化服务

品牌服务反映了品牌的价值理念和对消费者的态度,为了更好地服务消费者,任何一家企业都少不了员工培训这一环节。正是与消费者接触的内部员工,使得品牌被赋予了独特个性和区别性的特质,使得品牌和其他品牌迥然有别,独一无二。也正是品牌的独特个性吸引着消费者一次又一次地购买更多产品,正是内部员工的责任感乃至他们向顾客所传达的体验感知,塑造和传播了品牌,提升了品牌的美誉度,驱动着品牌产品销售和经济利润的蒸蒸日上。[1]

大部分实体书店的主营业务都是图书零售,不管是线下推荐、讲解,还是网络社群运营,都不可避免地需要店员或店长与消费者进行直接沟通。品牌的服务理念影响着店员的工作态度与工作水平,进而影响到消费者的消费体验。如果品牌不能让店员感受到凝聚力、责任感、使命感,那么该品牌带给消费者的消费体验会与其他品牌相差无几,最后导致客流减少、销售量降低。因而,实体书店需秉持着以消费者为导向的核心理念,加强员工培训,让每位店员都深谙品牌的价值理念,进而全力以赴传达给消费者,竭尽所能地为消费者提供温馨热情、全方位的人性化服务,感染消费者,留存消费者。

五、结语

实体书店是建设书香社会、推进全民阅读活动的重要媒介空间,是塑造城市

---

[1] 〔美〕唐·舒尔茨、〔美〕海蒂·舒尔茨:《整合营销传播:创造企业价值的五大关键步骤》,北京:清华大学出版社,2013年,第27页。

文化品牌、彰显城市文化底蕴、提升国民精神素养的重要物质载体。然而,在互联网飞速发展的背景下,尽管实体书店积极探索新型经营模式,为维系发展做出诸多努力,实体书店仍然饱受网络书店和数字化阅读的压迫。就实体书店生存的宏观环境而言,实体书店坐拥国家政策红利,受益于国民经济的持续稳定运行和城市书香建设的推行,且恰逢数字经济高质量发展的风口,所以实体书店转型升级的机遇较多。实体书店具备实地体验感强、图书质量高的核心优势,可是,实体书店的竞争劣势、外部威胁更多。实体书店的物理属性导致其运营成本居高难下、图书品种有限、图书价格偏高,无力与低运营成本、图书品种数以万计、图书折扣力度大的网络书店展开良性竞争。加之电子书籍、数字阅读器的普及,使纸质书籍渐渐没落。实体书店面临着两面夹击的局面,网络书店和数字化阅读的强势,几乎让实体书店毫无招架之力,只能另辟蹊径,转变经营模式。

基于"场景理论""身体消费理论""体验理论""社群理论""品牌基因理论""数字技术理论",依据实体书店发展现状,创新实体书店营销模式,首先要利用大数据技术细分市场,明确目标消费者。其次,通过美化书店空间设计、营造书香场景,连结周边社区、激活社区场景,技术升级、构建数字场景,融合人工智能技术、塑造智能场景等方式,打造独特场景体验空间,创新场景营销。再次,借助微信、微博、抖音等社交媒体平台,创新社群营销。之后,丰富线上和线下的特色活动形式,创新活动营销。最后,在壮大产业品牌基因方面,坚持政府的主体引领作用,制定图书最低售价折扣以遏止图书零售市场的恶性竞争,同时依托文化旅游业,提升品牌知名度;在凝聚文化品牌基因方面,把城市文化基因融入书店场景设计、特色业务拓展中;在重视环境品牌基因方面,围绕城市居民特征,构建深厚的城市人文环境;在创建服务品牌基因方面,注重书店员工培训,为消费者提供温情、热情的人性化服务。

网络关注度对地区旅游发展影响研究
——以 5A 级旅游景区为例

| 任润蕾（上海交通大学媒体与传播学院）

摘要：

　　旅游产业属于信息敏感性产业，互联网平台已成为旅游信息获取和消费交易的重要阵地，作用越来越显著。以全国 5A 级旅游景区为例，研究景区网络热度对地区旅游发展的影响。通过百度指数搜集景区的网络热度，对网络关注、以国内旅游人数和国内旅游收入为指标的旅游发展程度的时空趋势进行研究，并进行耦合协调分析，进一步使用固定面板数据变截距模型，研究不同客户端、不同地区网络关注对旅游发展影响的差异，进而提出相关建议。研究结果显示，地区景区网络关注热度和旅游发展存在显著的正向关系。景区网络热度可以有效地带动旅游目的地消费，进而促进旅游业发展。不同互联网渠道对旅游发展影响存在差异，PC 端和移动端呈现互补作用，并非互相替代的竞争关系。国内网络搜索对东中部地区旅游业发展影响最大，而西部地区影响不明显。因此，各地区需要充分发挥网络平台资源，积极发展在线旅游和网络营销，通过互联网渠道，能够尽可能地为旅客提供多元化、个性化的服务。景区管理人员需要提升网络素质，提高网络危机公关能力。同时，也要不断提升景区的服务质量，提供更好的顾客体验。更需要树立媒介融合理念，充分发挥不同互联网渠道的作用,多平台的服务更具备优势。西部地区应该完善网络基础设施,不断提升旅游满意度,提升旅游目的地形象,重视利用网络流量带来现实旅游收益。

关键词：网络关注度;旅游发展;网络营销

Abstract: The tourism industry is an information-sensitive industry. The Internet platform has become an important position for tourism information acquisition and consumption transactions, and its role is becoming more and more significant. Take the national 5A tourist attractions as an example to study the influence of the popularity of the scenic spot network on the development of regional tourism. Collect the network popularity of scenic spots through Baidu Index, conduct research on the network attention, the spatiotemporal trend of tourism development based on the number of domestic tourists and domestic tourism income as indicators, and conduct coupling and coordination analysis, and further use the fixed panel data variable intercept model to study different clients and different regional networks pay attention to the differences in the impact of tourism development, and then make relevant suggestions. The results of the study show that there is a significant positive relationship between the popularity of regional scenic network attention and tourism development. The popularity of the scenic spot network can effectively drive the consumption of tourist destinations, thereby promoting the development of tourism. Different Internet channels have different impacts on tourism development. PC and mobile terminals have complementary effects, not a competitive relationship that replaces each other. Domestic Internet search has the greatest impact on the development of tourism in the eastern and central regions, while the western region has no obvious impact. Therefore, all regions need to make full use of network platform resources, actively develop online tourism and network marketing, and provide diversified and personalized services to passengers as much as possible through Internet channels. At the same time, scenic area managers need to improve their network quality and improve their ability in online crisis public relations. It is also necessary to continuously improve the service quality of scenic spots to provide a better customer experience. It is even more necessary to establish the concept of media integration, give full play to the role of different Internet channels, and have more advantages in multi-platform services. The western region should improve the network infrastructure, continuously improve tourism satisfaction, enhance the image of tourism destinations, and attach importance to the use of network traffic to bring realistic tourism benefits.

Keywords：Internet attention; tourism development; network marketing

一、研究背景

（一）绪论

随着信息技术的发展，计算机及智能手机扮演起愈发重要的角色。根据中国互联网络信息中心（CNNIC）发布的第 45 次《中国互联网络发展状况统计报告》显示，截至 2020 年 3 月，我国网民规模为 9.04 亿，同时移动终端发挥更为重要的作用，手机网民规模占总体网民的 99.3％。2015 年，国务院总理李克强在十二届全国人大三次会议上首次提出"互联网＋"计划。自此，"互联网＋"的观念逐渐深入人心，人们对旅游消费的要求不断提升，更加注重旅游体验，重视旅游质量和服务满意度，而互联网为旅游产业发展提供了有力支撑。

旅游业在国民经济中的地位也逐渐凸显，旅游经济对国民经济的拉动作用逐渐增强。首先，旅游产业属于信息敏感性产业，对于旅游者而言，关于目的地的相关信息往往是旅游的前提，而网络传播速度快、信息量更大，能够有效地传播旅游信息，从而对旅游决策产生导向影响。互联网时代消费者和旅游产品及消费者间的交互性增强，个人也可以作为信息的重要传播者。同时，互联网时代消费者的旅游体验影响力不断增强，不仅促进或制约个人的旅游选择，也会将"体验"传递给其他人，进而塑造景区的网络口碑。对于未经历过实地旅游的潜在旅游者而言，网络信息源有很大的作用，而旅游目的地的问题和缺点也会在网络环境下扩大化。越来越多的旅游危机事件由社交媒体曝光，网络舆情对旅游目的地形象的影响不断增强：例如云南省丽江市发生的 2017 年影响力最大的旅游网络舆情危机——"丽江打人毁容"事件[1]，该事件在微博等网络平台发酵后，丽江市公安局官方微博账户及丽江市古城区委宣传部官方网络舆情公关不当行为使社会舆情进一步恶化，近年来，旅游恶性事件频出，当争议事件发生后，旅游所在地错误的网络危机公关意识进一步恶化了旅游所在地形象。

此外，不同景区网络营销水平存在差异，进而导致网络世界关注度的不均衡：以旅游城市重庆为例，一些闻名已久的景区在互联网时代下与网红景区拉开了差距，重庆大足石刻 2019 年 1—10 月累计接待游客 85.83 万人次，而"网红景点"洪崖洞民俗风貌区仅国庆 7 天就接待游客 88.9 万人次，而像钓鱼城[2]、湖广会馆等有着丰富历史底蕴和人文内涵的景区相对受到冷落。因此，"互联网＋旅游"一方面能够便利游客，为景区提供信息传播、品牌塑造、网络营销和线上服务的平台，另一方面也出现了管理人员网络素质不均、"一门心思打卡网红，忽略更多旅游资源"等次生问题。可见借助大众化的互联网平台，对于不同的地区旅游发展能带来截然不同的影响。

（二）旅游网络关注度研究现状

与其他客体网络关注度一样，旅游网络关注度是以网络数据中相应的旅游信息为基础，以曲线图的形式呈现某一关键词在某一时间内的"用户关注度"。

目前我国关于旅游网络关注度的研究集中在局部区域及某一类型旅游网络关注度的时空分布趋势描述、旅游网络关注度及其相关性影响研究和旅游网络关注度主要影响因素三个方面。王珲等人将用户贡献内容（UGC）作为网络关注度的数据源，对国外电子旅游网络社区 Tripadvisor 中有关中国旅游的内容进

---

[1] 2017 年 1 月 24 日，某网友在微博爆料 2016 年 11 月其在丽江旅游期间无端被打致面部毁容的遭遇，该微博迅速引起强烈关注，其中"丽江恶行毁容抢劫"话题阅读量截至 2017 年 1 月 25 日 10 时达到 1.2 亿次，评论达 3.9 万条。

[2] 国家级风景名胜区，号称重庆十大文化符号之一，更被誉为"改变了世界历史进程"的地方，被网友评价为"网红重庆最委屈的旅游地之一"。

行检索。琚胜利则将国内旅游点评网站去哪儿、携程和大众点评作为网络搜索信息来源,以景区在上述三个网站中的游记、点评及其浏览、转载、收藏评论数作为指标,来衡量相关景区的网络热度。多数研究以景区在百度指数中对应的词条作为网络关注度的关键词选择。部分学者将关键词进一步细化,祛除扰动因素的影响:比如刘璐将关键词定义为"蓬莱旅游"和"蓬莱旅游攻略",生延超将"游客满意度"作为唯一关键词,研究各省市之间旅游满意度的时空分布差异。细化网络关注关键词适用于个别景区和市区或单一视角的网络关注度研究,对于全国范围的旅游网络关注研究并不适用。因此,本研究以全国 5A 级旅游景区为例,根据各景区在百度指数上收录词条的搜索频数,作为景区的网络关注度指标。这些词条涵盖了细化网络关键词的搜索频数,同时杜绝了部分旅游景区缺乏细化关键词的弊病。

(三)旅游业发展的影响因素研究

首先,从产业视角来看,影响消费者旅游目的地选择的因素众多。国内外学者利用问卷调查、客流量数据、网络数据等多种统计形式和数理分析方法探究影响地区旅游发展的相关因素。

旅游资源禀赋对旅游发展具有正向显著影响,当地的经济发展水平、对外开放程度、市场化和城市化程度也会对旅游发展产生影响。旅游景区所在地的气候特征是影响游客旅游行为和地区旅游发展的重要因素,所在地气候舒适度越高,客流量越大。受气候影响,景区游客数量在年内发生波动性变化,不同景区的游客量也呈现较大差异。马丽君等利用综合气候舒适指数构建旅游气候模型,得出气候舒适度变化对旅游业发展具有显著影响,气候舒适度的提高对于旅游业发展具有重要促进作用。曹伟宏、吴普、孙根年的研究均验证了旅游所在地的气候舒适度是影响地区旅游发展的重要因素。

"黄金周"对年内游客量分布产生扰动作用的观点得到了普遍认可,而从长期来看,以"黄金周"为代表"假日经济"对旅游产业乃至国民经济的推动力研究存在两极化的观点。刘泽华利用时间序列数据和相关模型，认为黄金周制度对旅游需求增长作用明显，并影响了客流量的年内分布。而部分学者认为在经济状况等客观条件不变的情况下，"黄金周"旅游只是"短期经济行为"，对于国民经济总体消费的影响有限。

交通是旅游业发展的基础和前提，旅游所在地的交通可达性会影响消费者的旅行决策。Stewart 等研究了交通系统对于旅行者活动行为的影响作用，张建春等人采用相关分析的方法研究 20 年以来我国交通运输业发展和旅游业的关系，并得出两者之间存在极强的相关性。

诸如地震、暴恐等危机事件的发生也会急剧影响所在地的旅游人次。同时，在互联网时代下，有的学者进一步研究并证实互联网媒介对旅游发展的影响。吕本富通过时间序列分析和回归模型显示，正面微博评价能够对景区旅游产生正向影响，反之中立和负面的评价会对旅游业产生负面影响，从而证明了网络评价数据和地区旅游发展的相关性。

其次，基于消费者视角，个人因素及外在信息都可以影响个人旅游偏好的形成。国内多数学者基于心理学角度对旅游偏好定义：即旅游偏好是人们基于个人喜好和已知信息对旅游产品具体和抽象的认知的一种心理倾向，是游客欲望或需求的外在表现。旅游偏好存在于旅游行为发生的全过程，既表现为对旅游过程中服务质量、交通、天气、餐饮等客观因素的偏好，同时也受到情感、文化等感性因素影响，例如红色旅游和祭祖旅游。显示性偏好（Revealed Preference Theory）最早由经济学者保罗·萨默尔森提出，消费者在一定价格条件下的购买行为暴露或显示了他内在的偏好倾向。研究者可以通过观察消费者的消费行为和方式，直观地观察并推断消费者的购买偏好，而旅游目的地的旅游收入情况、旅游人次差异等可以直观地展现大众对旅游所在地的偏好差异。

在互联网时代，网络可以影响塑造个人的旅游偏好。对某一旅游地或旅游产品产生认知是个体旅游偏好形成的前提。游客态度的强度及旅行掌握的信息种类是影响旅游偏好的主要因素。在互联网背景下，旅游目的地的品牌效应更为明显,互联网为消费者带来信息搜索、产品预订等优势,通过互联网信息,消费者在出行前对目的地已形成第一印象。同时,利用大数据,旅游产品不是盲目地传播给所有受众,而是定制化提供针对不同消费者的旅游产品和服务,进一步满足不同消费者的旅游偏好,更符合当今消费者对服务质量的需求。

(四)旅游业发展的影响因素研究

随着互联网时代的到来,国内外关于网络对旅游发展影响的相关研究集中在以下三个方面:

第一,网络载体的旅游影响研究,例如自媒体和社交媒体、省旅游官方网站、移动互联网等研究。唐书转认为,自媒体能为景区提供低廉又高效的广告平台,人们可以在自媒体上分享内容,有助于口碑营销和病毒营销。大数据的介入让旅游自媒体更加精准地抓取受众,进一步形成反向促进机制,捕捉顾客的潜在需求,也为景区提供了危机公关平台。在旅游网站方面,研究发现网站影响力对绩效有着积极相关关系,研究者以官方旅游网站为例,发现网站影响力与地区旅游收入呈现极强的正相关性。在移动互联方面,学者认识到旅游业对移动互联网需求的必然性,通过移动端可以连接旅游内容提供者、服务提供商、服务业、电信运营商和互联网网站。同时意识到需要发挥微博、拍客、手机电商、信息推送等移动端在旅游业中的应用。

第二,网络营销和网络信息的旅游影响研究。网络营销指的是通过网络技术实现与消费者和潜在消费者的联系,并通过互联网对其提供服务以及旅游产品。通过网络营销,旅行社可以扩大营业范围,提供个性化的旅游产品和服务,更大程度满足消费者的需求,增强用户黏性。而网络信息会对旅游者的决策的影响体现在满足信息需求和心理暗示两个方面,Pan 等人指出 2007 年以来,旅游者的网络信息需求发生极大的变化,对于住宿和交通的信息需求最高,其次是旅游吸引物。国内学者周春林最早研究旅游网络信息与旅游决策的关联。研究也发现对网络的熟悉程度越高,消费者越能够快捷便利地搜寻网络信息,并对网络搜集的旅游信息产生更多的偏好和信任感,进而影响购买决策和行为。同时,网络搜索行为也会受到受众受教育水平、旅游动机等多种因素影响。

第三,网络口碑的旅游发展营销研究。网络口碑是基于互联网平台,通过网络渠道和媒介进行传播的评论。相较于传统口碑的塑造,网络口碑传播更广,影响更大。消费者对旅游服务和产品的满意度是影响网络口碑传播的重要因素。由于这些信息大部分由其他消费者提供,所以对潜在旅游人群而言,网络评论更具有真实感,消费者会认为网络评论形成的口碑更具有可信度,而这也是网络口碑产生巨大影响力的重要原因。从影响方式来看,当互联网平台上有不同的消费者对同一个旅游产品和服务秉持相同的意见时,能够提高信息的可信度。正面的网络口碑能够提升旅游决策偏好,负面的口碑会对旅游决策制定产生相反影响。

在网络关注度对旅游发展的影响研究方面,Williams 提出信息技术和旅游业相结合是必然的趋势,Skadberg 等人研究表明良好的网上搜索体验能够直接或间接地改变或影响消费者对旅游目的地的偏好,进而激发或限制现实到访意愿。Davidson 和 Vuylsteke 的研究表明网络搜索信息能够影响消费者的旅游决策和行为,更多的学者通过网络数据对旅客需求和客流量进行预测,Bangwayo-Skeete 验证了谷歌搜索数据能够有效地预测客流量。

（五）本文架构

从网络对旅游的影响研究来看,对移动终端、官方网站、自媒体等单一渠道网络媒介旅游影响的研究不能概括"互联网"这一整体对地区旅游产业的贡献度。同时,国内关于旅游网络关注度的研究还处于起步阶段,研究的时间尺度多数在一年以内,研究方法多为描述性统计分析,研究案例多为著名景区(如西湖、故宫、平遥等)或旅游热点城市(如北京、青岛等)。因此,本文基于 30 个省(市、区)2011—2018 年的面板数据,基于百度指数构建全国景区网络关注度数据,研究景区网络关注度对于地区旅游发展的影响。本文将结合移动客户端和互联网网站的数据,并研究不同地区网络热度对旅游发展的差异影响。

以往研究对旅游景区网络关注度和旅游发展之间的交互关系展开探究,文献分析可见:1. 网络虚拟信息流和现实行为之间的关联性可以延伸至旅游行为中。2. 旅游网络关注对于旅游发展的正向作用明显,旅游发展不同地区存在不均衡的特征。3. 从长期看,除互联网因素外,地区旅游发展受到旅游资源禀赋、地区发展情况、气候特征、交通因素、服务设施等多种因素的影响。4. 目前的网络关注度研究中,多使用百度指数和谷歌趋势作为网络关注数据。之前研究以某一具体景区或地区的网络关注度研究为主,且以定性研究为主,缺乏对国内不同地区差异研究,没有进一步探究移动端和 PC 端的差异性。

网络关键词选择中,多数学者以"地区(景区)名称"为指标,当前国内对于旅游网络关注度相关性分析侧重从微观把握,没有研究不同地区景区的旅游网络关注度和旅游发展相互关系的差异性。同时,该类研究普遍缺乏理论支撑。

因此,本文以全国 5A 级旅游景区为例,研究景区旅游网络关注度对地区旅游发展的影响。在网络关注数据选择上,结合百度搜索引擎数据内容,使用地区国内旅游收入和国内旅游人数作为代表旅游发展的指标,同时将社会发展因素、自然因素、服务设施质量、交通通达因素等纳入模型,将国内地区分为东部、中部、西部,分析不同地域旅游网络关注度和旅游发展时空分布的异质性。同时研究不同客户端网络关注度对地区旅游发展的影响,进而为地区景区网络营销提供实证依据。

本文的贡献在于从全国性的视角出发,分析网络关注对地区旅游发展的影响,同时不仅以客流量作为研究对象,使用国内旅游收入和国内旅游人数分别作为旅游发展指标,研究网络搜索热度与地区旅游发展的耦合度,进一步构建实证模型,分析不同地区、不同网络渠道上的差异。

本研究的研究线路分为五个部分:第一部分,论述研究的背景、意义、目的、内容、方法等,作为研究选题背景。第二部分,通过研究综述,对国内外旅游网络关注度及其外部效应研究进行梳理,对网络关注度等相关概念进行界定,找出目前研究的缺陷及空缺点,设立研究假设,确定理论框架。第三部分,确定研究对象。以全国5A级旅游景区为例,采集网络关注度数据、旅游业相关数据和社会经济相关数据。第四部分,研究网络关注对地区旅游发展的影响。首先对网络关注和旅游发展的时空趋势分别进行分析;进一步使用耦合度模型对网络关注和旅游发展耦合性进行分析;最终使用变截距固定效应模型进一步控制省份效应,来分析景区网络关注度对地区旅游发展的影响,并研究不同客户端、不同地区的差异性。第五部分,针对上述内容,为地区旅游发展提供意见和建议,并阐述文章不足。

二、旅游景区网络关注度与客流量分布特征

(一) 数据来源与获取

国家A级旅游景区是依照《旅游景区质量等级的划分与评定》国家标准,由国家文化与旅游部发布的精品景区,其旅游交通、旅游安全、卫生、旅游资源吸引力、市场吸引力等需达到国家要求,其中5A是最高等级。截至2018年12月31日,我国共有259个5A级旅游景区,考虑到数据的可获取性,本文仅考察位于全国121个地级市的5A级旅游景区网络搜索热度,并以地级市作为最小的研究单位,考察地区景区网络关注度对其旅游发展的影响。

本文主要研究国内互联网关注对旅游发展的影响,因此选择全球最大、我国应用最普及的中文搜索引擎"百度(baidu.com)"作为网络关注热度的数据来源,进行游客网络热度的数据收集。"百度指数(Baidu Index)"是指在过去一段时间内某关键词的"用户关注度"或"媒体关注度",反映景点在相关时间段内的搜索热度,通常一个景区被收录了1个词条,本研究以此作为景区的网络关键词。百度指数数据起始于2011年,因而本研究选取了2011年1月1日至2018年12月31日百度指数年份数据,作为景区网络关注度的重要指标。

本研究以国内旅游人数和国内旅游收入分别作为旅游目的地当地旅游发展

的指标。所在市星级酒店数、公共厕所数、旅行社企业数等旅游数据均来源于CEIC中国经济数据库,缺失指标从各市历年国民经济和社会发展统计公报及统计年鉴中获取。所在市气温、降雨量、空气质量等自然因素来源于中国气象数据网。绿地面积、财政支出、人均可支配收入等其他相关数据均来源于历年《中国城市发展年鉴》。考虑到数据的可获取性,本文仅将全国30个省份、121个地级市的旅游景区作为研究对象,共涵盖206个5A级旅游景区。具体变量定义及度量见表2-1。

表 2-1　主要变量介绍

变　量　名　称	变　量　含　义
因变量: 旅游产业发展情况	
旅游人数(千人次)	连续变量,景区所在市的年国内旅游人数
旅游收入(百万人民币)	连续变量,景区所在市的年国内旅游收入
关键解释变量	
景区搜索规模(次)	连续变量,所在市5A级景区被收录词条的年搜索频数之和
景区PC端搜索规模(次)	连续变量,相关景区被收录词条在PC端的年搜索频数
景区移动端搜索规模(次)	连续变量,相关景区被收录词条在移动端的年搜索频数
旅游景区网络评分	旅游景区在携程、去哪儿和马蜂窝三大旅游点评网站用户评分平均值
旅游景区门票价格	旅游景区在网络平台上公布的门票价格
其他解释变量	
自然因素:	
气温(摄氏度)	市级:年平均气温
降水量(毫米)	市级:年降水量
空气质量(天)	市级:空气质量达到及好于二级的天数
绿地面积(平方米)	市级:城市公园绿地面积

（续表）

变 量 名 称	变 量 含 义
经济因素：	
财政支出（万元）	市级：地方财政一般预算内支出
人均可支配收入（元）	市级：人均可支配收入
第三产业占 GDP 比重（%）	市级：第三产业占 GDP 的比重（%）
GDP（十亿人民币）	市年均 GDP
服务设施：	
旅行社企业数	省级：所在省旅行社企业数
星级酒店数	市级：星级酒店数量
公共厕所数	省级：城市每万人拥有的公共厕所数量
第三产业从业占比	市级：第三产业从业人员所占比重
交通因素：	
人均城市道路面积（平方米）	市人均城市道路面积（平方米）
旅客周转量（亿人公里）	市级：旅客周转量总计

（二）实证模型

本文的研究思路是首先初步对 5A 级景区的网络关注度时空分布进行分析，检验景区网络关注度与地区旅游发展之间是否存在一定的内在联系，然后以旅游收入和旅游人次为衡量指标，结合自然、社会经济、服务设施、交通条件等客观因素，对景区网络关注度对地区旅游发展的影响进行显著性检验，最后分析 PC 和移动端网络关注度对地区旅游发展影响的差异性，并对东部、中部、西部不同地域进行异质性检验，分析网络关注度对不同地区旅游发展的影响。

根据上述研究思路，本文建立如下计量模型：

旅游发展模型 1：

$$\log(Number\ of\ tourists_{i,t}) = \alpha_1 + \beta Network\ Attention_{i,t} \qquad (2-1)$$
$$+ \theta_{i,t} + \gamma_i + \delta_t + \mu_{i,t}$$

旅游发展模型 2：

$$\log(Tourism\ revenue_{i,t}) = \alpha_1 + \beta Network\ Attention_{i,t} + \theta_{i,t} + \gamma_i + \delta_t + \mu_{i,t}$$
$$(2-2)$$

网络关注度 PC 端渠道：

$$\log(Number\ of\ tourists_{i,t}) = \alpha_1 + \beta_1 Baidu\ index\ PC\ search\ volume_{i,t} \quad (2-3)$$
$$+ \theta_{i,t} + \gamma_i + \delta_t + \mu_{i,t}$$

$$\log(Tourism\ revenue_{i,t}) = \alpha_1 + \beta Baidu\ index\ PC\ search\ volume_{i,t} \quad (2-4)$$
$$+ \theta_{i,t} + \gamma_i + \delta_t + \mu_{i,t}$$

网络关注度移动端渠道：

$$\log(Number\ of\ tourists_{i,t}) = \alpha_1 + \beta_1 Baidu\ index\ Mobile\ search\ volume_{i,t} \quad (2-5)$$
$$+ \theta_{i,t} + \gamma_i + \delta_t + \mu_{i,t}$$

$$\log(Tourism\ revenue_{i,t}) = \alpha_1 + \beta_1 Baidu\ index\ Mobile\ search\ volume_{i,t} \quad (2-6)$$
$$+ \theta_{i,t} + \gamma_i + \delta_t + \mu_{i,t}$$

模型 1 中 $Number\ of\ tourists_{i,t}$ 为第 t 年第 i 个市的国内旅游人数（因变量），β 是关键解释变量的相关系数，$\theta_{i,t}$ 表示回归模型的解释变量集，包括所在市气温、降雨量、人均城市道路面积和国民生产总值等相关因素，γ_i 表示不随时间变化的省级固定效应，δ_t 表示不随省份变化的年份固定效应，$\mu_{i,t}$ 为模型残差。模型 2 中将国内旅游收入作为代表旅游发展的因变量，模型(2-4)至(2-6)分别针对不同的互联网渠道，分析来自 PC 端和移动端的网络关注度对旅游发展影响的差异。

（三）地区网络关注度及旅游发展时空分布特征

1. 时间动态发展趋势

以截至 2018 年 12 月国内 5A 级旅游景区所在的省（市、区）为基准，2011—

2018 年期间,全国 5A 级景区所在市国内旅客接待情况及国内旅游收入情况见表 2-2。从总体上看,国内旅游收入和旅游人次呈现逐年上升趋势,旅游收入和旅游人数在 2011—2018 年期间的增长率均大于 0,说明旅游发展在近八年间每年都在增长,保有较好的发展趋势。

表 2-2 旅游景区 2011—2018 年旅游接待情况

年份	旅游收入 （百万人民币）	旅游人数 （千人次）	5A 级旅游 景区数量	旅游收入 增长率（%）	旅游人数 增长率（%）
2011	3 725 242.14	3 718 252.385	104	—	—
2012	4 250 041.267	4 346 579.244	125	14.09%	16.90%
2013	4 933 402.025	5 029 362.23	145	16.08%	15.71%
2014	5 162 303.077	5 773 299.427	155	4.64%	14.79%
2015	5 840 428.471	6 463 424.6	174	13.14%	11.95%
2016	6 728 956.323	7 420 393.944	184	15.21%	14.81%
2017	7 547 165.789	8 647 086.031	199	12.16%	16.53%
2018	8 297 707.426	9 949 518.922	206	9.94%	15.06%

根据 2011—2018 年旅游景区网络关注度变化特征(图 2-2),关于 5A 级景区网络关注度总体呈上升趋势,2016 年后趋向平稳,网络关注度总体增长率显示,除 2017 年些微下降外,近八年来一直保持着正增长率,网络关注度不断增长。其中 2013、2014 年网络关注度增速最快,为 19.45% 和 16.16%。分渠道来看,2014 年之前,PC 端旅游相关网络搜索占据主流,而 2014 年之后移动端超越PC 端,这与国内互联网发展历程相一致,可以看出在线旅游从 PC 端向移动端发展是不可避免的趋势。2017 年后,PC 端有一定回升,但体量上远低于移动用户的搜索量。

图 2-1 和图 2-2 结果显示,2011—2018 年间旅游收入和旅游人数稳步上升,网络关注度也呈现上升趋势。在增长率方面,网络关注度年增长趋于平稳,而旅游收入、旅游人次仍保持较快速度的波动性增长。同时,移动用户逐渐超越

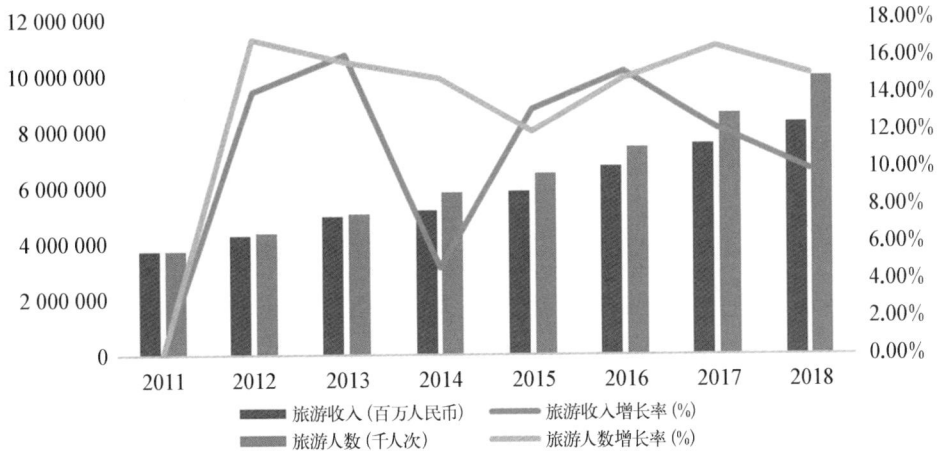

图 2-1 旅游景区旅游发展变化特征图

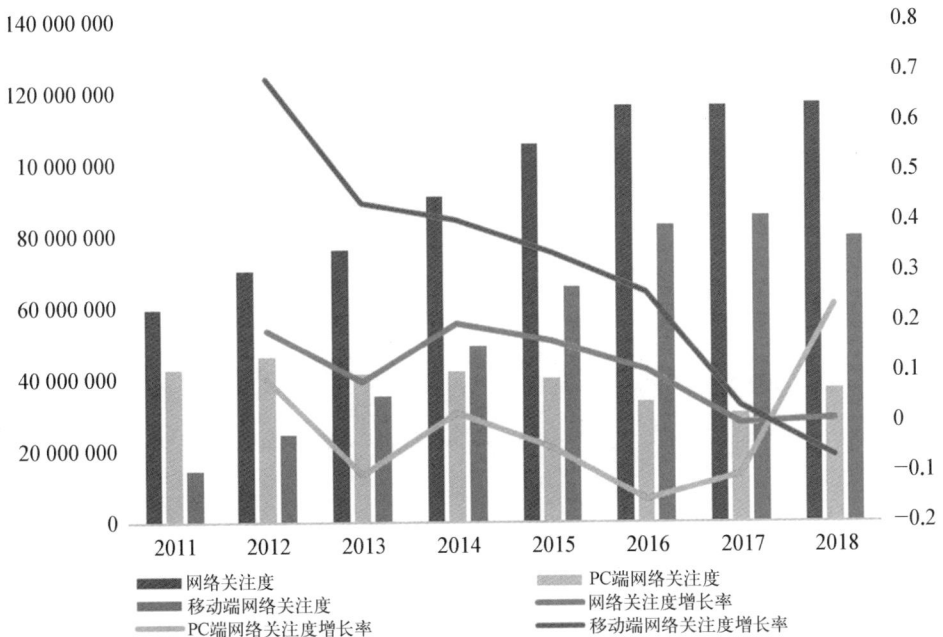

图 2-2 旅游景区网络关注度发展态势

网页端,成为旅游网络搜索的主体。总之,对于旅游景区的网络关注度与旅游发展的时间变化趋势特征基本吻合,均呈现正向的发展趋势,有着良好的前景。

2. 空间分布特征及时空动态趋势

(1) 全国旅游景区网络关注度的空间地域分布

选取最新 2018 年网络关注度数据,计算各省区景区网络关注度占全国总量的比重,考虑到各省行政面积、5A 景区数量存在差异,故使用全省各景区网络关注度的平均值(即全省各 5A 级景区 2018 年网络关注度平均数),并将其绘制成图 2-3,颜色越深关注度越高。本研究涵盖除新疆、香港、澳门、台湾以外的 30个省(市、自治区)。从图中可以看出,旅游网络关注度整体呈现"东西高,中间低"的趋势,与经济发展状况相异。其中,北京、上海、青海、重庆、湖北、西藏、云南、浙江、四川、陕西的景区网络关注度均值最高,占比最大,在 1%～6.5%之间。其次是海南、山西、江苏、安徽、河北、山东、江西、福建、广东、河南等省(区、市),占比在 0.5%～1%;内蒙古、广西、湖南、吉林、甘肃、天津、贵州、黑龙江、辽宁、宁夏占比最低,在 0.5%以下。

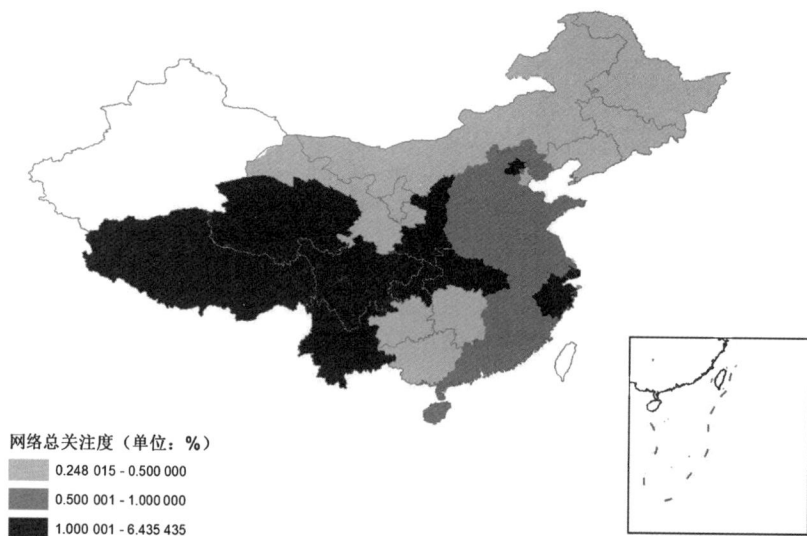

网络总关注度（单位：%）

0.248 015 - 0.500 000

0.500 001 - 1.000 000

1.000 001 - 6.435 435

图 2-3　2018 年全国景区网络关注度变化特征

（2）全国国内旅游人次和国内旅游收入的空间地域分布

选取 2018 年旅游发展相关数据，以各省市的国内旅游人数和国内旅游收入为例，计算其占全国总量的比重，并将其绘制成图 2 - 4。从图中可以看出，与旅

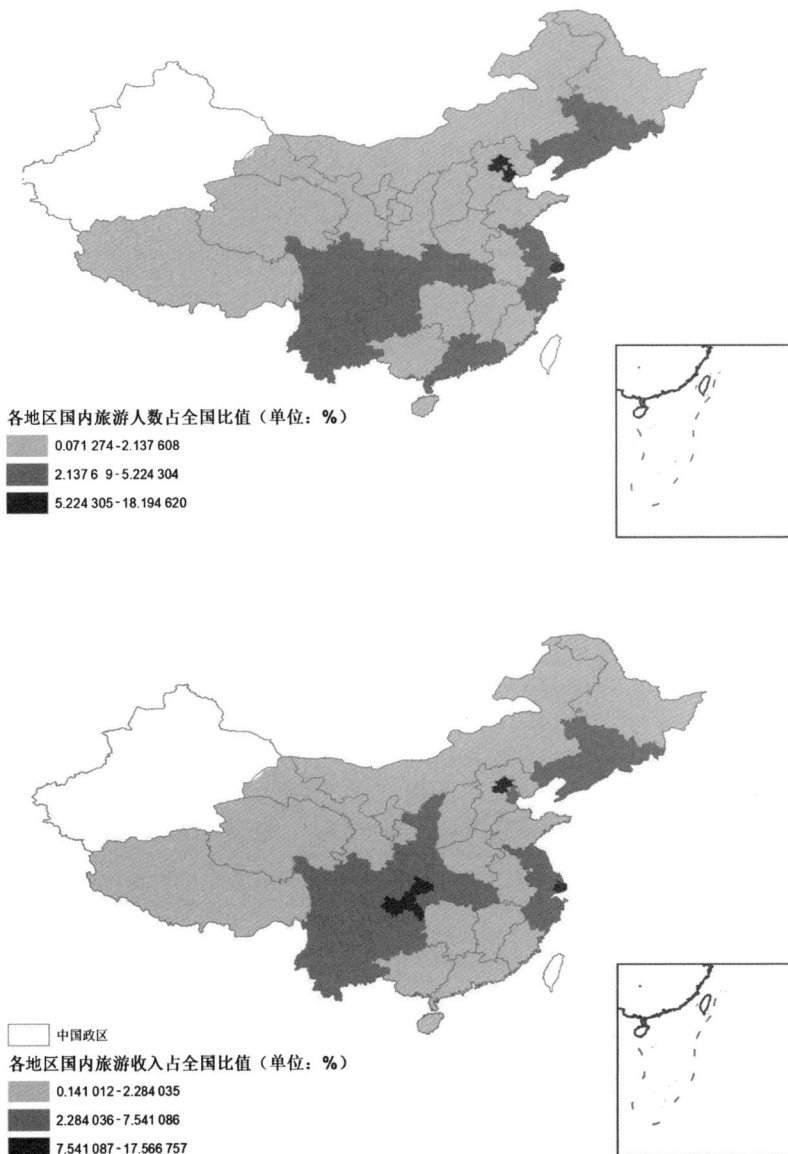

各地区国内旅游人数占全国比值（单位：%）

- 0.071 274 - 2.137 608
- 2.137 6 9 - 5.224 304
- 5.224 305 - 18.194 620

中国政区

各地区国内旅游收入占全国比值（单位：%）

- 0.141 012 - 2.284 035
- 2.284 036 - 7.541 086
- 7.541 087 - 17.566 757

图 2 - 4　2018 年全国各地区客流量及旅游收入分布情况

游景区网络关注度空间分布类似,国内客流量和国内旅游收入在东部和西部地区具有优势。以国内客流量为例,重庆、天津、上海、北京四个直辖市的客流量和旅游收入占比最高。广西、山东、辽宁、四川、广东、云南、贵州、浙江、江苏、湖北、吉林国内客流量位于第二层级,占比在2.1%～5.2%之间;陕西、内蒙古、海南、福建、山西、江西、湖南、安徽、河北、黑龙江等地的客流量所占比重在1.0%～2.0%之间;宁夏、甘肃、西藏、青海和河南的占比均在1%以下。旅游收入趋势与国内客流量类似,呈现东西部地区较多,中部地区较少的分布格局。

依据我国地理位置区域划分,东部地区景区网络关注度存在北京和上海两个中心,中部地区海南、安徽和湖北的网络搜索量最高,西部地区的网络热点分布较为平均,除贵州和甘肃外,其他西部省份都有较好的旅游网络搜索量。

从空间分布来看(图2-5、图2-6),全国旅游网络关注度呈现出空间异质性,而地区旅游发展水平差异也较大。景区网络关注度与地区旅游发展水平总体相吻合,都呈现"东部最高,中部较低,西部较高"的特征,局部省份存在差异。

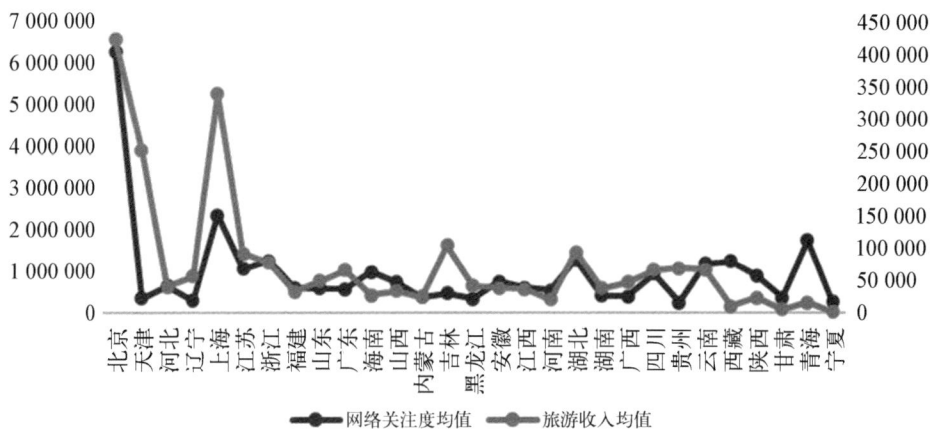

图2-5 地区网络关注度与旅游收入水平

(3)网络关注度与旅游发展的回归分析

为进一步分析旅游网络关注度与地区旅游发展的关系,本文分别以旅游网络关注度为横坐标,以国内旅客人数和国内旅游收入作为纵坐标,绘制两者关系

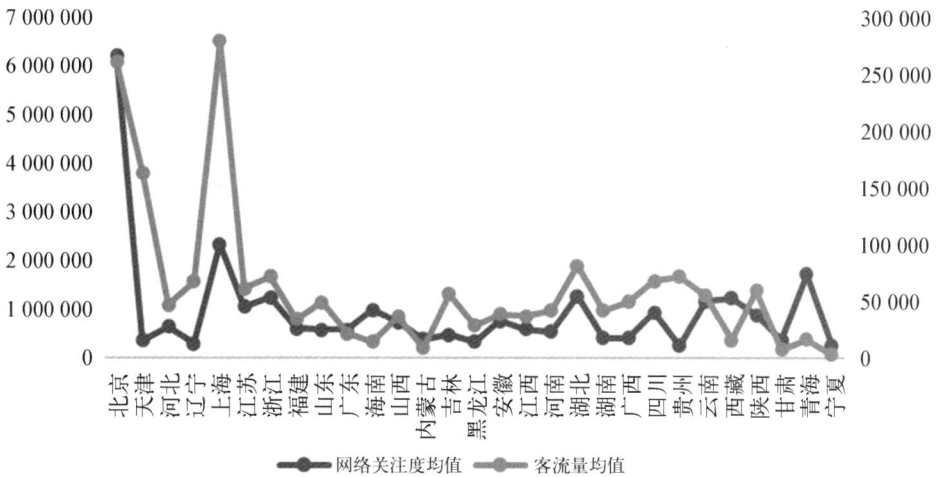

图 2-6　地区网络关注度与旅游人数水平

的散点图(图 2-7)。从图中可以看到两者存在较为明显的线性关系,可以清晰看出景区网络关注度与地区旅游发展之间存在正相关关系。网络关注度越高的地区,其国内旅游收入和国内旅游人数普遍更高。

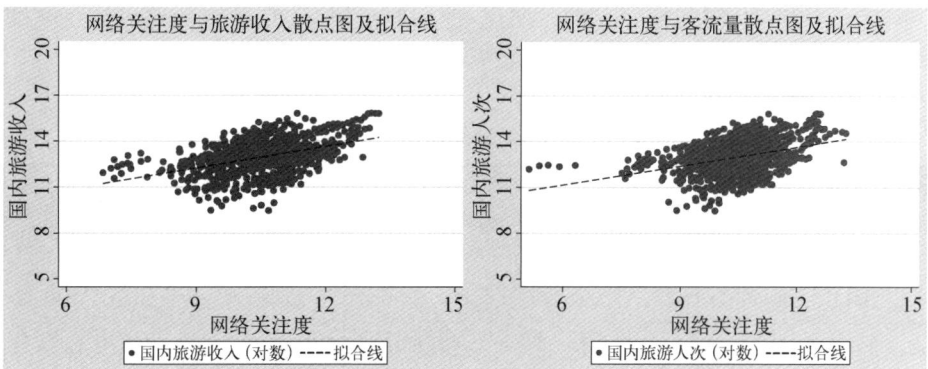

图 2-7　被解释变量和关键解释变量散点图及拟合线

以此进行两者的回归分析,结果如下:

$$\log(tourism\ income) = 0.412\,794\log(Network\ Attention) + 5.138\,545 \quad (2-7)$$

$$\log(Number\ of\ tourists) = 0.314\,892\,4\log(Network\ Attention) + 6.388\,516$$

$$(2-8)$$

上述公式 P 值均小于 0.001,故通过显著性检验。关键解释变量的截距项分别为 0.412 794 和 0.314 892 4 均大于 0。根据上述结果可知,地区网络关注热度与地区旅游发展呈现正相关关系。

三、实证分析结果

（一）描述性统计

本文以 2011—2018 年中国 30 个省(区、市)的面板数据为样本,检验景区网络热度对地区旅游发展的影响。在面板数据中各市的 5A 景区网络搜索量来源于百度指数数据,对于景区网络关注率测量为所在市每万人人均景区网络关注度。根据表 3-1 结果显示,2011—2018 年期间,旅游景区网络关注度总体呈现线性上升趋势,8 年来增长了 97.76%。与此同时,景区间网络关注度标准差也在不断增大,说明不同省市间旅游网络关注度差异性不断增强,差距不断加大,在一些地区成为"网红景点""网红城市"的同时,其他一些景区和城市在互联网平台缺乏关注,甚至搜索量为零。

表 3-1　2011—2018 年份渠道网络关注度描述性统计

年　份	样本量	均　值	标准差	最小值	最大值
旅游景区网络关注度(单位：次)					
2011	121	491 000	632 000	13 403	4 188 759
2012	121	580 000	756 000	0	5 070 497
2013	121	627 000	731 000	25 100	4 805 058
2014	121	749 000	884 000	26 779	5 959 223
2015	121	870 000	1 060 000	15 273	7 418 615
2016	121	959 000	1 190 000	18 600	7 671 067
2017	121	957 000	1 130 000	13 122	7 544 881
2018	121	971 000	1 130 000	21 783	7 499 382

（续表）

年　份	样本量	均　值	标准差	最小值	最大值
旅游景区移动端网络关注度（单位：次）					
2011	121	120 000	145 000	0	1 069 533
2012	121	202 000	258 000	0	1 953 315
2013	121	290 000	318 000	10 760	2 053 457
2014	121	406 000	469 000	11 128	3 110 929
2015	121	543 000	673 000	5 157	4 547 957
2016	121	683 000	860 000	10 544	5 818 789
2017	121	705 000	844 000	5 425	5 289 669
2018	121	663 000	775 000	10 369	4 895 148
旅游景区PC端网络关注度（单位：次）					
2011	121	352 000	504 000	0	3 817 009
2012	121	382 000	517 000	0	3 151 941
2013	121	342 000	425 000	12 166	2 751 601
2014	121	348 000	424 000	15 651	2 848 294
2015	121	330 000	399 000	10 116	2 870 658
2016	121	279 000	337 000	8 056	2 450 601
2017	121	250 000	295 000	7 697	2 255 212
2018	121	310 000	360 000	11 414	2 604 234

对地区旅游发展测量的第一个因变量为地区的国内旅游收入（百万人民币），第二个因变量为地区的国内旅游人数（千人次）。为了比较PC端和移动端的影响效果差异，在面板固定效应模型中进一步控制了自然环境因素：气温（摄氏度）、降水量（毫米）、空气质量（天）、绿地面积（平方米）；经济因素：财政支出（万元）、人均可支配收入（元）、第三产业占GDP比重（％）、GDP（十亿元人民币）；服务设施因素：旅行社企业数、星级酒店数、公共厕所数、第三产业从业占比；以及交通因素，人均城市道路面积（平方米）和旅客周转量（亿人公里）。各

指标的描述性统计结果参见表 3－2。

表 3－2　主要变量描述性统计

变　量　名	样本量	均值	标准差	最小值	最大值
旅游人数(千人次)	963	53 320.79	59 319.64	170.3	593 000
旅游收入(百万元人民币)	792	58 693.49	69 714.77	940	556 000
景区搜索规模(次)	967	775 000	973 000	0	7 671 067
景区 PC 端搜索规模(次)	967	324 000	414 000	0	3 817 009
景区移动端搜索规模(次)	967	451 000	639 000	0	5 818 789
气温(摄氏度)	967	15.662	4.281	0.4	24
降水量(毫米)	967	1 116.298	572.55	114.7	2 938.2
空气质量二级以上天数占比(%)	967	73.22	18.784	13.425	100.274
人均绿地面积(平方米/万人)	967	21.872	37.952	0.068	380.958
人均财政支出(万元/万人)	967	9 792.25	10 901.12	8.325	121 000
人均可支配收入(元)	773	10.093	0.38	8.994	11.069
第三产业占 GDP 比重(%)	967	42.427	10.334	16.75	80.56
第三产业从业占比	967	8 103.769	82 289.72	15.39	1 810 460
年均 GDP(十亿人民币)	967	1.205	2.496	0.002	39.481
旅行社企业密度	967	3.021	2.891	0.001	22.909
星级酒店密度	961	0.154	0.204	0	2.423
公共厕所密度	967	2.865	0.908	1.07	8.15
人均城市道路面积(平方米)	967	14.728	18.743	2.4	442.95
人均旅客周转量(公里/万人)	967	298.38	316.392	0.094	3 103.946

（二）豪斯曼检验及模型设定

根据豪斯曼检验结果(表 3－3)显示,Hausman 检验值分别为 82.72 和 73.91,P 值小于显著性水平,均拒绝原假设,随机效应不适用于本样本,因此研究选择面板数据变截距固定效应模型。

表 3 - 3　Hauman 检验

	（1）	（2）	（3）	（4）
	固定效应 1	随机效应 1	固定效应 2	随机效应 2
Log（网络关注度）	0.391＊＊＊ （0.032 5）	0.375＊＊＊ （0.028 8）	0.445＊＊＊ （0.038 7）	0.391＊＊＊ （0.031 5）
常数项	－5.435＊＊＊ （0.987 7）	－2.885＊＊＊ （0.872 0）	－9.188＊＊＊ （1.256 9）	－6.759＊＊＊ （0.979 1）
样本量	764	764	619	619
R-squared	0.685 1		0.733	
Hausman 检验值	82.72	82.72	73.91	73.91
P 值	0	0	0	0

注释：1. ＊＊＊，＊＊，＊分别代表的显著性为 1％、5％和 10％；括号里面表示的是稳健性标准误差；2. 其他控制变量包括气温（摄氏度）、降水量（毫米）、空气质量二级以上天数占比（％）、人均绿地面积（平方米／万人）、人均财政支出（万元／万人）、人均可支配收入（元）、第三产业占 GDP 比重（％）、第三产业从业占比、人均 GDP（十亿元人民币）、旅行社企业密度、星级酒店密度、公共厕所密度、人均城市道路面积（平方米）、人均旅客周转量（公里／万人）。

（三）网络关注对地区旅游发展的结果分析

1. 网络关注对地区旅游发展结果检验

首先，使用国内旅游收入和旅游人数分别和景区网络关注度构建两者关系的散点图，观察散点图显示，景区网络关注度越高，所在地的旅游收入和客流量越高，两者表现出一定的正相关关系。进一步使用一个线性回归模型分别进行拟合，拟合效果很好（P＜0.000 1）。其次使用面板数据横截距模型估计网络热度对地区旅游发展的作用，表 3-4 为网络关注度模型的回归结果。模型中不仅控制了地区固定效应和时间趋势以消除地区不随时间变化的特征（如地区社会文化、习俗、偏好等）和时间趋势性变化特征，并进一步剔除了地区自然环境因素、经济因素、服务设施因素和交通因素控制变量的影响。

结果显示，网络搜索量［log（$Network\ Attention_{i,\ t}$）］增加 1％，旅游收入增加 9.81％；旅游人数增加 6.80％。在本研究模型中，气温、降水量等环境因素对地

表 3 - 4　景区网络关注度固定效应模型

渠道类型	总网络关注度		PC端		移动端	
被解释变量名称 解释变量	旅游收入 (1)	旅游人数 (2)	旅游收入 (3)	旅游人数 (4)	旅游收入 (5)	旅游人数 (6)
景区搜索规模（对数）	0.098 1*** −0.016 3	0.068 0*** −0.012				
景区PC端搜索规模（对数）			0.107*** −0.016 1	0.080 7** −0.026 2		
景区移动端搜索规模（对数）					0.095 9*** −0.015 6	0.067 4*** −0.011 2
气温（摄氏度）	−0.008 37 −0.012 2	−0.004 92 −0.009 6	−0.006 4 −0.012 2	−0.012 5 −0.015 8	−0.009 22 −0.012 2	−0.005 42 −0.009 6
降水量（毫米）	0.000 098 7* 0	0.000 055 5 0	0.000 093 2 0	−0.000 024 5 0	0.000 102* 0	0.000 057 6 0
空气质量二级以上天数占比（%）	0.001 −0.001 6	−0.001 11 −0.001 1	0.000 969 −0.001 6	0.000 114 −0.000 8	0.000 83 −0.001 6	−0.001 2 −0.001 1
人均绿地面积（平方米/万人）	−0.000 937* −0.000 5	0.000 557 −0.000 4	−0.030 924* −0.000 5	0.000 755 −0.000 5	−0.000 962* −0.000 5	0.000 528 −0.000 4
人均财政支出（万元/万人）	−0.000 006 94*** 0	−0.000 003 91** 0	−0.000 006 80*** 0	−0.000 002 9 0	−0.000 006 90*** 0	−0.000 003 89** 0
人均可支配收入（元）	1.113*** −0.077 7	0.818*** −0.072 8	1.105*** −0.077 2	0.299 −0.172 3	1.110*** −0.076 1	0.815*** −0.071 9
第三产业占GDP比重（%）	0.027 2*** −0.002 1	0.018 4*** −0.001 7	0.027 3*** −0.002 1	0.008 07* −0.003 1	0.027 4*** −0.002 1	0.018 5*** −0.001 7

（续表）

渠道类型	总网络关注度		PC 端		移 动 端	
被解释变量	旅游收入	旅游人数	旅游收入	旅游人数	旅游收入	旅游人数
解释变量	(1)	(2)	(3)	(4)	(5)	(6)
第三产业从业占比	−0.000 000 127	−0.000 000 101*	−0.000 000 137	−0.000 000 129***	−0.000 000 122	−0.000 000 194*
	0	0	0	0	0	0
年均 GDP（十亿人民币）	0.022 4*	0.006 96	0.023 4*	−0.004 67	0.021 9*	0.006 71
	−0.010 5	−0.009	−0.010 5	−0.005 2	−0.010 5	−0.009
旅行社企业密度	−0.065 9***	−0.044 3***	−0.066 8***	−0.039 7**	−0.064 8***	−0.044 3***
	−0.013 7	−0.009 1	−0.013 9	−0.012 6	−0.013 3	−0.009
星级酒店密度	1.606***	0.355	1.585***	1.083***	1.581***	0.347
	−0.343 4	−0.218 6	−0.340 1	−0.305 1	−0.344 9	−0.218 9
公共厕所密度	−0.132	−0.035 2	−0.135**	−0.032 3	−0.129**	−0.033 3
	−0.045 8	−0.029 3	−0.046 1	−0.024 8	−0.045 7	−0.029 4
人均城市道路面积（平方米）	0.013 0***	0.011 8***	0.012 7***	0.004 23	0.013 4***	0.012 1***
	−0.003 2	−0.002 7	−0.003 2	−0.003 8	−0.003 3	−0.002 7
人均旅客周转量（公里/万人）	−0.000 415*	−0.000 301*	−0.000 418*	−0.000 097 7	−0.000 411*	−0.000 296*
	−0.000 2	−0.000 1	−0.000 2	−0.000 2	−0.000 2	−0.000 1
常数项	−2.783***	1.28	−2.806***	7.320***	−2.571**	1.425
	−0.804 4	−0.748 1	−0.799 3	−1.805 2	−0.801 9	−0.746 5
观测值	619	764	619	764	619	764
R 平方（组内）	0.900 3	0.893 2	0.901 3	0.901 3	0.900 9	0.893 7

注释：1. ***，**，* 分别代表的显著性为 1%、5% 和 10%；括号里面表示的是稳健性标准误差；2. 其他控制变量包括气温（摄氏度）、降水量（毫米）、空气质量二级以上天数占比（%）、人均绿地面积（平方米/万人）、人均财政支出（万元/万人）、人均可支配收入（元）、第三产业占 GDP 比重（%）、第三产业从业占比、人均 GDP（十亿元）、旅行社企业密度、星级酒店密度、公共厕所密度、人均城市道路面积（平方米/万人）、人均旅客周转量（公里/万人）以及年份和省份的固定效应。

区旅游发展的影响并不显著。人均财政支出与地区旅游发展之间存在负相关关系，虽然显著，但是系数极小且趋向于 0，而人均可支配收入、人均 GDP 和第三产业占 GDP 的比重均与地区旅游发展存在显著的正向关系。以人均可支配收入为例，其增长 1%，地区旅游收入增加 1.113 个单位。服务设施来看，旅行社的企业密度与旅游发展呈现显著负相关；星级酒店对旅游收入的影响为显著正相关，对旅游人数影响不显著；第三产业从业人员占比的相关系数极小且趋向于 0；公共厕所密度对旅游发展的影响不显著。人均城市道路面积与旅游发展之间存在显著的正相关性。旅客周转量是指反映一定时期内旅客运输工作总量的指标，是运送旅客人数与运送距离的乘积，而周转量和旅游人次及收入均呈现负相关关系，因此根据研究显示，旅客距离会对旅游收入和旅游人次产生负影响。

不同客户端方面，PC 端旅游景区网络搜索 [$log(Baidu\ index\ PC\ search\ volume_{i,t})$] 增加 1%，旅游收入增长 10.7%；移动旅游搜索量 [$log(Baidu\ index\ Mobile\ search\ volume_{i,t})$] 增加 1%，旅游收入增长 9.59%。表 3-4(2)、(4)、(6)以国内旅游人数（取对数）作为被解释变量，结果显示，总网络搜索量、PC 端旅游景区网络搜索量、移动旅游搜索量分别增长 1%，地区年旅游人数分别增加 6.80%、8.07% 和 6.74%。无论以国内旅游人数还是国内旅游收入作为被解释变量，PC 端和移动端的网络关注度对其都具有显著的正相关性，进一步验证了网络关注热度对地区旅游发展的边际效应。

总体而言，回归结果表示对于景区的网络关注会给地区旅游发展带来正向影响，增加了旅游收入和客流量，有效地带动当地旅游产业的发展。此外，回归模型显示，地区经济发展、交通设施的进步能够带动地区旅游产业的发展，一个地区与客源地距离越近，旅游收入和客流量越多。比较 PC 端和移动端网络关注对地区旅游发展影响结果显示，两者都与旅游发展具有显著的正向关系，PC端、移动端网络关注的提高都能带动地区旅游经济和客流量的增加，且结果显示，无论针对旅游收入或客流量，PC 端的相关系数更大，对旅游发展的影响更明显。

国内绝大多数研究结果显示,景区网络关注度对客流量产生正向影响。部分学者认为,这是一种因果关系,即网络关注度影响了地区旅游客流量的增加;而另一部分学者指出这只是一种"前兆效应",即并非网络关注导致了客流量的增减,网络关注热度一定程度上即表示了消费者及潜在消费者对该目的地的偏好,实际上,许多人在出游前,会对该地区进行网络搜索,这种网络热度是出行行为的"前兆"。本文的研究结果显示,网络关注度不仅与客流量存在正向关系,同时对地区的旅游收入也会产生正向的影响。景区具有较高的网络关注热度,则该地区旅游发展情况较好的可能性更大。

同时,本文的研究结果显示,网页端和移动端网络热度对地区旅游发展均产生显著的正向关系,且无论是对旅游收入或是旅游人数,网页端的相关系数更大。根据前文研究可知,2014年后移动端成为互联网搜索的主流渠道,在搜索量上大大超过网页端。本文研究表示,PC端和移动端的用户消费行为存在显著差异,虽然在移动端上的消费者搜索量更大,但是网页搜索与旅游行为的相关性更强。根据艾瑞咨询《2018年融合场景下的互联网商业价值研究报告》[①]显示,网页端和移动端并不是此消彼长的替代关系,而存在一种互补关系,体现在用户行为差异上,PC端屏幕大、效率高,移动端随时便捷的特色,为用户跨屏行为带来差异,例如,超过82.7%的用户经常在PC上浏览购物信息,而在手机上下单支付,用户通过不同互联网渠道的切换满足自身多元化的需求。在下单前行为中,PC端的使用率更高,而下单支付时,移动端使用率更高。PC端能够顾客带来更宽广的沉浸体验,而移动端更方便信息共享,也更加便捷。网页端多为高客单价商品,而移动端更偏向快速消费品。因此,互联网存在一种"场景融合"。旅游行为通常是经过周全思考后的消费选择,在出行前有可能经过多次搜索,而例

---

① 艾瑞咨询:《2018年融合场景下的互联网商业价值研究报告》,https://www.iresearch.com.cn/Detail/report?id=3140&isfree=0,2018-01。

如车票、门票的预订可以通过移动手机完成支付，更加方便快捷。因此，对旅游景区管理者乃至当地政府工作者，不能在移动互联时代忽视对网页网站的建设和网络营销，而是应该以媒介融合的态度发挥不同互联网渠道的综合作用。

当前，许多城市和部分景区已经享受到网络营销的红利。相较于传统的旅游宣传片耗资巨大，能够鲜明展现城市形象的短视频对旅游目的地的宣传效果更明显。2016年下半年，移动应用抖音短视频上线，一些景区尝试在抖音App上拍摄时长短、趣味十足的短视频进行宣传，一些地区迅速成为"网红"，网络流量在较短时间内转变为客流量和旅游效益。其中的代表城市是"抖音之城"——西安。2017年，抖音上第一次出现了"西安"为标签的话题挑战活动，2018年1月，《西安人的歌》在抖音爆红，此后大量关于西安的短视频在抖音开始出现。2018年3月，西安市委领导作出"利用抖音宣传西安"的工作批示，4月西安市委宣传部与抖音正式建立合作关系，西安市政府和旅游部门与抖音短视频的合作更加深入。2016年以来，西安市的旅游客流量和旅游收入迅速增长，2013—2016年旅游总收入增长率为49.59%，而2016—2019年增长率达到了159.19%（见图3-1）。

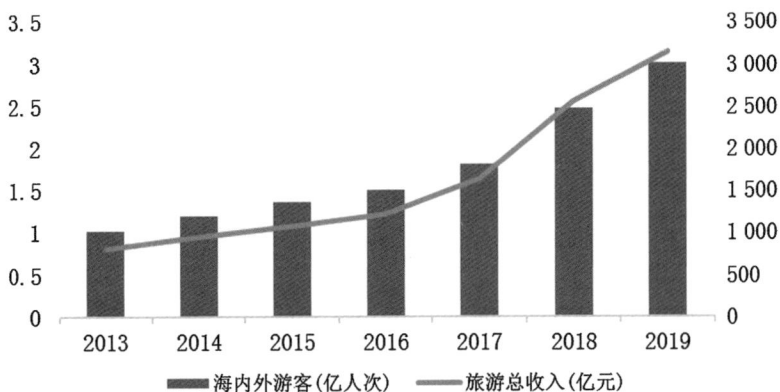

图3-1 西安市2013—2019年旅游发展趋势图

2. 不同地区网络关注对旅游发展结果分析

根据地理位置划分将我国分为东、中、西三个区域，回归结果显示，网络关注对旅游发展的影响具有异质性。网络热度对东、中部地区产生了显著的正向影响,而对西部地区影响不大。表3-5为国内东、中、西部地区的异质性检验。东部地区旅游关注度增加1%,旅游收入增加6.17%,旅游人数增加4.04%;中部地区旅游网络关注度增加1%。旅游收入增加20.06%,旅游人数增加16.09%。而西部地区未通过显著性检验。

网络关注度对东部和中部地区旅游发展的影响更明显,以国内旅游人数作为衡量地区旅游发展的指标为例,总体网络关注度每增加1个单位,东部地区旅游人数将显著提高0.040 4个单位,或0.027 3个标准差;中部地区旅游人数将显著提高0.206个单位,或0.020 6个标准差。以旅游收入作为衡量旅游发展指标也得出一致的结论。而西部地区未通过异质性检验,且相关系数均为负值。

西部地区由于开发较晚,在资源禀赋、区位条件、经济发展水平、旅游配套服务设施建设方面更加落后,区域旅游发展不平衡性更加突出。而西部地区拥有丰富多样的旅游资源,也是少数民族聚集区,尤其是生态旅游资源占的比重更高。相关结果表明,西部地区旅游发展更多依赖于地区旅游资源禀赋,网络媒介对于旅游行为影响不大。

同时,西部地区并非缺乏网络关注,相反,在国内旅游目的地中其具有较高的旅游网络热度。而西部地区的网络关注未能推动地区旅游客流量和旅游收入的提升。根据前人研究结果显示,负面的网络评价会损害长期树立的旅游形象,对地区旅游发展产生抑制影响。以青岛"天价虾"事件为例,马丽君等人研究发现,"天价虾"事件导致青岛市2016年国内旅游人次增长率下降了1%,实际客流量损失了73.22万人次。对于青岛乃至山东省的旅游品牌形象打造带来的负面影响更是不可估量。

本文进一步获取各省(市、区)国家5A级旅游景区的携程网站评分,计算我国东部、中部和西部地区的平均景区评分,其中东部地区评分最高为4.517,中部地区评分为4.485,西部地区总体评分最低,为4.471。

表 3 - 5 异质性检验

地区	东部		中部		西部	
	－1	－2	－3	－4	－5	－6
被解释变量名称	旅游收入	旅游人数	旅游收入	旅游人数	旅游收入	旅游人数
Log(网络关注度)	0.0617***	0.0404**	0.206***	0.169***	－0.241	－0.0802
	－0.0167	－0.0139	－0.0273	－0.0206	－0.1933	－0.1517
气温(摄氏度)	－0.0628***	－0.0427**	0.062 5***	0.044 1***	0.446**	0.075 8
	－0.0179	－0.0153	－0.0164	－0.0131	－0.1239	－0.069
降水量(毫米)	－0.000 009 75	－0.000 039 6	0.000 178	0.000 224**	0.000 31	－0.000 206
	－0.0001	0	－0.0001	－0.0001	－0.0002	－0.0002
空气质量二级以上天数占比(%)	－0.000 035 6	－0.000 026 5	0.003 19**	－0.000 152	0.014 7*	－0.005 86
	－0.0018	－0.0013	－0.003	－0.002 4	－0.005 2	－0.005 2
人均绿地面积(平方米/万人)	0.000 424	0.001 14**	－0.006 68*	0.000 749	－0.003 64	－0.000 785
	－0.0005	－0.000 4	－0.002 6	－0.002 2	－0.0017	－0.003 9
人均财政支出(万元/万人)	－0.000 000 07 18***	－0.000 000 04 19***	0.000 038 0**	0.000 002 17	－0.000 076 2**	0.000 027 1
	0	0	0	0	0	0
人均可支配收入(元)	1.026***	0.661***	1.333***	1.222***	－0.102	1.151
	－0.1119	－0.0891	－0.1586	－0.132	－0.4059	－0.5779
第三产业占GDP比重(%)	0.022 3***	0.015 2***	0.025 4***	0.017 3***	0.039 5**	0.010 2
	－0.0034	－0.0026	－0.0031	－0.0028	－0.010 3	－0.009
第三产业从业占比	－0.000 000 089 3	－0.000 000 055 7	0.000 011 8*	0.000 004 11	－0.022 5*	0.009 89
	0	0	0	0	－0.005 3	－0.010 7
年均GDP(十亿元人民币)	0.009 38	0.001 47	0.005 22	－0.004 74	0.119**	－0.052 7
	－0.0146	－0.012	－0.013 7	－0.015 9	－0.031 1	－0.040 5

（续表）

地 区	东 部		中 部		西 部	
被解释变量名称	−1	−2	−3	−4	−5	−6
	旅游收入	旅游人数	旅游收入	旅游人数	旅游收入	旅游人数
旅行社企业密度	−0.013 3	−0.017 7	−0.090 1	−0.072 6*	0.169	−0.012 6
	（0.014 3）	（0.01）	（0.049 3）	（0.035 9）	（0.119 2）	（0.481 7）
星级酒店密度	1.417***	0.253	2.965***	0.955	13.58**	−0.097 5
	（0.400 2）	（0.234 9）	（0.700 8）	（0.533 5）	（2.979）	（2.85）
公共厕所密度	−0.157*	−0.099 2*	−0.043 2	−0.080 5	−0.048 4	0.372
	（0.065 2）	（0.047 1）	（0.087 2）	（0.057 1）	（0.109 6）	（0.248 3）
人均城市道路面积（平方米）	0.014 1***	0.019 8***	0.008 65	−0.002 13	−0.023 3*	−0.021 3*
	（0.004 2）	（0.003 1）	（0.004 5）	（0.003 5）	（0.004 3）	（0.009 2）
人均旅客周转量（公里/万人）	−0.001 42***	−0.000 812***	−0.000 318	−0.000 269	−0.000 67	−0.001 22
	（0.000 2）	（0.000 2）	（0.000 3）	（0.000 3）	（0.001 5）	（0.003 3）
常数项	0.178	4.396***	−10.67***	−6.656***	3.586	−2.633
	（1.016 7）	（0.878 7）	（1.338 5）	（1.082 2）	（2.052 2）	（7.105 1）
样本量	356	422	231	270	32	72
R平方（组内）	0.915 9	0.908 2	0.857 4	0.846 7	0.997 6	0.964 2

注释：1. ****、***、**、* 分别代表的显著性为1%、5%和10%；括号里面表示的是稳健性标准误差；2. 其他控制变量包括气温（摄氏度）、降水量（毫米）、空气质量二级以上天数占比（%）、人均绿地面积（平方米/万人）、人均财政支出（万元/万人）、人均可支配收入（万元/万人）、第三产业占GDP比重（%）、第三产业从业占比（%）、人均GDP（十亿元人民币）、旅行社企业密度、星级酒店密度、公共厕所密度、人均城市道路面积（平方米）、人均旅客周转量（公里/万人）、人均旅游人数以及年份和省份的固定效应。

2010 年，时任国家旅游局监督管理司领导在第二季度全国旅游满意度调查报告中指出，游客对西部地区的满意度较低，需要在完善旅游功能方面为游客提供更多的服务。根据 2020 年 5 月 8 日公布的中国西部文化指数（2019 年），西部各省市的文化产业发展综合指数和文化消费综合指数均低于全国平均水平。综合上述研究可知，西部地区虽然具有丰富的旅游资源，受到消费者和潜在消费者的关注，但是其整体旅客满意度仍需要提升，同时需要进一步打造网络口碑，进一步完善旅游服务，提升旅游质量，树立更好的旅游目的地形象。

当前看来，西部地区凭借其自然历史人文资源优势，整体有着较高的旅游收入和旅游人次，也具有较高的网络关注热度，说明西部地区对国内消费者来说有着较强的吸引力，但是网络关注热度和地区旅游发展并没有形成显著的良效机制，网络热度也反映了消费者对旅游的满意度。我国西部省市是公认的旅游资源富裕区域，在 2020 年 5 月 17 日，中共中央、国务院印发了《关于新时代推进西部大开发形成新格局的指导意见》，其中就提出要大力发展西部地区的旅游休闲、健康养生等服务业，因此西部地区需要重视完善在线旅游，扩大网络营销，同时进一步完善旅游配套设施和服务，以消费者为中心，提升旅客满意度。

四、结论

本文用百度指数上旅游景区搜索量作为网络关注度的衡量指标，以百度指数录取的景区名称作为关键词，搜集 30 个省（市、自治区），121 个地级市 5A 级旅游景区自 2011 年 1 月 1 日至 2018 年 12 月 31 日的百度指数数据，研究网络关注度和地区旅游发展的时空趋势，进一步使用变截距固定效应模型，来分析旅游网络关注对地区旅游发展的影响，并研究不同的互联网渠道、不同地区的差异性，分析结果如下：

在时空趋势特征上，2011—2018 年以国内旅游人次和国内旅游收入为指标的旅游发展逐年稳步上升，具有良好的发展态势；而各景点的网络关注度也逐年上升,因此总网络关注度和旅游发展均在八年间稳步增长。空间分布上,旅游网络关注度呈现空间异质性,景区网络关注和地区旅游发展水平总体上吻合,均呈现"东西部最高、中部较低"的特征。

在网络关注对地区旅游发展相关影响上,地区国内旅游收入、旅游人数和网络关注均具有明显的正向关系,地区景区网络关注热度越高,所在地的旅游收入和客流量越高。进一步控制地区固定效应和时间固定效应并剔除地区自然因素、经济因素、基础设施因素及交通因素的影响,仍呈现一致的结论,网络搜索量增加 1%,旅游收入增加 9.81%;旅游人数增加 6.80%。此外,回归模型显示,地区经济发展、交通设施的进步能够带动地区旅游产业的发展,经济越发达、交通越便捷、与客源地距离越近,旅游收入和客流量越多。因此,从总体上看,旅游网络关注对地区旅游发展呈现显著的正向影响,旅游网络热度的塑造对地区旅游业发展可产生促进作用。而网络热度对于地区旅游收入的影响更为明显,说明景区网络热度可以有效地带动旅游目的地消费,进而促进旅游业发展。

在不同互联网渠道方面,不同的互联网平台对旅游发展影响存在差异,从长期发展来看,2015 年以来移动互联网成为旅游网络搜索的主流,与 PC 端搜索量的差距不断增大,反映了旅游网络搜索行为从"PC 端"到"移动端"的迁移。但是从影响来看,地区 PC 端网络搜索量越多,对地区国内旅游人数和旅游收入的影响更大。笔者认为,移动通信设备更具便捷性和及时性,相较于 PC 互联网更加方便、快捷,因此利用移动通信设备进行旅游相关搜索的时间成本更低,让渡价值越大。PC 端和移动端存在一种互补关系,并非互相替代,因此不可忽略移动端和网页端互联网营销平台建设。

比较不同区域网络搜索对旅游业的影响结果显示,国内网络搜索对东中部地区旅游业发展影响最大,而西部地区影响不明显。东部地区互联网设施建设完善,网络平台建设也在国内处于领先地位,网络营销与国内其他地区相比较发展更早、更为成熟,因此网络驱动力不如中部地区明显,但同时依旧发挥着重要的驱动作用。中部地区网络建设不断发展,逐渐重视旅游网络营销的重要价值,同时中部地区与人口密集区相邻,既具有丰富的旅游资源,是潜在消费人群国内旅游的理想区域,适合短途旅游和节假日旅游,交通设施、地理距离更为适当,服务设施也逐渐完善,因此网络搜索对于东中部地区旅游业发展影响最大。而西部地区旅游资源丰富,相关结果表明西部地区旅游业更多依赖地区旅游资源禀赋驱动,网络平台对旅游业的打造推广影响不大。同时,西部地区旅游满意度需要不断提升,塑造更好的网络口碑,更有助于网络流量带来现实旅游收益。

文化遗产管理

文化认同：
非物质文化遗产存续发展的核心机制

| 王　媛（南京艺术学院文化产业学院）

摘要：

　　如果说农耕文明社会传承下来的各种遗产，集中表现了当时社会的人们所赋予的集体性文化意义与价值体认，向我们呈现了一种历史性的主体存在样式，一种无意识地集体认同的想象和构建过程，从而传达了一个"我们曾经是谁？"的问题。那么，我们今天的非物质文化遗产则必须有利于建立一种现代性生活的文化意义，实现与现时文化生态环境的适应性、协调性，这既是我们推动非物质文化遗产从传统向现代转向的重要举措，也是对"我们要成为谁？"这一未来主体性定位问题的积极回应方式。

关键词： 文化认同；非物质文化遗产；存续发展；核心机制

Abstract: The various intangible cultural heritage inherited from the farming society carries the collective value identity and cultural psychological structure of the ancient residents, presenting us a historical cultural existence pattern, an unconscious collective identity construction and evolution track. They answered the question of "who are we in the past". Then, our today's intangible cultural heritage must be conducive to the establishment of a cultural meaning of modern life and to achieve adaptability and coordination with the current cultural ecological environment. This is not only an important measure for us to promote the transformation of intangible cultural heritage from tradition to modernity, but also a positive response to the subjective positioning issue of "who are we going to be" in the future.

Keywords: cultural identity; intangible cultural heritage; survival development; core mechanism

一、非物质文化遗产的内在属性：遗产、记忆与认同

非物质文化遗产以"遗产"之名获得了国际社会的广泛关注与认可，然而，反过来，遗产并不是非物质文化遗产的本质属性。非物质文化遗产的内在属性可以从三个不同层面来进行描述：遗产、记忆与认同。

非物质文化遗产具有"特殊"的遗产属性。非物质文化遗产不是传统意义上所讲的遗产。与物质文化遗产承载着历史特定时期的社会文化印记的静态性特征、定格化相区别，非物质文化遗产在其传承流播过程中活态地汲取了不同历史时期的文化养分，并且，伴随着其传承谱系的延续而不断发展。从这一点讲，非物质文化遗产绝不是历史的定格，而是一个动态的历史沉淀系统。

而这种特殊的历史沉淀使得非物质文化遗产成为一种特殊的文化记忆机制。人们以多元的语言符号、多样性的文本叙事和多层次的社会实践，将对生命世界的意义感知凝结成特殊的意义叙事，从而在精神世界之外的各种生产、生活的"延伸的场景"中进行集体价值的选择、共享乃至维系。而所谓"延伸的场景"，在其提出者德国学者扬·阿斯曼那里，正是为了说明某些文化所具有的文本特征，使得文本的意义表达能够"超过空间和／或时间的远距离效应也可以发挥作用，人们可以跨越距离对其进行追溯"[①]。在他看来，正是由于文化具有生成"延伸的场景"的作用和机制，才使得

---

① ［德］扬·阿斯曼：《文化记忆——早期发达文化的文字、回忆和政治同一性》，甄飞译，载冯亚琳编：《文化记忆理论读本》，北京：北京大学出版社，2012年，第9页。

人们能够将"易逝的世界"赋予一种相对稳定的、可流传的、可再次接收的简明形态和意义的表达。相应地，非物质文化遗产在文本表达机制上，恰恰具有作为"延伸的场景"的本质特征。无论是对非物质文化遗产历史存续形态的追溯，抑或是对其活态存续机制的维系，依托于该遗产事象特有的文本叙事，人们不仅可以获得对已消逝世界的场景延伸；也可以借由文化的存续将现时世界的价值和意义图景导向未来世界。更重要的是，通过这些鲜活的社会实践，人们记录了对"现时"世界的感知，而这种感知在通向过去、导向未来场景的延伸中，构成了主体性的意义认同。

所以，非物质文化遗产的传承和传播作为社会记忆系统的同时，更深层次地呈现为对社会集体价值认同的生产与再生产机制。当这种对记忆的社会诉求，与对文化的生产、实践整合在一起时，人们对自我的认同、对社会的认同等多层次的价值认同就有了共时性建构的基础。以关于族群起源的神话传说为例，人们凝注在故事文本中的，除了对族群起源的特殊记忆，更有对将族群凝聚在一起的血缘、祖先的价值认同。为了将这种对同一起源的价值认同渗透于每一个族群成员心中，从而坚固族群凝聚的纽带，人们通过举行特定的仪式来不断强化或者反复再现这种意义。根本上，人们通过对仪式空间、时间、仪式对象、仪式声音和语言、仪式行动、仪式确认①等多重要素的选择和实施，人们以仪式为媒介进行特定的意义表达，以此隐喻人们建构、表达认同的动机，生产着共同体的集体想象空间。此时，仪式不仅构成了人们建构认同、维系认同的对象化实践，也构成了人与文化之间，在"意义在场"和"身体在场"的双重在场的共生空间。总的来说，将非物质文化遗产看作特殊的社会记忆和价值认同体系，整体打开了我们对于非物质文化遗产内在属性的认知，从而引导我们将文化认同作为探索非物质文化遗产存续发展机制的切入视角。

---

① 彭兆荣：《人类学仪式的理论与实践》，北京：民族出版社，2007年，第209页。

二、非物质文化遗产认同的内涵

非物质文化遗产的认同问题本质上是一个文化认同问题,涉及两个层面的认同问题。一种是非物质文化遗产对于民族国家文化身份认同的纽带作用;另一种是人们自身对于非物质文化遗产的文化价值认同。它们构成了非物质文化遗产文化认同的两个重要维度,只是作用的方式和逻辑有所区别。

首先,就文化价值认同和文化身份认同的关系看,很多学者认为它们不是一个同质性问题,是有所区别的。以族群认同为例。从马克斯·韦伯对族群的界定,到弗里德里克·巴斯对"族群边界"问题的阐释——强调族群间的边界是内部的、思想层面的,即人们怎样自认为是一个族群[①],再到本尼迪克特·安德森在《想象的共同体》一书中谈到"民族"作为"想象的共同体"的产生时,指出"想象"的内在影响机制——即使再小的族群,"其成员之间不可能全部互相相识,但在每个人的脑海中,却觉得与其他成员有亲密的关系"。进而,"各共同体之间没有什么明确的真假条件去区别,而是以成员想象出来的框架去区别"[②],他们普遍强调了主观价值认同对身份认同的内在作用。

我国相当一些学者在族群认同的问题上也强调了主观认同对于身份认同形成的独立性和影响。有的学者认为,主观认同是"某个族群对自己的认同看法",客观识别是"局外人对某个族群的认同理解与看法"[③]。对于这一观点,费孝通先生较早在新中国成立初期参与少数民族认定工作时,就有提及。在他看来,文

[①] Jenkins, Richard, *Rethinking Ethnicity: Arguments and Explorations*, London, Thousand Oaks, New Delhi: Sage publications, 1997. 转引自巫达:《社会变迁与文化认同——凉山彝族的个案研究》,上海:学林出版社,2008年,第36页。

[②] [美]本尼迪克特·安德森:《想象的共同体:民族主义的起源与散布》(增订版),上海:上海人民出版社,2011年,第6页。

[③] 巫达:《论费孝通先生的族群认同建构思想》,载李友梅主编:《文化主体性与历史的主人——费孝通学术思想研究》,上海:上海人民出版社,2010年,第95页。

化不一定构成民族识别的决定性因素，而"一个民族共同心理状态是表现在他们的共同文化上的，因此，我们可以看到各个民族的文化有他们不同的风格，最显著的是他们的艺术"①。

这也就是说，文化身份的建构与维系，主要受到来自两方面因素的影响：客观的身份识别与主观的心理确认。一方面，人们对于文化身份的识别来自血缘、地缘、职业、文化生活方式等相对于"他者"而言的显性"差异"的确认；另一方面，共同的历史文化记忆、文化心理结构特征以及个体对群体属性的综合利益权衡等因素成为人们对身份认同主观确认的心理来源。② 在这里，认同的"主体"是被作为"言说"的"主体"建构而成的，但是这种建构不是任意的、随意的，而是建立在对所要言说对象，在相对于"他者"而言的差异化的"合并"，由此表述一种群体在外显的文化生活方式、文化记忆以及深层次地文化心理结构上的集体性或共性特征。与此同时，个体或群体成员对群体身份选择也会建立在对自身利益的判断与评估的基础上。

这其中，非物质文化遗产作为人们具体的文化生产或生活方式，从主客观两个方面发挥着作用。从客观上看，非物质文化遗产能够被群体确认为身份识别的外显性依据，并以此表征着这个群体区别于"他者"的独特性文化或价值。然而，非物质文化遗产并不必然构成身份识别的依据。在有些少数民族地区，尽管相对于其他民族或地区的人们而言，其特有的非物质文化遗产事象能够被外来文化的人们所识别，但是，他们自身并不以此来作为识别群体成员依据。即便都说着同样的方言，有着相同的生活方式甚至祭祀礼仪，但他们可能更在乎血缘带给它们的更直接的身份认同感。

---

① 巫达：《论费孝通先生的族群认同建构思想》，载李友梅主编：《文化主体性与历史的主人——费孝通学术思想研究》，上海：上海人民出版社，2010 年，第 95 页。

② 对于文化身份认同形成来源或因素的观点，来自对学界有关族群认同、社会认同等理论的思考和研究。比较集中借鉴了马克斯·韦伯、弗里德里克·巴斯、费孝通、陈志明、巫达等人的观点。由于内容过于庞杂，与本文主要内容的相关性有限，因而不进行列举分析，特此说明。

而从主观上看,非物质文化遗产的文化价值认同对于群体文化身份的选择和确认,具有隐性的影响与制约作用。非物质文化遗产成为人们记录族群或民族集体文化记忆的特殊载体,这些文化记忆具体化为口头传说、舞蹈、音乐、服饰标识乃至行为禁忌、民俗仪式等。通过非物质文化遗产事象的传承与维系,人们将对族群集体身份的认知与确认以历史、文化记忆的特殊叙事,代代相传地传递给后世成员。这种情况比较显著地存在于各少数民族中,如《苗族古歌》《布罗陀》《盘瓠传说》等。这些文化记忆内在地促进了族群整体的凝聚力,增强了族群身份的文化认同感。沉淀在各种非物质文化遗产事象中的,人们集体性的文化心理结构,对于人们就文化身份的选择和确认发挥着重要的基础性作用。它对于文化身份认同的形成和维系具有至关重要的规范性和导向性意义。曼纽尔·卡斯特在谈到认同形成的来源时说:"因为行动者的意义赋予是认同形成的本源,它是行动者经由个别化的过程而建构的;虽然认同也可以基于制度而产生,但是只有在行动者将之内化,并且将它们的文化意义环绕着内化的过程建构时,才会真正形成认同。"

综上,对于非物质文化遗产文化认同的内涵,我们给出这样的定义:从广义上讲,非物质文化遗产的文化认同主要是指对非物质文化遗产的文化价值认同和以非物质文化遗产为载体的文化身份认同。其中,前者关系到非物质文化遗产的生存与发展问题,关系到非物质文化遗产的存续形态问题,更关系到非物质文化遗产对文化意义的生产与阐释问题,而后者则构成了当前我们保护非物质文化遗产的现代性语境。

从狭义上讲,非物质文化遗产的文化认同主要就是指人们对非物质文化遗产自身的认同问题。从认同的价值内涵上指向血缘、地缘、族群、宗教、情感等诸多方面。这些认同,直观反映了人们以非物质文化遗产作为对象化实践,有意识或无意识赋予并确认的主观价值或意义。从认同的对象看,非物质文化遗产认同反映的是人与文化的关系,涉及人们是否认同文化、如何认同文化以及这种认同内在的价值关联问题。

无论是广义的理解，还是狭义的理解，不容忽视的一点是，在现代社会提出非物质文化遗产的保护问题，必然是内含了人们对文化认同的强烈诉求与现实利益的。今天，国际社会保护非物质文化遗产，并诉诸强烈的文化身份认同诉求，所需要关注的一个关键问题就是调整并建构一种协调于现代语境的文化价值认同。因此，建立对非物质文化遗产文化价值认同机制的研究就显得十分重要。

三、非物质文化遗产认同的建构与演变机制

非物质文化遗产在其传承、传播的流变过程中，人们对其赋予的价值认同不是一成不变的。对于不同的非物质文化遗产事象而言，人们所赋予其中的价值认同叙事和意义结构也不是本质同一的，而是呈现出复杂的时空性特征。

（一）非物质文化遗产认同体系的时空建构特征

非物质文化遗产具有多样性的文化表现方式，每一个文化事象都经历了不同的流播历程，从而形成了不同的传承与认同系统。从文化流播的时空视角来看，有的非物质文化遗产是在一个相对封闭性空间内获得传承；而有的非物质文化遗产则是在一个相对开放性空间中广泛流播分布。

就封闭性传承体系而言，这类非物质文化遗产或者只在以血缘为纽带的家庭或族群中进行代际的传播与传承。对于这种文化，人们往往对血缘或共同族源有强烈的价值认同，旨在通过特定的文化实践将这种集体认同传承下去。以中国各少数民族的族群起源神话传说最为典型。然而，这种价值认同也并不是单一呈现为以口头文本为传播载体，而是广泛渗透于该族群生活的诸多方面，服饰器物上的符号印记相对直观，而各种民间音乐、舞蹈，乃至生命礼仪、祭祀仪式则更深入地诠释了该族群特有的价值认同体系。

就开放性传承体系而言，主要是从非物质文化遗产流播地区的多元性来讲。

出于不同地区流播的文化事象是否为同一文化事象(可考证为同源),又可将其区分为"同一文化事象的多元地区流布"和"相近文化事象的多元地区分布"两种主要的类型。

就"同一文化事象的多元地区流布"的类型而言,集中体现了当一种文化从一个地方经由多样性的传播方式或渠道,流布到其他不同地方,而这些地方的文化表现出了在文化的表现形态、文化要素以及叙事文本的高度一致性,从而被基本判定为属于一种文化事象的项目。如诸多民间传说:《梁祝传说》《孟姜女传说》《董永传说》《杨家将传说》《白蛇传传说》《格萨尔》等等。因此,选取其中一个文化事象为例,对于说明一种文化何以能够经历不断的历史变迁而不致消亡;对于说明文化在多元地区的流播过程中,能够重新获得社会群体的价值认同具有典型的代表性意义。

对于"相近文化事象的多元地区分布"的类型而言,集中体现了:当一些文化,在文化的表现样式、文化要素或者叙事文本上表现出较高的相似性,然而,又可以被人们明显区分为不同的文化事象,与此同时,至今没有更为确切的研究发现表明它们之间具有必然的衍生关系的文化。如不同民族或地区流传的关于族群起源的、不同母题的民间传说,不同的关于祖先崇拜、关于自然神、世俗神的神灵祭祀习俗;又如类型多样各具传统的民间美术项目:中国的传统年画、剪纸等等。尽管这些不同地区分布的文化之间也存在着历史的交融或相互影响,但是各地区的此类文化之间有着相对独立的、整体的存续传统。因此,对这些文化在多元地区分布上的差异性比较,以及对这些文化之间共同性的捕捉,对于窥探人们相应的文化认同模式和机制特征具有典型意义。

(二) 非物质文化遗产的文化认同路径的四重性特征

人们对非物质文化遗产文化认同,是通过对文化的对象化实践来建构意义、表达意义或再现意义的精神生产实践,是人类共时性地进行自我生产、文化生产与生活空间生产的动态性过程。通过对非物质文化遗产认同体系的时空格局分析，以及对不同非物质文化遗产事象的认同谱系爬梳，人们对非物质文化遗产认同的路径也呈现出了显著的共性特征。从文化认同的生成机制，到文化认同在不同历史时期、不同地域格局中发生流变的机制，到对文化空间意义与对社会集体意义的整合性叙事机制，再到文化获得集体认同并得以不断维系的同构性机制，这些机制的作用不是孤立的，而是内在地整合于一体。

就生成机制来说，它呈现出了人们通过特定的符号生产系统，对生存意义的生产与再生产。非物质文化遗产的各种文化表现形式是人们有意识地或无意识地建构自身生存意义、生存想象或者是价值判断、审美情趣的表征体系。在文本意义的承载或赋予机制上，非物质文化遗产在很大程度上涉及的是对共享性意义的表征或再现，这是促成非物质文化遗产事象得以不断流传，甚至广泛传播的重要原因。而另一方面，人们对非物质文化遗产的各种文化表现形式的意义接收和解读，客观上受到了来自人们所生存的文化生态环境的系统影响，受到了来自具体的生产、生活空间的语境影响，也更受到了不同文化主体在知识结构、信仰、价值观、审美情趣、主观诉求等心理结构语境的具体影响。然而，人们对非物质文化遗产的文化认同最终建立在对意义的能动性阐释基础上，从而基于对文本意义的认同性解释再一次内化到人们的生产或生活中，并进而促成了对社会空间的共时性意义生产和建构。

就流变机制来说，它直观地表现为人们对非物质文化遗产文化认同在时空格局中的多样性形态，诸多非物质文化遗产项目，从其存续发展的历程看，都不是一成不变的。这种文化表现形式的多变性，不仅发生在时代的变迁中，更发生在地域空间的迁移或转换中。在文化样式或意义结构发生流变的同时，人们与文化之间的认同性关系，也在文化价值认同的主客体对象关系上发生着变化。它同时表现为不同主体在与各自文化生态环境相协调的基础上，在价值认同主客体关系上的不连续性。也就是说，从认同意义自身的流变，以及认同得以建立的社会语境来说，文化认同的体系整体是非连续的。我们不能将文化保留、延续至今的"在场"，理解为人们对文化的价值认同也是连续地变化或变迁的。这两个方面的特征都内在反映了人们对非物质文化遗产的文化认同既是多元社会生存实践的产物,又是伴随着社会生存实践的不断变化、始终进行的人类事业。

就整合机制来说,人们在对非物质文化遗产文化认同的建构与调适,是在社会生活的场域中进行了整合与社会内化的,从而使得人们对文化的承续,对文化的广泛参与和消费能够在积极、能动与自觉的基础上进行。就整合的内容来看,人们将对各种不同文化的认同,整合为一种整体性的空间叙事,不仅实现了不同文化之间关系的协调,更实现了对人类自身社会空间的生产。同时,这种整合体现为将文化的个体叙事整合为一种集体性叙事的机制。这事实上是一种个体叙事与集体叙事之间意义"共享"的机制,一种经由社会价值的公共选择的整合机制。从意义的共享机制来看,源自人类共同生存的自然、地理和社会环境,共同的血缘关系,共同的生存实践经历,乃至对于历史、文化的共同记忆等等,奠定了人们对自身、对周围世界给予解释的基本价值的趋同。

社会价值的公共选择机制,主要是通过文化的社会化消费机制,基于文化意义的价值趋同来进行意义选择的机制,从而通过将集体意义选择引入符号载体的叙事,促进集体认同的形成。然而,对于具体的非物质文化遗产事象而言,由于存在样式的差异,尤其是文化认同主体的参与机制不同,非物质文化遗产的意义生产与再生产机制呈现出一些不同的表现形态。例如,纯符号文本的文化(无物质载体)的意义生产机制与非纯符号文本的文化(有物质载体)的意义生产机制是有区别的。我们以民间故事和民间美术的对比为例。前者一般没有特定的生产或创作主体,随着传播范围的不断拓展,被传播者又生成为新的传播者。人们集体性地参与故事的生产和消费,集体性地进行着意义的生产与再生产。而那些传统手工技艺、民间美术类的非物质文化遗产事象,本身就是在一定的生产力阶段和生产资料的基础上,加之独特技艺的掌握才获得了社会性发展的可能。其中,作为生产者的少数群体直接生产了器物以及附着于器物上的符号文本,然而,他们所建构的意义叙事来源于对社会共享意义的再现或再生产;相对地,社会公众作为消费者则是通过对实物的消费偏好选择直接影响着生产者对社会共享意义的表征或再现。

因此,当符号生产与消费主体之间形成这种关系时,对于符号意义的生产与阐释而言,在一定时期,就形成了不同意义的互动,而经过一个长期的过程,就会形成一种意义的螺旋式流动,那些被大众广泛认可并接受的共享性意义才能获得下个意义生产过程的意图,意义得到传承与延续的可能。这样就在意义的竞争与互动的关系上形成了意义的流动。

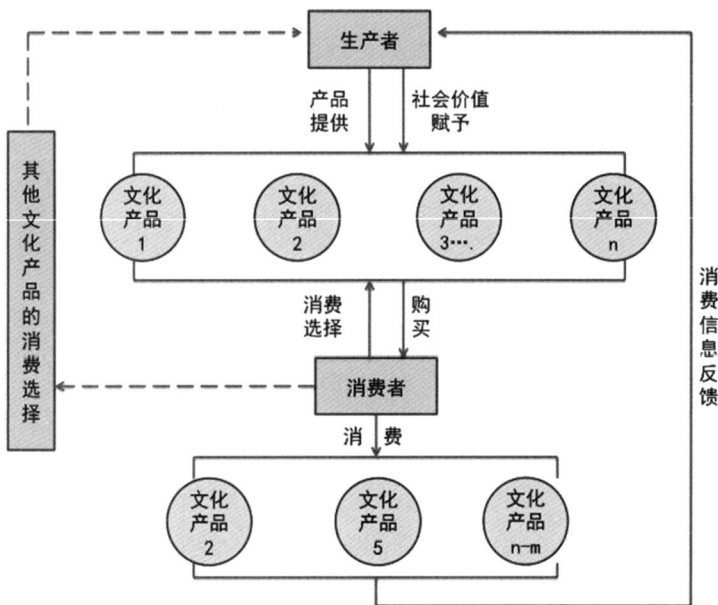

图 3-1 文化产品(物质载体)的社会生产与公共消费选择机制

而维系机制则是内在反映了一种相对独立、确定的意义关系经由人类精神层面的意义认同,最终内化为行为层面、社会实践层面的意义认同。从认同关系的建立来说,只有当非物质文化遗产所承载的意义结构与人们集体性的文化心理结构具有高度的同一性,该文化事象才能获得人们广泛的文化认同。当非物质文化遗产从一个地方传播到另一地方,或者经历了代际的传承时,无论是人们有意识或无意识地对人与文化之间的关系进行调适,或者改变文化的表现形态,或者改变自身的文化实践方式以适应于文化,这种文化的认同性行为都是在文化的意义结构与人们集体性的文化心理结构同构的关系维度上得以维系的。换句话说,为了保持与文化生态系统的协调和适应,人们对文化的调适、选择乃至认同关系的建立总是建立在文化的意义结构与人们集体性的文化心理结构同构的维度上。

正是这四个方面的相互作用,人们对非物质文化遗产的文化认同在多样性与一致性、动态性与稳定性的矛盾对立关系中,不断变化。它们共同体现了人们对非物质文化遗产的传承或延续,是一种积极的、能动的文化实践方式,是一种在社会空间的生产中,共时性进行着的社会生产实践。也正是在这样的机制上,非物质文化遗产具有建构人类社会共同精神家园的重要价值和意义。

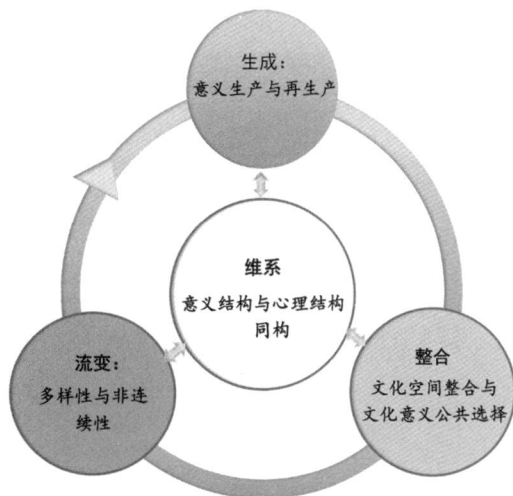

图 3 - 2 非物质文化遗产文化认同路径的四重性

四、非物质文化遗产现代价值认同的构建与选择: 传统向现代的转向

对非物质文化遗产在传统社会所呈现的认同体系和认同机制的追溯,使得我们更加清楚地认识到,非物质文化遗产这个范畴本身所蕴含的现代性色彩。我们不能忽视,非物质文化遗产保护运动在国际社会的发展,是整合了各个国家对国家文化、本土文化纯洁性、原生性的政治性诉求,整合了在全球化与地方化两极互动、两极抗衡的背景下,对于地方文化、国家文化在国际社会中的文化身份彰显。这明显地区别于以家庭、血缘关系为纽带的传统文化认同,有诸多国家层面的意义赋予和价值诉求。这从根本上决定和影响着我们对非物质文化遗产

现代文化认同体系的建构：能否将所谓现代化视为传统文化的未来发展方向？能否促进非物质文化遗产在文化意义的承载和表征上，积极地构建起与现代国家政府，与社会公众群体紧密地意义关联？这是我们要在国家层面建构文化身份认同的重要性问题。

就传统社会而言，传统文化的形成和变迁反映了人们在一定的自然地理、社会政治经济环境中，对生活生产模式乃至文化模式的选择与适应。当前，非物质文化遗产生态环境发生了较之以往更为剧烈的变化，如何延续并重新建构人们与文化之间在环境上的协调性和适应性，延续人们以非物质文化遗产为载体的意义生产机制，延续人们富于能动性的精神生产生活，才是发展文化，尤其是发展独特的地方文化，对全球化作出积极回应的关键所在。

其次，非物质文化遗产文化认同体系的现代性价值的取向，应当不是对传统的完全毁弃和意义断裂。尽管我们在前文提到，非物质文化遗产在流传和流播过程中，并不存在本质的意义连续，但是，还是有文化意义仍然符合今天人们的意义诉求，反映了人们稳定的文化心理结构特征。马克斯·韦伯曾经提出现代性的"祛魅"问题，在他看来，"我们这个时代，因为它所独有的理性化和理智化，最主要的是因为世界已被祛魅，它的命运便是，那些终结的、最高贵的价值，已从公共生活中销声匿迹，它们或者遁入神秘生活的超验领域，或者走进了个人之间直接的私人交往的友爱之中"。[①] 同样对此现象，吉登斯使用了"经验的封存"，其大致含义是：现代性通过时空分离，抽离化机制、反思而形成的脱离了传统的社会经验。构成这样一种社会经验，就意味着把不符合这种社会秩序的经验都"存封"起来，从关于经验的意识中清除掉。然而，在传统文化的诸多意义和经验之中，到底哪些是需要被"封存"的，哪些是我们依然要遵循并沿用的，这是摆在我们面前的难题。这既牵涉到我们对人们文化心理结构现代性特征的判断，更牵涉到我们对社会公共层面文化心理结构的普遍性特征的判断。

---

① ［德］马克斯·韦伯：《学术与政治》，上海：上海三联书店，1998 年，第 193 页。

再次,对非物质文化遗产文化认同的现代性价值取向,客观上要求我们构建出一种整体的,符合现代社会公共价值诉求的世界观、人生观、价值观,重塑民族文化心理结构。文化心理结构是一个既抽象又具体的系统性问题。在我们对非物质文化遗产事象的文化认同机制的研究中,我们看到的往往是影响人们行为的局部性结构和特征。而只有建立对特定群体在整体文化模式上的意义结构研究,我们才能更为深入地体察一种文化发生、发展并不断获得人们文化认同的机制,进而提出促进集体文化认同,促进民族国家文化认同的价值理念。

在传统社会形态下,非物质文化遗产作为人们的生活实践而存在,人们在这些实践中,进行着一种无意识的意义的生产、传递过程。直至进入工业社会,在现代性的诉求下,人们才形成了对于传统文化与现代生活、身份与意义之间关联的关注与反思。于是,在未来的非物质文化遗产发展的道路上,应当建立一种在认同语境中关于文化意义的生产机制。

五、结语

当我们谈论非物质文化遗产时,我们始终关注的是那些已经经历了千余年、百余年,经由人们积极不懈地保护所流传下来的文化。这些文化之中蕴含了长期以来生活在这块土地上的人们对自然世界的选择与适应,对人类世界的创作与表达。它们既成为我们诉说历史的记忆表征,更是由此建立一个国家或地区人们的集体文化身份认同和凝聚力的重要载体。我们不能忘记过去,因此,我们要努力保护这些能够沉淀我们记忆的活化石,并让它们继续存活于我们生活中。换句话说,我们希望借此来"延续"我们区别于"他者"的文化生活方式。

然而,未来不是对传统的机械复制,所谓的未来就发生在现在。当我们抓住过去,从而想要创造现在的时候,我们更不能忘记那些现在的现在。与其说非物质文化遗产是人们长期传承下来的,能够确认和维护我们文化身份认同的文化,不如说,它是我们不断创新、积极阐释,能够表明我们民族文化身份,能够获得国民广泛认同的艺术文化,乃至有文化的生活方式。因此,保护非物质文化遗产的现实价值不是温存和留恋过去,而是要将其存续发展与国家、民族文化的可持续发展联系在一起。当我们走过今天,那些我们在今天这个时刻所创造和创新的文化能够作为对我们这个时代价值的表征和再现,继续获得延续的价值。这是摆在我们保护非物质文化遗产道路上的一个永久性命题。

文化遗产保护与区域发展
——基于我国地级市层面数据的实证研究

| 董　　颖（北京大学法学院）

摘要：

　　文化是可持续发展的重要推动力。有的地区牺牲文化资源以换取短期利益，但也有很多地区将申报文化遗产、筹建保护项目视为发展的契机。基于我国 2003 年至 2017 年 282 个地级市的面板数据，使用固定效应回归模型，研究发现，文化遗产保护能够显著促进人均 GDP 的增长，降低二氧化硫的排放。这种影响会随不同保护标准、遗产类型、地理环境而变化。中介效应检验的结果显示，发展旅游与激励创业是发挥遗产保护积极作用的重要渠道。加强对文化遗产无形要素的关注与投入，有利于缓解保护与发展之间的矛盾，为欠发达地区提供新的动力。

关键词：文化遗产保护；区域发展；文化资源；实证分析

Abstract: Cultural heritage is not only a symbol of the region, but also a rare nonrenewable resource. Some regions sacrifice cultural resources for short-term benefits while others regard cultural heritage inscription and conservation as opportunities for development. This paper contributes to the debate on the influence and mechanism of cultural heritage conservation on regional development. Based on the panel data of 282 prefecture level cities in China from 2003 to 2017, the study uses the fixed effect regression model to analyze the influence of world-class and national level protection standards of tangible and intangible cultural heritage. The study finds that cultural heritage conservation can significantly promote economic growth and reduce environmental pollution. The impact will change with different protection standards, heritage types and geographical environment. For tangible cultural heritage, the conservation reduces the emission of sulfur dioxide, but has no significant impact on GDP per capita. For intangible cultural heritage, it has a positive effect on both economy and environment. This paper also confirms the mediating effects of tourism industries and private economy. Heterogeneity analysis finds tangible cultural heritage conservation reduces GDP and pollution in the central region, whereas intangible cultural heritage generates great economic benefits in the western region. The empirical results suggest that investment in intangible cultural heritage helps to alleviate the contradiction between conservation and development.

Keywords: cultural heritage conservation; local development; cultural resources; empirical analysis

一、引言

文化遗产是由过去传承而来,值得为当代或后代保存的文化事物,属于一种不可再生的公共资源。文化资源可以成为一个地区的标志,带来地区归属感与族群认同感,同时文化资源也可以转化为资本,为地区创造效益。过去十几年间,文化遗产需要保护逐渐成为社会共识,全国各地一度出现了"申遗"的热潮。如今,我国已经是世界遗产数量和世界非物质文化遗产数量最多的国家。这一方面反映了人们保护意识与保护能力的不断提高,另一方面,轰轰烈烈的文化遗产保护运动也对现代生活产生了日益深刻的影响。

文化遗产的保护工作是纯粹的"付出",还是对未来的长远的"投资"?多场"文化遗产争夺战"既关乎文化认同,也是全球化背景下城市竞争的一个缩影。国际上,端午节的归属曾经引发中韩两国的大讨论。在国内,"炎帝故里"之名在四省五地掀起了规模空前的文保运动。尽管公共投入不断增长,仍然无法从根本上满足保护的需要。从"九五"到"十二五",中央财政对世界文化遗产的保护经费从 0.69 亿元增长到了 80 亿元[1]。大型文保项目有强烈的资金需求,甚至会对地方财政造成难以承受的负担。为筹措资金维护世界文化遗产,云南丽江从 2001 年开始向游客征收"古城维护费",15 年后依然留有 15.68 亿元的债务余额[2]。文化遗产面

---

[1] 张国超、唐培:《我国世界文化遗产保护经费投入机制研究》,载《中国文化产业评论》2016 年,第 94—103 页。

[2] 张帆等:《丽江古城　商业化与文化的角力》。

临着从历史财富沦为发展包袱的危险。

然而，文化遗产保护的一个重要目标及作用是实现人类社会的可持续发展。已有文献指出，文化遗产可以通过多种方式促进区域发展：作为商业资源本身，推动旅游业发展和相关文化产品的生产；作为其他经济活动的区位因素，促进就业与投资；作为环境宜人性和地方特色的贡献因素，增强居民的归属感与幸福感；作为文化品牌，改善地方形象与知名度；作为城市更新与改造的契机，复兴工业衰败地区。长远来看，保护工作能够激励当地的文化展示和环境改善，促进经济结构调整和产业的转型升级，最终起到提高居民生活水平与生活质量的作用。

不可忽视的是，实现在遗产保护基础上的地区发展，需要解决一系列矛盾与冲突。一方面，一味追求经济利益的过度开发行为，会抹杀文化遗产的发展潜力与价值，导致文化资源受损乃至枯竭。另一方面，对保护的僵化理解可能导致发展机遇的错失。被动的、强制性的保护不仅使文化遗产被束之高阁，也可能限制居民正常的生产生活发展。河南安阳就曾出于保护殷墟遗址的考虑，在城市规划中采取了避开遗产保护区，布局新城区的办法，导致殷墟所在城区长期落后于其他城区[①]。在我国，如何使文化遗产的保护与利用实现良性循环，使保护的投入令更多民众受益，仍是一个亟待探讨的问题。

作为区域发展的绿色驱动力，文化遗产的保护与利用受到了越来越多的关注。但遗产保护与城市开发、城镇化建设之间也存在一定的矛盾。"让收藏在博物馆里的文物、陈列在广阔大地上的遗产、书写在古籍里的文字都活起来"，为现代化相对晚发的中西部地区提供了一条差异化的发展道路。探究文化遗产保护对我国区域发展的具体影响及作用机制，分析不同形态、不同种类遗产在文化传承与地区发展中所扮演的角色，对于改善遗产保护与管理模式，推动中华优秀传统文化创造性转化、创新性发展具有重要意义。

---

① 张谨：《文化遗产地被发展放弃了吗》，载《瞭望东方周刊》2018 年。

二、理论背景

（一）文化遗产保护与区域发展的互进互促

城市研究学者刘易斯·芒福德认为,文化是城市发展的原始动力[①]。文化遗产是城市文化系统中的关键组成部分,保护工作不仅维护了文化的本体性价值,也能够引发或辅助新一轮的文化生产活动,促进经济价值与社会价值的创造与增值。

经济价值方面,大量研究对保护项目产生的直接收益进行了分析,包括展出文化遗产的门票收入与相关文化创意产品的市场收益两个方面。谢文昕等人分析了"十五"期间我国文化遗产事业的投入产出的边际效益,指出经营收入和事业收入的增长远远高于财政投入[②]。国际旅游中,各国的世界文化遗产数与入境游客人数正相关[③]。冯俊新等人基于我国的跨省数据,发现文物保护单位数量的增长将会使旅游收入增长 5%[④]。但也有学者认为,文化遗产对于旅游业的贡献是有条件的,会受到遗产管理方式、当地的发展水平和遗产类型的制约[⑤][⑥]。

在对于区域的整体影响上,Ford 通过研究美国巴尔的摩的土地交易市场,发现保护历史街区的行动使得当地的地价与租金有了明显提升[⑦]。Greffe 用投入

① ［美］刘易斯·芒福德著:《城市文化》,北京:中国建筑工业出版社。

② 谢文昕:《我国文化遗产事业投入状况实证研究》,载《河南社会科学》2010 年,第 99—101 页。

③ Yu-Wen, Su, and, et al, "Analysis of international tourist arrivals worldwide: The role of world heritage sites", *Tourism Management*, 2014, pp. 46-58.

④ 冯俊新:《文化遗产资源与区域旅游业发展——基于中国跨省数据的实证研究》,载《经济地理》2008 年第 3 期。

⑤ Frey B S, Steiner L. "World Heritage List: does it make sense?", *International Journal of Cultural Policy*, 2011.

⑥ Yang Y, Xue L, Jones T E, Tourism-enhancing effect of World Heritage Sites: Panacea or placebo? A meta-analysis, *Annals of Tourism Research*, 2019.

⑦ Ford D A, "The Effect of Historic District Designation on Single-Family Home Prices", *Real Estate Economics*, 1989.

产出法,测算得到文化遗产保护项目能够为法国创造大量新的就业机会[1]。孙燕和李建芸以承德避暑山庄和丽江古城为例,发现在第三产业较为发达的地区,文化遗产保护的财政投入对地方 GDP 增长和就业的积极影响更为明显[2]。吕寒等人基于两部门一般均衡模型,分析得到申报世界文化遗产将通过直接需求效应和外部性效应两种机制促进地区经济发展[3]。

对文化遗产保护社会效益的研究以理论与定性分析居多,定量的研究主要采取访谈与问卷调查的方法。世界文化遗产的认定能够为地区带来良好的声誉与广泛的知名度[4]。从居民感知的角度,崔峰等人基于 291 份问卷的分析结果显示,江苏农业文化遗产保护项目提高了本地知名度、增强居民的自豪感与对农业文化的认同感[5]。郑群明等人发现湖南崀山申遗在地方认同、地方依赖、自然环境感知和社会文化感知四个方面产生了积极影响[6]。

(二) 文化遗产保护与区域发展的矛盾冲突

在区域发展中,文化遗产保护承载了综合性的功能。但随着城市化进程的推进,文化遗产与人口的分布走向高度重合,出现了复杂且多样的保护与发展的问题。相关研究通过个案分析,针对不同地区、不同类型的文化遗产,指出了保护规划管理中土地资源、公共设施、产业结构、资金投入等方面的多种困境与问题。

---

[1] Greffe X, Is heritage an asset or a liability, 2004.

[2] 孙燕、李建芸:《经济学视角下的中国世界文化遗产发展》,载《中国文化遗产》2010 年,第 38—47 页。

[3] 吕寒:《世界文化遗产对区域经济增长的贡献机制探析》,载《现代经济探讨》2013 年,第 37—40 页。

[4] Anne, Drost, "Developing sustainable tourism for world heritage sites", *Annals of Tourism Research*, 1996.

[5] 崔峰:《农业文化遗产保护与区域经济社会发展关系研究——以江苏兴化垛田为例》,载《中国人口·资源与环境》2013 年。

[6] 郑群明:《世界遗产申报对居民地方感的影响——以湖南崀山为例》,载《旅游科学》2014 年。

对于物质文化遗产,由于其物质载体的脆弱性与不可再生性,保护工作可能影响工程项目的正常开展。李红艳以陕西大遗址保护与规划为主要研究对象,发现遗址保护为工业基础较好、资源依赖较重的铜川地区提供了转型的契机,但限制了欠发达地区农民生活状况的提高[1]。陈稳亮等人以西安汉长安城遗址保护区为案例,指出由于保护的需要限制了工业和村镇建设活动,导致产业结构与土地利用仍以基础的种植农业为主[2]。在城市建成区域内,谢涤湘等人分析了广州市恩宁路历史街区更新改造中的冲突与协商过程,在保护历史文化的要求下,城市更新项目不得不多次搁置[3]。

对于非物质文化遗产,传统文化的现代转型受到地区基础发展条件的限制。Susan keitumetse以博茨瓦纳的非裔社群为背景,指出在监测与评估指标不合理的条件下,名录式保护可能会割裂文化遗产与其赖以生存的社会环境,最终导致当地既存的文化资本与社会资本降低[4]。在工业化浪潮的冲击下,非遗传承的文化生态发生剧烈变化,影响了传统民俗资源的传承与利用。

最后,文化遗产保护可能影响其他公共事业的发展。Baer通过预测性研究,指出城市规划中文化遗产保护范围的不断扩大,将限制城市总人口的增长、土地的用途和建筑的密度,导致城市建设成本增加与居民负担加重。城市规划者必须在资金投入、土地利用、人才培养等多个方面,权衡保护与发展的两种选择。

(三)影响机制研究

已有研究从理论角度分析了文化遗产保护对区域发展的积极与消极影响,

[1] 李红艳:《陕西大遗址保护与规划对区域经济的影响》,载《西安文理学院学报》2007年第3期。

[2] 陈稳亮:《共生还是绝离?——居民融入汉长安城遗址保护与发展问题探究》,载《城市发展研究》2014年。

[3] 谢涤湘:《社会冲突、利益博弈与历史街区更新改造——以广州市恩宁路为例》,载《城市发展研究》2014年第3期。

[4] Keitumetse S O, *Grading and Certification: Implications for Cultural Heritage Management*, *African Cultural Heritage Conservation and Management*, Springer International Publishing, 2016.

但学者们并未达成一致的结论，对其中影响机制的研究主要从旅游学视角出发。作为一个关联度高、综合性强的产业，旅游业能够带动地区的设施改善与产业结构调整，进而影响区域整体发展。Einar Bowitz 基于挪威的案例，发现文化遗产旅游能够促进当地就业和收入增长 7%。王田和鲍一卿对世界文化遗产宏村古村落的居民进行问卷调查，发现文化遗产的旅游开发加速了村落内的经济发展，但外围地区居民收入反而下降①。王纯阳等人以开平碉楼与村落为例，指出文化遗产保护能够通过旅游业的发展，对社区居民在经济、心理、政治、教育等方面起到赋权作用②。Cerisola 基于结构方程模型，发现意大利的诸多世界遗产能够显著提高文化领域从业者占比，进而促进区域经济发展③。

　　然而，文化遗产不仅包含有形的物质载体，更容纳了语言、习俗、信仰等非物质的民间文化要素。在这种意义上，许多将传统文化要素纳入区域发展分析框架的研究同样能给本文一定启示。如方言作为区域异质性的一种表现，影响族群认同与身份识别。在我国，方言多样性阻碍了区域经济增长④。在机制研究中，黄玖立等人从社会信任角度分析方言影响经济绩效的作用机制，发现使用同一种方言会提高个体的社会信任⑤。潘越等人则发现，方言多样性能够激励企业创新，在城市方言数多、方言分化指数高的地区，民营高科技企业的创新产出更高⑥。以上证据表明，地区文化遗产留存状况可能会影响人们的身份认同与行为选择。因此，在旅游学视角以外，有关文化遗产保护影响区域发展的作用机制，仍需要以更多元的视角进一步进行分析。

---

① 王田：《旅游资源开发对外围村落居民收入的负面影响——来自世界文化遗产地黟县的调查》，载《江西金融职工大学学报》2010 年第 6 期。

② 王纯阳：《从"社区参与"走向"社区增权"——开平碉楼与村落为例》，载《人文地理》2013 年第 1 期。

③ Silvia C, "A new perspective on the cultural heritage-development nexus: the role of creativity", *Journal of Cultural Economics*，2018.

④ 徐现祥：《方言与经济增长》，载《经济学报》2015 年第 2 期。

⑤ 黄玖立：《方言与社会信任》，载《财经研究》2017 年第 7 期。

⑥ 潘越：《文化多样性与企业创新：基于方言视角的研究》，载《金融研究》2017 年第 10 期。

（四）研究假说

"可持续发展"强调既要满足当代人的需要，又不能对后代人满足其需要的能力构成危害。目前，可持续发展面临着三大支柱的不平衡——经济支柱、社会支柱和环境支柱。文化遗产保护作为文化可持续发展的重要维度，会对此产生深刻影响。在已有研究的基础上，本文提出如下假说：

1. 总体效应

文化遗产保护既要改造不合理的社会生态环境，又要促使文化事物在保留经典的同时适应新的环境，创造更高的当代价值[①]。文化遗产的保护与合理利用，能够为当地带来经济效益与社会效益。

假说1a：文化遗产保护对于人均 GDP 增长有显著影响。

假说1b：文化遗产保护对于环境污染程度有显著影响。

2. 分类讨论

不同类型文化遗产的保护方式存在差异，对于地区发展的影响可能有所区别。大量文献以世界文化遗产为研究对象，对于本土遗产价值的分析相对薄弱。我国文保事业不断向国际保护标准看齐，但很少有文献能够定量地分析两种保护标准影响的差异。

假说2a：世界级文化遗产与国家级文化遗产对于区域发展的影响不同。

对于物质文化遗产与非物质文化遗产，保护工作的侧重点存在区别。物质文化遗产保护更加强调有形载体的维护与修复，非物质文化遗产保护更加强调民间传统的振兴与发展。

假说2b：物质文化遗产与非物质文化遗产对于区域发展的影响不同。

3. 影响机制分析

直观来看，文化遗产保护为旅游业发展提供了核心吸引物，能够通过产业化路径影响区域整体发展。但在环境承载量有限的情况下，遗产保护的需要也增

---

① 王宁：《论文化遗产保护和社会进步》，载《江西社会科学》2006年第11期。

加了旅游业发展的约束性条件，对游客数量增长、游览时长与行为规范作出了规定。

假说 3a：文化遗产保护通过影响旅游产业发展，对区域发展产生作用。

潜在影响角度，文化遗产保护能够塑造地区的文化生态，影响人们的身份认同与行为选择。传统知识可以被视为一种特殊的人力资本，对民间传统文化资源的继承、发扬与生产性保护能够为传承者提供独特的竞争优势，有利于激励居民创业、激发传统产业活力，因此文化遗产保护可能提升私营部门的活跃度，影响区域发展。

假说 3b：文化遗产保护通过影响私营经济发展，对区域发展产生作用。

4. 异质性分析

我国各地自然地理条件差异大，地域文化鲜明，发展水平不一。东部、中部、西部地区文化遗产的数量积累、主要类型、保护能力都有所区别，保护工作对于区域发展的影响可能存在异质性。

假说 4：在我国东部、中部、西部地区，文化遗产保护对于区域发展的影响不同。

二、数据和模型

（一）文化遗产资源分布与发展趋势

为了研究文化遗产保护对区域发展的影响，本文主要对 2003—2017 年 282 个地级市的文化遗产保护情况与城市发展数据进行分析。以 2003 年为起点，一方面是因为当年联合国教科文组织通过了《保护非物质文化遗产公约》，标志着物质与非物质文化遗产整体保护体系的形成；另一方面自 2003 年起也是我国文化遗产保护事业迅速发展、在区域发展规划中地位不断提高的一个阶段。例如 2002 年 6 月，苏州成功获得世界遗产委员会会议的举办权，使我国于 2004 年首次承办世界遗产大会，从此文化遗产保护越来越受到各地地方政府的重视。

2006年,文化部出台《世界文化遗产保护管理办法》,规定世界文化遗产保护规划的要求,应当纳入县级以上地方人民政府的国民经济和社会发展规划、土地利用总体规划和城乡规划。分析这段时期文化遗产保护对区域发展的影响,具有较强的现实意义。

在全球化背景下,文化遗产不仅关乎过去的积累,也与当下的保护能力、保护意识、文化软实力有关。图3-1展示了我国世界级文化遗产数量的变化。文化遗产在我国的兴起可以追溯到1985年加入《保护世界文化与自然遗产公约》,在20世纪90年代中后期,我国的申遗进展有了很大突破。但进入21世纪后,世界遗产公约在中国国家政策文件中出现的频率大大增加①,我国的文化遗产数量增长却开始放缓。直接原因在于世界遗产委员会2000年在澳大利亚凯恩斯作出的"凯恩斯决议"。由于世界遗产名录在类型、时序/地域、主题三个方面的不平衡性,大会作出了限制已有较多世界遗产的国家进行申报的决议。因而,从2000年开始,我国世界级物质文化遗产数基本以一年一项的速度增长,到2017年共有40项。

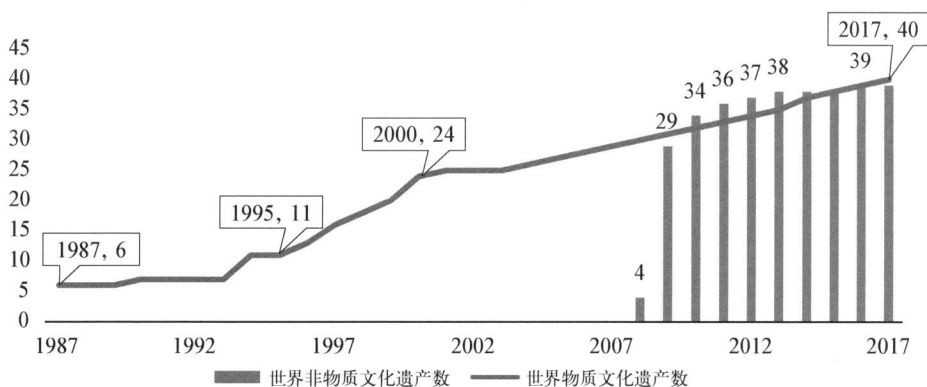

图3-1 我国的世界级文化遗产数量增长趋势(1987—2017年)

① 谢喆平:《中国与联合国教科文组织的关系演进——关于国际组织对成员国影响的实证研究》,载《太平洋学报》2010年第2期。

针对世界遗产申报的限制性规定，一定程度上反映出国际政治中的竞争性逻辑已经渗透到文化领域。世界非物质文化遗产同样对于申报数量有所限制。《保护非物质文化遗产公约》于2006年生效后，每两年为一个申请与评审周期。除了2009年基于"公约出台时间尚短、需要加大宣传力度、鼓励各国积极参与"的考虑，作出了当年不做申请数量限制的决议，委员会对审议的材料数量均设定了上限。我国世界级非遗数量从2008年的4项，在2009年增长到29项，而后增长趋势明显放缓，在2017年达到39项。

我国的文化遗产资源丰裕度位居世界前列。排除直辖市与数据缺失的民族自治地区，本文所研究的282个地级市中，58%都有至少一项世界级文化遗产。截至2017年，世界级物质文化遗产最多的地级市为沈阳、郑州、洛阳、酒泉，各有3项。世界级非物质文化遗产最多的地级市为杭州，拥有蚕丝织造技艺、古琴艺术（浙派）、剪纸（桐庐剪纸）等6项世界级非遗。

在国内，我国文保事业逐渐从文物保护发展为文化遗产保护的完整体系。随着整体性保护理念的兴起，我国在文物保护的基础上，确定了134个历史文化名城、7批312处历史文化名镇，7批487处历史文化名村，使得文化遗产保护与区域发展之间的联系变得更加紧密。本文用"全国重点文物保护单位数"代表国家级物质文化遗产保护情况。图3-2展示了20世纪60年代至今我国国家

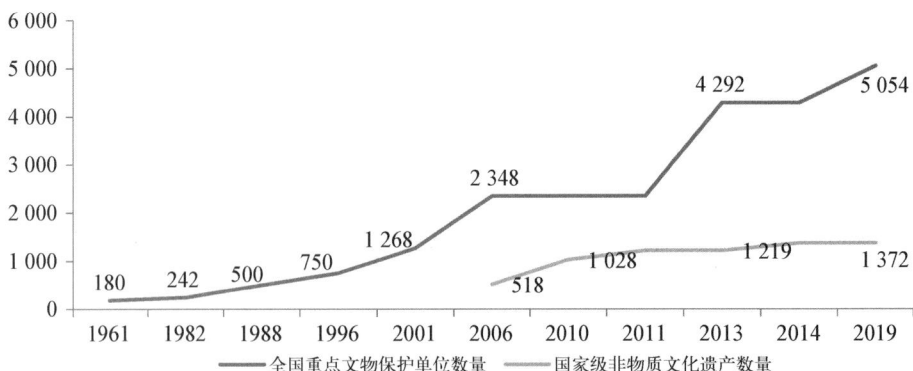

图3-2 我国国家级文化遗产数量增长趋势（1961—2019年）

级文化遗产数量的增长。1961 年,我国就公布了第一批"全国重点文物保护单位",数量逐渐从 180 处发展到 2019 年 8 批 5 054 处。

我国非物质文化遗产保护的发展与国际上基本同步。2006 年非遗保护的国际公约生效以来,国务院于 2006 年、2008 年、2011 年和 2014 年批准了四批国家级非物质文化遗产名录。在此基础上,我国形成了国家、省、市、县四级非物质文化遗产名录体系。国家级非遗共有 1 372 个项目,根据保护单位的不同又分为 3 145 个子项。在时空特征上,第三、四期的非遗项目数量少于前期,更偏重于经济欠发达省域传统文化资源的发掘。

文化遗产的分布与自然环境、历史发展、社会经济、民族和文化区域相关。我国遗产资源大体呈现出东部多、中部次之、西部最少的分布状况,但在国家级物质文化遗产方面为中部最多。表 3-1 呈现了 2017 年我国东、中、西部地区的文化遗产数量,在 282 个地级市中,有 12 个城市没有全国重点文物保护单位,19 个城市没有国家级非物质文化遗产。由于存在多个地区联合申报保护项目的情况,各地加总数量可能超过项目数。

表 3-1　截至 2017 年东、中、西部地区文化遗产分布情况

文化遗产总量	世界级物质文化遗产	世界级非物质文化遗产	国家级物质文化遗产	国家级非物质文化遗产
东部地区	56	89	1 161	871
中部地区	51	35	1 424	634
西部地区	30	22	697	289

地理分布方面,物质文化遗产在中原地带最为密集,其次以闽浙沿海为次中心。拥有超过 45 处国保单位的地级市大多处于黄河中下游地区。越邻近洛阳、开封等历史上的王朝首都,当地的物质文化遗产数量越多。山西运城为全国重点文物保护单位最多的地级市,有关帝庙、永乐宫、稷山大佛等 90 处国保单位。其次,山西长治与河北保定有超过 60 处的国保单位。中部地区的地级市拥有 1 424 处全国重点文物保护单位,高于东部地区的 1 161 处与西部地区的 697 处。

一是由于中原地带长期被作为中国封建王朝政治中心，如十三朝古都洛阳、八朝古都开封都在河南，遗留了丰富的历史古迹。二是江西等革命老区拥有诸多近现代重要史迹与纪念场所。

非物质文化遗产则在东部沿海地区相对较多，两个主要的聚集区位于长三角地区与京津冀地区。杭州、苏州、金华与山东菏泽四个城市拥有超过 25 个国家级非物质文化遗产。江浙地带的非遗项目中，传统技艺居多，如织造技艺、书画装裱修复技艺、制扇技艺等。而中原地区的非遗项目主要是传统戏剧、曲艺音乐等，如大平调、大弦戏、鼓吹乐等。但东部地区与中西部地区的差距悬殊，东部城市非遗数量近乎中西部之和。将非遗与人口分布进行对比，在黑河—腾冲线以东的地区，非遗项目数量占全国非遗总数的 83.5%[①]。

保护投入方面，非物质文化遗产保护起步较晚，投入相对较少，处于快速发展阶段。根据文旅部 2018 年文化和旅游发展统计公报，全国文物机构从业人员规模为 16.26 万人，展览接待观众 12.23 亿人次，比上年增长 6.6%，而非物质文化遗产保护机构 2 467 个，从业人员仅 1.7 万，远低于物质文化遗产保护的人力投入。同年，各类非遗保护机构举办了 6.54 万场演出，1.68 万次民俗活动，观众合计达到 9 810 万人次，比上年增长 10.8%。非遗保护的传播力度与现实影响力呈现迅速扩大的趋势。

（二）变量度量与数据描述

文化遗产的认定是保护工作的前提，进入官方名录意味着保护程度的提高和制度化的监管。在名录式保护的基础上，本文使用的文化遗产数据主要来自联合国教科文组织认定的《中国世界文化遗产名录》《非物质文化遗产名录》，以及我国国务院审批通过的《全国重点文物保护单位名单》与《国家级非物质文化

---

① 徐柏翠：《中国国家级非物质文化遗产的空间分布特征及影响因素》，载《经济地理》2018 年第 5 期。

遗产名录》。利用申报地区与列入名录时间,整理得到 2003—2017 年 282 个地级市的文化遗产保护情况。其他城市数据则来自《中国城市统计年鉴》与各地统计局。

1. 被解释变量

被解释变量方面,区域发展水平从经济发展与环境污染两个角度进行衡量。经济增长研究的理论基础是索洛模型和拉姆模型,其经济增长的实质是人均意义上的经济增长。因此,采用人均 GDP 衡量区域经济发展程度。在数据处理时,首先利用省级的消费者物价指数(CPI)对 GDP 进行平减,减少通货膨胀的影响。其次采用对数形式,降低数据异方差和自相关的问题,得到人均实际 GDP 的对数。另外,考虑到环境在区域可持续发展中的支柱性地位,采用二氧化硫排放量衡量区域污染程度。

2. 关键的解释变量

关键的解释变量为文化遗产保护情况。在我国情境下,文化遗产的官方认定是协调各方力量,制定科学保护规划的一个重要前提。由于文化遗产评定往往在下半年进行,因此本文从评定次年开始赋值,利用世界级、国家级的文化遗产数量代表保护情况,并对物质与非物质的不同遗产类型分别进行讨论。

首先,世界级文化遗产数为联合国教科文组织(UNESCO)认定的物质文化遗产与非物质文化遗产的总和,象征着国际国内最高的保护规格,具有代表性。

第二,将文化遗产分为物质与非物质两种形态,分析不同类型文化遗产保护方式及影响的差异。其中世界级物质文化遗产数据来自国家文物局网站上的《中国世界文化遗产名录》,包含"文化遗产""文化与自然双重遗产""文化景观"三种类型。非物质文化遗产数据来自《联合国教科文组织非物质文化遗产名录》,包含人类非物质文化遗产代表作名录、急需保护的非物质文化遗产名录、非物质文化遗产优秀实践名册三部分。

第三,将国家级文化遗产纳入考虑,观察国际国内标准的差异。在国家级物质文化遗产方面,国内的保护体系主要由文物保护制度演变而来,故采用各地的全国重点文物保护单位（国保单位）数量作为代理变量。在非遗方面,根据国务院批准的《国家级非物质文化遗产名录》,整理得到各地国家级非遗数。需要说明的一点是,当国家级文化遗产经联合国教科文组织认定,入选世界级遗产名录时,国家级遗产数会进行相应的扣除。

3. 其他控制变量

其他控制变量方面,参照关于区域发展影响因素的已有文献,本文控制了物质资本、人力资本、科技投入、对外开放程度、交通通达度、信息化程度、人口密度的影响。在变量衡量方式上,物质资本投入水平利用对数化的人均实际固定资产投资额衡量,使用了省级的固定资产投资价格指数进行平减。人力资本投入利用高等教育普及度衡量。基于数据可得性,使用人均财政科技支出衡量区域的科技投入。用外贸依存度衡量区域对外开放程度,用人均道路铺装面积衡量交通便利程度,利用互联网接入用户数占总人口比重衡量信息化水平,同时控制了对数化的人口密度。

4. 可能的中介变量

本文认为,文化遗产保护影响区域发展的两种可能机制在于:一是发展文化和旅游产业的直接经济效益;二是通过鼓励居民创业,充分利用传统民间文化资源,影响地区个体与私营经济的活跃度。从产业化角度,本文使用人均实际旅游收入的对数,表示旅游产业的发展状况。从间接影响方面,使用个体与私营经济占总人口比重,代表私营经济活跃度。

具体变量名称、计算方式与度量方面见表3-2,描述性统计情况见表3-3。

表 3-2 变 量 说 明

变 量	计 算 方 式	度量方面
被解释变量		
Ln(人均实际 GDP)	以 1999 年为基期,使用省 CPI 指数平减	经济发展
二氧化硫排放量(千吨)	二氧化硫排放量	区域污染

变　　　量	计　算　方　式	度量方面
关键的解释变量		
世界级文化遗产(个)	世界级物质与非物质文化遗产之和	文化遗产保护整体情况
国家级文化遗产(个)	国家级物质与非物质文化遗产之和	
世界级物质文化遗产(个)	根据联合国教科文组织认定的《世界遗产名录》进行累加,从评定次年开始赋值	国际与国内标准的对比
国家级物质文化遗产(个)	根据国务院《全国重点文物保护单位名单》进行累加,从评定次年开始赋值。当国家级遗产入选世界级名录,国家级遗产数会进行相应的扣除	
世界级非物质文化遗产数量(个)	根据《联合国教科文组织非物质文化遗产名录》进行累加,从评定次年开始赋值	非物质文化遗产与非物质文化遗产影响的差异
国家级非物质文化遗产数量(个)	根据国务院《国家级非物质文化遗产名录》进行累加,从评定次年开始赋值。当国家级遗产入选世界级名录,国家级遗产数会进行相应的扣除	
其他控制变量		
Ln(人均实际固定资产投资)	以1999年为基期,使用省固定资产投资价格指数平减	物质资本
高等教育普及度(%)	高等教育在校生/总人口	人力资本
人均财政科技支出(万元)	财政科技支出/总人口	科技投入
外贸依存度(%)	进出口总额/GDP比重	对外开放
人均道路铺装面积(万平方米)	道路铺装面积/总人口	交通建设
互联网普及度(%)	互联网接入用户数/总人口	信息化水平
Ln(人口密度)	总人口/行政面积	人口密度
可能的中介变量		
Ln(人均实际旅游收入)	以1999年为基期,使用省消费者物价指数平减	旅游产业
私营经济活跃度(%)	个体及私营经济从业人员/总人口	私营经济

表 3-3　描 述 性 统 计

变　　　量	样本数	均值	标准差	最小值	最大值
Ln(人均实际 GDP)	4 221	9.876	0.74	7.5	11.887
二氧化硫排放量(千吨)	4 165	54.607	50.077	0	496.38
世界级文化遗产(个)	4 230	0.621	0.917	0	8
国家级文化遗产(个)	4 230	9.533	11.527	0	113
世界级物质文化遗产(个)	4 230	0.376	0.591	0	3
世界级非物质文化遗产(个)	4 230	0.244	0.654	0	6
国家级物质文化遗产(个)	4 230	6.093	8.154	0	90
国家级非物质文化遗产(个)	4 230	3.441	4.739	0	37
是否拥有世界级物质文化遗产(有＝1)	4 230	0.325	0.468	0	1
是否拥有世界级非物质文化遗产(有＝1)	4 230	0.17	0.375	0	1
是否拥有国家级物质文化遗产(有＝1)	4 230	0.865	0.342	0	1
是否拥有国家级非物质文化遗产(有＝1)	4 230	0.637	0.481	0	1
Ln(人均实际固定资产投资)	4 215	9.277	1.154	2.414	14.108
高等教育普及度(%)	4 095	1.441	1.849	0	11.463
人均财政科技支出(万元/人)	4 178	0.001	0.01	0	0.215
外贸依存度(%)	4 217	0.008	0.016	0	0.347
人均道路铺装面积(万平方米/人)	3 858	20.447	37.212	0.004	462.218
互联网普及度(%)	4 165	11.155	9.763	0.006	89.269
Ln(人口密度)	4 225	5.702	0.911	1.547	7.852
Ln(人均实际旅游收入)	3 589	7.31	1.269	1.329	10.615
每万人文化产业从业者数量(人)	4 219	9.266	8.38	0.896	115.71
私营经济活跃度(%)	4 132	9.52	7.607	0.484	62.627

(三) 模型设置

本文设定的基准模型为:

$$y_{it} = \alpha_0 + \beta_1 CH_{it} + \varphi X_{it} + \varepsilon_{it} \tag{3-1}$$

其中 y_{it} 为被解释变量,即经济发展状况与环境污染程度。经济发展用人均实际 GDP 的对数来代表,环境污染用二氧化硫排放量代表。CH_{it} 为关键的解释变量,即文化遗产保护状况,主要以世界级与国家级文化遗产数量代表国际国内最高规格的保护水平,其次区分物质与非物质文化遗产分别进行讨论。β_1 代表控制其他因素的情况下,文化遗产保护对区域发展的边际影响。另外, X_{it} 为控制变量。ε_{it} 为残差项。下标含义为地级市 i,年份 t。Hausman 检验的 CHi2 值始终大于 25,且 P 值小于 0.001,因此,本文的实证部分将采取面板数据的固定效应模型进行回归分析。

其次,对关键的解释变量采取不同的衡量方式,保证结论的稳健性。使用连续型变量,分析文化遗产保护的集约边际效应(intensive marginal effect)。使用 0 至 1 虚拟变量,分析是否保护产生的扩展边际效应(extensive marginal effect)。

第三,利用中介效应的方法,分析文化遗产保护对区域发展的影响机制。通过理论分析得到可能的中介变量,从旅游产业、私营经济发展两个方面,讨论文化遗产保护的影响。参考温忠麟的方法,用下列回归方程来描述变量之间的关系[①]。

$$M_{it} = \alpha_1 + \beta_2 CH_{it} + \varphi X_{it} + \varepsilon_{it} \tag{3-2}$$

$$y_{it} = \alpha_2 + \beta_1' CH_{it} + \beta_3 M_{it} + \varphi X_{it} + \varepsilon_{it} \tag{3-3}$$

模型(3-2)将中介变量设为被解释变量,文化遗产保护情况作为解释变量,检验文化遗产保护是否会影响旅游产业发展和私营经济活跃度。模型(3-3)将区域发展情况作为被解释变量,中介变量与文化遗产保护情况同时作为解释变

---

① 温忠麟:《中介效应检验程序及其应用》,载《心理学报》2004 年第 5 期。

量,检验控制了中介变量 M 的影响后,文化遗产保护对区域发展的直接效应 β'_1 和中介效应 β_2、β_3。

四、文化遗产保护对区域发展影响的实证结果

（一）文化遗产保护的总体效应

使用面板数据的固定效应回归模型,分析我国 282 个地级市 2003—2017 年的文化遗产保护情况对于经济增长与环境污染的影响。表 4-1 为总体效应的回归结果。在控制了物质资本、人力资本等区域发展影响因素的情况下,文化遗产保护整体上对于人均 GDP 产生了正向影响,对于环境污染起到了抑制作用。

第(1)至(3)列呈现了保护工作对经济发展的影响。分别以世界级与国家级文化遗产总数作为关键自变量,结果显示文化遗产数量的回归系数在 1% 的水平上显著为正,说明在控制其他要素投入的情况下,当地成功申报文化遗产将会使人均实际 GDP 明显增加。控制变量方面,除了道路铺装面积以外,其他变量的影响均在 1% 水平上显著。人均固定资产投资、外贸依存度、高等教育普及度、人均财政科技支出、人均道路铺装面积、互联网普及度、人口密度的系数均为正,对人均 GDP 产生积极影响,符合模型预期。

同时控制世界级、国家级的文化遗产保护状况。结果显示,世界级与国家级文化遗产都发挥了促进 GDP 增长的效果,两者形成了互补的关系。申报世界遗产不仅是一个地区梳理、整合资源,提升自身形象的过程,也是自觉遵守国际规则,参与全球治理的过程.世界遗产的评审标准严格、保护力度更强,对于区域发展的影响也更大。世界级文化遗产的回归系数为 0.012,较国家级高 1%,对 GDP 的促进作用更强。每新增一项国家级文化遗产,当地人均 GDP 将会增长0.2%。在控制了国家级文化遗产数的情况下,世界级文化遗产影响的显著性有所下降,但仍然在 5% 的水平上显著为正,反映出世界级文化遗产的积极作用一部分被国家级文保项目所吸收,两种保护标准遵循同样的基本理念,差距并不悬殊。

表 4 - 1 文化遗产保护对区域发展的总体效应

因 变 量	Ln(人均实际 GDP)			二氧化硫排放量		
	(1)	(2)	(3)	(4)	(5)	(6)
世界级文化遗产数	0.017*** (0.005)		0.012** (0.005)	-1.665** (0.814)		1.324 (0.818)
国家级文化遗产数		0.002*** (0.000)	0.002*** (0.000)		-1.035*** (0.073)	-1.066*** (0.075)
Ln(人均固定资产投资)	0.470*** (0.005)	0.467*** (0.005)	0.466*** (0.005)	0.474 (0.874)	3.380*** (0.870)	3.277*** (0.872)
外贸依存度	0.001*** (0.000)	0.001*** (0.000)	0.001*** (0.000)	0.171*** (0.035)	0.155*** (0.034)	0.155*** (0.034)
高等教育普及度	0.035*** (0.006)	0.032*** (0.006)	0.033*** (0.006)	-2.794*** (0.984)	-1.435 (0.961)	-1.402 (0.961)
人均财政科技支出	1.253*** (0.256)	1.238*** (0.256)	1.209*** (0.256)	-52.850 (44.043)	-20.211 (42.799)	-23.267 (42.831)
人均道路铺装面积	2.733 (1.890)	2.685 (1.888)	2.713 (1.887)	-230.563 (321.159)	-220.809 (312.019)	-217.986 (311.948)

（续表）

因变量	Ln(人均实际GDP)			二氧化硫排放量		
	(1)	(2)	(3)	(4)	(5)	(6)
互联网普及度	0.006***	0.006***	0.006***	−1.330***	−1.056***	−1.076***
	(0.000)	(0.000)	(0.000)	(0.080)	(0.078)	(0.079)
Ln(人口密度)	0.402***	0.386***	0.388***	30.260***	38.622***	38.893***
	(0.063)	(0.063)	(0.063)	(10.822)	(10.530)	(10.529)
常数项	3.070***	3.187***	3.180***	−104.179*	−175.295***	−176.226***
	(0.355)	(0.356)	(0.355)	(60.520)	(59.016)	(59.004)
样本量	3 666	3 666	3 666	3 614	3 614	3 614
R-squared	0.897	0.897	0.897	0.207	0.251	0.252

注：使用面板数据固定模型；括号里为稳健标准误；$*** p < 0.01$，$** p < 0.05$，$* p < 0.1$。

第(4)至(6)列呈现了文保工作对环境污染的影响。表中结果显示,经过1‰水平的显著性检验,世界级与国家级文化遗产对区域环境污染影响的系数均为负,表明文化遗产保护起到了降低二氧化硫排放量的效果。当地每新增一项国家级文化遗产,二氧化硫排放量将会显著降低 1.06 千吨。但在控制国家级遗产数的情况下,世界级文化遗产数的回归系数不具备统计学意义上的显著性,说明世界级与国家级保护标准在控制污染方面的差异不明显。其他控制变量中,固定资产投资、外贸依存度与人口密度起到了促使二氧化硫排放量增加的效果,教育、科技、交通与信息化水平则起到了降低污染的效果,基本符合模型的预期。

文化遗产保护与地区生态环境密切相关,环境的恶化既不利于居民的正常生产生活,影响非物质文化遗产所在社区与传承人的未来发展,也会对物质文化遗产的保存与维护造成威胁。2002 年时,我国世界文化遗产所在地环境空气质量大多不佳,2001 年申遗成功的山西云冈石窟、河南龙门石窟等地,二氧化硫浓度甚至超过国家三级标准,较特殊工业区污染更加严重。但近年来,我国不断加大文化遗产保护经费的投入,从以本体保护为主,发展为环境整治、展示利用齐头并进,同时设立专门保护监测机构,持续开展环境监测工作。国家文物局每年公示世界文化遗产监测结果,仅 2017 年大运河文化带就有 41 家严重污染企业得到了有效治理[①]。

(二) 区分遗产类型的回归结果

文化遗产包含物质与非物质的不同存在形态,保护方式也有所区别。因此,对物质与非物质文化遗产的影响分别进行讨论。

如表 4-2 所示,在控制其他要素投入的情况下,物质文化遗产保护对于人均实际 GDP 的影响并不具有统计学意义上的显著性。如果控制国家级物质文

---

① 罗颖:《我国世界文化遗产保护管理状况及趋势分析——中国世界文化遗产 2017 年度总报告》,载《中国文化遗产》2018 年第 6 期。

表 4-2 区分遗产类型的回归结果

因变量	Ln(人均实际 GDP)						二氧化硫排放量					
自变量	(1)	(2)	(3)	(4)	(5)	(6)	(1)	(2)	(3)	(4)	(5)	(6)
世界级物质文化遗产数	-0.023 (0.014)		-0.025* (0.014)				-9.747*** (2.392)		-1.945 (2.340)			
国家级物质文化遗产数		0.000 (0.001)	0.001 (0.001)					-1.804*** (0.103)	-1.787*** (0.105)			
世界级非物质文化遗产数				0.023*** (0.005)		0.011** (0.005)				-0.647 (0.889)		0.577 (0.932)
国家级非物质文化遗产数					0.007*** (0.001)	0.006*** (0.001)					-0.646*** (0.150)	-0.676*** (0.158)
Ln(人均固定资产投资)	0.473*** (0.005)	0.473*** (0.005)	0.472*** (0.005)	0.470*** (0.005)	0.460*** (0.005)	0.460*** (0.005)	0.255 (0.864)	2.498*** (0.839)	2.482*** (0.839)	0.319 (0.876)	1.380 (0.905)	1.349 (0.906)
外贸依存度	0.001*** (0.000)	0.001*** (0.000)	0.001*** (0.000)	0.001*** (0.000)	0.001*** (0.000)	0.001** (0.000)	0.176*** (0.035)	0.161*** (0.033)	0.162*** (0.033)	0.172*** (0.035)	0.165*** (0.035)	0.166*** (0.035)
高等教育普及度	0.035*** (0.006)	0.034*** (0.006)	0.034*** (0.006)	0.035*** (0.006)	0.033*** (0.006)	0.033*** (0.006)	-2.735*** (0.982)	-0.959 (0.948)	-0.963 (0.948)	-2.805*** (0.984)	-2.610*** (0.983)	-2.601*** (0.983)
人均财政科技支出	1.334*** (0.257)	1.305*** (0.256)	1.332*** (0.257)	1.259*** (0.256)	1.106*** (0.255)	1.099*** (0.255)	-46.662 (43.976)	-43.081 (42.106)	-40.932 (42.187)	-56.851 (44.027)	-39.865 (44.078)	-40.171 (44.085)
人均道路铺装面积	2.686 (1.893)	2.697 (1.893)	2.686 (1.893)	2.735 (1.888)	2.636 (1.876)	2.660 (1.875)	-231.785 (320.560)	-230.938 (307.496)	-231.807 (307.512)	-228.242 (321.334)	-221.915 (320.470)	-220.789 (320.505)
互联网普及度	0.007*** (0.000)	0.007*** (0.000)	0.007*** (0.000)	0.006*** (0.000)	0.006*** (0.000)	0.006*** (0.000)	-1.311*** (0.079)	-1.022*** (0.077)	-1.014*** (0.077)	-1.356*** (0.079)	-1.296*** (0.079)	-1.303*** (0.080)
Ln(人口密度)	0.403*** (0.063)	0.401*** (0.064)	0.402*** (0.063)	0.403*** (0.063)	0.360*** (0.063)	0.364*** (0.063)	30.873*** (10.803)	34.494*** (10.364)	34.572*** (10.365)	30.235*** (10.828)	33.980*** (10.833)	34.194*** (10.839)
常数项	3.049*** (0.355)	3.058*** (0.356)	3.061*** (0.355)	3.074*** (0.354)	3.396*** (0.354)	3.379*** (0.354)	-103.567 (60.403)	-143.321** (57.988)	-143.134** (57.991)	-103.127* (60.553)	-133.366** (60.809)	-134.298** (60.833)
样本量	3 666	3 666	3 666	3 666	3 666	3 666	3 614	3 614	3 614	3 614	3 614	3 614
R-squared	0.896	0.896	0.896	0.897	0.898	0.898	0.210	0.273	0.273	0.206	0.210	0.210

注：使用面板数据固定模型；括号里为稳健标准误；*** $p < 0.01$，** $p < 0.05$，* $p < 0.1$。

化遗产数不变,世界级物质文化遗产的系数在10%的显著性水平上为负。其中的原因可能包含如下三点。一是物质文化遗产保护、维护与修复的直接成本高昂,平均每项世界文化遗产的保护管理经费在五千万元以上。二是机会成本方面,对于生产生活的限制性规定制约了潜在的发展机会。物质文化遗产涉及面广,管理难度大,保护一定程度上会对居民的日常生活与商业活动造成不便。三是保护工作对自然与物理空间有较高要求,往往需要投入大量资金、技术与人力,才能实现再生产的过程。

环境发展方面,物质文化遗产对于二氧化硫排放的系数始终为负,起到了抑制污染的作用。国家级物质文化遗产每多一项,二氧化硫排放量将下降1.78千吨。石刻壁画、古建筑遗址等物质文化遗产的保护与所在地区的大气质量密切相关,酸雨等污染物会导致木质结构腐朽,石刻表层风化、壁画颜料变色褪色等问题。我国文物保护法规定,在文物保护单位的保护范围和建设控制地带内,不得从事破坏历史风貌、造成环境污染、影响保护单位安全与周边环境的活动。地方性规定的说明更为详细,如重庆市大足石刻同时是世界文化遗产和全国重点文物保护单位,相关保护条例要求,保护地带禁止建设排放二氧化硫、氮氧化物等大气污染物的设施,禁止使用国家和本市确定的高污染燃料,推广清洁能源。

对比物质与非物质文化遗产,可以发现文化遗产保护对于区域经济增长的积极作用主要依赖非物质文化遗产。每多申报成功一项世界级非遗,人均实际GDP将会增加1.1%。每新增一项国家级非遗,人均GDP将会提升0.6%,这一结论通过了1%水平的显著性检验。藏族唐卡是首批国家级非物质文化遗产代表性项目,如今唐卡产业已成为西藏传统文化保护传承和特色文化产业发展的重要门类,年产值突破2亿元。

非遗保护同样有利于抑制区域污染。第(6)列显示,在控制世界级非遗与其他要素投入的条件下,国家级非遗对二氧化硫排放量影响的回归系数显著为负,能够降低二氧化硫排放量0.676千吨。与物质文化遗产保护依靠法令的禁止性规定,起到了较强的抑制作用相比,非物质文化遗产主要是通过产业升级的关联作用,降低了工业大气污染。

本文还采取了更换关键自变量的度量方式,增强结论的稳健性。将象征文化遗产保护情况的关键自变量转换为 0 至 1 虚拟变量模式,结果发现,物质文化遗产保护对人均 GDP 的积极影响主要表现为扩展边际效应,对于环境污染的抑制作用主要表现为集约边际效应,与文化遗产保护促进经济增长、抑制环境污染的基本结论保持一致。而非物质文化遗产保护对区域经济发展的积极影响在集约与拓展两种边际效应上都有体现,对于环境污染的抑制作用主要表现为扩展边际效应。由于结果类似,限于篇幅,不再罗列。

（三）影响机制分析

本文认为,旅游产业与私营经济发展是文化遗产保护影响区域发展的两种可能作用机制。为了检验中介效应是否存在,首先分析文化遗产保护是否会影响旅游产业发展和私营经济活跃度。其次将可能的中介变量与文化遗产保护情况同时作为解释变量,区分文化遗产保护对区域发展的直接效应与中介效应。

1. 旅游产业发展

文化遗产为旅游产业的发展提供了核心吸引物。罗伯特·麦金托什将文化旅游定义为"旅游者学习和感受他人的历史遗产、生活和思想的活动"[1]。文化遗产为游客提供了富有纪念意义的文化体验,保护工作能够吸引更多游客,提升当地活力与知名度。2017 年,我国的世界文化遗产共吸引了 4.35 亿人次进行旅游,占全国游客总量的 8.7%。

但文化遗产保护与旅游产业发展之间也存在一定矛盾。发展文化遗产旅游需要协调文化共享和文化保存之间的关系。文化遗产的不可再生性与物质载体的脆弱性对旅游业的发展提出了约束性的条件,如避免游客数量超越环境承载能力,游览参观时遵循保护第一的基本原则与行为规范。如果以旅游业的发展

---

① ［美］罗伯特·麦金托什:《旅游学:要素、实践、基本原理》,上海:上海文化出版社,1985 年。

为优先目的,则需要强化文化遗产面向游客的"可参观性生产"①。

为了检验文化遗产保护对旅游产业的影响,将人均旅游收入的对数作为因变量,文化遗产保护情况作为关键自变量,得到表 4-3 的结果。在控制了各项要素投入之后,每新增一项国家级文化遗产,能够显著促进当地人均旅游收入得到 1.4% 左右的增长,这一结论通过了 1% 水平的显著性检验。但世界级保护标准限制了旅游收入的增长。世界级文化遗产的回归系数为负,尤其是世界级物质文化遗产数的增加使人均旅游收入降低超过了 10%。这一结论与 Gao 的研究相符,他发现世界文化遗产数量的增长对我国地级市的旅游收入与国内外旅客数量均起到负面影响,使国内旅游收入显著降低 27.47%。

表 4-3　文化遗产保护对旅游产业影响的回归结果

因　变　量	Ln(人均实际旅游收入)					
	(1)	(2)	(3)	(4)	(5)	(6)
世界级物质文化遗产数	−0.118 ** (0.049)		−0.163 *** (0.049)			
国家级物质文化遗产数		0.013 *** (0.002)	0.014 *** (0.002)			
世界级非遗数				−0.002 (0.015)		−0.025 * (0.015)
国家级非遗数					0.014 *** (0.002)	0.015 *** (0.002)
其他控制变量	控制	控制	控制	控制	控制	控制
常数项	−3.853 *** (1.012)	−3.846 *** (1.004)	−3.640 *** (1.004)	−3.993 *** (1.012)	−3.450 *** (1.010)	−3.386 *** (1.011)
样本量	3 154	3 154	3 154	3 154	3 154	3 154
R-squared	0.817	0.820	0.821	0.817	0.819	0.819

注：使用面板数据固定模型;括号里为稳健标准误; *** $p<0.01$, ** $p<0.05$, * $p<0.1$。其他控制变量包含地区的物质资本、人力资本、科技投入、对外开放程度、交通通达度、信息化程度、人口密度。

---

① ［英］贝拉·迪克斯:《被展示的文化》,北京:北京大学出版社,2012 年。

文化遗产保护对旅游业负面影响的一种解释是较高的保护要求约束了游客数量的增长。如莫高窟、布达拉宫都实施游客参观预约制,限制每日参观人数,避免游客超过合理承载量。山西五台山也曾在申遗时"做减法",对旅馆、餐饮等经营类设施进行拆迁改造,尽管旅游收入有所减少,但成功还原了清净佛地的本来面目。另外也要考虑到,研究中同时控制了世界级与国家级文化遗产的影响。在蓬勃发展的国内旅游市场中,国内游客对世界级与国家级文化遗产的认同度差异较小。拥有国家级文化遗产的地区已经具有较强的文化吸引力与旅游资源优势。尽管世界文化遗产对外国游客有更强的吸引力,但文化差异的存在也会给这种吸引力打上折扣。

经过验证,文化遗产保护对旅游产业有显著影响。进一步将旅游产业作为中介机制进行检验,得到表4-4的结果。控制了旅游产业的影响后,各类型文化遗产的回归系数与显著性有不同程度的下降,反映出旅游产业是文化遗产保护影响区域发展的一种中介机制。人均旅游收入的增长能够使人均实际GDP提升19.3%,降低二氧化硫排放量4.83千吨,文化遗产保护通过旅游业的发展,起到了积极作用。

表4-4 旅游产业发展的中介效果检验

因 变 量	Ln(人均实际GDP)		二氧化硫排放量	
	(1)	(2)	(3)	(4)
世界级物质文化遗产数	0.005 (0.017)		3.433 (3.169)	
国家级物质文化遗产数	−0.001** (0.001)		−1.867*** (0.127)	
世界级非遗数		0.024*** (0.005)		−1.778* (1.002)
国家级非遗数		0.004*** (0.001)		−0.788*** (0.167)

（续表）

因 变 量	Ln(人均实际 GDP)		二氧化硫排放量	
	（1）	（2）	（3）	（4）
Ln（人均实际旅游收入）	0.198*** (0.006)	0.193*** (0.006)	−3.181*** (1.208)	−4.838*** (1.243)
其他控制变量	控制	控制	控制	控制
常数项	3.946*** (0.338)	4.075*** (0.336)	−160.042** (64.889)	−169.805** (67.123)
样本量	3 154	3 154	3 109	3 109
R-squared	0.926	0.927	0.242	0.194

注：使用面板数据固定模型；括号里为稳健标准误；*** $p < 0.01$，** $p < 0.05$，* $p < 0.1$。

世界级物质文化遗产对旅游业发展的抑制作用解释了其对经济增长总体效应为负的原因。模型(1)显示，每新增一项世界级物质文化遗产，将使人均旅游收入降低 16.3%，导致对人均 GDP 产生−3%（=−0.163×0.198）的消极作用。根据模型(2)的结果，计算得到，对于国家级非遗来说，通过旅游业发展影响经济增长的中介效应在总效应中占比为 48.25%，旅游产业发展起到了部分中介作用。第(3)和(4)列同样表明，发展旅游业是文化遗产保护抑制地区污染的一个重要渠道。相对其他工业活动来说，旅游业的发展对环境有较高要求，污染相对较少。尽管文化遗产保护可能对旅游收入的增长起到一定限制性作用，但同时也促进了人与自然的和谐，有利于地区环境的改善。

2. 私营经济发展

除发展旅游业外，文化遗产保护可能会影响居民的身份认同与创业选择，进而影响当地的个体与私营经济活跃度。一方面，文化遗产的活态传承、生产性保护能够对区域私营经济活跃度产生长远影响。保护意识的增强有利于激发民间文化的活力，促进传统技艺的传承与创新，增强居民自主创业的能力与倾向。但也不可忽视另一种可能，即传统文化中存在与现代社会发展不相适应的部分，对文化遗产的僵化理解可能阻滞市场化改革的进程。如中原地区受到儒家文化影响,在重农轻商的传统理念下,私营经济的发展相对缓慢。

　　表4-5呈现了文化遗产保护对私营经济影响的回归结果。结果显示,地区文化遗产数量对于私营经济活跃度产生了显著的积极影响。世界级物质文化遗产保护起步早,已经形成了较为成熟的模式,其推动作用最强,能够促进地区个体及私营经济从业人员占总人口比重增长1.78%。如曲江新区坚持以文化产业立区,辐射带动大明宫等遗址保护区,成为我国首批国家级文化产业示范园区。其次是世界级非遗保护项目能够促进私营经济活跃度提高0.78%。在国家级层面,非遗能够推动私营经济从业人员占比增加0.19%,大于物质文化遗产的0.12%。这可能是由于保护项目涉及群体不同,物质文化遗产往往归属于政府公共部门,与民间联系相对不紧密,非物质文化遗产则由社群传承,传播范围相对较广。

表4-5　文化遗产保护对私营经济影响的回归结果

因　变　量	个体及私营经济从业人员占比(私营经济活跃度)					
	(1)	(2)	(3)	(4)	(5)	(6)
世界级物质文化遗产数	2.355*** (0.397)		1.785*** (0.403)			
国家级物质文化遗产数		0.145*** (0.018)	0.128*** (0.019)			
世界级非遗数				1.132*** (0.148)		0.781*** (0.154)
国家级非遗数					0.232*** (0.025)	0.192*** (0.026)
其他控制变量	控制	控制	控制	控制	控制	控制
常数项	14.963 (10.167)	17.435* (10.132)	17.309* (10.103)	15.822 (10.132)	25.839** (10.157)	24.667** (10.122)
样本量	3 587	3 587	3 587	3 587	3 587	3 587
R-squared	0.439	0.444	0.447	0.443	0.448	0.452

注: 使用面板数据固定模型;括号里为稳健标准误; *** $p < 0.01$, ** $p < 0.05$, * $p < 0.1$。

非遗的保护以传承人为中心,加强传承人的能力建设有利于激发地方活力,激励民众进行创造性实践。如我国的"福建木偶戏后继人才培养计划"被联合国教科文组织列入非物质文化遗产优秀实践名册。为培养下一代传承人,福建省先后建立了十多个新的传习基地和交流展示场所,开展"百场木偶进校园"活动①。类似的措施扩大了非遗的社群基础,既增强了传承人的实践能力,又普及了非遗知识,广泛培育潜在的受众。而2012年文化部出台加强非遗生产性保护的指导意见,非遗传承人创业更成为一种普遍趋势,为民众从业就业提供了新的选择。

进一步分析私营经济是否是文化遗产保护影响区域发展的中介机制,得到表4-5的回归结果。由于文化遗产保护对私营经济活跃度有显著的积极影响,而个体及私营经济从业人员占比每增加1%,人均实际GDP将增长0.6%,二氧化硫排放量则会降低0.5千吨以上,反映出私营经济同样是一种重要的中介机制。控制了私营经济的影响后,世界级物质文化遗产数量对经济发展的直接效应显著为负,但国家级非遗数的增长仍然能够促进人均GDP提高0.6%。通过市场机制,非遗保护增强了当地经济的"造血功能"。在环境发展方面,根据第(4)列计算得到,在国家级非遗抑制二氧化硫排放的总效应中,私营经济发展起到了28%的中介效应。与旅游经济发展相比,私营经济的中介效应相对要小,但两者都在一定程度上解释了文化遗产保护对于区域发展的影响。

表4-6 私营经济发展的中介效果检验

因 变 量	Ln(人均实际GDP)		二氧化硫排放量	
	(1)	(2)	(3)	(4)
世界级物质文化遗产数	−0.044*** (0.014)		−0.721 (2.344)	
国家级物质文化遗产数	0.001 (0.001)		−1.788*** (0.111)	

① 李珂:《福建木偶戏传承人培养计划入选联合国非遗优秀实践名册》,《东南早报》2012年12月6日。

（续表）

因 变 量	Ln(人均实际GDP)		二氧化硫排放量	
	(1)	(2)	(3)	(4)
世界级非遗数		0.007 (0.005)		0.837 (0.941)
国家级非遗数		0.006*** (0.001)		−0.487*** (0.159)
私营经济活跃度	0.006*** (0.001)	0.006*** (0.001)	−0.513*** (0.101)	−0.703*** (0.106)
其他控制变量	控制	控制	控制	控制
常数项	2.755*** (0.357)	3.039*** (0.357)	−175.035*** (58.659)	−161.745*** (61.404)
样本量	3 587	3 587	3 538	3 538
R-squared	0.900	0.901	0.278	0.220

注：使用面板数据固定模型；括号里为稳健标准误；*** $p < 0.01$，** $p < 0.05$，* $p < 0.1$。

3. 异质性分析

我国各地自然地理条件差异大，地域文化鲜明，发展水平不一。考虑到各地文化遗产的数量积累、主要类型、保护能力有较大区别，故对东部、中部、西部地区的地级市分别进行分析。

表4-7为文化遗产保护对于经济发展影响的异质性分析。物质文化遗产保护对经济的影响在各地产生了明显差异。在东部与西部地区，物质文化遗产对人均GDP表现出促进作用。但在我国物质文化遗产分布最为密集的中部地区，文保工作却对经济增长起到了显著的负面效应。每新增一项世界级物质文化遗产，人均GDP将会降低7.1%，每新增一项国家级物质文化遗产，人均GDP将降低0.2%。一种理解是遗产数量过多造成的竞争、内耗或贬值，另一种可能是地区治理未能支撑对丰富遗产资源的恰当利用。

表 4‑7 东部、中部、西部城市文化遗产保护对于经济发展影响的异质性分析

因变量	Ln(人均实际 GDP)					
子样本	东部地区		中部地区		西部地区	
	(1)	(2)	(3)	(4)	(5)	(6)
世界级物质文化遗产数	0.006 (0.020)		−0.071*** (0.023)		−0.013 (0.048)	
国家级物质文化遗产数	0.003** (0.001)		−0.002*** (0.001)		0.005* (0.003)	
世界级非遗数		0.004 (0.007)		0.031*** (0.011)		0.064*** (0.017)
国家级非遗数		0.009*** (0.001)		0.003* (0.002)		0.013*** (0.003)
Ln（人均固定资产投资）	0.471*** (0.010)	0.446*** (0.010)	0.466*** (0.008)	0.452*** (0.009)	0.440*** (0.010)	0.424*** (0.011)
外贸依存度	0.001*** (0.000)	0.001*** (0.000)	0.001* (0.000)	0.000 (0.000)	0.001 (0.001)	0.001 (0.001)
高等教育普及度	0.022** (0.010)	0.017* (0.010)	0.040*** (0.008)	0.035*** (0.008)	0.016 (0.013)	0.012 (0.013)
人均财政科技支出	1.108*** (0.350)	0.870** (0.342)	1.987*** (0.431)	2.157*** (0.433)	5.518*** (1.619)	5.204*** (1.583)
人均道路铺装面积	28.830*** (10.767)	35.799*** (10.541)	301.339*** (28.004)	314.165*** (27.990)	2.696 (2.020)	2.570 (1.989)
互联网普及度	0.007*** (0.001)	0.006*** (0.001)	0.005*** (0.001)	0.003*** (0.001)	0.005*** (0.001)	0.005*** (0.001)
Ln(人口密度)	−0.011 (0.106)	−0.041 (0.104)	0.746*** (0.101)	0.687*** (0.102)	0.812*** (0.147)	0.774*** (0.144)
常数项	5.595*** (0.635)	6.011*** (0.621)	1.129** (0.545)	1.551*** (0.551)	1.212 (0.761)	1.549** (0.750)
样本量	1 360	1 360	1 473	1 473	833	833
R-squared	0.877	0.883	0.922	0.921	0.905	0.908

注：使用面板数据固定模型；括号里为稳健标准误；*** $p < 0.01$，** $p < 0.05$，* $p < 0.1$。

结合不同地区的文保情况，发现中部地区的遗产类型以古遗址、古墓葬为主，所属历史时期侧重于史前与先秦时期[1]。一方面，古老的文化遗产相对脆弱，尽管积累了深厚的历史价值，但转化为现代价值的难度更大。另一方面，遗址遗迹等大型文保项目与城市改造、城镇化建设之间存在矛盾，对于地区综合规划与治理提出了较高要求。例如世界文化遗产长城经过了中部地区的 30 个地级市，已经成为当地人居环境中的一个重要组成部分。在针对长城本体的保护措施日益完善的背景下，周边的农村面临复杂的建设限制，却很少得到村落规划、资源利用和农宅更新方面的技术支持，导致村庄畸形发展，农民生活长期处于较低水平[2]。

非物质文化遗产保护促进经济增长的效果在经济欠发达的西部地区最为显著，其次是中部地区和东部地区。在西部地区，世界级非遗数量的增长能够促进当地人均 GDP 提高 6.4％，国家级非遗同样能带来 1.3％的积极影响。而在非遗分布密集、总量较多的东部地区，国家级非遗的回归系数为 0.9％，影响相对较小。在文化多元化与国际文化贸易的背景下，非遗保护有利于发展区域特色文化服务产品，满足全球性、多样化的精神文化需求。西部地区民俗文化资源原生态保护情况较佳，非遗保护能够为地区发展提供后发优势。丁智才以壮族织锦技艺的产业进程为例，指出各地文化产业发展的差异化路径决定了非遗是产业发展的重要资源[3]。

但经济欠发达地区在非遗保护和利用的过程中面临着实际的困难。一是地方基础设施不完善，非遗展示与管理平台搭建难度高。如黔东南的丹寨蜡染国家级非遗项目，传统手艺人缺乏规模化生产、规范化管理的生产场所，没有稳定的工厂、店铺与销售平台，由于到集市需要数小时的车程，只能在节日赶集时售

---

① 奚雪松：《中国文物保护单位的空间分布特征》，载《人文地理》2013 年第 1 期。

② 陈喆：《长城保护与周边村落更新》，载《建筑学报》2005 年第 7 期。

③ 丁智才：《民族文化产业视域下少数民族非遗文化的生产性保护——以壮族织锦技艺为例》，载《云南社会科学》2013 年第 5 期。

卖日常使用、制作较粗糙的蜡染制品，交通不便限制了地区发展与非遗传承[①]。另一个困难在于地方资源有限，缺乏有效保护传承非遗的资本、技术与知识，较大程度上依赖从上而下的管理模式，本土社区的能力相对薄弱。我国藏族创造了《格萨尔》史诗、热贡艺术、藏戏和藏医药浴法四项世界级非遗，但地方财政支持非遗传承的力度仍然相对有限。2006 年至 2018 年间，中央财政对西藏的非遗保护投入累计 1.95 亿元，平均每年 1 625 万元。西藏自治区则在 2008 年后，将每年 20 万元的非物质文化遗产保护专项资金提高至每年 1 200 万元。与东部城市相比，中西部地区对文化遗产的利用水平、传承能力相对较低，但这些地区具备独特的文化资源与差异化的竞争优势，使非遗保护能够发挥更强的积极效应。

表 4-8 显示了文化遗产保护抑制环境污染的异质性，其降低污染的效果在中部地区最为显著。每新增一项世界级物质文化遗产，二氧化硫排放量将下降 12.2 千吨，国家级物质文化遗产的系数也在 1% 显著性水平上为负。非物质文化遗产对于二氧化硫排放的抑制作用同样在中部地区最为明显。每增加一项国家级非遗，中部地区的二氧化硫排放量将会下降 1.69 千吨。在东部与西部地区，国家级物质文化遗产能使二氧化硫排放量显著降低 2 千吨以上，东部地区的系数略高于西部，但非物质文化遗产对于污染排放的影响在统计学意义上显著性较弱。

根据以上结果，中部地区表现出了明显的发展与保护之间的矛盾。这可能是因为我国中部地区处于城市化与工业建设快速发展的进程中，对资源型产业的依赖性较强，人与环境的关系更为紧张。东部地区则已经接近建成状态，城市建设从以经济为中心转向人与环境的和谐发展，使遗产保护发挥了抑制环境污染的作用。而西部地区工业化水平相对较低，环境污染问题相对不突出。

---

① 王晓彤：《"非遗＋扶贫"亟需复合型人才》，载《文化月刊》2018 年第 9 期。

表4-8 东部、中部、西部城市文化遗产保护对于环境污染影响的异质性分析

因变量	二氧化硫排放量					
子样本	东部地区		中部地区		西部地区	
	(1)	(2)	(3)	(4)	(5)	(6)
世界级物质文化遗产数	4.919 (3.301)		-12.220*** (3.407)		0.161 (8.766)	
国家级物质文化遗产数	-2.677*** (0.185)		-1.145*** (0.117)		-2.440*** (0.487)	
世界级非遗数		-0.824 (1.284)		1.220 (1.747)		-4.444 (3.243)
国家级非遗数		-0.445* (0.229)		-1.697*** (0.242)		0.257 (0.613)
Ln(人均固定资产投资)	5.897*** (1.659)	4.999*** (1.886)	6.109*** (1.217)	8.318*** (1.373)	-1.935 (1.850)	-4.346** (1.991)
外贸依存度	0.137*** (0.044)	0.179*** (0.048)	0.184*** (0.067)	0.131* (0.068)	0.100 (0.115)	0.134 (0.116)
高等教育普及度	-1.392 (1.739)	-3.491* (1.875)	-0.763 (1.277)	-2.504* (1.297)	0.757 (2.353)	-0.053 (2.389)

（续表）

因 变 量	二氧化硫排放量					
子 样 本	东 部 地 区		中 部 地 区		西 部 地 区	
	(1)	(2)	(3)	(4)	(5)	(6)
人均财政科技支出	1.712 (59.404)	-0.351 (64.150)	42.112 (64.973)	48.626 (66.696)	-786.900*** (296.331)	-1 078.841*** (298.898)
人均道路铺装面积	1 662.283 (1 842.918)	2 475.272 (1 997.521)	-7 618.268* (4 210.370)	-5 854.532 (4 302.790)	-381.568 (363.932)	-437.697 (370.200)
互联网普及度	-0.924*** (0.113)	-1.317*** (0.119)	-1.699*** (0.147)	-2.018*** (0.146)	-0.363* (0.203)	-0.670*** (0.197)
Ln(人口密度)	-1.046 (17.776)	1.015 (19.221)	67.146*** (15.259)	62.902*** (15.674)	35.254 (26.752)	45.192* (27.151)
常数项	41.487 (106.509)	31.666 (115.382)	-352.042*** (82.193)	-350.338*** (84.944)	-100.674 (138.175)	-140.184 (140.819)
样本量	1 341	1 341	1 465	1 465	808	808
R-squared	0.345	0.237	0.329	0.294	0.179	0.151

注：使用面板数据固定模型；括号里为稳健标准误；*** $p < 0.01$，** $p < 0.05$，* $p < 0.1$。

寻找绿色发展路径对中部地区尤为重要。在矿产资源对经济的推动力减弱,对于环境的负面影响增强的情况下,文化遗产保护提供了新的发展选择。以世界文化遗产山西省平遥古城为例,焦化产业是平遥经济主要支柱产业之一。申遗成功后,山西省在 1998 年制定、2018 年修订了《山西省平遥古城保护条例》,不断推进焦化厂、炼焦炉的改造,在古城内划分了核心保护范围、建设控制地带、环境协调区,协调保护的需要与生产、生活、游览和建设活动之间的关系。按照国家标准,城区二级以上空气质量天数从 21 世纪初的 100 天,在 5 年内突破并稳定在了 300 天以上。尽管以煤为主的能源结构无法在短时间内改变,但当地空气质量有了明显的提升。

五、结语

本文研究的主要问题是文化遗产保护对区域发展的影响及作用机制。在归纳相关文献资料的基础上,本文讨论了保护与发展之间的协同作用与潜在矛盾,针对文化可持续发展的经济效益与社会功能,提出了相应的研究假设。为验证假设,文章首先对我国文化遗产资源的时空分布进行了描述与分析,并介绍了我国文保事业发展的制度背景。进一步设定变量与模型,利用豪斯曼检验,发现本文适用面板数据的固定效应回归模型。在实证部分,首先分析了世界级与国家级保护项目、物质与非物质文化遗产的差异。其次,对关键的解释变量采取不同的衡量方式,保证结论的稳健性。第三,利用中介效应的方法,分析可能的影响机制。最后对东部、中部、西部地级市分别进行讨论。

基于 2003—2017 年 282 个地级市的数据,研究得到的主要结论如下。

第一,总体而言,文化遗产保护能够显著促进人均 GDP 的增长,降低环境污染的排放。这种影响随着保护标准、遗产类型、所属地区的不同而表现出差异。

第二,区分世界级与国家级保护标准后,发现国家级文保项目的增加能同时促进经济增长与污染整治。申报世界遗产则主要发挥了经济促进作用,每成功申报一项世界级文化遗产,人均 GDP 将会增长 1.1％。如在我国西部地区的青海同仁县,自热贡艺术被认定为世界级非物质文化遗产后,当地热贡艺术品销售收入在 5 年内由 2.4 亿元增长到 6.5 亿元,从业人员从 1.3 万人增加到 3 万人。依托文化遗产传承与传习,部分村落几乎实现了"家家有画师",走出了一条绿色致富的道路。

第三,区分物质与非物质文化遗产,发现物质文化遗产数量的增长对经济发展的影响并不显著。一方面可能是物质文化遗产保护需要设立保护区、缓冲区与建设控制地带,限制了土地与空间资源的开发利用。为保全地上遗迹,工业工程和村居改造活动需要审批后进行,对地下文物的保护要求则限制了灌溉要求高的蔬菜种植、水产养殖等城郊特色农业发展。另一方面,机制检验的结果显示,物质文化遗产保护对于旅游收入的增长起到了限制作用,尤其是世界级物质文化遗产使人均旅游收入降低了超过 10％,如莫高窟、布达拉宫都限制游客参观人数,使旅游业增速和对当地经济的带动作用减弱。但严格的保护措施也有效促进了人与环境的和谐,每多一处国家级文物保护单位,当地的二氧化硫排放量能够降低 1.78 千吨。我国中部地区对矿产资源的依赖程度较高,但山西平遥古城为保护世界文化遗产,不仅制定了专门的古城保护条例,更投资 1.8 亿元推进清洁能源改造,目前已实现古城内经营性燃煤小锅炉清零,空气质量大大提升。

非物质文化遗产对于经济与环境都起到了显著的积极作用。一种解释是,对于纺织、陶瓷等技艺的生产性保护,能够加快传统产业的现代化转型与振兴。对于音乐、戏剧、美术等民间艺术,相关传习、培训活动则增强了非遗传承人的智力资本,提高了居民自主创业的能力与倾向。如非遗项目广西刘三姐歌谣,演出时招募的民间演员三分之一都是普通农民,他们"白天种地干活,晚上登台亮相",既传承了非遗,也获得了新的收入来源。在环境保护方面,相对物质文化遗产通过强制性、禁止性规定降低污染的排放,保护非物质文化遗产对污染的抑制效果有所降低,主要通过产业结构调整的关联作用改善地区的生态环境。

第四，进一步分析文化遗产保护影响区域发展的机制。从旅游产业和私营经济发展两个方面看，尽管世界级物质文化遗产对于旅游收入产生了负面影响，但同时也起到了激励居民创业活动的效果，能够促进地区个体及私营经济从业人员占比提高 1.78%。而非遗保护项目则通过正向影响人均旅游收入与私营经济活跃度，对地区经济与环境产生了显著的积极效果。这一结果说明，遗产保护与旅游产业发展之间存在一定矛盾，但这一矛盾可以通过丰富文化遗产展示与体验方式、开发衍生创意产品等方式得到缓和。例如演艺节目《印象·刘三姐》将山水实景演出与刘三姐歌谣这一非物质文化遗产相结合，尽管仍然存在游客承载量的问题，但依照四季天气所创造的不同版本将观光客变成了深度游，淡化了旅游淡旺季之分，有效激活了当地的文化消费市场。

第五，对东部、中部、西部的地级市分组进行讨论，发现保护与发展的矛盾在中部地区最为明显。物质文化遗产在我国中原地带分布最为密集，但遗产数量的增长会使中部地区的人均 GDP 和二氧化硫排放量显著下降，丰富的遗产资源对于中部的发展起到了约束性的作用。而非物质文化遗产始终表现出促进经济增长的作用，这种积极效应在非遗资源相对缺乏的中西部地区更为明显。文化遗产保护为拥有独特文化资源、但经济上欠发达的中西部地区指出了新的发展路径。

本文的启示在于：全球化背景下，以文化遗产为代表的本土文化资源为满足多样化精神消费需求提供了基础条件。对物质文化遗产的展陈与非物质文化遗产的传习，能够通过发展旅游产业与激励居民创业两种渠道，转化为遗产传承社区的文化资本，为经济增长、文化复兴与环境可持续发展提供宽广的平台。然而，由于遗产物质载体的脆弱性，随着文化遗产与人口的分布走向高度重合，保护工作一定程度上会导致城市建设开发速度放缓，约束遗产旅游业的发展。尤其是在我国中部地区，丰富的物质文化遗产资源反而限制了区域的经济增长，保护与发展之间的矛盾突出。

为缓解这一矛盾，可以从三个方面入手。一是加强跨区域的交流合作。西部地区和少数民族地区的文化遗产特色鲜明,原生态保护状况较好,但缺乏遗产保护与管理的经验。合作有利于实现区域间优势资源的互补,放大遗产保护的积极作用。二是增强传承主体的文化自觉意识,丰富文化遗产的意义再生产机制,实现"以文养文"的可持续发展。三是将文化遗产保护与资本、技术与知识紧密结合,探索面向未来的保护方式。通过创新文化服务,激发市场活力,实现包容性的发展。

文化遗产保护不仅是技术实践,更是一种社会文化活动,需要考虑相关的文化特征、社会属性、自然条件、经济活动等各项脉络。"见人、见物、见生活",既是文化传承的要求,也是人文城市建设的目标。在这一交汇点上,对民间传统文化资源的价值发现与活态传承,能够成为区域经济发展与环境保护新的推动力。

空间媒介视阈下历史文化街区的形象建构
——以大栅栏为例

| 张　铮　卢秀定（清华大学新闻与传播学院）

摘要：

　　历史文化街区是城市文化产业发展的象征性空间，被视为传统文化氛围与现代消费相融的集合体。本文以北京典型的历史文化街区"大栅栏"作为研究对象，以质性研究方法扎根理论与内容分析法为主要研究方法，从街区运营者、商户、游客等不同视角探讨了大栅栏的网上形象的打造与消费者感知之间的现实差异，发现大栅栏地区在官方平台与商业旅游服务平台形成了不同的形象，但是缺乏仪式感、缺乏游客参与度的现状使其线上认知形象与线下的感知形象出现了脱节。通过扎根理论，本文提出历史文化街区的线下的感知形象由表象感知的物质形象与深入体验的精神形象构成，共同影响着综合感知形象。进而，本文提出历史文化街区的媒介形象建构应开发街区的历史文化资产、明确街区的品牌化定位、创新历史文化内容、重构传统文化的线上仪式感；政府、运营方、入驻商家、原居民与游客应携手共创历史文化街区的媒介形象。

关键词：空间媒介化；历史文化街区；场所精神；媒介形象；大栅栏

Abstract: Historical and cultural streets are generally regarded as a collection of traditional culture and modern consumption, a symbolic space of the urban cultural industries. In this study, the typical traditional historical and cultural block in Beijing, Dashilan District is the main research object. And two main qualitative research method, Grounded theory and content analysis method are used in this study to explore the online and offline image of the Dashilan district. At the same time, taking the historical and cultural street as the starting point, this study also discusses about the audience's construction of the city image and the sense of place. It is found that there are different cognitive images in the official platform and commercial platforms in Dashilan district, but the lack of ritual-sense and audience participation makes the online cognitive image of audiences and perceived image inconsistent. Based on the grounded theory, this study summarizes and deduces the factors that affect the perceived image of audience. The offline comprehensive image of the district is influenced by the material image and the spiritual image of in-depth experience. This study proposed that there are many ways to build the media image of Dashilan District, including develop the historical and cultural assets of the district, accurately locate the brand of the block, recreate the historical and cultural content, reconstruct the online ritual-sense of traditional culture. The operators, enterprises and the government should cooperate to build and spread the urban culture and the "Genius loci" (Place Spirit) of Beijing.

Keywords: space; cultural historical street; genius loci (place spirit); media image; dashilan district

一、研究背景与研究对象

（一）研究背景

城市是文化的容器。世界范围内风起云涌的城镇化进程将城市人的集体记忆和共同情感融进了历史文化街区，这些空间成为承载、继承、传播与发扬城市传统文化的重要实体空间。现在的城市不仅仅是人们日常生活的空间，同时也是独特的社会文化空间，属于兼具物质性和社会性的第三空间[①]。历史文化街区集中体现了每一座城市的独特的实体建筑、生活方式、文化符号、历史记忆、文化价值，城市通过历史文化街区生产价值来建构意义，城市空间的媒介属性越加明显，成为建构与传播城市形象的载体。

历史文化街区通过对存储的、传承的传统文化符号的重建与再创，构建其特有的形象来传播所承载的中国的优秀传统文化与富有特色的地方文化。本文以"空间作为媒介"为理论切入点，致力于探索受众对于历史文化街区实体空间的感知现状，将塑造与管理其媒介形象作为实践目标。聚焦的核心问题包括：历史文化街区作为一个传播城市文化的有效媒介，在线上与线下构建什么样的自身形象？受众又是如何去认知并感知这些形象？为了能够更加有效地构建与管理历史文化街区的形象，应该如何驱动多方的共同努力？

[①] 刘娜、张露曦：《空间转向视角下的城市传播研究》，载《现代传播（中国传媒大学报）》2017 年第 8 期。

（二）研究对象简况

本文选取"大栅栏"这一北京著名的历史文化街区作为研究对象。大栅栏是北京前门外一条著名的商业街区，其位于古都北京老城的中心地段，是北京市南中轴线的一个重要组成部分。位于天安门广场以南，前门大街西侧。按照 2019年 3 月北京市规划和自然资源委员会《关于发布〈北京历史文化街区风貌保护与更新设计导则〉的通知》（京规自发[2019]76 号），"大栅栏"是北京老城内正式公布的 33 片历史文化街区之一，并且已由国家正式公布为中国历史文化街区。因此选取其作为研究对象具有明显的代表意义。

大栅栏地区作为北京市典型的历史文化街区，其以物质的实体空间诉说着历史。历史文化街区中的场所精神之所以能够被呈现，是因为它存在于一定的时间与空间中，其所承载的一个城市乃至一个国家的历史与文化情感，根据街区中的相应的活动渐次展开，而这些活动与空间时间都被置于特定的物质实体空间中展开。历史文化街区是一个由特殊的历史感与特有的地域性共同打造出来的空间，历史感能够唤起人们共同的文化记忆与情感上的认同，地域性实现了人们对不同文化特性的体验需求[①]。

大栅栏作为可感知历史感的空间，在时间和空间两个维度承载着历史文化风味，将历史、传统、风度、生活状态与价值观等非物质因素压缩、残留在建筑风格、景观环境、商业业态之中；同时，大栅栏具有鲜明的"老北京"地方印记，而且经历了从自发聚集、自然生长到近年来政府强力规划介入的变迁，非常符合我国历史文化街区发展的脉络。明朝初年开始，正阳门周边便出现了各种商业活动。从清朝开始，大栅栏地区位居"前朝后市"的核心区，得到快速发展，出现"同仁堂""马聚源""瑞蚨祥""内联升"等多家百年老字号，形成不同于大规模生产的同质化的独具特色的商圈。近年来，大栅栏全新的改造计划在政府的指导下于2011 年正式开始，不但复原了大栅栏原本形成的商业文化、市井文化、会馆文化

---

① 鲍懿喜：《历史文化街区的空间特性》，载《人文地理》2012 年第 4 期，第 49—53 页。

和梨园文化等独特的地域文化与人文景观,而且维护了"胡同"这种北京特殊的居住空间结构,保留原有居民。如列斐伏尔所说,日常生活是一切活动的汇聚处、纽带和共同的根基。这种对日常生活的保持让大栅栏在发展的同时秉持了一定原初的面貌;另外,作为消费空间的历史文化街区,应该以其特殊的"历史文化特性",使人们通过正确的相关信息与自己的体验,来构建一个由历史文化与生活消费共栖的可供体验与感知的空间①。

为了能够在本研究更加确切地对受众的认知形象与感知形象进行分析,研究者根据大栅栏地区主要运营方——广安控股所界定的几条历史街区作为主要研究的对象②。包括前门、杨梅竹斜街、琉璃厂东街、大栅栏西街、前门大街与煤市街。

● 杨梅竹斜街

杨梅竹斜街形成于元明时期,东北起煤市街,西南至琉璃厂东街。在历史上,杨梅竹斜街曾经是书局、会馆、商铺密集的地方,市井文化气息非常浓厚。文学家鲁迅、作家沈从文、清乾隆朝的东阁大学士梁诗正等,不同时代的名人志士都在杨梅竹斜街留下过痕迹,至今仍可探寻。

● 琉璃厂东街

琉璃厂东街西起新华街,东至延寿街南口。元朝时,在海王村建起为宫廷烧制琉璃瓦的琉璃窑,明代此处的琉璃窑被扩大为琉璃厂,清乾隆初期地名就为琉璃厂。当时,各地来京参加科举考试的人大多集中住在这一带,因此在这里出售书籍和笔墨纸砚的店铺比较多,形成了非常浓郁的文化氛围。如今,琉璃厂东街是北京著名的图书文化街区,有很多店铺经营古玩字画,是北京驰名的文玩专卖街区。

● 大栅栏西街

大栅栏西街也被称为观音寺街,因为街道的最西端曾有一座观音寺。大栅

① 鲍懿喜:《历史文化街区的空间特性》,载《人文地理》2012年第4期,第49—53页。
② 据广安控股北京大栅栏琉璃厂文化发展公司官网,2020年4月。

栏西街在历史上本为一条知名的商业街,"张一元"茶庄、"稻香村"点心店、"亨得利"钟表店等著名品牌的首号店都曾落户于此。在大栅栏西街附近京剧戏园众多,街道上也有很多传统的历史建筑。

- 前门大街

前门大街是北京著名的商业街区,位于京城中轴线。前门大街的商业借助其丰富的历史资源与北京胡同文化特色,云集了北京的中华老字号,近年来又吸引了很多国际商业品牌开设店铺,并出现了很多非遗体验馆、地方特色文创衍生品售卖等商业业态。当地运营者也经常结合传统文化节日举办节庆活动等。

- 煤市街

煤市街位于前门大栅栏街西口,明朝的时候煤为当时北京人的主要燃料,而煤市街为当时主要的煤交易场所,故名煤市街。在清朝初期,随着煤市逐渐消失,这里发展成为一个著名的商业区。现在在煤市街仍有很多老字号。

二、理论资源与文献综述

(一)空间媒介与城市媒介形象

现代城市作为一个多元文化的集合体,城市空间的媒介化性质越来越受到多方的关注。后现代主义的思潮下,文本、表征和符号等都可以被无限地、多层面地解释。在空间中的种种经验,总是能够给人们带来非常新鲜的感受,人们总是保有在空间获取新经验的欲望与诉求。通过在空间的经验,人们可以体验新的文化,并且成为理解文化、引领文化的主体。近期有不少学者以传播学的媒介视角对于城市空间的辩证关系进行了探讨,但是关于城市的空间媒介化的研究刚刚起步,主要集中在城市和媒介之间的辩证关系等方面。

空间具有媒介的性质,同样媒介也具有空间的属性,对于空间媒介化的探讨对未来的城市传播具有借鉴性的意义。在传统的传播学理论当中,"媒介"被定义为"用来表达含义的静态和动态任何物体或物体的排列"，带有较多的感知的意义，相对平面化。麦克卢汉提出了新的观点，认为媒介的范围应该还包括道路、房屋、公园等具有客观意味的物体，可以说他将"媒介"的内涵泛化了①。空间的意义就是连接人与人的一个物理场，同时空间也是意义所生成的场所②。齐美尔在空间论述中也曾提道："人们之间的相互作用，会被感到是空间的填充。"空间是有形的，但是它却在人们的体验、传播、重构中不断地被拆斥与重组，这些过程都与外部的受众的社会关系有着密切的关系③。

在媒介地理学中，根据空间的特点把空间分为三种形态：第一空间、第二空间、第三空间和第四空间。第一空间是指可感知的有形世界，在《空间的生产》当中，法国著名的哲学家列斐伏尔对于第一空间进行了阐述。空间不仅仅是物质的存在，还是形式的存在，是社会关系的容器，它绝不是与人类社会实践不相关的独立存在。若把空间视为经验文本，则从两个层面对它进行解释：一是通过受众对外界的感知，对整体空间进行自我体验的如实的描述；二是从社会心理的角度进行分析，以解释更复杂的内部空间。第二空间为变动不居的意象世界，乌托邦为其极佳的例子，呈现出一个想象的世界。随着科学技术的发展，在影视作品当中我们也可以直观地看到那些原本仅存在于幻想中的世界。第三空间为物质与经验交错的空间，空间不仅仅是物质存在，同时还具有精神属性。第四空间被视为地方的空间，可以理解为借助受众的行为，既消费或者体验的过程，空间也可被视为受众表露感情的方式④。

在建筑学界，有"建筑即媒介"的论点，这与"城市即媒介"的论点具有一贯性和相通之处，建筑被赋予的含义远远超过了建筑本身。以北京为例，天安门、故

---

① 复旦大学信息与传播研究中心课题组：《可沟通城市指标体系建构：基于上海的研究（上）》，载《新闻与传播研究》2015 年第 7 期，第 5 页。

② 孔令文：《空间媒介观下城市景观传播价值研究》，辽宁大学论文，2017 年。

③ 邵培仁：《媒介地理学：媒介作为文化图景的研究》，北京：中国传媒大学出版社，2010 年。

④ 同上。

宫、颐和园、圆明园等历史性的建筑，都是北京城市的象征、国家的象征、重大事件的象征[①]。在城市传播，实体的建筑物被视为宣传国家精神、宣传文化、宣传地区经济面貌的有效的手段[②]。

在传播学领域，空间往往被分为"物理空间"与"虚拟空间"。作为一个实体空间的城市，建筑设计、城市规划、街道布局等，都涉及一个城市的可沟通性。作为虚拟空间的城市，涉及的是信息流通的通信系统，还有意义分享的观念系统，就是所谓想象的城市[③]。随着互联网的日益发展，虚拟空间的外延也在不断地扩大，虚拟空间渗入实在物理空间，从而形成想象与实体和关系相融合的空间范畴[④]。对于空间媒介化的研究大部分是对于"虚拟空间"的研究，即对在新媒体时代下媒介所构成的互联网的场景进行的研究甚多。这里的虚拟空间也可以被理解为第二空间，意象的空间。人们通过在互联网上所接触的信息，在对空间亲身体验之前，会对空间乃至场所产生想象。根据不同的媒介所设置的"议程"，其构建的想象会有所不同，但是这种"虚拟空间"为平台而产生的想象会让受众产生对空间的预先的认知形象。"媒介即关系，传播即建构。"[⑤]城市中的实体空间在发展过程中，通过各种各样的空间实践，塑造多样的社会关系，因此城市空间中弥漫着各种传播关系[⑥]。但是在现代，实体空间的交流与媒介的虚拟交流，在城市场景中并不是分开讨论，而是相互交错在一起，共同承担着一个城市文明所要求的传播作用[⑦]。

---

① 谭宇菲：《北京城市形象传播：新媒体环境下的路径选择研究》，北京：社会科学文献出版社，2019年。

② 孙玮：《作为媒介的城市：传播意义再阐释》，第41—47页。

③ 孙玮：《中国传播学评论（第7辑）》，上海：复旦大学出版社，2017年。

④ 孔令文：《空间媒介观下城市景观传播价值研究》，辽宁大学论文，2017年。

⑤ 李彬、关琮严：《空间媒介化与媒介空间化——论媒介进化及其研究的空间转向》，载《国际新闻界》2012年第5期，第38—42页。

⑥ 崔波：《刍议城市传播研究的空间进路》，载《浙江传媒学院学报》2014年第2期。

⑦ 孙玮：《作为媒介的外滩：上海现代性的发生与成长》，《交往与沟通：变迁中的城市论文集》，2011年，第7—19页。

在城市传播领域中，比起虚拟空间实体空间往往起到了更大的作用。实体空间中的建筑媒介，是日常生活场景的实体媒介，其以特殊的符号形式存在而成为关联城市的主体、传承城市文明的重要空间实体①。城市的建筑，作为媒介，能够把过去和现在、历史与现实、传统与现代相连接，使受众在这个空间塑造个体到集体的记忆，通过体验地方文化构建地方文化的认同，有助于城市文化传播其所有的价值。每一座城市的实体空间，在历史当中不断的被叠压、打破和重建，但是其本身具有的媒介性质和作用并没有发生改变。反而在网络与信息洪流所构建的"虚拟城市"中，更加凸显出它在个体感知和群体沟通方面的媒介功能。实体空间作为不同于一般大众媒介的城市文本，自身的意义呈现则主要依靠两个层面的传播模式，一种是体验式的感知模式，另一种是具有象征意涵的符号或者能够达到视觉传播的模式②。

"媒介形象"这一学术概念的先导可以追溯至李普曼提出的"拟态环境"假说，媒介形象是信息，在传播的过程中需要借助符号载体才能得以传送，罗兰·巴特也指出"形象的构成"是一组意义指涉的复合物。在实体空间中的符号应该怎样被归类和解读？美国符号学家皮尔士对符号的分类方法普遍被接受，他按照符号及其对象的关系将符号分为三大类：象征符号、图像符号和指示符号。根据语言，同样可以把符号分为语言符号和非语言符号，而在实体空间中的符号大部分为非语言符号及其他视觉、听觉等符号为信息载体的符号系统。不同的学科对符号有着不同的解析，在传播学领域中，符号的含义也是非常广泛。符号既是信息、声音、形象的组合，是信息的感性袒露和外在的表征。也就是说符号是传递信息、指示和称谓事物以及其关系的代码③。

---

① 慕玲：《建筑媒介与城市传播》，载《城市管理与科技》2017年第2期，第41—43页。

② 孔令文：《空间媒介观下城市景观传播价值研究》，辽宁大学论文，2017年。

③ 邵培仁：《媒介地理学：媒介作为文化图景的研究》，北京：中国传媒大学出版社，2010年。

在实体空间,受众如何认知与感知一个空间中的符号,它们的体验往往是一个非常重要的编码、解码过程。在空间中体验过程中,受众通过对于空间中符号的解读,构建起自身对所在空间的形象。形象作为受众认知、感知一个空间的有效的"中介",在一个空间如何正确地构建起形象,在对于受众连接一个空间的过去与现代的意义,并且重新构建新的形象有着重大的意义。而建筑作为实体空间媒介,其所承载的符号的运行机制是相同的。在城市传播中,建筑作为"中介",连接城市实体空间与受众之间发生信息的交换,使受众自身原有的信息与在实体空间所接触到的新的符号信息相结合,生成对对象的整体印象[①]。受众需要根据建筑的文化生态进行解码,才能够建构起对建筑媒介形象的文化的理解与认同。

(二) 作为场所的历史文化街区

"历史街区"相关概念,最早由国际现代建筑学会提出,即"有历史价值的建筑和街区,均应妥善保存,不可加以破坏"。1976 年联合国教科文组织在《关于历史地区的保护及其当代作用的建议》中认为历史地区是各地人类日常环境的重要组成部分,是过去何以形成的生动见证,保护历史地区并将它们融于现代城市社会生活是城市规划和土地开发的基本要求。我国历史文化街区保护的具体实施办法,由国务院建筑主管部门会同国务院文物主管部门制定,但对于真正能够支撑历史文化街区发展的文化内涵并没有明确的指定,也没有其价值评估的准确标准。

胡同,作为首都北京重要的传统建筑群,其在历史文化的传承中占据重要的位置。在 2019 年,北京市规划与自然资源委员会编制了《北京历史文化街区风貌保护与更新设计导则》(以下为《导则》),其适用范围为北京市老城内的 33 片历史文化街区,包括大栅栏、南锣鼓巷、北锣鼓巷、国子监—雍和宫地区、景山前

---

① 慕玲:《建筑媒介与城市传播》,载《城市管理与科技》2017 年第 2 期,第 41—43 页。

街等重要的历史文化街区。主要的保护要素有街区天际线、整体形态特征和色彩基调、街区功能、人口构成与社区结构、街道胡同肌理、景观视廊和街道对景、有保护价值的建筑、特定构筑物和建筑构件、有保护价值的水域、古树名木与大树、传统文化及非物质文化遗产等。

与之前相关的规划与发展纲要不同的一点是，在《导则》中首次明确指明了传统文化及非物质文化遗产的保护准则。第一，采用口述史、民俗、文化典籍搜集整理及实体调研等方式，积极发掘、恢复、保护和传承历史文化街区的传统文化及非物质文化遗产。加强老字号的原址、原貌的保护。第二，历史文化街区内的非物质文化遗产应该优先与其所依存的建筑、胡同、街道、水体等物质空间结合保护，展示并说明历史文化信息。如其物质空间载体不具备保护价值或已经灭失时，则应该在显著位置设置标识、保存、展示并说明历史文化信息。

与上一节探讨的传播学与建筑学界定的实体空间不同，场所是实体空间与人类相互作用而生成的物质性、精神性领域的整个的一个概念。在建筑、景观、城市规划等领域，场所被界定为过去、现在或者未来的，能够通过人类的体验与参与生成意义的空间概念。场所，是有特定目的的、有一定空间规模的，物理的实体空间与在空间所发生的人类的经验、人类所认知与感知的空间意义的总和。即场所是生活世界直接经验的现象，是充满意义、实体物质、持续活动的一个空间。历史文化街区作为典型的场所，通过空间的互动和文化的扩散形成一个相互联系的循环系统，以其本地化的场景扮演着独特的角色，不断嵌入与迭代历史文化要素，并经由人类的活动产生意义。

历史文化街区这样的城市景观，不仅由于其在城市中坚挺很长的时间而著名，而且因为其形象通过人类的活动而被纪念，形成集体的记忆才使得场所具有意义。历史文化街区中的建筑群，实体空间作为一个城市的"硬件"，街区中所发生的人类活动与经验、活动等文化内容则是城市传播中的"软件"，硬件与软件在城市传播中是共同存在的。因此探讨历史文化街区作为一个场所的形象，既要考虑到实体空间的媒介形象,也要探讨空间中的人的空间实践活动对空间所蕴含的种种象征含义的探讨。

(三)复合形象与人的地方感

麦克卢汉认为,媒介在信息传播的过程中,以什么样的方式在塑造着人的感觉经验,刻画其行为尺度,在不同的历史境域中建构人类的生活形态,是媒介本身的性质决定了这一切。从这个角度讲,历史文化街区的形象是构建城市形象的基础,对于建立有差别性的、不可代替的城市形象起到不可忽视的作用。城市形象以城市所具有的历史与文化为基础,历史文化街区作为一个城市历史与文化的压缩体,对于历史文化的存贮、表露与传承,乃至加深人们对于城市文化的认同、理解与记忆,都起到关键性的作用。

本研究的研究对象为北京市的大栅栏历史文化地区,是一个蕴含北京市历史文化的实体空间,在其中也发生各种人与人之间的传播活动。在此,为了把实体空间作为媒介进行分析,借用了旅游学中关于受众对于目的地认知与感知的理论。Gunn 明确提出了旅游形象传播的理论[1],之后 Fakeye 与 Crompton 提出目的地的形象可以分为"原生形象"和"复合形象"两个部分,即到达之前的形象和到达后的形象[2]。

在旅游学中,原生形象主要指通过大众媒体、网络平台、书籍等所获得的对于一个地区的相关描述、信息或者评价,受众会对这个地区产生模糊的、初步的形象。但是这个形象并不是完全的,因为大众媒体对一个地方的描述是进行过加工的,同时在现代新媒体等技术发达的时代,大众所接受的信息量庞大,同样也可对自己所接受的信息进行筛选,因此以原生形象定义受众对于目的地的综合形象是不够的。在原生形象生成之后,一些受众在实地访问目的地之后,就会

---

[1]　Gunn C A. Vacationscape, *Designing tourist regions*, Van Nostrand Reinhold, 1988.

[2]　Fakeye P C, Crompton J L, "Image differences between prospective, first-time, and repeat visitors to the Lower Rio Grande Valley", *Journal of travel research*, 1991, 30(2), pp.10 - 16.

对该地产生感知,通过结合自己在这里的经验来生成复合形象,甚至会对比两个形象对其感情产生的影响。

基于以上理论的结合,把受众"在场"之前通过网络平台所接触到的信息,形成的形象定义为认知形象。而通过线下"在场"与消费、经验等行为之后,结合自身对历史文化街区的感情所形成的形象定义为感知形象。对实体空间的感知对于城市传播起到非常重要的作用。

如上所述,实体空间作为一个媒介在城市传播起到重要的作用。那么受众在实体空间的行为,会构成对一个空间的形象并对空间所在的城市产生意象。而所产生的意象对这个城市的地方感产生作用。实体空间的特定场景,不仅提供了人们进行公共交往的平台,而且构筑了城市居民的集体记忆和地方感。地方感以人的主观体验为基础,除了地方本身的特征与个性,还包括人对于地方依附的情感与认同①。蔡文川阐释了地方感的定义,即对一个空间的感情及记忆②。它是摸不到、看不到的主观感觉,是个人或者群体的经验,它存在于任何我们熟悉、对我们有意义的大小空间。根据蔡文川对地方感的解释,可把空间视为对地方产生感情的基础。

三、研究问题与研究方法

(一) 研究问题

基于本文前述的研究背景与目标,以及对本文运用的理论的综述,在此提出本文核心关注的问题:

第一,大栅栏街区的不同形象建构主体在线上构建的整体形象是什么样的?

第二,受众通过线下"在场",形成的感知形象由什么因素构成? 这些因素在

---

① Eyles J, *Senses of place*, 1985.

② 蔡文川:《地方感:环境空间的经验、记忆和想象》,高雄:丽文文化事业股份有限公司,2009 年。

受众线下"在场"之后的线上反馈中又如何展现？

第三,受众对大栅栏地区的认知、感知形象是否会对城市地方感产生影响？

第四,各利益相关主体应该如何营造与管理大栅栏作为历史文化街区的线上、线下形象？

(二)研究方法与思路

1. 体验与观察

严格来说,这并不能够纳入社会科学的研究方法之列,但研究者认为它仍然值得列为本研究的重要手段,是研究者增加对研究对象感性认识的过程。研究者并未刻意保持客观或参与式的研究视角,而是时而作为消费者,时而作为普通游客,时而作为研究者。总之,研究者参与到研究环境当中,在观察中体验,在体验中观察,并进而思索研究设计。在本研究中,研究者从 2019 年的 9 月至 12 月,以一个月不低于两次、每次不低于四小时的频率,在大栅栏各主要街道走访、观察、休憩、消费,这个过程对于后文的研究设计起到了非常重要的作用。

2. 内容分析法

为了能够了解消费者在"到场"之前是通过哪一些信息构成认知形象,研究者选取了大栅栏街区相关的官方媒体平台与商业媒体平台进行数据的收集与分析,并进行内容分析。以预研究为基础,研究者选择了大栅栏官方微博、大栅栏更新计划官方微博、大栅栏更新计划官网、畅游西城、北京旅游网官方微博五个平台;同时根据访谈用户提及的使用习惯,选取了去哪儿、携程旅行、马蜂窝三家商业旅游平台。通过收集这些平台在 2018 年 1 月到 2019 年 12 月两年内所发布的大栅栏相关信息内容,获取共 1 076 条内容与评论。在资料的筛选过程中,研究者人工剔除与大栅栏地区无关的游记与商家的广告等,把游记的篇幅的最低字数设置为 800 字。低于 800 字的内容不归为游记,归为评论。

表 3－1　相关平台游记数量统计

平 台 名 称	游 记 数 量
大栅栏官方微博	0
大栅栏更新计划官方微博	0
大栅栏更新计划官网	11
畅游西城	5
北京旅游网官方微博	1
去哪儿	3
携程旅行	2
马蜂窝	3

通过以上标准所筛选出的,能够归纳为游记资料进行扎根理论的内容统计如上所示,共计 25 篇。在进行分析时,官方平台编号为 GF,商业平台编号为 SY。

3. 扎根理论

研究者选择了以扎根理论定性研究方法来探索受访者或网络评论对大栅栏的感知。扎根理论是一种定性研究方式,需要在经验资料的基础上再建立理论,研究者在开始研究之前一般没有对理论的假设,直接从实际的观察开始入手,从原始资料中归纳出发,原始资料可以是资料也可以通过访谈等方式进行收集。其次,对资料进行编码,有开放式编码、主轴式编码、选择式编码等方式。通过这些过程,研究者可以得出初步的研究结论,在得出研究结论的同时,也需要不断进行资料的补充使研究更加充实。

在本研究中,使用扎根理论进行分析的文本资料分为两部分,即通过深度访谈得到的访谈稿与网络平台上所收集的内容与评论。深度访谈是访问者与受访者之间进行面对面的对话,达到建构意义的目的。为了得到有效的访谈数据,研究者共对 18 个人进行了深度访谈,其中 2 人为大栅栏地区的运营者(YY),2 人为大栅栏地区的入驻商家(SJ),其他 14 人为访问的游客;其中游客分为国内游客(CT)7 人,国外游客(FT)7 人。同时,两种平台所收集的内容与评论也可以不断地补充文本资料,使扎根理论研究变得更加充实,构建出更加丰富多样的影响形象感知的因素。

表 3-2 受访者基本资料

序　号	身　份	受访者性别/职业	受访者年龄
FT01	外国游客	男/研究生	29
FT02	外国游客	女/外企	30
FT03	外国游客	男/外企	26
FT04	外国游客	女/外企	27
FT05	外国游客	女/外企	27
FT06	外国游客	女/政府机关	27
FT07	外国游客	男/研究生	29
CT01	中国游客	女/研究生	28
CT02	中国游客	男/外企	28
CT03	中国游客	女/大学生	25
CT04	中国游客	女/企业	28
CT05	中国游客	女/政府机关	32
CT06	中国游客	女/外企	42
CT07	中国游客	女/大学生	22
YY01	运营方	女/品牌管理	31
YY02	运营方	女/街区运营	38
SJ01	入驻商家	男/模范书局	32
SJ02	入驻商家	男/铃木食堂	31

　　综合上文的各种方法,本研究的目的在于既能够直观地看到运营者试图建构的大栅栏形象与消费者的主动建构、感知的形象的差异,也能够分析消费者在访问街区之后对于感知形象因素的反馈。最后,研究者通过对访谈、游记与评论的整理与分析,综合分析大栅栏的形象建构与管理的影响因素并提供建议。

四、基于大栅栏形象建构的张力分析

（一）运营者想打造怎样的大栅栏——官媒平台的建构

如上所述,研究者在大栅栏官方微博等五个官媒提取了 2018 年 1 月至 2019 年 12 月两年发布的共 93 条文章,通过 RostCM6 软件对以上所收集的文章进行了词频分析。删去一些连接助词与其他不必要的词汇,整理出共 147 个有效的词汇。对这些词汇进行进一步的筛选和归纳,分为建筑/景观,人与事物,情感/描述环境三大类,共 40 个词汇,从中可以得出运营主体希望建构大栅栏怎样的媒介形象。

表 4-1   大栅栏地区官方账号词频分析

建筑/景观类					
排　序	词　汇	词　频	排　序	词　汇	词　频
1	胡　同	400	8	房四条	4
2	前　门	19	9	砖　墙	3
3	劝业场	16	10	电影院	3
4	博物馆	12	11	钟鼓楼	2
5	四合院	8	12	作　坊	2
6	大观楼	8	13	宣南鸿	2
7	商业街	4	14	文盛斋	2
人与事物类					
排　序	词　汇	词　频	排　序	词　汇	词　频
1	设　计	100	7	京　师	4
2	故　事	100	8	制　鞋	3
3	居　民	20	9	银　号	2
4	灯　笼	8	10	花　灯	2
5	老字号	6	11	图　画	2
6	绸　布	5	12	时　尚	2

情感/描述环境类					
排　序	词　汇	词　频	排　序	词　汇	词　频
1	历史性	200	8	老　式	3
2	变　化	60	9	热　闹	3
3	精　彩	20	10	华　美	3
4	繁　华	9	11	古　老	2
5	著　名	6	12	安　静	2
6	传　统	6	13	独　特	2
7	悠　久	4	14	温　暖	2

从表4-1能看出，建筑/景观类是大栅栏地区形象的静态构成。若除去词频最高的"胡同"一词，其他词频较高的词汇都是在该地区有名的传统建筑物。包括胡同的传统建筑四合院，还有劝业场与钟鼓楼等名人故居与景点。其次，人与事物类中所归纳出来的词汇侧重于精神文化的认知，更加动态。可以看出大栅栏地区是与当地的居民有着紧密的联系。在本类出现的事物中，有京师、银号、花灯等具有中国传统特色的事物。最后，情感/环境描述类主要有情感相关的形容词。其中，词频较高的词汇为"历史性""变化"等。这一类出现的词汇中，同样也能够看出官方平台强调的对大栅栏地区的整体情感也是倾向历史性的、传统的。

从大栅栏地区官方平台所传播的内容中可看出，不同词汇之间的词频相差比较大，可见其传播的内容重点有偏重，其所构建的大栅栏地区的形象是偏向传统的、历史的形象。

（二）消费者对大栅栏形象的线上构建——旅游网站UGC的呈现

上文对地方政府和相关机构所运营的官方媒体平台进行了初步的词频分析，同时，研究者还分析了商业平台上由消费者构建的大栅栏媒介形象。在研究者的预研究中发现，消费者在探访、游览大栅栏之前，大多是通过旅游类服务软件获取信息,因此研究者遴选了去哪儿、携程旅行、马蜂窝三个主要旅游网站,并选择在上述同一时段与大栅栏地区相关的游记与评论(即用户生产内容,UGC)进行了词频分析,为期两年的评论中,去哪儿网有 584 条、携程旅行网有 186 条、马蜂窝共有 213 条,总共有 983 条评论。通过 RostCM6 软件,对以上所收集的游记与评论进行了词频分析。

表 4-2　旅游网站对大栅栏的商业平台词频分析

建筑/景观类					
排　序	词　汇	词　频	排　序	词　汇	词　频
1	前门大街	547	6	步行街	58
2	大栅栏	484	7	正阳门	37
3	天安门	85	8	城　楼	14
4	商业街	136	9	老　街	12
5	杨梅竹斜街	83	10	劝业场	5
人与事物类					
排　序	词　汇	词　频	排　序	词　汇	词　频
1	老字号	213	15	字　画	26
2	历　史	145	16	咖　啡	22
3	文　化	104	17	布　鞋	20
4	味　道	81	18	德云社	20
5	美　食	72	19	笔墨纸砚	19
6	小　吃	72	20	荣宝斋	13
7	全聚德	64	21	文房四宝	12
8	书　局	58	22	非　遗	11
9	服　务	54	23	民　国	9
10	火　锅	44	24	科　举	9
11	体　验	39	25	文　艺	9
12	古　玩	37	26	烧　窑	4
13	博物馆	31	27	鼻烟壶	4
14	烤　鸭	27	28	沈从文	4

（续表）

情感/描述环境类					
排　序	词　汇	词　频	排　序	词　汇	词　频
1	著　名	141	9	有　名	29
2	好　吃	78	10	风　格	28
3	传　统	57	11	悠　久	28
4	古　老	56	12	有意思	13
5	热　闹	55	13	古香古色	9
6	新　鲜	46	14	记　忆	5
7	正　宗	34	15	京　味	3
8	繁　华	29			

首先，建筑/景观类除去词频最高的"北京"与"胡同"两个词之外，按照词频的高低排序出现频率高的还是大栅栏地区的主要街区，如"前门大街""杨梅竹斜"等。同时还出现了"商业街""步行街""老街"，在受众的认知当中大栅栏地区的主要建筑与景观为商业街、步行街与老街。还出现了"天安门""正阳门""劝业场"等遗产建筑词汇。其次，人与事物类中老字号的词频最高，也出现了"全聚德""荣宝斋""大观楼"等老字号。与官方平台不一样的是，商业平台还出现消费领域词汇，如"咖啡""美食""小吃""书店"等，也出现"古玩""字画""笔墨纸砚""文房四宝""烧窑"等词汇，在美食领域还有"小吃""火锅""烤鸭"等词汇。最后，情感/描述环境类，除了对大栅栏地区的描述，"著名""传统""热闹""古香古色""京味"等形容词之外，还出现形容饮食的词汇"新鲜""好吃"。

通过商业平台的词频分析可得知，比起官方平台所构建的形象，商业平台中的形象更加趋向于消费领域。与官方平台所打造的传统形象相比，商业平台不仅有大栅栏地区的历史与文化相关的内容，还有现代时尚消费领域的内容。

（三）消费者对大栅栏形象的线下感知——访谈资料的质性分析

在本研究中，研究者对于访问大栅栏地区的受众、运营方与入驻商家进行了深度采访。同时,为了能够看出在线上平台构成认知形象与线下的感知形象的关联性,在选取受众时控制在通过研究所界定的线上平台接触信息后访问的受众。进行深度访谈期间为2019年9月到12月,共采访人数为18人。其中受众为14人、运营方为2人、入驻商家为2家。14位受众中7人为外国受众,7位为中国受众。在此,外国受众的资料编号为FT(Foreign Tourist),中国受众资料编号为CT(Chinese Tourist)。

遵循扎根理论对资料的处理手段,本研究经过开放式编码、主轴式编码、选择式编码三级编码过程。

1. 一级编码:开放式编码

编码的第一阶段,对于笔记、备忘录、访谈稿等资料所浮现的任何可以编码的句子或者片段给予概念化的标签,这就叫作开放性编码[1]。在进行开放式编码的时候,最重要的是研究者需要保持一种开放的心态,尽量避免个人的偏见和研究界的定见,将所有的资料按照其所呈现的原始状态进行录入。开放式编码主要遵循三个步骤:① 提取概念,首先要将所收集的资料打散,然后一步步对这些文本资料进行整理,归类出编码的要素。在归类的同时,把通俗的语言文字转换为概念化的表达;② 概念分类,是对第一步提取的概念进行分类和筛选,并把同一类属的概念进行归并;③ 概念化范畴,概念化范畴主要是将概念进一步归类,使众多的概念形成范畴。

表4-3　开放性编码表示例

资料编号	访　谈　内　容	编码要素	概念化	范畴化
FT01	"在胡同中传统建筑很多是四合院……能够欣赏到的是灰色的外墙、红色的屋顶等具有北京特色的传统居住空间的样貌更多。"	现代建筑、传统建筑、文化遗产、建筑保存与原真性、地标、民居	现代/传统建筑	建筑形象

[1]　范明林:《质性研究方法》,上海:格致出版社、上海人民出版社,2018年。

（续表）

资料编号	访　谈　内　容	编码要素	概念化	范畴化
CT01	"我看到沈从文文章里的杨梅竹斜街是一个充满文艺氛围的一条街。在民国时期它曾经是出版一条街，有很多中国的传统书局在这里，我记得有中华印书局、世界书局。"	历史、历史名人、历史典故	历史信息	历史文化形象
CT03	"不仅有着深厚的历史气息，还有很多文学气息……同时也有模范书局这样的有传统文化底子的现代书店在，让我充分感觉到文化气息。"	工艺、工匠精神、宗教、民族文学、影视	文化积淀	
GF07	"2018大栅栏生活节先后开展了古城绿意、书香杨梅竹、拉杆箱市集等精彩活动……"	节庆活动、时装周、街区居民互动	人文活动与大型活动	
CT04	"建筑结构保留着让人理解从前居民的居住环境，继而认识前人的生活面貌。"	能够感受到本地居民的生活面貌	生活面貌	
FT06	"老舍茶馆的话，能够在一个小时之内体验到中国的相声表演等丰富的内容。"	传统文化体验、现代文化体验、老字号	文化体验	消费形象
FT02	"……这家餐厅卖的是西餐，但是它的建筑是非常古典的四合院……在中国传统的建筑里吃西餐，非常棒！"	餐厅、小商店、咖啡厅、酒吧	饮食	
CT06	"当时还有点失望，因为北京坊里也没有什么饭店，即便有，价格太贵了。"	北京坊、纪念品、购物	购物	
CT05	"觉得这个地区有的街区非常干净，整洁。但是有的地方卫生状况还是不达标的感觉。"	街区卫生、整洁度	卫生状况	配套设施形象
FT01	"我认为基础设施还是有待改善，觉得洗手间和交通都不是非常方便。"	基础设施现状	基础设施	

（续表）

资料编号	访 谈 内 容	编码要素	概念化	范畴化
FT01	"我觉得更多是相融的一个体验,其建筑物是有历史沧桑感的一个建筑,其内部可能是一个非常时髦的一个咖啡馆或者餐馆……可以让人们同时感受到传统文化与现代文化……"	传统文化与现代文化相融	相融	独特形象
FT04	"我觉得传统的建筑非常有中国文化的特征,但是在其中又很多非常突兀的一些酒吧和商店,看起来不是很整齐。"	传统文化与现代文化冲突	冲突	
CT01	"我觉得大栅栏商业化的程度还是比较高的,甚至有些店铺在一定程度上毁坏了传统建筑的形象。"	过度商业化	商业气氛浓厚	
SY832	"里面的陈设很有怀旧的感觉……除了各式各样的书……"	激发怀旧情怀	怀旧氛围	
GF77	"其中就有故宫文创、张一元、瑞蚨祥、稻香村、恭王府等,这些反映出具有老北京特色的文化品牌。"	老北京文化精髓	老北京文化	
CT05	"总体上访问情感为愉快!"		愉快	整体形象
FT01	"非常安静,非常放松。对于我来说是一个非常放松的心情。"		放松	
FT06	"我觉得作为一个长时间在北京生活的人来说,还是有点失望的。带着第一次访问的朋友来这里消费的话,还是可以的。"		失望	
FT06	"去之前想象的是非常具有中国传统文化气息的地方,就是北京的老胡同。之前也访问过其他的北京胡同,南锣鼓巷。但是觉得还是太商业化。"	南锣鼓巷等其他北京胡同	其他北京胡同	对比形象
FT05	"韩国也有很多相关的街区,韩国有一条街有益善洞,也是在传统的建筑里面,有很多现代的元素在其中……"	国外的历史文化街区	国外景区	

（续表）

资料编号	访　谈　内　容	编码要素	概念化	范畴化
FT02	"会的,我一定会再次访问,主要想去琉璃厂东街和前门,前门晚上的景色很美,琉璃厂东街能够买到很多有意思的东西。"	愿意/不愿意重访	重访意愿	态度
CT04	"会,这种传统与现代相融的感觉很特别,我会推荐给我的朋友们!"	愿意/不愿意推荐	推荐意愿	

如上述表格,在进行开放性编码的时候研究者以开放的态度对文本资料的内容进行了如实编码,建立了自由节点1 032个,参考点2 844处,提取了现代/传统建筑、历史信息、文化积淀、人文活动与大型活动、生活面貌、文化体验、饮食、购物、卫生状况、基础设施、传统文化与现代文化相融、传统文化与现代文化冲突、商业气氛浓厚、怀旧氛围、老北京文化、愉快、放松、失望、其他胡同相比、国外景区相比、重访意愿、推荐意愿,共22个概念。建筑形象、历史文化形象、消费形象、配套设施形象、独特形象、整体形象、对比形象、态度共8个初始范畴。

2. 二级编码:主轴式编码

扎根理论编码程序的第二个阶段为主轴编码,开放性编码的主要任务在于发觉范畴,二级编码的主要任务则是更好地去发展"主要范畴"[1]。研究者严格按照上述的原则,再次深入阅读访谈的资料,反复听录音材料,对开放性编码所提取的范畴进行了再次规范、严格的比较。同时探讨了初始范畴之间可能存在的相关性。建筑形象、历史文化形象、服务形象、配套设施形象、独特形象、整体形象、对比形象与态度共8个初始范畴根据其相关性与归类,整理为以下3个主范畴:物质形象、精神形象与综合感知形象。

---

[1]　范明林:《质性研究方法》,上海:格致出版社、上海人民出版社,2018年。

表 4－4　主轴式编码表事例

初　始　范　畴	主　范　畴
建筑形象	物质形象
配套设施形象	
历史文化形象	
消费形象	精神形象
独特形象	
整体形象	
对比形象	综合感知形象
态　度	

3. 三级编码：选择式编码

第三个阶段为选择式编码，也就是处理范畴和范畴之间的关系，选择性编码和主轴编码也并非完全没有重叠，主要是系统地处理范畴之间的关联。在已经整理好的主范畴之间，可以通过"故事线"串联的方法，来挖掘、整理出核心范畴。即某个范畴为核心范畴，其他范畴为次要的范畴，来铺陈整个观察所得的或者访谈所得到的个案资料①。研究者通过反复阅读访谈稿，反复比较概念化与初始范畴、主范畴之间的关系，得出典型的关系结构。本研究的"故事线"为：建筑形象—历史文化形象—消费形象—独特形象—态度。

（四）大栅栏媒介形象建构的张力分析

以上文针对访谈资料的编码得到本研究的故事线，研究者进一步探讨大栅栏作为历史文化街区的形象建构的多元主体的努力，是否得到了消费者的印证与接受。因此，为了能够有效地对两个平台所构建的认知形象与线下感知形象进行比较，本研究以上述构建的扎根理论所归纳、演绎出来的编码表制定出内容

---

① 范明林：《质性研究方法》，上海：格致出版社、上海人民出版社，2018 年。

分析的编码表格,并据此由两位编码员对 1 076 条大栅栏相关的内容与评论进行了内容编码,一致性信度 83%。下文就线上建构的媒介形象与消费者感知之间的关联度进行分析,以期揭示历史文化街区形象建构背后的理论与现实张力。

表 4‐5　线上平台内容分析编码表

分 析 类 目	类 目 单 位
建筑形象	传统建筑、现代建筑、其他
历史文化形象	历史信息、文化积淀、人文活动、生活面貌
消费形象	非遗文化体验、书局、老字号、饮食、购物
独特形象	现代与传统相融、现代与传统冲突、商业氛围浓厚、怀旧氛围、老北京文化
态度	非常消极、消极、中立、积极、非常积极

研究发现,官方平台趋向于构建传统的、历史的形象,而商业化旅游推介平台中虽然也有出现传统的、历史的形象,但是现代性消费相关的内容居多。研究者在进行采访时,为了能够更加有效地比较不同平台对消费者构建的不同的空间想象,把受访者控制为在访问之前通过官方平台与商业平台已经建构认知形象的人群。在共 14 位受访者当中,有 5 位是通过官方平台接触到信息之后访问了大栅栏地区,有 9 位是通过商业旅游服务平台接触到相关的信息之后访问了大栅栏地区。在访问之前,所有的受访者对于大栅栏的期待是传统建筑、饮食与网红店。而在访问之前,只有 5 位通过官方平台接触信息的受访者对于大栅栏的历史有粗浅的认识。

CT03:"在第一次看沈从文的书之后的想象,当然是觉得这里是接地气的,市民化的,有生活气息的那种历史文化街区,包括在官网上所介绍比较多的是接地气的历史文化街区。"

通过商业平台接触到大栅栏地区信息的受众,对于大栅栏的想象更加聚焦于老字号消费与现代型消费领域的期待。

CT05:"从线上了解到的信息更多的是对于网红店的期待多一点,访问之前觉得应该会有一些传统文化因素与现代相融合的网红店，能够让我有全新的体验。"

CT06："根据我所看的旅游攻略，想象中的大栅栏觉得应该是一个接地气的商店比较多的一个历史文化街区，但是访问之后觉得并不是线上所描述的样子，觉得有一种文化信息不对称的感觉。"

如上所述，显然消费者在实地消费体验前所接触的平台的不同，其对于大栅栏地区的想象是存在差异的，但是这种对于"在场"之前的空间的想象显得粗浅。受访者们反映，他们在访问大栅栏地区之前，有着理解地区的历史文化的渴望，也有参与当地活动进行空间实践的渴望，但是无论是官方平台还是商业平台，所提供的信息都不能满足他们的需求。

YY02："可能现在我们在线上构建我们的理念、形象也是晚了一步。现在全国还是有很多这样的改造计划，包括上海等等……但是我们通过网络在线上打造我们的形象的话，确实是没有做得很好，并没有持续在更新，也没有以创新的方法去吸引更多的人来。"

通过对于运营方的采访可得知，由于目前大栅栏的改造计划还是聚焦在城市规划层面，即以建筑与社区生活的改善为首要目标，线上形象的建构实际上没有得到实质性的发展，导致了信息的不对称，同时也导致了街区的历史与文化的传播效果削弱。在大栅栏官方平台中，主体性的缺失与事件性的缺失现象依旧存在。在其构建的历史和文化形象上，人文活动相关的内容非常充分，但多以当地居民参与的活动为主，以外来消费者为主体举办的活动较少，忽略了传统文化应该具有的更大范围的体验性与参与性。同时，文化活动的事件营销显著不足，传统文化的再度创新与转化不足。

在本研究所分析的五个官方平台中，只是把片面的大栅栏地区的历史信息与现状进行了直观的描述，并没有发现具有创新性的更新与发展。平台上对于当地文化的阐述过于"高大上"，导致消费者无法体会到信息真实的内核。随着技术的发展，受众普遍地使用网络平台、新媒体来接收信息，而传统文化的传播在新媒体环境下,由受众自主选择、自主挖掘出的传播的内容信息更容易被其他的受众接受①。

徐翔认为,网络传统文化的在线仪式和仪式性传承的忽视,主要体现为事件性的缺失、主体性的缺失、时间性的缺失。事件性的缺失为传统文化的标本化,单单聚焦在传统文化元素的数字化储存与积累,而忽视了它对现实所发生的生活事件与受众行为方式的融入,重视其"作品"形态,而忽视了其事件与参与、体验形态;主体性的缺失是指把传统文化景观化,对于传统文化进行平面话的叙述,从而削弱了受众对传统文化本身的体验与参与;时间性的缺失指传统文化的封闭化,即忽视了传统的时间性演变和再生维度②。

商业平台的缺陷主要体现在,对于该地区本身的介绍不充分,存在信息的缺失。由于平台的属性,其内容主要聚焦在消费领域中。根据扎根理论分析得出,消费形象作为精神形象中的主要类属出现,对于受众构建综合感知形象有所影响。人们逐渐通过自身的体验去构建对于特定空间的形认知与感知,而体验中也包括消费。街区中不仅有代表北京的老字号商家,也有优秀的文创类型的商家,这些虽然在平台中频繁出现,但对于这些优质商家的宣传不足、叙事分散且缺失。

科学技术的发展使媒介得到不断的进化与演变,而人们获取信息的方式也不断地在改变、多样化。已经有许多城市开始关注新媒体的影响力,构建官方微信公众号、微博、抖音号、快手号等与受众进行互动,拉近了与消费者或游客之间的距离。本研究发现,大栅栏地区的线上形象的建构没有受到与其地位相匹配的重视。

通过扎根理论,研究者整合出了影响受众"在场"感知的因素,有建筑形象、配套设施形象、历史文化形象、消费形象、独特形象、整体形象、对比形象与态

---

① 谭宇菲:《北京城市形象传播:新媒体环境下的路径选择研究》,北京:社会科学文献出版社,2019 年。

② 徐翔:《在线仪式:传统文化的网络新构建》,载《国际新闻界》2011 年第 4 期,第 68—73 页。

度。这些因素之间是层层递进的关系。通过深度访谈与线上反馈进行的内容分析,感知形象上的缺陷体现在,在物质形象中,建筑"感觉"上很传统,虽然给予受众视觉上的冲击与历史上的氛围,但是其空间叙事不足;卫生状况与基础设施有待改善。在精神形象中,历史信息与文化积淀的信息不达标、历史性的叙事太少,文化内容产品有待挖掘、开发、积累;人文活动与生活面貌,活动大多数围绕当地的原居民展开,缺少能够让更多游客与消费者参与、体验的活动,缺少节庆活动;在消费形象中,对非遗和老字号深入了解的欲望不能够被满足,而文创类型的新型的现代消费商店受到瞩目。在综合形象中,虽然整体保持积极的态度,但是其目前还是不能够作为北京市的地标,也不具有代表性,不能使受众产生地方感。

表 4-6　大栅栏地区官方平台与商业平台比较分析

	官 方 平 台	商 业 平 台
建筑形象	传统建筑 57% 现代建筑 28% 其他 15%	其他 60% 传统建筑 31% 现代建筑 9%
历史文化形象	人文活动 39% 历史信息 33% 文化积淀 27% 生活面貌 1% 其他 0%	历史信息 29% 文化积淀 29% 人文活动 18% 生活面貌 16% 其他 8%
消费形象	非物质文化遗产的体验 89% 书局 4% 饮食 3% 购物 3%	非物质文化遗产体验 36% 饮食 30% 书局 21% 购物 13%
独特形象	老北京文化 60% 现代与传统相融 36% 现代与传统冲突 4% 商业气氛浓厚 0% 怀旧感 0%	商业气氛浓厚 37% 现代与传统相融 24% 老北京文化 19% 现代与传统冲突 12% 怀旧感 8%
态 度	中立态度 82% 积极态度 18%	积极态度 49% 消极态度 21% 中立态度 17% 非常消极 13%

研究者通过扎根理论归纳的范畴,对于线上的评论进行了内容分析,旨在探讨受众是否感知到了通过扎根理论总结出的形象。如上表,在建筑形象上,官方平台主要聚焦于传统建筑形象,但是在商业平台上大部分评论中并没有出现有关建筑形象的内容。这间接地说明,受众对于街区的实体空间的感知度还是非常弱的,建筑媒介应该具有的传播效果被削弱。这体现了我国城市化进程中城市面貌同质化加剧的现象,抹杀了原有的建筑形象与个性。北京各个胡同也已经出现了建筑群同质化的现象,街区过度商业化与绅士化导致其独特的中国传统特色严重被摧毁,街区的商家已经被失去特色的快消连锁店替代。建筑媒介为了能够凸显其特殊性与可辨别性,应该由属于自己的故事为内核支撑。

历史文化形象上,消费者感知到的是该地区的历史信息与文化积淀。虽然官方媒体上所构建的人文活动形象较多,描述了众多大栅栏举办的文化活动,但是研究者发现,在商业旅游服务平台的评论中根本没有出现官方平台所提及的活动,证明在街区中所进行的活动并没有普及到一般的受众,而往往在空间实践中,受众的活动体验与参与直接影响了他们对街区的形象的再构建。

在消费形象中,受众对于非物质文化遗产的体验的占比最大,证明在街区中的传统文化与老字号的消费需求还是很大,消费领域主要以老字号的体验为主。同样,饮食与书局的消费形象的占比也非常大。通过商业旅游服务平台的内容分析可以得知,当前消费者在历史文化街区中也倾向于现代文化的消费,为了满足这一消费群体更是有必要开发能够在传统历史文化街区可持续发展的现代型的消费商家。文化消费空间的"体验化"建构手段是满足后现代受众消费需求的重要的方法。在保护历史文化街区原真性的前提下,融入现代文化的融合开发,实现传统文化与现代消费文化共生的多元文化消费空间的构建①。

在独特形象中,官方平台聚焦在老北京文化与现代与传统相融的形象。遗憾的是,受众感知到的主要独特形象为商业气氛浓厚,认为大栅栏地区已经非常

---

① 牛玉:《后现代视角下历史街区旅游发展空间格局演变与组织》,苏州大学论文,2016年。

商业化。研究者认为，这主要是因为街区中有很多不符合街区主题与特色的商店，这种现代与传统的相融与冲突，长期以来一直是历史文化街区面临的一个"宿命"，同时也是一个待解决的"作业"。

希尔斯在著作《论传统》中谈到，诸多传统的相遇也意味着传统的冲突，冲突的过程中存在增添、融合、吸引和融化①。研究者发现，在大栅栏这种冲突主要体现在传统建筑与改造后的仿古建筑的冲突，传统地域文化因素与现代消费文化因素的冲突，传统地域文化因素与现代国际文化因素的冲突。随着现代人的生活方式的不断改变，人们认识、感知城市的方向转向城市的体验，一座城市有着什么样的形象，有着什么样的吸引力，应该是独特的、有辨识度的形象，是城市能够与其他城市"有所不同"。

在态度上，由于官方平台旨在传达信息与历史的描述，因此绝大部分持中立态度。在商业平台，大部分受众虽然有细节上的不满意，但是整体上也还是对该地区持积极的态度。但不可忽视的是，存在消极与非常消极的态度，认为大栅栏已经不能够被称为历史文化街区，其历史文化内容的缺失、仿古的建筑与过度的商业化开发影响了这里的氛围。

五、空间媒介视阈下大栅栏形象的建构与管理

（一）从线上到线下，多方共同构建形象

总结以上的分析，大栅栏地区的形象构建与传播上所出现的问题可总结为：

线上形象的构建缺乏"仪式感"，线下感知的因素存在缺陷，消费者对于大栅栏地区的认知形象与感知形象出现了脱节、不在一条主线上，从而导致中国优秀的传统文化与北京优质的城市文化无法得到有效的传播。物质形象的不完全与精神形象深度的匮乏，直接给综合感知形象带来了影响。在精神形象中，场所精

---

① ［美］爱德华·希尔斯：《论传统》，2009年。

神"不精神"，由于缺乏对于大栅栏地区历史文化内容的深度开发、消费类型跟不上时代趋势、独特形象在逐渐模糊；而物质形象与精神形象的结合影响到消费者对于大栅栏地区的综合感知形象。虽然受众对于该街区的整体态度趋向于积极，但是其历史文化开发度较浅，并没有使游客对该地区以至于所在城市产生意象与地方感。

历史文化街区作为一个消费的物理空间，其商业化的驱动也是街区的独特特征。过度的商业化会使历史感与地域文化被现实的商业性遮蔽，大众消费感性化、娱乐化的特性使人们对街区中的历史文化的感知停留在了非常浅层次的视觉化感知上。从这个角度上来看，历史文化街区的形象更多是构建在相互矛盾的因素上面，例如建筑的原真性与发展性的改变、传统文化与现代文化的冲突、文化精神性与商业的功利性、历史的深度与受众认知/感知形象等。大栅栏地区作为北京典型的历史文化街区，是传播中华精髓与城市文化的重要媒介。为了能够有效地、合理地使用其资源，并且使其功能发挥到最佳，在矛盾中正确地构建起形象，需要多方共同的努力，其中包括城市的利益相关者，即政府、运营方、入驻商家与游客。

1. 政府

政府应根据 2019 年所发布的《北京历史文化街区风貌保护与更新设计导则》中的内容，遵守传统文化及非物质文化遗产的保护准则。第一，采用口述史、民俗、文化典籍搜集整理及实体调研等方式，积极发掘、恢复、保护和传承历史文化街区的传统文化及非物质文化遗产。加强老字号的原址、原貌保护。在开发历史文化街区的文化内容的时候，政府应该与街区运营方达成共识，并积极推进运营方对于街区品牌的塑造与内容的开发。

第二，历史文化街区内的非物质文化遗产应该优先与其所依存的建筑、胡同、街道、水体等物质空间结合保护，展示并说明历史文化信息。如其物质空间载体不具备保护价值或已经灭失时，则应该在显著位置设置标识，保存、展示并说明历史文化信息。

第三，在历史文化街区的开发与改造的过程中，资本的涌入是不可避免的。同时也导致对地方出现绅士化的现象，即原本住在这里的居民与商家无法承受持续增长的昂贵的租金，而离开地区的现象。大量原居民与商家的外流，对历史文化街区的影响也是负面的。会造成街区原真性的破坏，丧失自生能力。在这里，政府需要做到的是适当地控制资金的涌入与投资，防止地区绅士化现象的出现，留住真正能够保护街区的商家与原居民。

2. 运营方

大栅栏地区主运营方为广安控股下所设立的子公司——北京大栅栏投资有限责任公司。公司按照"保护、挖掘、利用、提升"的理念，开展探索并实践老城保护的创新模式，进行改造与更新，使区域焕发生机，使大栅栏文保区成为新形势下破解旧城风貌保护难题的重要实践，也为未来整个大栅栏区域的更新与复兴探索更为具备参照价值的更新模式。①

第一，运营方应该准确定位大栅栏街区的品牌形象，品牌的定位就是要把树立的形象转变成一个能引来人流、客流，和现代生活息息相关，使人能够联想起北京的，地标性的历史文化街区。

第二，重构传统文化在线仪式感。根据运营方所定的大栅栏的品牌定位，其在线上所营造的形象应该进行更深层次的开发。改善事件性的缺失、主体性的缺失、时间性的缺失。运营方应该深度挖掘大栅栏地区固有的人文故事，开发其文化内容，并总结成为一条故事主线，为线下构建感知形象做好铺垫性的工作。同样，现在大栅栏地区急需解决的问题在于时间性的缺失，即现在不仅没有有效地利用、整合现存的历史文化资源，还没有得到"升级"。在线上，对于传统文化的传承只是存在数字化的储存与展示，而不存在"再发明"。运营方应该更加做出努力，保全线上对于历史文化街区形象的有效构建。同时，可借助商业平台或社交平台，通过与受众互动，构建场景，力求在线传播的仪式感。

---

① 大栅栏改造计划官网。

第三,协助政府讲好"街区的故事",一个好的城市地标性建筑,它的呈现一定有自身的传播仪式脚本。大栅栏地区有很多历史文化故事,有待挖掘、开发、累积,运营方应该协助政府采用多种方式,积极挖掘、恢复、保护和传承历史文化街区的传统文化以及非物质文化遗产。同时,在讲"街区故事"的时候,为了能够提高受众对街区的体验,运营方需要结合街区丰富的文化内容,举办受众可参与的活动。在官方平台也有提到现在大栅栏所举办的多种活动,但是由于宣传力度不够,导致受众的参与度过低。

第四,与入驻商家进行良好的沟通。通过不断地与商家进行沟通,掌握街区入驻商家运营生态。引入优质的商家到街区,不断给街区注入新的活力。

第五,维护与居民之间的关系。维持已在举办的与居民有关的各种文化活动,让他们对街区举办的各种项目有介入感与参与感。

第六,创建能够汇聚多方人才的平台。从平台性质的角度讲,是一个文化传承、碰撞、发展、更新的平台。从运营的角度讲,是一个运营、发展、今后可向全国推广分享的平台。这样的平台首先立足于大栅栏本地的成长和发展。在这个典型案例的基础上,汇集人、理念,来服务于首都的发展,服务于全国。它不是一个简单的运营平台,它是一个汇聚、碰撞、发展、创造的平台,只有这样这个平台才有价值。

3.入驻商家

入驻商家维持自己的运营理念,自主地去开发并挖掘街区中、城市中具有创新性的文化消费热点。要做到文化因素的不断创新与生产,既要做到与时俱进,也要做到不失本真。运营方在访谈中也提到,运营方与入驻商家之间的"联动性"非常重要。

YY02:"街区运营的团队非常重要,你们重不重视这个街区品牌的打造、形象的积累,是否重视去扶持这些商家的运营……比如说铃木食堂可能有很多家店,在杨梅竹中的店就是工作室。他们不以营业为最终的目的,为了帮助这个街区营造品牌,或者我的情怀扎在这里就会留在这里……但是真正有情怀去做这个长线，走这个路线的人不多了。"

历史文化街区空间商品的再生产的过程提供了一种最重要的体验消费品——历史文化街区的感知和体验，这种"体验"甚至超过商业消费行为本身而称为消费者的主要消费目的。消费者不仅依靠空间给予的视觉上与整体氛围上的刺激，还会通过自己的体验与消费等行为来构筑街区的形象。街区的传统文化因素与现代因素之间的冲突与相融更是街区亟待解决、开发的一个重点，那么街区中现代型消费的主要提供者——入驻商家的角色尤为重要。

在大栅栏地区的杨梅竹斜街目前进驻了一些具有代表性和一定影响力的文化企业及文化产品，传承和发扬了街道累积百年的文化底蕴，同时还融入了现代文化元素。如模范书局、铃木食堂、采瓷坊、Postcards、本然造物传习馆、Meeting Someone、Soloistcoffee、标准营造、老北京兔儿爷等，整个杨梅竹区域内企业经营类别主要有设计工作室、传播、非遗、文化体验、原创设计品牌等文化创意产业。消费社会中消费成为社会生活和生产的主要动力，它把生活和生产都定位在超出生存必需的范围，人们淡化商品的物理特性、使用和实用价值，更关注商品的符号价值、文化精神特性与形象价值[①]。铃木食堂与模范书局作为大栅栏地区杨梅竹斜街上的"网红店"，成功地融合了传统元素与现代元素，在杨梅竹斜街受到较大的欢迎。铃木食堂是位于杨梅竹斜街的一个日式餐厅，运营此商家的夫妇对空间具有独到的见解，他们在装修空间的过程中，频繁与设计师进行了沟通，在不破坏传统建筑的前提之下，构建了铃木食堂独有的形象。不仅有铃木食堂，还有铃木商店，在商店里更是可以看到创办人对于生活方式的诠释，使它不仅仅是一个饮食、消费的场所，更是一个文化体验馆。

而模范书局是传承杨梅竹斜街书香文化的一所现代型的书局。在中国的古文字当中，"模"为活字，"范"为盛器，是古代活字印刷术的进步生产力。而模范

---

① 任黛影：《消费社会视域下空间景观的叙事与传播策略研究——基于商业街的文本分析》，载《新闻世界》2014年第12期，第189—190页。

书局正是以非物质文化遗产活字印刷术为支撑，传承着中国的传统文化。但是在传承传统文化的同时，也销售着现代的书籍。

SJ01："现在的书店有很多都是被网店并购了，挺艰难的，也反映了社会的消费能力。所以定位为有品位、有人文精神的一个书店。我们店的雕版印刷的书，和我们所制作的文创产品都是一个人文的积淀的过程。为什么能够在这条街上产生影响和效应？就是中国独立的有传统因素的东西呈现给大家，就是我们成功的地方。"

在街区所入驻的商家可以分为两种，一种是文创类的商家，另一种则是传承传统文化的老字号商家。两类商家都应该有效地与运营方进行沟通，了解街区要传播的文化与理念，在不破坏街区原有的景观与建筑原真性的前提之下，结合商家自身特色的运营理念而发展，以街区商区的可持续发展为目标，开发符合现代消费趋势的内容消费产品。特别是老字号商家，从"观看"的商家做到真正能够"记忆"与"回味"的商家，不仅追求老字号旧故事的传承，也要开发能够与受众生活紧密相关的实实在在的产品。

4. 人："闲逛者"与原居民

本雅明认为，对于城市与文化，应该"通过可感知的存在来直接展开"，即游荡于城市的大街小巷，以身体遭遇行人、建筑物、事件，才能够捕捉所在城市的历史文化意象[①]。游荡于城市大街小巷的人可被称为"闲逛者"。这一词最早来源于 19 世纪抒情诗人波德莱尔，本雅明的"闲逛者"特指那些因为现代性资本兴起后游荡、闲逛于城市各个角落，主旨在观察体验都市生活的人。

消费者或游客在街区中以参与式传播实践为主要方式，参与到城市文化传播中。即不仅仅作为一个参与主体，也要从中学习历史文化街区知识，沉浸式地体验其中的历史与文化，才能够以多元的视角去开发街区的角角落落与点点滴滴。消费者或游客把自己最个人的故事，结合街区的事件与景观来叙述，造就了

---

① ［德］瓦尔特·本雅明：《巴黎，19 世纪的首都》，2006 年。

城市文化传播中最可贵的财富。新媒体平台的发展，更是给闲逛者参与式传播带来新的机遇，多元媒体形态、多种媒体平台或商业服务平台，都能成为记录城市角落的文化空间。

此外，决不能忽视原居民在保护该地区的文化中扮演的非常重要的角色。大栅栏比起南锣鼓巷商业化程度与绅士化程度都相对较低，其主要原因在于大栅栏地区目前有很多居民在街区内，与运营者共同承担着街区的发展使命。

（二）让历史文化街区回归场所精神

历史文化街区是构建认同感、地方感的城市空间，这是其作为空间媒介的重要功能，而地方感是城市传播路径应该达到的一个"终点"。遗憾的是，本研究发现，作为北京市历史文化街区的大栅栏地区对于游客的城市意象与地方感没有显著的贡献。

城市的空间给受众提供了经验的共享与意义交换的平台，特定城市空间意义的形成与人的传播活动是一种双向的行为，而这种互动需要以真实的体验为基础才能够实现[①]。城市传播所聚焦的，应该不仅仅是一个城市一元化的形象，而是需要通过线上线下整合的更加多元的、复杂的空间的感知，来强化受众对历史文化街区的空间乃至对所在城市的感知。

传播媒介通过构建集体想象，从而形成对城市文化的一种认同。在这个过程当中，城市形象就会形成。在本研究中，历史文化街区是城市文化的空间媒介，城市形象叙事通过把"在场"的空间实践与感知与"不在场"的虚拟空间的情境相互连接起来，构建了城市现实的"实体空间"与"虚拟空间"想象并存的整体空间，即"实体空间"与"虚拟空间"之间的结合。城市原本所承载的历史的沉淀，人们共享的集体记忆都是这个意义空间的构成。

本研究的发现恰恰反映了历史文化街区作为城市历史文化承载的重要载体

---

① 孔令文：《空间媒介观下城市景观传播价值研究》，辽宁大学论文，2017年。

面临的现实困境。电子媒介无往不利,但对空间的建构缺乏在线仪式感,从而导致受众无法对大栅栏地区带来"空间想象",直接影响了受众"在场"时对空间的感知。更严重的是,我国历史文化街区的实体空间的地方性也在削弱,更加伤害了各类消费者地方感的建构。因此,空间在人类的相互作用当中产生意义,同时作为共享意义的"场",在 21 世纪构建城市形象的过程中,如何做到两种空间之间的切合,是一个有待解决的"大作业"。像历史文化街区这样的文化空间,应在受众的认知中转换为现实场所,城市的利益相关者不仅要构建好"虚拟空间"上的形象,更要在"实体空间"上营造"场所精神",力求两个空间的形象叙事统一在一条主线上,从而营造历史文化街区的文化形象。

基于利益相关者的工业遗产保护与应用研究
——以青岛工业遗产为例

| 王长松　张　妍（北京大学城市与环境学院）

摘要：

　　工业遗产记录了国家工业的发展历程，也是文化遗产体系中重要的组成部分，对城市的更新、文化的创新、文化形象的塑造具有重要的价值。本研究将选取青岛工业遗产，使用扎根理论方法，从利益相关者的角度出发，全方位、多角度地考虑影响青岛工业遗产保护与再利用的因素及所存在的问题，探索青岛工业遗产保护与发展路径。研究发现：青岛工业遗产保护与应用的模式，包括六个维度，遗产资源、政府管理、工业遗产保护与再利用、文化创新、社会效应以及经济效应，六个维度之间存在相互制约或相辅相成的关系。并提出相应的建议，即以政府决策为主导，开展普查和认定评估工作；以企业创新为辅助，灵活选择工业遗产再利用模式；以游客兴趣为导向，打造区域特色的工业旅游和品牌文化；以周边环境为依托，完善工业遗产保护与发展的制度建设。

关键词：利益相关者；工业遗产；保护与应用；青岛

Abstract: Industrial heritages record the development process of national industry and are also the important part of the cultural heritage system. They have important value for urban renewal, cultural innovation and cultural image shaping. This study will select Qingdao's industrial heritages, use Grounded Theory method, from the perspective of stakeholders, consider the factors and existing problems affecting the protection and reuse of Qingdao's industrial heritage in a comprehensive and multi-angle perspective, and explores the protection and reuse of Qingdao's industrial heritage. The study found that the model of Qingdao's industrial heritage protection and application includes six dimensions: heritage resources, government management, industrial heritage protection and reuse, cultural innovation, social effects, and economic effects. There are mutually restrictive or complementary factors between the six dimensions relationship. And it suggests that the government should carry out census and identification and evaluation; the enterprise innovation mode of industrial heritage reuse; take tourist interest as the guide, create industrial tourism and culture with regional characteristics. Relying on the surrounding environment, perfect the institutional construction of industrial heritage protection and development.

Keywords: stakeholders; industrial heritage; protection and application; Qingdao

．

近年来,国内外工业遗产的保护思潮和实践层出不穷,大规模的城市更新项目中都会切实考虑工业遗产的保护与再利用问题,但工业遗产的再生性是否能被政府和大众广泛接受,也是我们亟待解决的问题。另外,大部分城市在工业遗产改造过程中并未考虑利益相关方的诉求,忽略公众感知。故本研究将选取青岛工业遗产为研究对象,从利益相关者的角度出发,全方位、多角度地考虑影响青岛工业遗产保护与再利用的因素及所存在的问题,探索青岛工业遗产保护与发展路径。

一、利益相关者的相关研究

"利益相关者(stakeholder)"一词最早由 R. 爱德华·弗里曼在其著作书中提出并形成利益相关者理论,该理论研究复杂的利益相关方的相互关系与合作,它追求的是组织活动中利益相关者的整体利益,而不是个人利益[1]。Alexander C S等人引用了弗里曼界定的利益相关者群体:本地企业、居民、维权团体、游客、国家商业链条、竞争对手、政府和员工,并论述了利益相关群体在工业遗产保护与再利用过程中的重要性[2]。Jung T H 等人曾以韩国光州为例,探究了利益相关方合作在以文化为主导的城市再生项目中所

---

① ［美］R. 爱德华·弗里曼:《战略管理:利益相关者方法》,上海:上海译文出版社,2006年,第75—82页。

② Alexander C S, Miesing P, "Parsons A L, How important are stakeholder relationships?", *Academy of Strategic Management Journal*, 2005, 4(Annual).

起到的重要作用①。Dieck 等人基于利益相关者理论,从利益相关者的认知维度出发,研究了增强现实技术对文化遗产地所产生的价值②。

联合国教科文组织曾在 2006 年指出工业遗产的主要威胁是缺乏对其有影响的人的遗产意识,也就是利益相关者。刘宛认为,作为一种公益活动,对城市进行规划设计时,必然把公众诉求、满意度等因素尽可能多地包含进来,站在大众群体的角度探讨公众参与的目的、方法、所扮演的角色等一些基本问题,尽力做到充分考虑公众的意愿、情感,从而使行动和任务能够顺利完成③。赵蕾等人基于利益相关群体提出相应的渔文化遗产保护与开发战略,期望通过各利益相关方的相互合作,实现渔文化遗产保护与开发的总目标④。王兴全等人以快速城市化留下的新城为出发点,构建了交叉利益相关方和文化资源模型,以此为空间管理者提供理论支持和系统性的参照⑤。开平碉楼与村落是古村落保护与发展的典型案例,王纯阳等人针对利益相关者的分类问题进行了大数据研究,研究结果表明,每一类利益相关者在村落遗产旅游发展过程中扮演的角色都各有特点,也就意味着所发挥的作用也各有千秋⑥。

基于以上文献,对于利益相关者的界定大致可以分为两大类:核心利益相关者(本文包括政府职能部门人员、企业管理者、企业员工、当地居民)和次核心利益相关者(本文包括游客、规划设计人员)。总结文献中提到的利益相关者对

---

① Jung T H, Lee J, Yap M H T, et al, *The role of stakeholder collaboration in culture-led urban regeneration: A case study of the Gwangju project*, Korea, Cities, 2015, 44, pp.29 - 39.

② Dieck M C T, Jung T H, "Value of augmented reality at cultural heritage sites: A stakeholder approach", *Journal of Destination Marketing & Management*, 2017, pp.8 - 10.

③ 刘宛:《公众参与城市设计》,载《建筑学报》2004 年第 5 期,第 10—13 页。

④ 赵蕾、白洋、李争:《利益相关者视角下的赫哲族渔文化遗产保护与开发研究》,载《中国农史》2015 年第 4 期,第 111—119 页。

⑤ 王兴全、王慧敏:《"千城一面"中的文化场所营造——一种基于利益相关方和文化元素的模型》,载《城市发展研究》2017 年第 5 期,第 61—67 页。

⑥ 王纯阳、黄福才:《村落遗产地利益相关者界定与分类的实证研究——以开平碉楼与村落为例》,载《旅游学刊》2012 年第 8 期,第 88—94 页。

文化遗产保护与再利用问题的看法,形成利益相关者的认知维度。(见表1-1)

表1-1 利益相关者对工业遗产的认知维度

一级指标	二级指标	内 容 阐 释
经济影响	经济增长	工业遗产的保护与再利用带动了经济增长
	旅游业的发展	游客增加促进旅游业的发展
	商业投资	工业遗产的再利用广泛吸引了外来资本
	城市再生与社区复兴	工业遗产的保护与再利用为城市再生起到促进作用
文化影响	文化交流与传播	促进国内外文化交流与传播
	文化遗产保护	增强各群体对保护文化遗产重要性的认知程度
	文化产业发展	工业遗产的重视与再利用促进了青岛文化产业的发展
生活影响	居民生活质量	城市再建提高了当地居民的生活质量
	基础设施	周边的基础配套设施更加完善、齐全和便利
	城市环境美化	形成以工业遗产为特色的文化景观
政策影响	政策的完善	对于遗产保护和利益相关者方面的政策,政府应完善
	利益相关方诉求	工业遗产再利用过程中,政府企业考虑相关利益方的诉求
	管理者效率和灵活性	工业遗产再利用过程中,政府企业管理效率和灵活性

二、青岛工业遗产的发展历程

(一) 1949 年前青岛工业发展概况

青岛的近代工业发展始于德占时期。青岛的城市、港口、铁路和市政工业的大规模投资建设也是从德占时期逐渐出现的。闻名于世的青岛港、青岛造船厂、胶济铁路以及青岛四方机床厂等都涌现于此时期。除了建设港口和铁路这种运输工业之外,德国当局还斥资建设大量的市政工业,主要包括发电厂、自来水厂与屠宰厂等,以便更好地对所在地及居民进行管理。1902 年建立的德华缫丝厂,产品新颖、质地优良。1903 年成立的英德啤酒公司,啤酒行销甚远,口碑良好。另外,有一部分企业因为适于当时的地区区域发展情况,如精盐制造、汽水厂、蛋品厂等,都出乎意料地取得了一定的成功。如胶济铁路,该铁路是在德占时期建成,是德国对中国入侵、掠夺的证据,也是几代青岛原住民的重要城市记忆,是德国殖民者掠夺我国资源的重要交通枢纽。现胶济铁路的线路基于原铁路线路,总体变化不大,但原青岛站及配套建筑却已然无存,仅保留了大港车站及少量配套设施。[①] 青岛在德占时期已经正式开始进入工业生产的工业时代。

1914 年日本侵占青岛港,日占时期的工业历史拉开序幕。1917 年,棉纱厂建成投产,青岛棉纺织业开启了历史上的一页序幕,随后,大大小小的纱厂相继开办,如钟渊纱厂、宝来纱厂等。由此,青岛作为中国纺织业重镇的名号开启,同时,纺织业带动了青岛经济的飞跃式提升,一跃成为青岛工业的支柱。此外,闻名全国的永裕盐业企业、青岛火柴工厂等都是在此期间建成的重要企业。虽然外资大量涌入青岛,权倾整个青岛地区,但依旧有部分华商在此夹缝中坚韧生存,其中最具代表性的当属华新纱厂。目前,在《青岛历史文化名城保护规划》中明确,除了青岛啤酒厂、即墨黄酒厂、青岛啤酒麦芽厂、南墅石墨厂、青岛发电厂等五处工业遗产依旧维持现状生产功能,其他大部分的工业遗产建议按照工业遗产保护要求,加强后续维护与管理工作,或者建议建设成为类似创意产业园区等具备综合功能的建筑设施。

(二)青岛工业遗产的类型与空间分布特征

青岛作为国家特色历史文化名城,是现代城市规划思想和理论在中国最早

---

① 钱毅、任璞、张子涵:《德占时期青岛工业遗产与青岛城市历史景观》,载《工业建筑》2014 年第 9 期,第 22—25 页。

的实践地之一,别致建筑林立、风景优美,具有"山、海、岛、城"一体的城市特色,在近代工业城市建设史上有着举足轻重的地位。

青岛的近代工业发展涵盖了多维度的工业类型,在机械制造、啤酒酿造、印染纺织等工业上有着长足的发展,是青岛在工业发展的历史进程中对产业、技术的发展变革的印证,促成了青岛近代工业在中国近代工业史上的重要地位。本研究根据《中国文物地图集·山东分册》《青岛历史文化名城保护规划》等资料,对青岛现有的工业遗产遗迹进行规范化梳理,共计58项工业遗产,分类为纺织印染业、制造业、交通邮电业、酿酒制造业、食品加工业、矿冶业、电力业、化工业、烟草业、银行类遗址、商会以及其他类型工业遗产共12类。(见表2-1)

表2-1　青岛市工业遗产统计情况

类　　型	工业遗产名称	数　量	空间分布	文保级别
纺织印染业	青岛丝织厂和印染厂旧址、青岛第一针织厂、青岛国棉一厂、上海纱厂和国棉五厂、钟渊纱厂、日本内外棉株式会社青岛支店、谦祥益绸布店旧址、同兴纱厂旧址	8项	市北区5项、李沧区2项、市南区1项	市级1项、区级3项
制造业	青岛四方机床厂、一汽解放青岛汽车有限公司、梧桐涧兵工厂遗址、青岛钟表总公司、原青岛显像管工厂、元通电子工厂、耐火材料工厂、正泰五金行旧址	7项	市北区4项、李沧区2项、平度市1项	
交通邮电业	胶济铁路、青岛火车站、大港火车站、山东矿务公司旧址、栈桥回澜阁、车站饭店旧址、亚细亚饭店、德国胶澳邮政局旧址、日本青岛邮局大和町所旧址、小青岛灯塔、游内山灯塔、马濠运河、日本大连汽船株式会社青岛支部旧址	13项	市南区8项、市北区3项、黄岛区1项、	国家级1项

（续表）

类　型	工业遗产名称	数　量	空 间 分 布	文保级别
酿酒制造业	青岛葡萄酒加工厂、日耳曼啤酒公司青岛股份公司旧址、青岛啤酒麦芽厂、美口酒厂青岛啤酒厂果酒车间、即墨黄酒厂酿造车间办公楼旧址	6 项	市南区 1 项、市北区 4 项、即墨区 1 项	国家级 1 项、市级 1 项、区级 1 项
食品加工业	青岛茂昌蛋业冷藏股份有限公司、青岛食品厂、水族馆、青岛金大鸡味素有限公司、德商汽水厂旧址	5 项	市北区 2 项、市南区 3 项	市级 1 项
矿冶业	青岛钢铁厂、铁岭铁矿遗址、钱市街铸钱遗址、南墅石墨矿、杨氏旧宅	5 项	李沧区 1 项、平度市 1 项、胶州市 1 项、莱西市 1 项、市南区 1 项	市级 1 项
电力业	青岛发电厂、日本电化教育馆旧址、胶澳商埠电气事务所旧址	3 项	市北区 3 项	
化工业	青岛化肥厂	1 项	李沧区 1 项	
烟草业	青岛卷烟厂、林氏旧宅	2 项	市北区 1 项、市南区 1 项	
银行类遗址	交通银行青岛支行旧址、青岛银行同业公会旧址、中国实业银行青岛分行旧址、金城央行青岛分行旧址、青岛物品证券交易所旧址、东莱银行旧址	6 项	市南区 6 项	国家级 1 项、区级 1 项
商　会	青岛日本商工会议所旧址、青岛商会旧址	2 项	市北区 1 项、市南区 1 项	
其他类型	海滨生物研究所旧址、德国总督府屠兽场旧址、观象山地磁房、青岛观象台、青岛奥林匹克帆船中心	5 项	市南区 3 项、市北区 2 项	市级 2 项、区级 1 项

资料来源：根据《中国文物地图集·山东分册》《青岛历史文化名城保护规划》整理。

工业遗产主要集中分布在市南区、市北区，市北区工业遗产数量最多，达25项之多，市南区有24项。市北区以纺织印染业、制造业和酿酒制造业的遗产类型居多；市南区主要集中了交通邮电业、食品加工业和银行类遗址等工业遗产。（见图2-1）

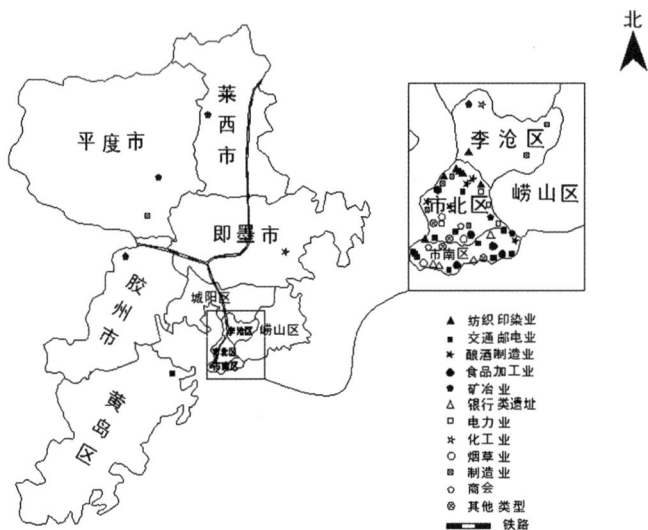

图 2-1　青岛市工业遗产空间分布图

三、青岛工业遗产保护与应用模式分析

（一）研究设计与资料获取

1. 研究方法与数据来源

近年来，青岛市政府对部分工业遗产进行了不同程度地改造和再利用，带动了青岛的经济、文化产业及旅游业的蓬勃发展。关键性的问题是，虽然这种工业遗产的改造和再利用给社会带来了经济增长和商业价值，但现有研究忽略了对于工业遗产改造过程中涉及的利益相关者的感受及长远发展问题。其保护、开发和创新工作牵涉政府、专家、居民、游客、管理者等多方主体，因此适合采用扎根理论质性研究方法,整合形成理论框架。扎根理论最早由 Barney Glaser 和 Anselm Strauss 两位学者率先应用,经过不断实践的累积,已成为众多社会学研究方法中较为熟知的质性研究方法。扎根理论是通过对收集到的大量原始资料进行逐级编码,包括初始、聚焦和轴心编码,从而对原始资料进行分类、比较、整合,总结出轴心范畴,然后分析各个范畴之间的逻辑紧密关系,进而提出理论模型。

本研究采用半结构化深度访谈方法,分为三个时间段开展访谈,2017 年 12 月 10 日至 12 月 24 日,2018 年 5 月 2 日至 5 月 7 日以及 2018 年 11 月 24 日至 11 月 30 日。我们选取了青岛市南区、市北区和李沧区的 64 位性别不同、年龄层次也不尽相同的老、中、青三代利益相关者进行访谈和录音,与每位访谈者的访谈时间不低于 40 分钟。被访谈者的身份多样化,可分为六种类型:政府工作人员($n = 3$),包括政府的决策者和执行人员,编码 G1 - G3;规划设计人员($n = 3$),参与工业遗产保护和再利用的规划设计人员,编码 P1 - P3;企业管理者($n = 3$),由直接参与工业遗产保护和再利用的企业负责人构成,编码 M1 - M3;工业园区中的工作人员($n = 5$),常年在企业工作的人员,见证了企业的变迁和重建,编码 D1 - D5;居民($n = 30$),编码 N1 - N30 以及游客($n = 20$),编码 T1 - T20。除了访谈资料外,还从网络、报刊、报道评论等渠道获取二手资料。(见表 3 - 1)

表 3 - 1　访谈样本信息

被访谈人员来源	被访谈人员编号	性　别	年　龄	职　　位	作　用
市政府文化文物部门	G1	男	38	主任	建模
	G2	男	45	职员	检验
	G3	男	39	副处长	检验
市规划设计部门	P1	女	35	主任	建模
	P2	男	37	职员	建模
	P3	女	40	职员	检验

（续表）

被访谈人员来源	被访谈人员编号	性　别	年　龄	职　　位	作　用
文化产业园区	D1	男	28	职员	建模
	D2	男	32	职员	建模
	D3	男	37	职员	检验
	D4	女	29	职员	建模
	D5	女	35	职员	检验
工业遗产管理相关企业	M1	男	40	某博物馆副馆长	建模
	M2	女	38	某厂车间主任	建模
	M3	男	42	某设计企业主任	检验
青岛市居民	N1	男	40	中学教师	建模
	N2	女	24	职员	建模
	N3	男	30	个体经营者	建模
	N4	男	17	高中生	建模
	N5	女	28	企业管理者	检验
	N6	男	21	大学生	建模
	N7	女	45	家庭主妇	建模
	N8	女	30	中学教师	建模
	N9	男	62	退休工人	建模
	N10	女	58	退休工人	检验
	N11	男	28	职员	建模
	N12	男	35	小学教师	建模
	N13	女	36	个体经营者	建模
	N14	女	46	中学教师	建模
	N15	女	28	企业管理者	建模
	N16	男	37	员工	建模
	N17	男	60	个体经营者	建模
	N18	男	45	个体经营者	检验
	N19	男	40	个体经营者	检验

被访谈人员来源	被访谈人员编号	性　别	年　龄	职　　位	作　用
青岛市居民	N20	男	22	大学生	建模
	N21	女	24	大学生	建模
	N22	女	23	大学生	建模
	N23	女	26	职员	建模
	N24	女	46	个体经营者	建模
	N25	男	23	大学生	检验
	N26	女	25	职员	建模
	N27	女	37	中学教师	建模
	N28	男	55	退休工人	建模
	N29	男	52	个体经营者	建模
	N30	女	48	个体经营者	检验
游客	T1	男	22	大学生	建模
	T2	男	35	企业职员	建模
	T3	女	23	企业职员	建模
	T4	女	65	退休教师	检验
	T5	男	21	留学生	建模
	T6	男	43	旅行社经理	建模
	T7	女	32	大学老师	建模
	T8	男	55	旅店经理	检验
	T9	男	19	大学生	建模
	T10	男	20	大学生	建模
	T11	女	28	小学教师	建模
	T12	女	30	小学教师	建模
	T13	女	45	中学教师	检验
	T14	女	48	中学教师	建模
	T15	男	54	旅行社经理	建模
	T16	男	44	旅行社导游	建模

被访谈人员来源	被访谈人员编号	性 别	年 龄	职 位	作 用
游 客	T17	男	47	司机	检验
	T18	男	56	个体经营者	建模
	T19	女	48	个体经营者	建模
	T20	女	50	大学教师	检验

2. 访谈文本编码

扎根理论方法的核心内容和关键之处是对文本资料进行三级编码,即初始编码、聚焦编码和轴心编码。初始编码,是将通过采访收集到的大量原始数据进行分解剖析、比较验证、赋予其概念与范畴,打散整合的过程。依据对利益相关者的深度访谈而得的文本内容和二手网络相关资料,共有309条标签,以代码 tn 表示,再对语句、语义相似或相同的标签内容进行概念化归纳,得到86个概念,并以代码 Tn 表示(见表3-2)。聚焦编码,主要是发现和建立概念之间的各种关系。本研究根据初始编码所得概念中显示的相关、同义、分属三项关系进行区分、合并,归纳出29个聚焦编码,以代码 F1-F29 表示。轴心编码,是将编码过程中获取的核心范畴尽量准确地与其他范畴相关联,在关联过程中验证关系,最后进行补充,使初试编码得到的范畴更加完备,直至逻辑关系完整。本研究通过聚焦编码所提炼出的29个范畴,得到6个轴心编码,即遗产资源、政府管理、工业遗产保护与再利用、文化创新、社会效应以及经济效应(见表3-3)。

表3-2 初始编码示例

原 始 资 料	标签(t)	概念化(T)
相较于北京、上海等大城市,青岛的工业遗产保护与再利用还存在诸多问题,有些废弃的厂房破坏严重,得不到政府认定和修缮,发挥不出其应有的遗产价值。青岛相较于其他大城市(北京、上海)而言相对落后一些,工业遗产的再利用的	t1 废旧厂房破坏严重 t2 保护与再利用成问题 t3 难以发挥遗产价值 t4 保护与再利用方式单一	T1 遗产现状(t1t3) T2 工业遗产历史沿革(t12) T3 创新方式(t11) T4 规划改造(t6t7) T5 遗产保护(t2t4)

(续表)

原 始 资 料	标签(t)	概念化(T)
方式大多是借鉴,本质上都是差不多的类型。 青岛的博物馆,已经注册了八十多个,未注册的也有三十多,青岛啤酒博物馆(门票收入 3 000 万,售卖文化产品 3 000 万)总体运营效果不错。葡萄酒厂再利用状况不好。 青岛还有一些有代表性的综合类产业园区,比如被广大青岛市民追捧的中联 U 谷,但是中联 U 谷并没有文化业态。而青岛文创产业的领头羊则是创意 100 文化产业园,其集多种功能服务于一体,将青岛的商、娱、餐、旅等多元商业有效的糅合为一个整体,是"十一五"建设期间创意产业的重点建设项目。 创意 100 文化产业园地理位置优越,坐落于青岛市南京路 100 号,处于青岛行政经济中心地界,毗邻 CBD 商业圈,是在原"青岛刺绣厂"旧厂房的基础上,重新规划改建而成。 产业园区占地总体面积将近 20 亩,新改建后的园区建筑面积高达 30 000 平方米。目前,该产业园区已投入使用。再者,政府曾经实行三年免房租政策,鼓励众多艺术公司、文化创意公司,约 4.5 万家集聚。	t5 工业遗产留存丰富 t6 博物馆类运营良好 t7 博物馆多方面盈利 t8 全国唯一的青岛啤酒博物馆 t9 缺乏文化业态 t10 创意产业园区带动多元产业发展 t11 发展创意产业是重点 t12 地理位置优越 t13 重视原来工厂的拆迁问题 t14 占地面积广阔 t15 吸引企业集聚 t16 政府出台政策	T7 利益关系 (t13t15) T9 政府关注 (t8t16) T11 产业支撑 (t9t10) T13 资源条件优越 (t5t12t14)

表 3-3　聚焦编码和轴心编码

编号	轴 心 编 码	聚 焦 编 码
A1	遗产资源	F1 资源丰富、F2 历史底蕴深厚、F3 交通便利、F4 地理位置优越
A2	政府管理	F5 遗产普查、F6 产权明确、F7 规划设计、F8 资金支持
A3	工业遗产保护与再利用	F9 工业遗产保护、F10 政策扶持、F11 文物保护单位名录、F12 遗产保护规划

（续表）

编　号	轴 心 编 码	聚 焦 编 码
A4	文化创新	F13 发展模式、F14 博物馆开发、F15 文化衍生品、F16 青岛啤酒、F17 游客体验、F18 对外文化交流
A5	社会效应	F19 利益相关方诉求、F20 政府关注、F21 公众感知、F22 宣传力度、F23 基础设施
A6	经济效应	F24 企业集聚、F25 高质量人才、F26 产业园区、F27 房地产开发、F28 旅游业发展迅猛、F29 经济增长迅速

根据编码可以分析轴心编码之间的关系。遗产资源与工业遗产保护与再利用，两者之间在逻辑上存在着"提供资源"和"开发利用"的相互作用关系。政府管理是保护工业遗产的重要方式，政府主要从遗产普查、产权明确、规划设计以及资金支持四个方面展开对工业遗产的保护与再利用工作。轴心编码得到的文化创新与工业遗产保护与再利用之间存在着双向关系，文化创新为工业遗产保护与再利用注入生命力，工业遗产保护与再利用是文化创新的素材来源。社会效应在一定程度上反映出了工业遗产保护与再利用的现状。经济效应与工业遗产保护与再利用存在双向关系，工业遗产的保护与再利用促进了经济的快速增长，而经济效应同时又为工业遗产的保护与再利用起到支撑作用。编码之间的这几组关系构成了青岛工业遗产保护与发展的模式（见图 3-1）。

（二）青岛工业遗产保护与发展模式以及存在问题分析

1. 遗产资源

按时间脉络来看，青岛近代工业发展先后经历了德、日侵占的两个历史时期，殖民文化在工业发展史中留有不可磨灭的痕迹，独特的工业遗产风格在此过程中悄然而生。如现存的青岛四方机床厂、青岛啤酒厂、青岛葡萄酒厂、青岛纱厂和青岛丝织印染厂等。现如今，得以保留并得到良好改造的遗产资源为我们当代社会解决了大量的劳动力，如利益相关者中的工人代表性群体，他们是一座

经济效应

企业集聚 | 高质量人才 | 产业园区 | 房地产开发 | 旅游业发展 | 经济增长

遗产资源

资源丰富 | 历史底蕴丰厚 | 交通便利 | 地理位置优越

文化遗产保护与再利用

资源　开发利用　促进　支持　反映　认同　保护　素材　生命力

社会效应

利益方诉求 | 政府关注 | 公众认知提高 | 宣传推广 | 基础设施改善

政府管理

遗产普查 | 产权明确 | 规划设计 | 资金支持

扶持　反馈

文化创新

文化科技融合 | 博物馆开发 | 文化衍生品 | 文化旅游 | 文化体验 | 文化交流

协同发展　思路　体验

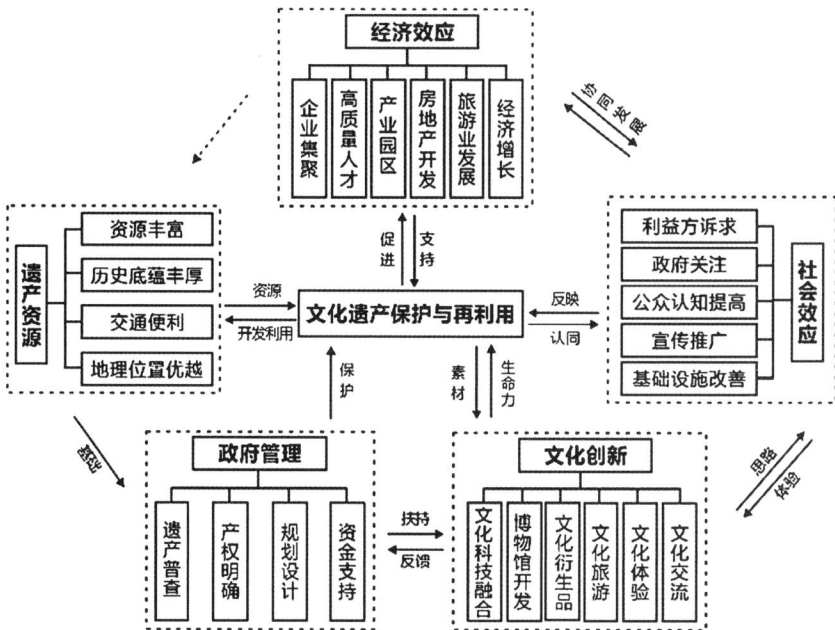

图 3-1　青岛工业遗产保护与应用模式

城市中的典型劳动力群体,正因如此,近代工业遗产成为青岛公众的集中关注点。再次,众多工业遗产遍布胶济铁路沿线,青岛还有大量的港口、码头,这不仅为青岛近代工业的发展,而且也为现今青岛进行工业遗产保护与再利用提供了便利的交通条件。青岛在岛城人民眼中,地理位置极其优越,沿海而建,适合海上贸易。因此在青岛工业遗产保护与再利用过程中,历史底蕴丰厚、地理位置优越的遗产资源成为政府管理的核心基础,使青岛工业遗产在利益相关者视角下的开发再利用工作具备了物质条件。

2. 政府管理

政府作为利益相关者中至关重要的一部分,是对工业遗产资源进行有效管理的政治基础和有效手段。青岛目前尚未开展与工业遗产相关的普查工作,很多遗留下来的工业遗产大量闲置,从而得不到日常维护,导致破败严重。调研中发现,青岛市北区有一处厂房,由于产权不明及其他原因而被闲置,得不到很好的开发利用,日渐破败。对于青岛而言,目前尚未有一套针对性的评价近代工业遗产价值的专门体系,包括工业遗存如何判定、工业遗产的价值内涵、工业遗产的保护等级等都没有专门的评价指标,这就使得很大一部分工业遗存没有得到足够的重视,有的已被拆除,有的仍在使用但没有被当作工业遗产来看待。

青岛啤酒博物馆和青岛总督府屠宰场的一处锅炉房就形成了鲜明对比。对于屠宰场处的锅炉房而言,多年来一直作为普通的锅炉房来使用,并没有采取任何的保护和修缮措施,更谈不上改造与再利用,由此可见,政府在遗产普查和产权明确之后,对于工业遗产的规划设计工作就显得尤为重要。资金扶持方面,青岛市财政局财政办公室《关于印发〈青岛市文化产业发展专项资金管理暂行办法〉的通知》,明确要求加强资金使用限度,明确资金申报及审批程序,弥补政府资金扶持漏洞,提高专项资金的利用率,从而促进文化产业的健康发展。[①] 但与工业遗产保护、再利用相关的政府针对性政策少之又少,相应的资金扶持力度不够。所以,政府对工业遗产保护与再利用工作的大力扶持是企业等利益相关方进行文化创新的重要保障,同时文化创新又是针对政府对工业遗产管理的有效方式,两者对于青岛工业遗产保护与再利用工作注入了顽强的生命力。因此,政府管理工作需要得到足够的重视。

3. 工业遗产保护与再利用

丰富的工业遗存为青岛工业遗产的保护与再利用工作提供了良好的资源条件,青岛工业遗产自德占时期以来,在长期工业历史发展过程中,逐渐积淀为一条沿胶济铁路线密布的工业遗产带,沿线码头、港口、厂房、啤酒厂、丝织厂以及邮局等工业遗产丰富。社会效应主要通过居民、游客等诸多利益相关者反映出青岛工业遗产保护与再利用的现状。实地访谈时发现,由于没有有效的遗产价值认定和修缮,大量遗留下来的厂房仓库等都被大量闲置或遭到了严重的破坏,如青岛国棉三、四、七厂等已被全部拆除,用作房地产开发;青岛火柴厂的完整性

---

① 青岛市财政局财政办公室:《关于印发〈青岛市文化产业发展专项资金管理暂行办法〉的通知》。

已不复存在,仅保留部分厂房,其他已改造成利津路小商品批发市场。利用状况良好的有:青岛国棉五厂开发为青岛纺织谷;青岛国棉六厂开发为 M6 创意产业园和虚拟现实展馆;青岛啤酒厂改造为青岛啤酒博物馆等。研究发现,在政府、企业管理者等利益相关者的着重关注和支持下的工业遗产资源是得到了有效开发和利用的,同时,工业遗产保护与再利用工作在不断发展中逐渐受到政府的广泛重视,为青岛文化创新工作提供宝贵素材,是青岛市文化遗产保护的重点内容。

4. 文化创新

青岛工业遗产保护与再利用工作为文化创新提供了素材来源和物质基础,利益相关者尤其是在居民和游客感知方面,为文化传承提供了创新思路,政府通过规划、设计、管理等工作对工业遗产进行了保护和再利用,对青岛工业遗产的文化创新起到了支撑作用。文化创新是青岛工业遗产的保护与再利用的重要方式,青岛利用工业+旅游形式的博物馆开发方式使工业遗迹得到更形象、生动、真实的展示,弥补了传统科技类博物馆的弊端,工业博物馆能够较好地保护与呈现工业遗产价值,是工业遗产保护中的经典模式,它与一般意义上的博物馆里的文物展示具有很大的差异。比如青岛啤酒博物馆,在展示主题上,它展示的是青岛啤酒生产的建筑、机器和场所,以及青岛啤酒生产的工艺流程,以此增加入馆游客的真实体验感,增强游客重游意愿;保护的是历史上某个时期啤酒生产技术的发展水平和历史遗物,这些标志和见证物在青岛乃至全国整个近代工业发展史中,都具有显著的代表性和重要的历史地位。

另外,工业博物馆从多个侧面对青岛近代工业文明的风貌进行原真性的再现,整体反映出青岛的城市历史、产业工业文化、殖民工业、民族工业历史以及近代产业发展变迁轨迹,凸显城市形象,发挥城市文化品牌效应。同时,注重文化衍生品的开发,如青岛啤酒博物馆生产的啤酒豆,游客作为利益相关者中的典型代表,在进入青岛啤酒博物馆参观时即可获赠,此外在销售市场上可售卖,企业以此来获取门票以外的经济利润,促进企业更加长远健康发展。据相关数据统计，在 2017 年国庆、中秋八天时间内，青岛啤酒博物馆累计接待游客量达 6.28 万人次，同比增长 75.9%。[①] 由此可见，工业＋旅游的新形态产业模式将成为城市与社会发展历程的重要组成部分，为吸引外来学者、加强对外文化交流奠定了基础。但访谈中发现，文化创新模式中同样存在着问题：一是发展为博物馆的形式，如与青岛啤酒博物馆类似特色鲜明的博物馆数量不多；二是建成产业园区的形式，如南京路一号创意 100 产业园区，但在政府三年免租的政策扶持之后，企业发展的后劲不足。由此可见，青岛工业遗产保护与再利用的方式和发展业态比较单一，政府支持力度有待加强，企业创新缺乏多样性和持续性，没有完整的产业链。

5. 社会效应

社会效应是青岛工业遗产保护与再利用工作中主要考虑与居民、游客相关的维度指标，既能够在利益相关者视角下反映出工业遗产保护与再利用的现状和问题，也能够为创新发展工业遗产政府管理工作提供前瞻性思路。通过社会效应聚焦得到的编码包括：利益相关方诉求、政府关注、公众感知、宣传力度以及基础设施。在对青岛市北区的居民访谈中我们发现，天幕城（原青岛丝织、印染厂）在拆除重建时，政府成立临时委员会，主要负责拆迁重建事宜，但并未充分考虑周边居民的利益相关方诉求、未耐心听取居民意见、未合理商定补偿用地或款项，造成部分居民利益受损。因此，利益相关方诉求和公众感知是政府在工业遗产保护与再利用过程中应切实考虑的现实问题。

除了关注居民诉求之外，游客在遗址公园、博物馆等地旅游、参观时的不同感知对企业文化创新和工业遗产开发再利用工作也具有重要意义，博物馆里的管理层及工作人员应及时洞察游客在参观时的实时感受，以此作为后续工作的着重创新点和提升点，更好地迎合游客需求，从而吸引更多的国内外游客，扩大

---

① 数据来源：《青岛日报》，2017 年 10 月 23 日，http://news.dailyqd.com/2017-10/23/content_407844.htm。

文化影响力,提升企业利润,为企业注入更多的鲜活生命力。同时,游客普遍对于城市环境和周边基础设施存在较为强烈的感知,如酒店住宿、餐饮、交通等硬设施如果能够很好地满足游客需要,就会给游客留下很好的城市印象和社会基础设施感知。访谈中还发现,通过强有力的新媒体平台可以广泛宣传工业遗产保护与再利用工作,使更多的居民和游览的游客全方位了解工业遗产所具有的独特风格与魅力。这为青岛工业遗产保护与再利用提供了重要的参考意义。

6. 经济效应

工业遗产保护与再利用过程中产生的经济效应具体表现为聚集众多创意企业,吸引大批量的创意人才,建设建成综合类的产业园区,促进当地旅游业迅猛发展。由于工业遗产的独特性以及在政府广泛呼吁和支持下,青岛以众多老厂房为首的工业遗存地吸引了大批量的企业集聚,数字高达 4.5 万家,这些企业大多为艺术公司、文化创意公司等。①

此外,很多废弃的厂房、仓库以及码头等工业遗产地块用作建设独具特色的文化休闲场所、创意产业园区、商务贸易集聚区等,经访谈得知,在青岛市政府的支持下,青岛刺绣厂已于 2006 年开发为创意 100 产业园,成为工业遗产改造再利用的先导代表之一;同年青岛北海船厂开发为青岛奥帆中心;之后,在 2008 奥运年之际,对青岛显像管厂厂区以及元通电子厂厂区进行分解拆除、规划改建、开发创新,建设完成了现在的中联 U 谷 2.5 产业园,而大范围建成、投入使用的产业园区明显促进了青岛市的再就业问题,并以此来吸引企业、投资者等多方利益相关方,多形式促进青岛经济稳步健康增长。工业遗产的经济价值更因其具有稀缺性而珍贵,工业遗存的观赏价值可以为城市形成独特的历史风貌,为青岛文化事业的发展提供活力。近年来,青岛的旅游业发展迅猛,比如栈桥回澜阁、青岛啤酒博物馆、天幕城等都吸引了众多的国内外游客。相关数据统计,2016年青岛游客接待量近 8 000 万人次,同比增长 7%,突破旅游业消费总额一千四

---

① 数据来源:《青岛市文化创意企业发展(内部资料)》,2018 年。

百亿元大关,同比增长13%。^①其中,青岛啤酒博物馆年接待游客量高达70万人次,年旅游收入5000万元,不仅在博物馆旅游中占据首位,而且在青岛接待入境游客排名榜中,是比例最高的4A级景区。^②

由此可见,青岛旅游业的迅猛发展跟工业遗存的历史价值和现代化的保护开发是分不开的。但很大部分工业用地拆迁以后都被投资商进行了房地产开发,他们认为短期内,大部分工业厂房等遗存的再利用价值小于土地使用价值,且改造之后的修缮保护费用相对较高,所以房地产开发成为企业短期内获取高利润的必然走向。总体而言,青岛经济由工业主导逐步转向服务业为主导,大片的工业遗产地如果能被很好地开发和利用,会促使经济迅猛发展并实现良好的产业转型。同时,雄厚的经济实力又是一座城市发展文化事业、容纳文化创意人才的关键,与社会发展之间相互促进,两者相辅相成。

四、青岛工业遗产保护与发展优化路径

（一）以政府决策为主导,开展普查和认定评估工作

从利益相关者的角度出发,对工业遗产进行保护和发展之前,首先要明确其相关责任人和所属产权问题,资源才能得到更好的保护和再利用。不管从国外工业遗产保护的经典案例,还是国内的成功经验来看,工业遗产的保护与再利用工作都离不开政府强大的支持。同时,地方政府对于工业遗产的保护工作义不容辞,保护再利用工业遗产、宣传其所代表的历史意义是地方政府的责任与义务。因此,依法对工业遗产进行有层次、有维度的界定与划分是第一步。第二步,通过法律确认工业遗产的权利主体并明确其职责,理清工业遗产保护中的各利益相关方之间的关系,依法规范其行为,严肃处理甚至制止破坏工业遗产的行

---

① 数据来源：http://travel.qingdaonews.com/gb/content/2016-12/10/content_11864281.htm。

② 数据来源：《青岛日报》,http://news.dailyqd.com/2017-10/23/content_407844.htm。

为。在对工业建筑遗址进行普查工作的过程中,系统勘察能够保证对工业遗产登记在册的工作更细致、准确,为后续工作的有效开展提供保障,根据工业遗产的不同类型、不同维度制定有效的、实际的、具备针对性的专项保护规划,则是保护工业遗产流程中的关键环节。所以,青岛需要全方位开展工业遗存的普查认定及挂牌工作,及时地了解和监控工业遗产的保护和发展状况,进行系统性的规划设计,对于现存的工业遗迹进行抢救式保护刻不容缓。

(二)以企业创新为辅助,灵活选择工业遗产再利用模式

由于青岛尚未制定对于工业遗产进行分级保护的政策,对于工业遗产的保护方式较为单一,在这些列为文物的工业遗产中有相当一部分在挂牌之后就被闲置,没有发挥其作为城市遗产的价值,如青岛葡萄酒厂。青岛已有一定数量的近代工业遗产完成了多种形式的再利用,如青岛北海船厂已改造为青岛奥帆中心;青岛啤酒厂改为青岛啤酒博物馆;颐中烟草保留部分建筑,其他改造为1919创意产业园;青岛丝织厂改为丝织博物馆;青岛国棉六厂保留部分建筑,其他拟建 M6 创意产业园等。通过实地调研发现,博物馆保护与再利用模式、综合创意产业园区利用模式以及景观公园模式是未来青岛近代工业遗产再利用的切实可行的文化产业发展模式。因此,在开发模式的制定与选择的问题上,"高效益"是再利用第一要义。工业遗产的再利用,将不仅仅局限于创意园区这种单一的开发模式,而是有针对性地结合区域经济模式、区域文化传承,融入新兴技术、新型业态,围绕"功能置换"的核心目的进行开发,如开设工业博物馆、推行城市地标等多种类型模式。在遗留的工业遗址的基础上开发、改造成有利于民、服务于民的区域特色的文化场所,如剧场集群、展览场馆等;突破固有思想,在探索中寻求生机,将工业遗址商业化,改建成特色主题酒店、青年旅舍等,进一步对工业遗产的价值进行发掘利用。参考巴黎将大学学区建立在早期的工业遗址上,有效融合历史与文化,以增强大学的历史责任感、学风建设、形象风范的先进经验,积极引进高新产业的入驻,建议青岛能够对辖区内工业遗址进行分析统计、规划开

发,如在市北区工业建筑群中选取合适的地址建立青岛近代工业文化博物馆,通过多模式的改造开发提升工业遗产的城市功能。

（三）以游客兴趣为导向,打造区域特色的工业旅游和品牌文化

将青岛近代工业历史与现代高科技融为一体的博物馆和创意产业园区成为青岛工业遗产文化创新的重要形式,如利用 VR、3D 甚至人工智能技术让游客这一利益相关方切身体验和感知青岛啤酒的生产过程,以及创意服装公司让游客模拟穿戴做好的服装,体验虚拟现实,丰富游客对工业遗产文化的感知。青岛啤酒博物馆每年除了通过博物馆门票来获取经济利润,还开发了以青岛啤酒为代表的文化产品,并获得了良好的国内外评价,这是文化传承与社会感知良好运用的成功案例。我们需要借鉴这样的创新发展方式,打造特色鲜明的工业旅游产品,让居民、游客等众多利益相关者都能够进入到文物传承、文化保护的时代列车中来,重视公众诉求,增强游客体验感。此外,可以将工业遗产与典型历史故事和广为人知的历史人物相结合,打造以爱国主义教育为主旨的旅游宣传基地,展现民族精神和气概,进一步塑造有区域特色的工业文化,进而提升城市形象、提高城市旅游吸引力。因此,青岛工业遗产的保护与发展必须在注重利益相关者诉求的基础上,找到适合自己城市特色和工业遗产传承的品牌文化特色,以此带动青岛旅游业乃至整体经济的健康、快速、有序发展。

（四）以周边环境为依托,完善工业遗产保护与发展的制度建设

青岛的部分工业遗产,政府已经认识到其所具有的文化价值,但由于所处地段以及涉及多方利益纠葛,拆迁再利用难度大,没有完善的政策,使得这些工业遗产得不到合理的使用,从而遭到持续破坏,甚至乱搭乱建,严重破坏了原貌。国际上尚无专门针对工业遗产制定的保护制度,大部分国家都将工业遗产作为历史性建筑的一类进行保护。国际上对历史建筑的保护制度主要分为两种:指定制度和登陆制度。中国目前采用的是指定制度,但在工业遗产的保护中暴露

出许多问题,如不利于及时发现新的遗产、保护范围有局限性、与周围环境的互动关系不易处理等。因此有必要参考登陆制度,完善工业遗产的保护制度,使其作为指定制度的有效补充,让工业遗产保护的制度建设在不断发展中更加完善可靠。另外,对土地实施重新规划改造,革新原有土地政策,针对现有土地性质进行全面的归类、优化和调整,制定相关责任程序,积极探索土地新政策。以利益相关方为前提,从权利所有者角度出发,明确其拥有的权利、应尽的义务和应履行的责任,按照"谁使用、谁负责、谁保护、谁受益"的原则,采取强化和精准到位的措施,切实保障工业遗产的保护与再利用工作。

文化艺术管理

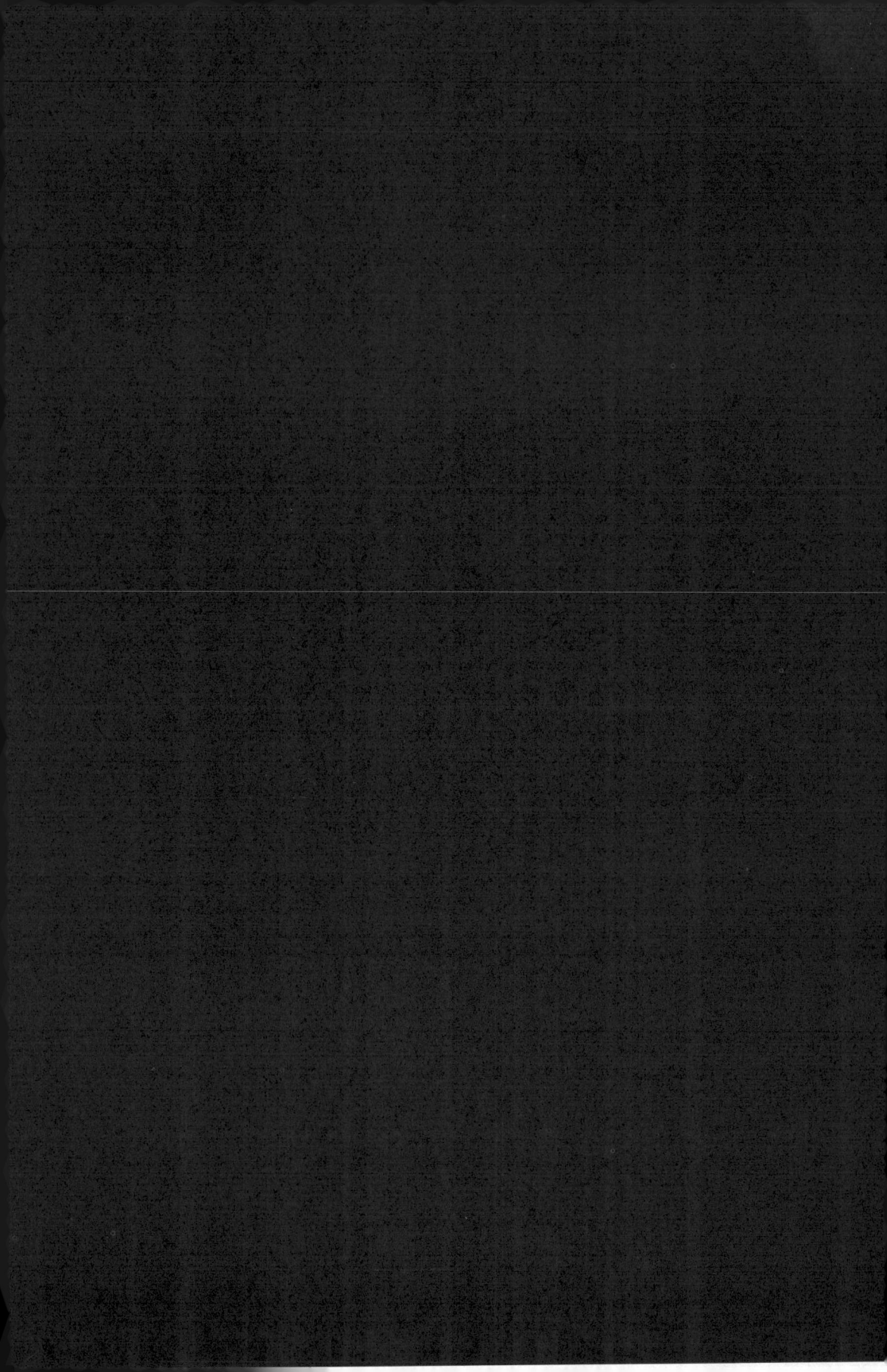

后现代视角下商业文化建构
——论可口可乐的文化创作过程

| 王　曦（南京大学艺术学院）

摘要：

　　可口可乐从1885年在美国发明至今风靡全球，它代表资产阶级意识形态下的美国文化，是一种典型的后现代文化产品。该公司不遗余力地将品牌打造成大众文化的标签，使得这一瓶简单的糖和水合成的饮料超越了商界。本文将从这瓶饮料的非凡故事入手，厘清其发展脉络。并通过可口可乐与战争和奥运的关系来探讨其文化建构过程，以可口可乐的创新型政策和可口可乐在中国的发展来分析其文化创意创新的过程，从而反思当下我国企业应如何提高文化软实力。

关键词：文化创意产业；文化建构；创意灵感；可口可乐；后现代文化

Abstract: Coca Cola was invented in the United States in 1885 and has been popular all over the world. It represents the American culture under the bourgeois ideology and is a typical post-modern cultural product. The company has spared no effort to make the brand a popular culture label, making this simple sugar and water drink beyond the business world. This article will start with the extraordinary story of this bottle of beverage and clarify its development context, and through study the relationship between Coca Cola and the war and the Olympic Games to explore its cultural construction process, use Coca Cola's innovative policy and the development of Coca Cola in China to analyze the process of cultural innovation, so as to reflect on how to improve the cultural soft power of Chinese enterprises.

Keywords: cultural and creative industry; cultural construction; creative inspiration; Coca Cola; postmodern culture

引言

1886 年 5 月 8 日,来自美国乔治州亚特兰大的约翰·彭伯顿医生把碳酸水加苏打水搅在一块,制成一款深色的糖浆,并具有提神、镇静以及减轻头痛的作用,该饮料即为可口可乐。如今一百多年过去了,可口可乐这一瓶简单的糖和水合成的饮料,其名称超越了商界,而且它拥有这样的力量:进入人们的记忆之中,激荡起人们的情感并影响人们的心灵。目前,全球每天有 17 亿人次的消费者在畅饮可口可乐公司的产品,大约每秒钟售出 19 400 瓶饮料,在 2016 年 10 月,可口可乐公司在 2016 年全球 100 大最有价值品牌中位列第三名。[①] 可口可乐代表的不仅仅是一种饮品,更是一个经营百年仍具有鲜活生命力的品牌,是一个能唤起几代人无数回忆和再现经典瞬间的记录者,是一个不断打破常规、历久弥新的开拓者,是无处不在并且无可替代的文化。

为什么如今提起可口可乐,会自觉联想起一系列的符码标签,诸如美国资本主义大众文化的标致,全球化的标杆产品以及千千万万人心中的对那一抹红色的记忆。这就与可口可乐公司的文化创作紧密相关,该公司始终把建构文化放在首位,不仅仅局限于单一的产品输出,而是形成了强大的文化产业。本文旨在以文化创意产业为视角,解析可口可乐是如何进行文化创造的。可口可乐公司抓住重大事件和核心人物,将其与可乐相绑缚,把这些事件和人物的核心精神文化注入可乐产品之中。正如鲍德里亚在《消费

---

① 司俊男、方敏:《可口可乐广告的情感互动》,载《中国广告》2012 年第 5 期。

社会》中提到的：“今天在我们的周围存在着一种由不断增长的物、服务和物质财富所构成的惊人的消费和丰盛现象。它构成了人类自然环境中的一种根本变化。恰当地说，富裕的人们不再像过去那样受到人的包围，而是受到物的包围，我们生活在物的时代。”①

可口可乐在其文化创作过程中通过广告、电视等媒体的推动下，形成品牌效应，获得了一种符号价值，处于“系统”中的每一件商品都负载着品味、财富、地位等因素。人们现在购买的与其说是可口可乐本身，不如说是可口可乐在系统中的文化符号。也就是说，可口可乐通过文化创作使消费越来越趋向于其样式或它所谓的符号价值，在一瓶简单的糖水上贴满了文化标签。

一、一瓶神奇饮料的非凡故事

可口可乐这个 1886 年 5 月 8 日诞生于美国的商业传奇，从亚特兰大的药店起步，发展到全球最大的全方位饮料公司，畅销 200 多个国家和地区，为人们提

图 1-1　可口可乐的基本情况（数据来源可口可乐官网）

---

① ［法］鲍德里亚：《消费社会》，刘成富、全志钢译，南京：南京大学出版社，2014 年，第 50 页。

供 500 多个品牌的饮料选择。可口可乐,已成为世界上除了"OK"以外,全球传播最广的词汇。目前可口可乐是全球最大的饮料公司,旗下包括雪碧、冰露及美汁源等 20 个销售额 10 亿美元以上的品牌,每天卖出 19 亿杯旗下饮料。通过以下收集的资料和绘制的图表可以明晰其强大的商业价值。

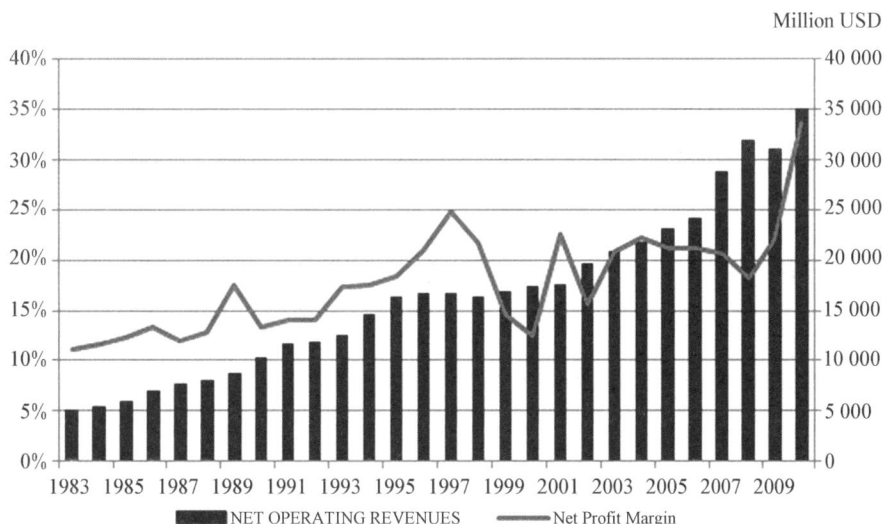

图 1 - 2　1983—2010 年可口可乐的销售额与净利率表格(数据来源可口可乐历年年报)

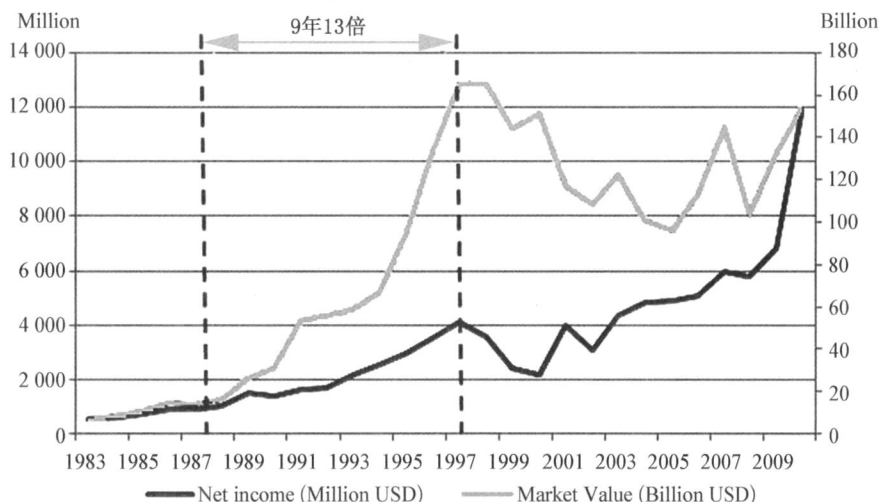

图 1 - 3　1983—2010 年可口可乐的市值和净利表格(数据来源可口可乐历年年报)

二、饮料品牌的经典：可口可乐的文化创作过程

分析可口可乐的文化建构过程，首先需要清晰其对自身文化的定义。笔者通过查阅文献资料，找到了可口可乐公司对其企业文化的定义：

对员工的要求：关注市场，立足于消费者、客户与合作伙伴需求；深入市场，倾听、观察和学习；具有全球眼光；每天关注市场的运作；充满好奇，注重方法，及时行动，对变化做出迅速反应；在必要时，勇于改变既定方针，提出建设性意见及建议；具有主人翁精神，为我们的行为和行动承担责任；保护系统资产；致力于创造价值；奖励勇于承担风险和发现最佳解决途径的员工；善于总结，取其精髓、共创品牌；激发创造力、激情、乐观与乐趣。

企业使命：令全球人们更怡神畅爽；不断激励人们保持乐观向上；让我们所触及的一切更具价值。

企业愿景：产品：为全球提供推陈出新的产品，不断满足市场以及消费者需求；合作伙伴：建立双赢的合作模式。坚定伙伴关系；地球：一个负责任的全球企业公民，通过建立和支持社区的可持续发展，令世界更美好；利润：令股东有长期满意的回报，同时不会忽略我们应有的责任；效率：成为一个高效、精干和迅速发展的企业[①]。

从以上概说可以觉察可口可乐在企业文化定义和自我要求就具有非常大的野心，"怡神畅爽""乐观向上""价值责任"等词汇被标记在一个饮品公司的使命与愿景中令人深思，正是秉持着这种建构文化的企业自觉使得可口可乐取得了如今的成就。

通过大量阅读资料发现可口可乐的文化创作过程中特别值得注意的关键，也是本文分析的重点。其一是可口可乐通过抓住战争的机会，将其与美国人的

---

① 可口可乐中国有限公司：《可口可乐在中国》，2018年。

乡愁绑缚,使在前线作战的美国士兵感受家乡的味道,也借由战争这一敏感话题使得可口可乐取得美国本土大众的极大认同;其二是通过投资奥运,注入奥运健康积极和平的文化,使得可口可乐走向世界的视野;其三是品牌广告包装设计,这也是可口可乐打开中国市场的核心。

(一)创意之一:可口可乐与战争——在美国的文化建构

1941 年 12 月,日本偷袭珍珠港,美国正式参加第二次世界大战。时任可口可乐公司董事长罗伯特·伍德鲁夫果断向美国军方和国会游说,使得军方批准可口可乐作为军队的标准补给。并且,经过谈判,由美国陆军投资在远征地区建设工厂,可口可乐公司愿意运送大量原浆到这些工厂,并保证每罐可乐的价格不超过 5 美分。1939 年,可口可乐的海外销售刚起步时,只有区区 5 家海外装瓶工厂,到 1945 年,这个数字已激增到 64 家。在战事最如火如荼的时候,盟军司令艾森豪威尔还作出特别批示,要求保证每人每半年至少 6 瓶的供应量。当二战的硝烟终于散去时,大约 500 万瓶可口可乐已经被美国大兵们消灭了。作为可口可乐战争计划的提出者伍德鲁夫说:"不管我们的军队在什么地方,也不管本公司要花多少成本,我们一定让每个军人只花五分钱就能买到一瓶可口可乐。"当时美国的战争英雄艾森豪威尔感叹:"我希望自己能回家去,每天上午去咖啡馆和一帮朋友喝一通可口可乐。可在这里我无缘享受此福。"巴顿将军更是发出:"我们应当把可口可乐送上前线,这样就不用枪炮去打那些混蛋了。"①

可口可乐正是通过这种不计成本的方式使其成为战争补给中不可缺少的一部分,这对数万以至数百万身处异国他乡又面临恐怖危险的年轻士兵来说,这熟悉的瓶子、商标以及口感引发了一种强烈的思乡之情。这种对可口可乐的热爱将持续影响当时在军中服役的青年人的一生,并通过他们,在未来的几代人中传递下去。而同样在美国本土时刻关注战争的大众也会注意到这种士兵们不离手

---

① 可口可乐公司:《可口可乐的历史》,2018 年。

的饮品,产生消费欲望和情感认同。如此,可口可乐就成了历史薄弱的美国对于
"家"的深层心理符号。

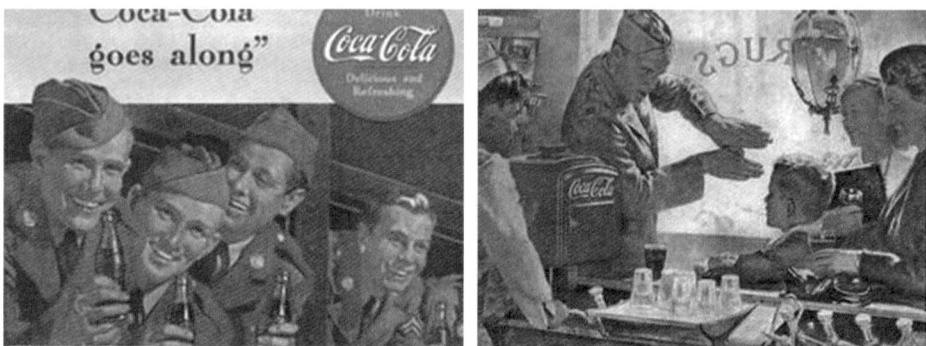

图 2-1　战时美国本土随处可见的可口可乐宣传海报

可口可乐不仅在美军中广受欢迎,甚至在德国纳粹党卫军中也表现不俗。
当时,党卫军急需一种清甜可口的饮品。于是,在首席执行官马克斯·凯斯的领
导下,可口可乐德国有限公司与希特勒一拍即合,开始在德占区修建瓶装厂。一
份资料描绘了 1938 年 3 月在德国举行的员工集会,在大型主会桌尽头,悬挂着
"可口可乐,誉满全球"的巨型横幅,与三面红白黑相间的纳粹旗帜并列。1941
年,由于贸易禁运,德国分部已经无法从美国总公司得到含有神秘配方的原材料
了。但是,他们依然以一贯的魄力随机应变,打算特别发明一种新的饮料。在配
方成功之后,为了给新饮料取一个有吸引力的名字,马克斯·凯斯还亲自在工厂
举行了一次比赛,叫手下的员工充分发挥想象力 ,自由地表达自己的幻想。于
是,一名销售人员脱口而出:"芬达。"(词根与德语"幻想"相同)这种饮料上市后
大受欢迎。仅 1943 年一年,芬达在德国的销量就超过了 300 万瓶。1960 年,可
口可乐总公司正式宣布了对该品牌的所有权。①

在《赖声川的创意学》书中提及"(创意是)把生活中看到的任何东西延伸,连

---

① 司俊男、方敏:《可口可乐广告的情感互动》,载《中国广告》2012 年第 5 期。

图 2-2　可口可乐与纳粹

结到别的东西或带往别的方向"①。可口可乐的文化建构第一步就是瞄准战争的机遇,将其与战争相连结,千方百计扩展可乐的文化内涵。

(二) 创意之二: 可口可乐与奥运——要爽要自己、此刻是金

作为奥林匹克运动会最坚定,最持久的合作伙伴,从 1928 年阿姆斯特丹奥

① 赖声川:《赖声川的创意学》,桂林:广西师范大学出版社,2011 年,第 50 页。

运会开始,可口可乐公司便携手国际奥委会,在寄托着人类和平、信念、希望的奥运盛会上展开精诚合作、互利共存,并在"更快、更高、更强"和"重在参与"的奥运精神指引下,共同推动国际体育事业和世界和平的发展。通过赞助力求珠联璧合,凸显人文内涵,共举奥运圣火,融入奥运精神,借助奥运平台,亲近消费者。如此一来,可口可乐便通过文化创意走出了国门,成了一个世界的品牌。

图 2-3　奥运期间可口可乐的包装和广告宣传(图源网络)

(三) 创意之三: 如何打开海外市场——当地主义文化政策与特许经营制

第二次世界大战结束后,可口可乐公司推行的全球化发展战略,也是可口可乐能够逐步摆脱地域特点,被更为广泛的全球消费者接受的重要原因。本土化策略早已成为可口可乐公司一项基本的发展战略,随着可口可乐公司在海外市场的不断扩张,世界各国都留下了可口可乐公司的足迹。可口可乐公司针对不同的地区、不同的文化、宗教团体等因素采取区别对待,这正是可口可乐保持品牌活力的独门秘籍。

起初在国外销售可口可乐时曾遭遇了大规模的抵制,面对美国文化,欧洲不少国家一度有反对销售可口可乐的游行。面对这一情况,可口可乐的创意就是其当地主义文化政策与特许经营制。这一制度的发起者伍德拉夫就精辟的提出:"外国人对美国的崇拜不会一成不变,对美国货也不会永远迷信。他们的爱国之心会逐渐加强,像饮料这样的消费品,如不借助当地人的力量,很难在海外长期立足。"[①]其理论精髓是:在当地设立公司;由当地筹措资金,总公司原则上不出钱;除了可口可乐秘密配方的浓缩液外,一切设备材料运输销售等,均由当地人自制自办。

可口可乐公司的特许装瓶系统巧妙地将品牌扩张和企业扩张结合在一起,别出心裁地营造出了一个世界级的可口可乐"红色世界",达成了可口可乐品牌在世界上的快速成长,促成了"可口可乐"成为世界第一品牌的可能,成就了该品牌的巨大市场价值。

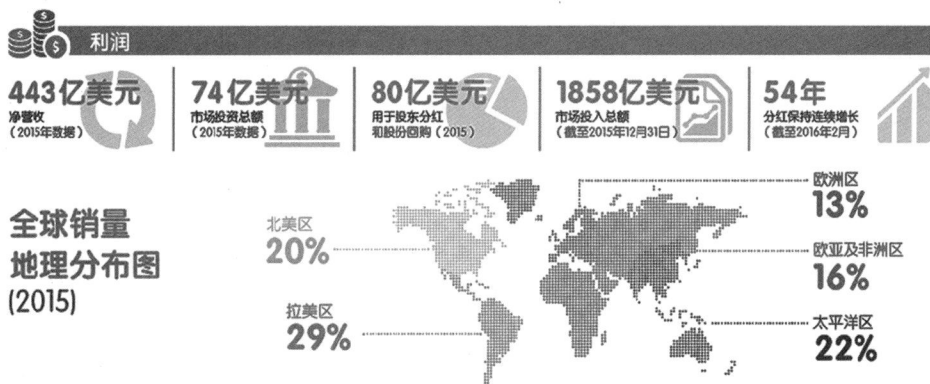

图 2-4　可口可乐全球销售情况(图源可口可乐官网)

而可口可乐在中国的迅速发展再一次印证了本土化经营对跨国公司的发展起着至关重要的作用。1927 年,上海街头悄然增加了一种饮料——"蝌蝌啃

---

① 可口可乐公司:《可口可乐的历史》,2018 年。

蜡"。古怪的味道,加上古怪的名字,饮料的销售情况自然很差,到了 20 世纪 30 年代,负责拓展全球业务的可口可乐出口公司在英国登报,以 350 英镑的奖金征集中文译名。旅英学者蒋彝从《泰晤士报》得知消息后,以译名"可口可乐"应

图 2-5　《时代周刊》杂志封面,
拿着可口可乐的中国人

征,被评委一眼看中。"可口可乐"是广告界公认最好的品牌中文译名,它不仅保持了英文的音节,而且体现了品牌核心概念"美味与快乐",更重要的是,它简单明了,朗朗上口,易于传诵。1984 年 4 月 30 日,美国《时代周刊》刊登封面标题《中国的新面貌,里根将会看到什么》(*China's New Face, What Reagan Will See*),封面照片是一个普通的中国人手持一瓶可口可乐站在长城前,面带幸福的微笑。如今,可口可乐融入了中国人的生活,同时也见证了中国融入世界的过程。

（四）创意之四：可口可乐的广告分析——每一个回家的方向都有可口可乐

　　可口可乐的广告一直以来以其鲜明的创意给观者留下了深刻的印象。其中可口可乐的广告语更是耳熟能详。1886 年,第一瓶可口可乐问世,需要更多的人去品尝这一款新产品,"请喝可口可乐(Drink Coca-Cola)"成为可口可乐的第一句广告语,并在此后的十多年里一直是可口可乐的推广主题。1904 年,可口可乐在美国进入了巩固发展期,"美味畅爽(Delicious and Refreshing)"道出了可口可乐的产品特质,也是使用频率最多的广告语之一,畅行百年,历久不衰。1927 年,可口可乐开始了第一波全球扩张,中国也名列其中。一句"任何角落,随手可得(Around the corner from everywhere)",霸气外露的同时,也彰显了可口

可乐的全球化战略。1963年,美国总统肯尼迪遇刺,可口可乐用"心旷神怡,万事胜意(Things Go Better with Coke)"来安抚每颗落寞的心。1971年,可口可乐的广告《山顶篇》(*Hilltop*)引起了巨大的反响。在片中,来自世界各地的青少年聚集到意大利的一个山顶,用纯真的声音唱出"我想请全世界喝杯可口可乐(I'd like to buy the world a Coke)",表达出可口可乐世界大同的心愿,为更多的新朋友带来欢乐。1979年,中美正式建交,可口可乐也重返中国。为了表达内心的澎湃,可口可乐广告语也变为了"可口可乐添欢笑(Have a coke and a smile)"。

罗兰·巴特在《神话——大众文化的诠释》中就现代"神话"有过精辟的见解:"它必须显示出质量和美,它必须提高产品的地位并使其成为一种崇拜物。现代'神话'借助于现代传媒,使得一切成为可能。"①在近年的品牌传播过程中,可口可乐始终围绕着这个创造神话的基本套路,高屋建瓴,在严格遵守理性的"情感"基础过程中,不断建设性地提出一些平常、通俗但越来越深入人心的一些"情感驱动符号",如:"要爽由自己"表达对生活的激情,"春节带我回家"表达的天伦之乐,"没有一种感觉比得上回家"表达的亲情呼唤等等。品牌更是每年针对社会现实固定投资纪录短片来提高品牌的影响力,其中近年推出的《关爱留守儿童》广告引起了不俗的社会讨论。这是一部短小的纪录片,它真实反映四位留守儿童的生活状况,可口可乐公司帮助父母与孩子相聚。这对可口可乐树立良好的企业形象有很大的帮助。该片通过记录广西省龙胜县的三个留守家庭展现可口可乐形象。留守儿童已经是一个社会问题,教育水平、生活水平等与城市孩子无法相提并论。借助这一问题,可口可乐则从公益角度对品牌进行宣传,他们帮助留守儿童的父母回家过年,让一家人团聚。当孩子与父母相见的那一刻令人动容,最后大家相聚一起,举起可口可乐,庆祝新年到来。可口可乐中国创意总监 Richard Cotton 表示:"通过这部精心制作的短片,希望可口可乐品牌所蕴含的乐观积极的精神可以感染更多的外来务

---

① 〔法〕罗兰·巴尔特:《神话——大众文化的阐释》,赵克非译,北京:文化艺术出版社,2003年。

工人员在春节回家,与自己最重要的家人重聚,这才是真正快乐的意义所在。"①通过这一温暖行为,可口可乐借此分享秉承一百多年"分享快乐"的品牌精神,为品牌树立良好形象,受众的接受度也会相对提高。

可口可乐的广告对中国品牌的文化创意极有借鉴意义。这也是目前国内文化创意产品存在的普遍问题。吴兴明在《窄化与偏离:当前文化产业一个必须破除的思路》中谈道:"我们与发达资本主义国家的真正差距,不只是那些狭义上的文化产品的差距,而是全部商品整体上的品质和美感上的差距。"②

目前市面上不同品牌的包装设计带来的感性冲击的差异,值得我们研究、对比和反思。无论是提高中国的软实力、中国文化的世界影响力还是提升中国经济的形态,都终将依靠全民族设计素质和设计能力的提高。

图 2-6　可口可乐与知名设计师联合打造的可乐包装

三、总结分析

通过以上对可口可乐的文化创作建构的分析,可以将其创意的方法概括为

---

① 司俊男、方敏:《可口可乐广告的情感互动》,载《中国广告》2012 年第 5 期。

② 吴兴明:《窄化与偏离:当前文化产业一个必须破除的思路》,载《文化研究》2013 年。

以下四点：

第一，是长期的企业形象目标的确立和实现，是其成为世界最有价值品牌的基本战略。

第二，是巧妙、大手笔的营销策略。有效、一致的广告和促销，注重包装和视觉形象，公司巨额的广告费投入以及在世界消费者心中的成功形象塑造，是不断取得进步的基础。

第三，品牌是活生生的、有个性的，好的品牌与消费者之间可建立起深厚的情感。品牌必须考虑消费者使用和接受品牌的日常经验、感受、想法、态度和心理需求。

第四，树立品牌实际上是创造一种与众不同的个性。可口可乐品牌的所有者一直认为："我们成功的原因在于我们创造出的友善的氛围，消费者实际上是想与可口可乐融为一体。"

当进入后现代主义之后，就像杰姆逊在《后现代主义与文化理论》中说的那样："文化完全大众化，高雅艺术与通俗文学的距离正在消失，商品化进入文学意味着艺术作品正在成为商品。"[①]也就是可口可乐所代表的大众文化和传统艺术之间的壁垒被打破了，它所代表的文化已经如海啸一般席卷整个世界。可口可乐作为平民化、流水生产、无限复制的产品，确实是资本主义出现后带来的大工业生产的缩影，并且这个产品受到的欢迎程度跨越了所有的社会阶层，几乎跨越所有阶层的定位，至今还没有哪个公司能做得这么好，还有单一产品行销百年而不衰更是难得。以可口可乐为蓝本创作了一系列当代艺术经典之作的艺术家安迪·沃霍尔总结到："最有钱的人与最穷的人享受着基本相同的东西。你可以看电视喝可口可乐，你知道总统也喝可口可乐，丽斯·泰勒喝可乐，你想你也可以喝可乐。可乐就是可乐，没有更好更贵的可乐，你喝的与街角的叫花子喝的一

---

① ［美］杰姆逊：《后现代主义与文化理论》，唐小兵译，北京：北京大学出版社，2005 年。

样,所有的可口可乐都一样好。"①

总的来说,可口可乐的文化创作就是在建构符号神话,可口可乐神话,深入人心,无处不在。在塑造品牌价值的过程中,成功地运用各种符号语言,借用醒目简单明快的图像和色彩,以稳定的形象从诞生之日起就深深地刻在消费者的脑海中,以鲜明的媒介形式与其他同类产品加以区别。一方面,体现着符号传播过程中的意识形态能否准确把握主流价值观成为营销策略的关键所在;另一方面,赢得消费者的趣味。可口可乐不仅达到了商业目的,而且加强和稳固了意识形态管理。"后现代社会是一个虚无的世界,没有意义,凡生于意义者已死于意义。在后现代社会里理论已经穷尽了自身。"可口可乐用了一种大家普遍接受的文化。文化的主题是很标准化的,仿佛概括了一切能够打动人心的积极情感,表现的内容也是人们普遍认为的正能量的东西,它旨在激发人的一种情感,一种感性的效果融入文化产品中,使其能打动人心,从而实现可口可乐所说的与消费者融为一体。消费社会的竞争就是一种符号价值的竞争,这是一个感性攀比,感性更新的过程,所以谁说的话更能打动消费者,谁就更受欢迎。

---

① ［美］安迪沃霍尔:《波普启示录》,张馨月译,开封:河南大学出版社,2017年。

数字复制艺术的"嵌入"景观

| 马向阳（中国传媒大学南广学院文化管理学院）

摘要：

　　新文创数字艺术的一个重要特点是借助于数字媒介，尤其是互联网独特的连接机制，关注文创活动中不同主体（如原创者、改编者和消费者）之间的"连接性"。数字艺术不仅仅只是将文化产品进行数字化转换或者网络化展示，而是希望通过新的数字媒介去进行一种新的社会交往仪式，从而拉近、消弭甚至有意混同艺术生产者与消费者之间的距离、角色区别和身份差异，最终直接命名了一种新的"文化生产和传播方式"。本文从本雅明研究媒介的机械复制技术对于艺术作品影响的路径入手，深入研究了从机械复制时代向数字复制时代的媒介演进过程中，数字媒介艺术在物质性、时间性和空间性等方面发生的显著变化，包括其"嵌入"特征，对于网络时代人们进行新型社会交往的影响，并试图从中揭示数字复制艺术的特有创作方式和本体性特征。

关键词： 数字复制艺术；嵌入；连接性；数字艺术

Abstract: An important feature of digital duplicate art in the age of new cultural and creative industries is that it uses digital media technology, especially the Internet's unique connecting mechanism which focussing on the "connectivity" between different subjects (such as creators, adaptors, and consumers) in cultural and creative activities. Digital duplicated art is not just a digital transformation or network display of cultural products, but also a new social communication ceremony through new digital media, so as to draw closer and mix intentionally art producers and consumers, and to eliminate the distance between them, the difference between roles and identities, finally directly named a new "cultural production and communication method." This article starts with Benjamin's research which noticing the impact of mechanical reproduction technology on works of art, and in-depth studies the media evolution process from the age of mechanical reproduction to the age of digital reproduction. Digital media art is material, temporal, and spatial. Significant changes have taken place, including their "embedded" features, which have impacted people's new-type social interactions in the network age, and this article also attempts to reveal the unique creative methods and ontological features of digital duplicate art.

Keywords: digital dupl art; embedding; connectivity; digital art

从 2011 年开始,中国文化产业围绕古代文物的数字化复制、展示和商业全方位开发进行整合利用,成为时下所谓"新文创"活动的一个重要风向标。如果说基于传统媒介的文化产品开发依旧聚焦于产品自身的艺术价值,那么"新文创"活动中被奉为圭臬的数字艺术,其最重要的一个崭新特点就是它作为超级链接符号文本的一种前所未有的"连接性"——借助于数字媒介尤其是互联网对等技术独特的连接机制,这一阶段新兴的数字艺术开始从未有过如此集中地聚焦文创活动中不同主体,如原创者、改编者和消费者等主体之间的"连接性",数字艺术不仅仅只是将文化产品进行数字化转换或者网络化展示,而是希望通过新的数字媒介去拉近、消弭甚至有意混同艺术生产者与消费者之间的距离、角色区别和身份差异,进而直接命名和催生了一种新的"文化生产和传播方式"。

有人称这种"新文创"活动是一种关于文化产业的"更加系统的发展思维:通过更广泛的主体连接,推动文化价值和产业价值的相互赋能,从而实现更高效的数字文化生产和 IP 构建。通俗地讲,就是希望通过新文创,商业可以让文化变得更加繁荣,而文化也可以让商业变得更加美好"。[①] 这一文创活动的主要特点包含了以下三个方面:首先,新文创格外重视数字媒介技术的虚拟特征,以实现对文化产品进行从内容到形式的再创新,这里所谓的"技术赋能"颠覆性很大,虚拟艺术也有着非常多的全新应用场景,但这是

---

① 程武:《新文创,实现更高效的数字文化生产和 IP 构建》,https://www.sohu.com/a/229188197_455313。

一场进行中的数字文化复兴运动，其广度、深度和效果还有待进一步观察；其次是利用数字媒介的无缝传播等特点，大公司巨头可以对文创产品进行全业态的综合开发，如跨界合作、多平台利用、多轮次销售等等，以实现商业价值最大化的数字艺术连接机制；最后也是最重要的一点就是利用数字艺术产品的去中心化和对等传输等特点，开发者可以在其生产、营销、价值变现等产业运作机制过程中进行一系列创新，如用户参与生产、按需定制、大规模协作机制等。

如果沿用英国著名学者雷蒙德·威廉斯的文化理论，从历史传统中更新文化符号，一直是文化产业变迁和延续的不二法则。[①] 一方面，文化传统的延续，保证了艺术作品美学形式及其内在意义的内在一致性；另一方面，文化传统的变迁，成为促进文化符号自我更新以适应外部发展的显著时代特征。在互联网行业，源于一种建构新兴媒介文化的迫切需要，早在 2011 年前后，随着社交媒介和手机游戏等行业的兴起，众多科技公司将"泛娱乐"和"IP"（Intellectual Property，知识产权）作为两面旗帜竖起，这其中，"泛娱乐"是指互联网环境下各种不同文本组合而成的大数字内容产业，可以形成新的"范围经济"——一个好的题材（所谓的 IP 是指蕴含独特符号创意的知识产权文本），可以改编成网络游戏、动漫、文学、影视、电竞等不同形式适合在网上传播的数字文本，以发挥内容产业内部不同文本之间的协同效应，追求商业价值最大化；而且这个 IP 既可以是一个故事、一个文化符号，也可以是一个卡通形象等等，总而言之，它必须是一个可以引爆整个"泛娱乐"产业链条的文化符号之"内核"。

一、从机械复制到数字复制：不同的社会交往仪式

2016 年年初，一部叫作《我在故宫修文物》的纪录片出人意料地在网上爆红，这部 3 集纪录片，聚焦故宫高墙内神秘古老的稀世文物和年轻专注的文物修

---

① Williams Raymond, *Culture*, London: Fontana, 1981, pp.26 - 28.

复师等"小众"题材,却营造了纪录片中一种独一无二的"大味道",该片2016年1月在上传Bilibili弹幕网站后,三年多时间里,网民的观看浏览量很快就超过了582万人次(截至2019年12月)。①

如果说这部纪录片在网络上的走红不免令人意外的话,那么,在全球数字化大潮流下,故宫这个文物宝库的数字化展示和商业开发似乎来得正是时候,从2014年开始,故宫的设计师团队运用新的数字技术,开发了从卡通形象到各类微信公众号、App等各种数字文化产品和商业应用项目,累计已经推出了8 700种"萌萌哒""脑洞大开"的创意文化产品,2016年其年销售额就超过了10亿元人民币,2017年则达到15亿元人民币。②

把故宫文物这样的传统文化符号加以数字化呈现、创造性转化和商业化开掘,的确是新文创活动倡导的一种创新实践。如果我们以一种社会学仪式观来考察这样的文化生产和交往活动,会发现,从20世纪30年代本雅明所提出的"机械复制"技术到今天数字化潮流中出现的"数字复制"技术,文化活动的生产和交往机制过程中,已经发生了许多重要而敏感的变化,进而使数字艺术产生一系列从物质形式到价值表现等方面都与过往截然不同的鲜明新特征。

一旦我们将艺术活动还原为人们之间围绕艺术作品所进行的社会交往过程,就会发现,从"机械复制"到"数字复制",复制技术时代的到来,不仅赋予艺术作品以全新的外在形式、介质渠道等物质性特点,数字艺术在经历这些技术形式变迁的同时,也促进了艺术活动中人们社会交往方式的变化。

按照涂尔干、霍夫曼和柯林斯的社会交往理论,人们围绕艺术媒介进行的社会交往过程,大致可以分为三个阶段:关注流(引发关注和互动阶段)、情感流(移情、共情等情绪体验阶段)和符号流(用符号凝聚和记录集体情感记忆,以达

---

① 见Bilibili网站:https://www.bilibili.com/bangumi/media/md20792/?from=search&seid=3403341277956625480。

② 《故宫单霁翔谈故宫文创产品收入:2017年达15亿元》,https://finance.qq.com/a/20190217/002627.htm。

成身份再确认和社会团结）。其中，关注流是艺术活动中各主体相互吸引、产生互动的社会交往开始阶段；情感流是各主体成员之间发生互动行为时所产生的情感体验及记忆的关键过程，可以视为这一社交仪式中的情感体验巅峰时刻；符号化是将这种精神体验和集体情感记忆内化为个人化符号或者社会性符号的最后阶段。[1]

在本雅明看来，古典时代的艺术和作品存在的具体物质环境以及特定的时间和空间是不可分的，这种非常具体、可感知描述的场景物质性、时间即时性和空间在场性，赋予这一时期的艺术作品一种独一无二的艺术"光韵"和本真性。如果说机械复制时代的文化消费第一次完全改变了观众与艺术对象的时间距离、空间距离、场景距离以及社会交往活动中最重要的情感距离的话，那么在数字复制时代，这些关系更是发生了前所未有的逆转和改变。

二、关注者的距离：从凝视，到刺入，再到嵌入

回溯艺术作品从古典时代到机械复制时代、再到数字复制时代的三个不同历史时期，人们和艺术作品及其原作者形成的社会交往关系也完全呈现出截然不同的特点。首先，从物质环境的具体场景来看，古典时代的观众和作品是一种"凝视"关系，原作者和观看者保持了一种合适的距离感，这其中还有一种类似"膜拜"的心理需求；在机械复制时代，本雅明譬喻这种关系更像医生和病患之间的手术刀式的"刺入"关系，复制技术的本质就是要颠覆原作，以满足大众的消费需求，原作者和观看者的距离得以被大大拉近，观众甚至可以足不出户，在自己家的客厅就能仔细观摩一幅世界名画的复制版。在数字复制时代，两个主体之间的关系更进一步演变成"你中有我、我中有你"的相互"嵌入"关系，数字复制技术尤其鼓励使用者对原作进行再创作和个人化诠释，包括巴赫金特别指出的

---

① ［美］柯林斯：《互动仪式链》，林聚任等译，北京：商务印书馆，2009 年，第25—28 页。

"戏讽"和滑稽模仿,以满足一种大众狂欢式的娱乐化心理需求。

"凝视"突出了一种美学的诉求。在本雅明看来,人类早年的艺术发端大都脱胎于某些带有宗教或者巫术色彩的仪式,这类仪式中的艺术往往摆脱了实用性功能,仪式经常带着神秘性和神圣感,用以昭示人神之间某种"精神"或者灵感的神秘而重要的传达。

按照社会学家涂尔干的说法,宗教和巫术仪式中的艺术符号,无论是出于图腾式的亲近,还是禁忌式的隔离,都有着强烈的社会价值,暗示了普通民众对于神圣物(艺术符号)某种神圣的精神连接和心理崇拜,通过这样不断重复的仪式,人类社会早期最初的社会团结得以实现。[1] 为了说明这种社交情境的神秘感和神圣性,本雅明发明了"光晕"(aura)这个形象又晦涩的譬喻,按照他的理解,艺术的崇拜价值在文艺复兴得到进一步发扬之后,在19世纪的浪漫主义艺术家那里达到了一种巅峰状态,一种所谓"为艺术而艺术"的极端崇拜价值。

然而,机械复制时代的到来,彻底粉碎了这一艺术幻觉。本雅明没有清楚地解释这里的"光晕"到底是什么,但是他用一种否定的形式作了一种补充解释,即正是"被(机械复制技术,作者注)排挤掉的因素和'光晕'(aura)相紧紧维系在一起,而在机械复制时代的艺术作品中,其中迅速凋萎的东西正是艺术作品的光晕"。[2]

如果换一个词语替代"光晕",那就是本雅明所一再强调的"本真性",即艺术作品所诞生的那个具体的场景、环境或者说情景,这其中,既包括了建筑环境、艺术的介质(油画还是壁画),甚至还有艺术作品存续的特定时间和空间等所有带有质感环境等综合的物质性(如教堂里的壁画雕塑之于教堂环境的重要性)。

如果说机械复制完全颠覆了古典艺术的传统及其神秘性,人们和艺术品之间的关系,从精神崇拜变成了一种带有强烈个人占有欲或者实用色彩的"展示价

[1] [法]涂尔干:《宗教生活的基本形式》,渠东、汲喆译,北京:商务印书馆,2011年,第125—138页。
[2] [法]瓦尔特·本雅明:《机械复制时代的艺术作品》,张旭译,载《世界电影》1990年第1期,第124—148页。

值"，就像一位艺术爱好者将一幅足以以假乱真的名画复制品放在客厅，以便向来客炫耀他的艺术品位或者财富那样，更重要的是，可以不断低价复制的艺术品，恰恰召唤了后来法兰克福学派所批判的"大众文化"时期的到来，艺术从神圣的殿堂，开始步入中产阶级寻常百姓家，本雅明将这一变化形象地比喻为外科手术台上医生和病人身体一样的距离，如果说古典艺术与观赏者的距离就像是一种"巫师和患者"之间的崇拜对象和崇拜者的关系，那么复制艺术就像医生之于病人一样，后者的距离之近，只剩下一种精细的、程式化的机械操作对象关系，本雅明极其形象地譬喻为一种就像手术刀冷冰冰地"刺入"过程，鲜血淋漓，惨淡尽致，在读者面前全部铺陈开来，且一览无余。①

在数字复制时代，数字艺术的媒介特性（如超链接文本对等传输技术）使得机械复制技术显得蠢笨而又烦琐。低廉而便捷的数字复制技术和数字传输技术，进一步拉近了艺术品和读者之间的距离，最显著的一种社交方式是弹幕网站，受众可以直接将自己的创作体验、情感宣泄和个性化文本符号嵌入到原有的复制文本中，成为原作的新摹本和一部分，实现一种"你中有我、我中有你"的"嵌入"关系，就像一个普通人拿着智能手机把玩一样，在网络视频、数字音乐、网络游戏、网络文学等各种数字艺术形式中，观众可以直接参与创作、评论、打赏、模仿等，用来实现恶搞、戏讽、把玩、篡改、狎昵等各种"嵌入"文本之个人化、情绪化和符号化之体验。

三、时间性情感体验：从共时，到疏离，再到个人化的孤独狂欢

在艺术作品所涉及的人们社会交往的时间性方面，古典时期的艺术作品强调即时性，即仪式现场实时传达给观众的崇高感和仪式感，这是一种现场的即时

---

① ［法］瓦尔特·本雅明：《机械复制时代的艺术作品》，张旭译，载《世界电影》1990 年第 1 期，第 124—148 页。

和共时体验；到了机械复制时期，艺术作品的日常性、展示价值占据了上风，人们和作者的关系越来越疏离，艺术家和观众之间的距离，因为市场中介的介入，变得更加复杂多变；而在数字复制时期，人们更加重视作品随时随地的可获得性和作品的娱乐消费价值，观众从数字艺术作品中所获得的情感体验，更是一种具有鲜明的个人化情感体验的"孤独者的狂欢"。

将时间从特定的场景中抽离出来，正是过去数百年来艺术作品越来越远离仪式性、走入日常生活和消费时刻的渐进过程。本雅明用舞台艺术和电影艺术进行了一种对比，来形容不同时期的艺术活动中，人们社会交往因为时间因素的差别而产生的不同情感体验效果。在舞台表演中，观众和表演者之间是一种即时的互动关系，这种在场性保证了演出的效果，"表演者会根据观众的反应随时调整自己"，①反过来，观众反应的冷热程度同样会影响到演员的表演状态。反观在电影艺术中，观众和表演者之间经历了媒介的二度隔离，先是摄影机，后来是剪辑，最后在荧幕上呈现出来的时间和空间场景都是一种虚拟的时间和空间，而演员在摄像机前最初的表演无法被观众知悉，而观众的反应同样无法被表演者看到，在电影观赏体验中，单一观众会更容易受到"共时的集体经验"的影响，也就是其他现场观众的影响，这当中也包括大众舆论的影响和操控，就像今天电影专家、猫眼、淘票票和豆瓣的打分值和推荐度，预先为每一个普通观众贴心而精心准备了一种"电影套餐"计划一样，观众的情绪体验似乎已经被"预先设置"，多么妥帖的体验服务！

本雅明用了一幅经典图景来比喻具体时间场景对于艺术活动的影响："如果当一个夏日的午后，你歇息时眺望地平线上的山脉，或注视那在你身上投下阴影的树枝，你便能体会到那些山脉和树枝的光晕。"②请注意，这里特制了一个特定的时间场景，夏日午后的山脉、阴影和光晕，这些景观及其感受都与这一特定的

---

① ［法］瓦尔特·本雅明：《机械复制时代的艺术作品》，张旭译，载《世界电影》1990 年第 1 期，第124—148 页。

② 同上。

时间场景无法分割开来，这一譬喻精妙解释了古典时期的艺术观：一切都是现在、一切都是转瞬即逝，一切即时体验事后都无法复制，就像苏东坡在诗歌创作体验到的这种灵光乍现、稍纵即逝的强烈灵感情绪体验，"作诗火急追亡逋，清景一失后难摹"，[①]同样也是这山脉上树枝上此刻洒落的奇妙"光晕"。

从当年机械复制艺术的出现，到今天数字复制艺术的勃兴，原作和仿作之间的关系，不仅变得真假难辨，复制作品也进一步被抽离出当初原作诞生时具体而特定的时间和空间场景，从古典时期的神殿教堂进入到中产阶级的客厅，进而在数字技术之翼庇护下，通过互联网络流布世界每个角落，数字复制工艺技术的简便和传输渠道的方便性，使得消费者和艺术作品原作者之间的物理距离似乎越来越近了，但是，不容否认的一个引人注目的结果是：人们在艺术作品的社交体验中越来越感受到一种强烈的匮乏，一种基于本真感的心理体验距离却越来越远了，对艺术的膜拜体验开始被一种的新疏离感取而代之。

四、空间性的符号化原则：从在场现实，到媒介现实，再到虚拟现实

在作品的空间性方面，本雅明当年曾经指出，古典时期艺术作品的在场性、本真性和所谓的神秘"光晕"效果是紧紧联系在一起的。在机械复制时代，像电影作品的媒介特性赋予了电影作品以某种二度性，摄像机的镜头模拟了第一层"现实"，即摄像机镜头捕捉到的、观众永远无法看到的演员表演现实，后期剪辑则造就了第二层"媒介现实"，剪辑技术和蒙太奇效果真正是"制造了叙事"的节奏、图景和效果，为的是让电影带给读者以更加震惊的心理效果和情感体验。

到数字复制时代，作品的虚拟性变得非常重要。如何在虚拟的媒介中实现艺术作品的重生，如何通过数字技术，将原作者的意图和符号实现与改编者（甚

---

① 苏轼：《腊日游孤山访惠勤惠思二僧》，载《苏轼诗选》，北京：人民文学出版社，1998年，第51—52页。

至也包括了使用者)的意图和符号进行相互"嵌入",达成一种用户的狂欢,程序员、产品经理和商业开发者都在不遗余力地推销一种最懂得消费者心理的"用户体验",这方面,今天最热的云计算、大数据和人工智能等技术,在迎合用户体验方面简直是登峰造极,消费者甚至对原作可以进行随心所欲的改编、再创作和点评,甚至左右原作者的创作思路,原作者和消费者之间进而形成一种极尽"狎昵"风格的新型亲密关系。

古典艺术作品中所展现的空间和作品放置的空间是一致的、真实的、可触摸的,而后来艺术作品在不同历史时期所经历的空间形态变化,从特定的庄严殿堂仪式空间(如教堂),到机械复制时代的世俗展示空间(如展览馆),再到无所不在的数字艺术虚拟空间(如互联网络),无一不显示了艺术形塑空间的能力和塑造方式的剧变。

本雅明醉心研究当时新发明的电影艺术,正是从电影艺术所展现的奇幻空间中,他预感到了艺术形式正在发生的巨大转型。在他看来,电影镜头的运用和剪辑手法的辅助,使得电影特写镜头里面的空间"扩大了",比如,"在慢镜头中,运动伸展开来。把一张快照放大,绝不仅仅意味着把那种无论怎样都可以看见,只不过不太清楚的东西弄得更确切,它完整地揭示出被摄物体的新的结构形态。同样,慢镜头也不仅仅是呈现运动的为人熟知的特性,而是在里面揭示出一种全然不为人知的东西,它与快速运动十分不同,它制造出一种它独有的滑翔、飘浮、超自然的运动效果。毫无疑问,一个和此前自然现实不同的另一个媒介现实在摄像机面前展现了出来,而这是肉眼无法捕获的——而这仅仅是因为人有意识地去探索的空间被一个无意识所穿透的空间取代了"。[①]

简言之,电影这样的机械技术,为观众创造了一种从未有过的心理空间和心理时间,这种效果可以用电影里的震惊体验或奇观效应来命名,身处电影院的黑

---

① [法]瓦尔特·本雅明:《机械复制时代的艺术作品》,张旭译,载《世界电影》1990 年第 1 期,第124—148 页。

暗空间里，人们并不关心电影中发生的空间场景的真实性，比真实更加重要的是，在一块硕大的幕布上，光和影引导我们步入了一种无意识的隐秘幽深空间中，并允诺给我们最丰富的心理满足感和最叹为观止的震惊体现：原来生活（世界或者现实）可以是这样！

等到机械复制艺术进化到数字复制艺术时，和艺术相关的空间变得愈加不重要，数字技术使得艺术作品可以在全球范围的虚拟空间里快速流动，而这种完全抽离了本地化空间的"去地域性"特征，恰恰是数字艺术的新标签和魅力所在。数字艺术作品身上独具的介质数字化和流通方便性等特点，进一步加剧了数字艺术全球性和本地化之间的尖锐矛盾，数字艺术变得更加可消费化、同质化和标准化了。

五、数字艺术"嵌入"的原则和方法

从新文创的运营方式来看，数字复制的艺术作品在复制历史文化符号或者借鉴其他外来文化符号时，往往都偏好一种"嵌入式"的手法，这里的"嵌入"比起本雅明当年形容的机械复制的"刺入"方式，更拉近了消费者与艺术之间距离，数字艺术中的符号文本之间，往往表现为一种模仿者和原作者、历史和现实、荒诞和严肃、娱乐消费和意义表达之间的相互嵌入、拼贴和借用。

具体来说，为了实现这种"嵌入"，数字艺术在复制某些外来或者传统的文本和符号时，经常会使用以下三种原则，以实现传统和当代的文化嫁接。

第一种原则是作为现实背景的嵌入。原作经过数字复制之后，只是作为一种虚拟、空洞的"现实背景"。像故宫创意团队创作的"剪刀手"康熙画像，画像中的康熙做出一个"萌萌哒"的手势，这样的创意表达不仅拉近了神秘皇帝和普通百姓的距离，更是切换时空，引领众多网友重回数百年前的大清盛世，但网友都不再关注其历史真实场景的逼真性和在场性，历史只是被虚拟化为一个不重要的模糊背景而已。

第二种原则是作为娱乐元素的嵌入。在故宫推出的一系列文创产品中，从"故宫淘宝""每日故宫"等微信公众号，到"胤禛美人图""皇帝的一天"等App应用，以及"夜宴图""雍正行乐图"等动画形象，受到年轻人喜爱的娱乐要素，是最重要的创意原则之一。原故宫博物院院长、故宫文创产品负责人单霁翔认为："互联网在深刻影响生产和生活方式的同时，孕育了一批在思想、行为、习惯、偏好等方面完全不同于传统旅游者的新群体——互联网新一代旅游消费者。"①这些数字作品都充分考虑了年轻受众"去崇高化""去仪式化"的特有心理特点。

第三种原则是作为消费价值的嵌入。数字艺术作品的复制成本非常低，传播便捷，在商业形态上甚至可以向使用者开放，呈现出一个"未完成性"的状态，邀请消费者一同参与改编和再创造，进而满足一种伪个性化的大众消费需求。2017年腾讯公司联合敦煌研究院共同开发了一个叫做"敦煌丝巾"的小程序，开发者将敦煌壁画中诸如飞天、神兽、云彩等图像进行数字化，然后邀请网友可以参与其中，对上百种数字图案进行不同的元素搭配，在此基础上"创作"出属于自己的"个性化"的丝巾图案，供应方再按照图案样式帮每个客户定制丝巾，在工业流水线上加工制造出来。这种"嵌入"方式最大限度地保证了技术开发者、商业公司、版权所有者等可以在不同的商业场景中大胆发挥想象力，实现全业态、多轮次和不同介质形态的综合开发利用，不同艺术形式作品之间可以产生交叉推广和交叉销售的协同作用，从而达到范围经济的商业效益最大化。

就其实现方式而言，数字复制艺术一般通过以下四种方式来实现其目的，它们分别是：嫁接、拼贴、象征和代入。

嫁接关注了不同艺术元素之间的形式一致性，像把传统艺术符号移植到一种新的时间、空间和场景中，赋予其一种全新的艺术趣味；拼贴则强调意义同一性，通过完全不同的艺术元素之间的随意标贴，企图塑造一种新奇炫酷的意义空

---

① 段菁菁、熊茂伶：《高冷故宫是如何变软萌的？》，http：//www.cssn.cn/zgs/zgs_jl/201610/t20161025_3248608.shtml。

间;象征服务于意义的一致性,以满足观众潜在的心理欲望,人们往往喜欢用一些经典的艺术符号及其形式,将之重新安置于另一种从未有过的文本场景中,以隐喻象征某种心理状态;代入更多运用在网络游戏中,往往以情感一致性为前提,如给网络游戏提供某种特有的装备或者武器,以契合每个玩家各具个性化的情感需求。

数字复制艺术的"嵌入"景观,显示了技术变革对于艺术媒介形式和表现手法的深刻影响。从相对距离化的凝视,到无处不在的近距离消费,再到今天网络空间中人们在利用数字艺术进行社会交往中不同主体之间的相互嵌入和大众狂欢,艺术从古典时代出走,经历机械复制之后,正在大踏步地进入数字复制时代。了解数字艺术在物质性、时间性和空间性上所表现出的不同特征,将有助于我们更加深入地研究这一新媒介艺术的"连接性"本质,进而把握其内在演进规律和未来发展方向。

明星制下中国^①音乐剧的突破与坚守

| 支　娴（上海交通大学媒体与传播学院）

摘要：

　　在文化产业蓬勃发展的当下，音乐剧可以为大众提供丰富多彩的文化生活、帮助提升城市文化活力，拥有着发展的必要性，如何促进国内音乐剧的发展成了本文讨论的核心问题。对于我国文化产业市场而言，音乐剧是一门外来引进的新兴艺术形式，尚未形成成熟的消费土壤，因此目前国内音乐剧产业发展的关键在于观众培养、谋求获取更多受众的注意力。消费主义社会下形成的明星制不仅有助于捕获个体注意力，还能在文化产业的发展中扮演着双向信息提供者的角色，帮助人们作出文化消费的选择。因此，根据音乐剧本身的大众娱乐性质以及面向市场的发展要求，本文尝试将明星制引入其中，分析基于目前的发展情况，采用定量与定性相结合的方法对明星制是否可以成为国内音乐剧面向市场发展的问题进行研究。通过对文献的综合整理，借助问卷调查和数据分析的定量研究方法，对明星制与音乐剧的融合策略进行分析。在实践的基础上，选用《声入人心》节目作为具体案例进行定性分析，指出在音乐剧产业中建立明星制的办法。并辅之以问卷及数据分析的定量研究方法，对实际效果进行检验，得出引入明星制有

---

① 　此处特指中国内地，不含港澳台地区，下文同。

利于提升音乐剧的市场效益的结论。同时考虑到事物的两面性，对此可能产生的不利影响也进行了探究，指出作为一门舞台表演艺术形式，引入明星制后可能会对其艺术审美方面产生的某些负面影响，这是音乐剧产业在后续的发展中需要重视的地方。

关键词：明星制；媒介力量；音乐剧产业

Abstract：Musicals can provide a colorful cultural life for the public and help to enhance the cultural vitality of the city, so it has the necessity of development. How to promote the musical play in China becomes the key point of this article. However, in China, musical drama is a new art form from Western countries, and has not yet formed a mature consumer market. Therefore, the key to the development of the Chinese Musicals is capturing individual attention. The star system which formed in the consumer society helps to capture the individual's attention and plays the role of a "two-way information provider" in the cultural industries, and it also helps people to make cultural consumption choices. Therefore, according to the mass entertainment nature of the musical itself and market-oriented development requirements, the article tries to introduce the star system into it, analyse whether the star system can become a new breakthrough of musicals' development or not? The article uses the combination of quantitative and qualitative research methods to analyse the above problems. Firstly, using the qualitative research method, through the comprehensive collation of the literature, the relevant knowledge of the star system theory and the nature and history of the musical drama are analyzed in detail; then the quantitative research method of questionnaire survey and data analysis is adopted to the musical drama. Through this, it finds the musicals and star system can be integrated; then on the basis of practice, pointing out the two different paths to build the star system. This article analyse the "sound into the heart" program which is the hottest music show in the end of 2018. Through this analysis, the author points out the way to establish the star system in the musical industry. To test the actual effect, draw the conclusion that the introduction of star system is conducive to enhance the market efficiency of musical; at the same time, the possible adverse effects are also explored, this article points out that as a stage performance art form, the introduction of the star system may have some negative effects on its artistic aesthetics. In a word, star system can be used as a new promotion path and become a breakthrough in the development of the current musical industry, but as a live performance art, it also needs to find a development strategy suitable for each period in the process of continuous development. In the process of promoting progress and development, it is still necessary to maintain the cultural core of stage art aesthetics.

Keywords: star system; media power; musicals; aesthetics of stage art

一、音乐剧的特性及在中国的发展情况

（一）音乐剧自身特性

音乐剧是西方工业文化下的产物，诞生于英国，流行于美国。这是一种集合了歌、舞等元素的戏剧结构形式，在 20 世纪早期就已经发展为一种独特的舞台剧类型，逐渐成为美国的一种主要的流行舞台剧形式。[①] 纵观音乐剧的发展历程，其诞生和发展与资本主义的发展亦步亦趋，一开始主要服务的文化对象是新兴的资产阶级，属于面向大众的娱乐活动，后期叙事音乐剧的出现提高了其思想文化内涵，出现了更多现实主义题材的悲剧和正剧，但这并不意味着其服务对象的改变，而更多地是符合时代发展的情况，同时配合资产阶级的文化需求，作为其受众的资产阶级经过一系列工业经济的发展，社会地位逐渐稳固，文化需求逐步提升，直至后期大公司音乐剧市场的出现完成了音乐剧产业化的标准运作，使之成为英美文化娱乐产业的一部分，拥有强烈的娱乐本性和明确的市场化追求。

基于音乐剧产业与大众之间的紧密联系度，音乐剧的整体运作策略在国外形成了一套成熟的制作人中心制。与电影行业中的制片人中心制一致，音乐剧产业中的制作人中心制指的是把整个剧目的核心控制权集中在制作人处，不同于剧目导演及演员，制作人主要在于平衡商业价值和艺术价值，在整个制作阶段，保证给予导演、演员等主创团队一定的自由创作权，还需要全面制定剧目的

---

① 居其宏：《中国歌剧音乐剧通史》，合肥：安徽文艺出版社，2014 年，第 289 页。

营销策略,通过保证戏剧既具备文本价值又贴合观众可看性,从而最大化地实现剧目盈利。因为制作人需要对票房负责,其更看重商业回报,从而在项目的开发过程中更看重类型的确定性、戏剧元素的商业性,更强调视听感受,更注重故事的逻辑性和讲述的流畅。与此同时,制作人在项目中有明显高于艺术创作团队的决策权,也就保证了剧目得以按照制作人的意图被创作及制作出来。这样的剧目就更具备被观众认可的基础,避免了成为艺术家仅凭个人喜好主导的作品。但是,也正是因为制作人的市场倾向,其作品在主题、内容及形式上需要满足尽可能多的观众的审美,因而音乐剧成为通俗易懂的平民艺术。

综上,就音乐剧的发展历程来看,音乐剧这门艺术最突出的特性是:这是一门面向大众的舞台艺术表演形式,提倡因时变化,具备创新能力,市场和商业化在此中拥有着较为重要的地位。

（二）音乐剧在中国的发展情况

音乐剧对于我国的文化艺术市场来说尚属于新兴的文化娱乐类型,其最早进入国内是在改革开放后。其发展和引进过程是我国文化娱乐创作探索剥离计划经济时代,逐渐走向市场产业化的过程。道略文化产业研究中心是目前国内唯一持续演艺事件监测的研究机构,就其披露的近年来音乐剧产业市场情况来看:2014—2018年中国音乐剧市场规模在这五年间平稳扩大,票房收入呈现波动式上升①(如图1-1)。

尤其是2018年,我国音乐剧演出场次达到2 460场,较上年同比增长7.5%,演出场次较上年增幅达到91.7%,票房收入高达4.28亿元。而2018年的"井喷"原因除了大环境优势外,还与两个文化现象紧密联系在一起,它们分别是:上海文化广场引进法语版《摇滚莫扎特》的爆红以及年末《声入人心》节目的播出带动了节目中音乐剧演员所出演戏剧的票房上涨。另外,纵使2018年是音乐剧

---

① 数据来源:http://www.idaolue.com/News/Detail.aspx?id=1645。

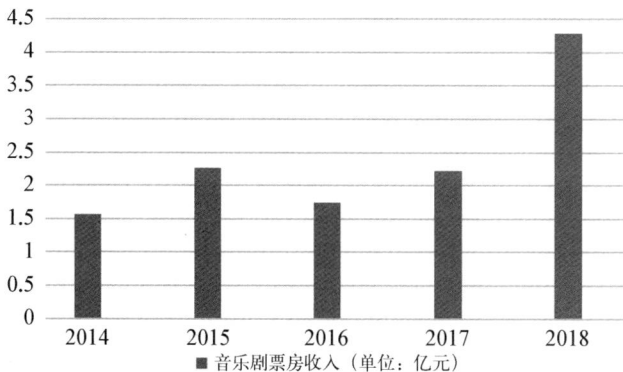

图 1‐1　2014—2018 年中国音乐剧票房收入

市场情况最好的一年,总体收益也不过 4.28 亿元,而同年全国电影总票房则高达 609.76 亿元,因此相较于其他文化娱乐行业来说,音乐剧的生存情况仍然处于弱势。如何培养消费者对音乐剧的热情,使音乐剧拥有一定量的消费人群成为音乐剧发展的关键。

本文首先通过问卷进行了音乐剧受众认知及参与意愿的调查,问卷内容分为三部分:第一部分,被调查者的个人情况,包括性别、年龄、学历及学科背景;第二部分,基础文化认知及知识普及率调查,该部分采用李克特量表的形式设立了三个基础问题,根据被调查者对音乐剧文化认同程度定位及个人知识水平的定位,探究大众对音乐剧文化的基础文化印象及文化欣赏能力;第三部分,影响文化消费原因调查,根据影响音乐剧消费的五大因素(剧目内容、演员、制作团队、场地、票价)设立排序题,以此调查影响大众进行文化消费的各部分权重。

为使调查样本多样化,采用网上问卷的形式,调查样本涉及中国 29 个省、自治区、直辖市,样本人群主要集中在 18～30 岁青年群体(占总调查人群数91.07%),大多为接受过高等教育的本科生及硕士研究生群体(占总调查人数88.69%),一共回收 504 份有效问卷,最终得到以下三个调查结果。

一是音乐剧被认为属于可为大众提供审美娱乐的文化活动,获得审美认同,但定位偏小众。如图 1‐2 所示,在接受调查的 504 人中,仅有 1.39% 的人认为音乐剧并不能为自己带来审美享受，超过90％的人给予"观看音乐剧"这种形式的文化消费正向认同，在这其中超过一半的人对此持有强烈肯定的态度，这表明，音乐剧作为一种文化消费类型得到了大众普遍的认可。

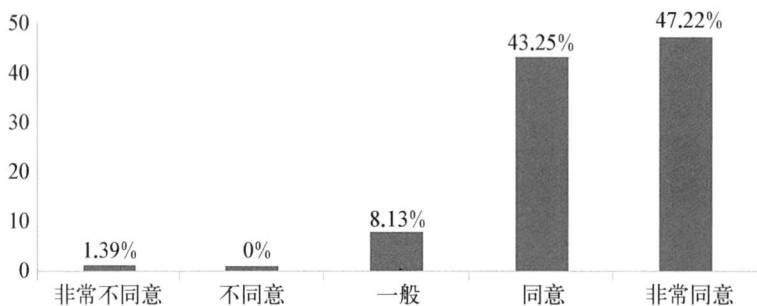

图1-2　对音乐剧审美享受的认同情况

但与此同时，受调查者中超过一半的人将音乐剧定位为"小众娱乐"（见图1-3）。

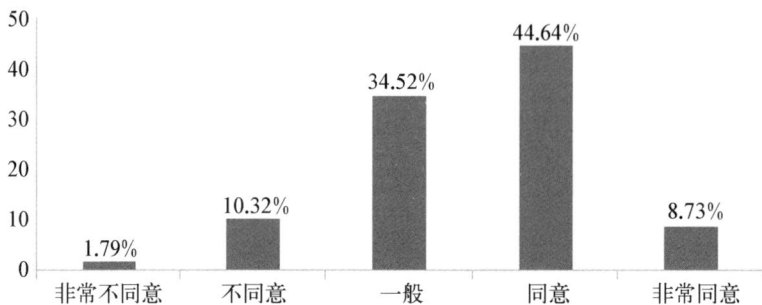

图1-3　对音乐剧小众性的认知情况

这与音乐剧自身文化定位是矛盾的，音乐剧在其诞生之初定位就是一门面向大众的文化娱乐消费活动，而在我国文化消费者对此定位为"小众艺术"，可见这门外来的文化娱乐形式在我国缺乏成熟的消费土壤，从引进至今并未形成广大的消费市场。

二是音乐剧基础知识普及率低，或成影响音乐剧文化消费参与原因。如图1-4所示，在参与调查的人群中仅有27.18％的人完全接受过音乐剧基础知识（如音乐剧起源、历史、基本构成等）普及，值得注意的是调查样本中有超过85％

的人是接受过或正在接受高等教育的人,在这群体中受到音乐剧基础知识完全普及的人不超过30%(详见图1-5)。

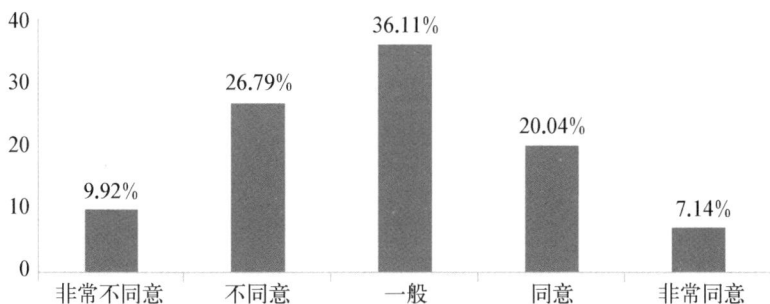

图 1 - 4 音乐剧知识的普及率

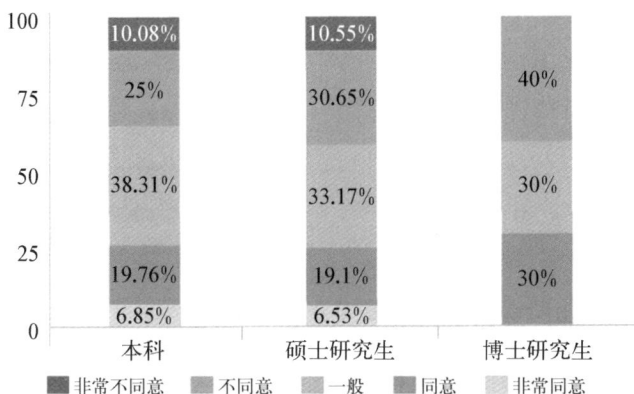

图 1 - 5 各学历层次中音乐剧知识的普及率

文化产业的消费情况区别于其他产业的一大特征是,文化娱乐活动的消费本身需要受众对此类活动具备一定的文化认知水平。简单说来,如果是简单的大众文化消费,至少这部分文化消费者需要识字;如果是电影艺术等文化消费,消费者需要具备一定的文本理解力;如果是高雅艺术的文化消费,则消费者应该具备这门艺术的鉴赏力。因此,对于音乐剧此类的文化艺术消费,它要求消费者在进行节目观看前具备最基本的艺术鉴赏力、对音乐剧的基础知识有一定了解,也只有对此具备一定的知识储备,在文化消费过程中才能更好地感受艺术表演的魅力。而音乐剧基础知识普及率的低下,则直接阻碍了受众对于此类文化活动的参与。

三是影响大众进行音乐剧消费的因素,除剧本内容外,对剧目参演者及创作者熟知喜爱度为一大重要因素。调查将有关一场音乐剧演出的诸要素剥离出来,包括:剧目内容、演员、制作团队、场地、票价等五大原因,问卷以此设立了六项因素进行排序选择(其中"该剧中由名家作品"改编一项仍属于"剧目内容"部分,但重点在于名家作品本身已经具备大众熟知度)根据受众对上诉因素的重要程度排序,可探究出消费者对音乐剧哪些方面最为重视,调查结果如图 1－6 所示①。

选项⬍	平均综合得分⬍	比例
该剧上演的故事内容精彩，是您喜欢的风格	5.15	
该剧由您喜爱的演员参演（假设您有喜爱的演员）	4.6	
该剧由您喜爱的导演或编剧制作（假设您有喜爱的导演或编剧）	3.79	
该剧由名家作品改编	3.38	
该剧票价出现小幅下滑	2.11	
该剧在舒适的剧场里上演	1.96	

图 1－6 影响受众参与音乐剧消费的各要素排名

得分最高的是故事内容和风格贴合受众的口味,这点属于剧目内容范围,符合文化娱乐活动内容为王的导向,同时这也与受众艺术偏好相符合,当涉及受众个人的艺术偏好及艺术家的文本创作时,这便难以进行产业化,艺术创作本身并非是理论可以完全指导的,因此本文在这点上不作深入讨论。其次就排名第二、第三的因素来说,两者均与表演者及创作者被大众喜爱的情况相关,即是受众会选择进入剧场的原因与其表演人员之间具有强关联,当一个表演者被众多消费者所喜爱,即是意味着其知名度也在不断提高,知名度的提高对于诱发文化消费

---

① 平均综合得分的计算方法为:选项平均综合得分＝(∑频数×权值)/本题填写人次。权值由选项被排列的位置决定。例如有 3 个选项参与排序,那排在第一个位置的权值为 3,第二个位置权值为 2,第三个位置权值为 1。

具有重要的作用,而对比起排名第一的艺术创作,演员的知名程度是一项可量化的标准,即是通过极强的业务能力和加大曝光量,培育出被更多大众所喜爱、熟知的演员和幕后创作者,当保证作品质量的前提下,一个剧目中的演员或是创作者更被大众熟知,则在同期的舞台表演中,将会吸引更多的普通观众。

经过对音乐剧与受众认知及意愿调查,首先可以肯定音乐剧在一般大众的文化意识里是一门具备审美享受功能的艺术类型,但另外,其本身市场状况不甚良好,相关知识的普及率也较低,而在参与意愿的调查中,推动大众走进剧场观看音乐剧的因素除了剧本内容优质以外,是否有熟悉喜爱的演员及创作者成为重要的原因,因此在音乐剧的发展和推广上这点值得注意。

根据上文所述音乐剧的性质及在我国的发展状况来看,音乐剧属于文化产业的重要组成部分,发展音乐剧有助于丰富民众的业余文化生活,同时能够进一步打造城市文化品牌,提升城市活力;在经济效益方面,音乐剧发展情况良好还能联动城市文化旅游,从而带来可观的经济收益。因此,发展音乐剧在我国文化产业进程中具有一定意义。但音乐剧目前发展态势疲软,受众熟悉程度低、参与度低,因此音乐剧的发展还需要进行大力的推广和传播。据上文对于明星制与大众传播的分析,明星制在大众传播中可以带来强有力的说服效果,因此采用明星制对音乐剧的推广助力,不失为一种尝试和突破。

二、音乐剧与明星制的结合

(一)音乐剧与明星制结合的可行性

音乐剧是一门诞生于资本主义和市场经济体制下的文化形式,是现代工业机制引入百老汇、娱乐业商业化走到极端后产生的,从大众消费文化的本质来看,音乐剧在功能上是一种游戏性的娱乐文化[1],其功能在于使意义和快感在社

---

① 慕羽:《音乐剧艺术与产业》,上海:上海音乐出版社,2012年,第468—470页。

会中得到流通，通过参与、体验，从而使音乐剧文本在被使用、被消费以及被抛弃中获得意义和价值[①]。

明星制是消费社会下由于大众媒介的普及产生的一种文化现象，其基础是人类身份的可销售性，通过大众媒介的力量使个人的身份符号超越了时空的限制，成为意见领袖。明星的存在带动了粉丝对于明星行为及其参与的文化类型的关注，并解决了文化产业领域出现的"双向无知"情况，有助于消费主义社会下文化产业的生产与发展。因此，当音乐剧的本身性质是面向大众进行文化消费时，它的商业性是不容忽视的。音乐剧的商业性指向了在与社会大众互动的过程中，并不同于精英文化或先锋文化对社会发展问题的深度反思或前沿探索，而是需要"讨好"普通大众，并想办法刺激更多人的参与及消费，也正因为这样的原因，欧美成熟的音乐剧产业均采取"制作人中心制"来达到有效的对市场的关注。而明星制的存在，对大众文化生产和消费而言，都具有强有力的注意力捕获作用，明星个人的符号性及大众的广知度可以强有力地带动文化产业的消费。基于此，打造具有文化意义的明星象征符号不仅是音乐剧面向市场的要求，一定程度上或能达到音乐剧的推广目的。

此外，对于亚洲邻邦日韩两国来说，音乐剧也是一门外来引进的艺术形式，在其推广的过程中两国均采取了很好的与明星制结合的尝试，或可作为借鉴。日本作为亚洲音乐剧产业发展最为鼎盛的国家之一，拥有着两大王牌音乐剧剧团，一是浅利庆太的四季剧团，二就是以打造明星制盛名的宝冢剧团。宝冢剧团成立于 1914 年，隶属于阪急集团，目前是由总计约为 400 名未婚女性所组成的日本规模最大的剧团，整个剧团分为花、月、雪、星、宇宙五个组别，施行以首席明星为顶点的明星制度。采用明星制发展的宝冢剧团，形成了剧团自己的粉丝群体，已经走过了一百多年的风风雨雨，从营利收入的金额规模看，由宝冢歌剧担任领头羊的娱乐与媒体传播事业部门长期以来在阪急集团内部稳坐"第三支

---

① 慕羽：《音乐剧艺术与产业》，上海：上海音乐出版社，2012 年，第 475 页。

柱"的宝座①。除日本外,韩国音乐剧发展中也起用韩流偶像进行音乐剧表演,韩国发达的造星产业及艺人粉丝效益为原创音乐剧成功打开市场提供了捷径,歌手金俊秀在 2010 年因主演了《莫扎特》就获得第 4 届 The Musical Awards、第 16 届韩国音乐剧大赏最佳新人奖和人气奖四个奖项,此后凭借自身过硬的舞台功底,先后出演了音乐剧《天国的眼泪》《伊丽莎白》《德古拉》《死亡笔记》等等,因对韩国音乐剧的贡献入选第 11 届韩国大众文化影响力人物 BIG30,成为韩国音乐剧发展历史上的一段佳话。这些都显示了音乐剧市场与明星制相结合进行尝试的可行性。

最后,在受众参与动机的调查中,对音乐剧演员及创作者的熟知和喜爱程度直接影响到了消费者选择是否观看音乐剧。这也符合此前分析中的文化产业的"对称的无知"原则,以音乐剧《Q 大街》为例,这部作品在国内并不如《猫》或是《歌剧魅影》这样被大众熟知,因此对于大多数一次消费行为来说,消费者购买的是对于《Q 大街》内容的未知体验,但这个内容要素本身又具备了不可知性,而出演这部剧的明星演员和明星制作人成为消费者行为选择中一个已知的部分,如若在售票前公布演员阵容,则会帮助消费者对演出有一定的认知,优秀并知名的演员及创作者不仅在口碑上保证了演出的质量,更刺激了其粉丝对演出进行购买和消费。因此,在音乐剧的推广中,基于受众的消费心理和消费动机,也存有采用明星制的可行性。

(二)音乐剧与明星制结合的具体路径

1. 在音乐剧中"引入明星"

在音乐剧产业的发展中想要构建明星制来达到吸引消费者进入剧场的推广目的,即是音乐剧表演中必须存有明星演员。明星演员指的是:一已经是明星的人进行音乐剧表演;二原本就是音乐剧演员,通过媒介运作使之被大众熟知,

---

① [日]森下信雄:《宝冢剧团经营战略》,成都:四川人民出版社,2019 年,第 67 页。

成为明星。因此,在音乐剧产业中要构建明星制则拥有两条路径:一直接起用文娱市场中已经成名的明星进行音乐剧演出;二打造音乐剧产业中的明星演员。这两条路径也分别对应了上文所述的日韩音乐剧产业的运作。韩国直接起用了文娱市场中的偶像明星进行音乐剧表演,而日本则通过运作在原有的音乐剧剧团中打造明星演员。在我国的音乐剧市场中,对于第一种路径也有过一定的探索。特别是进入 2018 年之后,随着文化产业的不断蓬勃发展,中国原创音乐剧为求出圈,扩大消费群体,也尝试将已有的明星引流到音乐剧表演中,但是,效果并不如预期一般良好,原因是首先参演的明星数量较少,除此之外,直接起用已经成名的明星进入到音乐剧表演中时,一大弊端就是明星的成名并非起于音乐剧表演,其在所属领域已经积累了大量的粉丝,当他/她进行音乐剧表演时,诚然其名声可以吸引大量的注意力并使得其粉丝进入剧场进行音乐剧消费,但这种消费行为产生的动机是对于明星的线下追捧,这也是此前在粉丝文化分析中所提及过的最为常见的粉丝消费心理:对明星的高认同感会消解粉丝对于文化艺术活动审美的心理距离及认知因素,对于偶像参与的文化艺术、综艺娱乐等文化产品,粉丝往往并不在意作品是否完整、是否遵循艺术真实,而这种举动无疑会降低音乐剧剧目在整个表演中最核心的地位,弱化音乐剧本身存在的意义,从而破坏这门艺术的审美享受。其次,在我国现阶段直接引入明星的第二大弊端是由于音乐剧表演极高的专业性要求,这是一门需要用歌唱和舞蹈讲述故事的舞台艺术,因此对演员的歌唱、舞蹈、表演功底都有较高的要求,韩国音乐剧的发展之所以可以较为流畅地起用演艺明星,完全是基于其完整的艺人培养制度,通过每一步严苛的考核和学习,使得每一位韩国艺人都具备演、唱、跳全方位的专业素养,从而为明星跨界提供了条件[①]。而纵观目前我国的文娱市场中能够担任这种专业性表演的明星艺人少之又少,明星艺人的不专业意味着他无法在短时间内很好地承担起音乐剧演出,从而使音乐剧现场演变为大型线下粉丝见

---

① 谢大京:《艺术管理》,北京:法律出版社,2012 年,第 269 页。

面会。

因此，基于我国文娱市场的情况，直接引入明星进行音乐剧表演有一定的困难，不仅明星个人难以承担这样专业化的演出，而且当音乐剧受众皆是明星粉丝时，其观看动机是明星个人，很难衡量有多少人可以转移注意力到剧目本身，因此并未达到切实的音乐剧艺术的推广目的，当明星一旦退出这场表演，这场音乐剧表演的受众再度进行音乐剧观看的可能性很难判断。

2. 通过媒介打造"音乐剧明星"

"造星"指的是使原本根植于音乐剧中的演员变得更加广为人知，从原本在舞台上的默默无闻变成广为人知的明星角色，从而带动大众对于音乐剧的关注。这也是日本宝冢剧团的发展方案，但剧团成立于 20 世纪初，彼时文化产业方兴未艾，舞台表演艺术暂未受到媒体力量的冲击。对比起日本采用的剧团打造，中国音乐剧市场目前的疲软状态显示了采取用日本宝冢剧团模式的困难性，很难在短时间内由实业公司作为财力支撑打造一个新的剧团，进行明星成员的培养。并且结合当今信息科技的发展态势，对于明星的培训更需要重视媒介的力量。同时，这也是目前为止我国文化娱乐市场擅长的一种造星方式。因此，目前适合我国的造星策略应该是：通过媒介对本身属于音乐剧领域的演员进行包装和推广，提升他们的个人魅力使之被大众关注和喜爱，从而达成打造明星的目的，也吸引更多人选择关注他们所属的文化领域。

值得注意的是，2019 年年初我国音乐剧市场出现转机也正是源于此，2019 年 2 月 26 日，由音乐剧演员郑云龙出演的音乐剧《谋杀歌谣》，开票一分钟之后，所有价位的票均全部售罄，这是我国音乐剧市场少有的盛况。而这一切的源头在于郑云龙参加了 2018 年第四季度湖南卫视的一档音乐类综艺节目《声入人心》，并成功"出圈"（即从所属小众领域走出来被大众认识）。

《声入人心》是 2018 年 11 月 2 日于湖南卫视播出的一档音乐类综艺节目，通过该节目相继打造了一批明星选手，诸如阿云嘎、郑云龙、方书剑、蔡程昱等等，其中以音乐剧演员郑云龙的例子较为突出。虽说成名之路需要机遇和运气，但并不能排除和忽视媒介在其中的运作策略。那么它是如何做到的呢？根据媒介在明星制中的助推作用，首先需要通过媒介为个体的出现打造一个具有符号象征意义的审美空间；其次在这个空间中媒介需要放大并突出个人与之匹配的特征，形成外化于个体的符号指向；最后为了使个体获得大众的认知，还需要在媒介中增加个人的曝光度。

打造审美空间。不同于流行音乐，音乐剧虽然诞生于资本主义的鼎盛时期，是一门面向大众的艺术，充满着娱乐性，但这并不意味着音乐剧所指向的文化符号低俗。相反，由于音乐剧本身脱胎于歌剧艺术，在跟随时代的不断发展中，它不仅摆脱了低俗娱乐的"窘境"，更是迈向了以娱乐的面貌承载人文精神的境界。在我国现阶段音乐剧还属于一种高知分子或是中产阶级选择的娱乐方式，因此音乐剧目前在我国的文化产业市场中，其符号指向是一种高雅的小众的娱乐文化形式。基于此，音乐剧的符号指向是优雅、专业，综艺节目《声入人心》对这个审美空间的打造也需要传递出一种高雅、专业性强的环境氛围。因此，在内容设置、特效字幕、音效、画面等四大文本符号上均做了设计。

《声入人心》在节目内容设置上，除了36位参赛选手外，节目设置了三位出品人的角色，分别是廖昌永、尚雯婕、刘宪华，在三位的年龄及代表的音乐形式方面形成了差异化。并且，在节目设置中，三位出品人对于同一选手或同一表演作品的评价本身常常充满着"专业性对抗"，这种对抗主要来源于三位出品人不同的音乐背景，因此出现对音乐剧与通俗唱法、歌剧与古典唱法这二者间不同的审美标准①，但他们的对抗本身是一种"行家间"的讨论，增强了文本的叙事张力，同时凸显了节目的专业感。

在特效字幕上，注重对乐理知识进行普及，首先在选手向导师进行自我介绍时，特效字幕将会在旁边显示选手的专业音域，而在选手进行演唱表演时，介绍

---

① 王天怡：《从曲高和寡到雅俗共赏——论〈声入人心〉走近观众期待视野》，载《新闻研究导刊》2018年第22期，第5—6页。

的特效字幕则会对歌曲选段知识进行普及,即使对于超过大半的观众来说,并不明白选手的小字组的 e 到小字二组的 e 音域到底是什么意思,此前也从未知道具体的音乐剧选段,但却因此种类型的乐理知识的普及,加上节目一开始学院派面试方式的介绍,使观众获得一种专业的感觉。

在节目音效上,摒弃了普通音乐节目的后期音效制作或是播放伴奏乐,《声入人心》选择了由知名钢琴家现场演奏作为音乐伴奏的形式,在大众的认知观念中,现场钢琴伴奏往往与古典乐演奏会、音乐会相联系,节目采用这样的形式,营造了一种古典而高雅的氛围。

在节目画面上,相较于其他音乐选秀类节目,《声入人心》从一开始的场景布置就力求足够的简约;节目的整体打光基调呈现冷色调,以蓝、白二色为主要打光方式,色彩能够影响人的生理和情感,冷色调能使人在心里产生寒冷的感觉[①],蓝色本身在文化中具备冷静、平和、遥远的特征[②],因此节目组的灯光设计通过两种冷色调营造出清冷而疏离的舞台间离感。

所有的这一切的叙事模式营造出了高雅的音乐剧审美范式,这种拟态环境使得节目受众早在郑云龙进行表演之前就被潜移默化地植入了这是一群专业而高雅的演唱者集会的认知,而郑云龙凭借过硬的专业技能在这样的环境中独占鳌头,更能向受众传递其卓越的特质。

打造明星审美符号。根据明星制理论,明星的审美符号是与明星个体剥离开来的,指向某种文化的象征意义。想要郑云龙作为一名音乐剧的明星,处于节目营造的拟态环境下,应该为郑云龙赋予匹配环境特征的、指向音乐剧文化的高雅、专业的符号。这一般从个体的经历与身体符号两方面提取。

个体经历在这个节目的设计中指向的是专业化的学院派出身的经历。不同于此前的"平民造星",《声入人心》因其关涉的音乐剧、美声这两个艺术形式是

---

① 〔日〕野村顺一:《色彩心理学》,海口:南海出版公司,2014 年,第 11 页。
② 〔法〕米歇尔·帕斯图罗:《蓝色》,北京:生活·读书·新知三联书店,2016 年,第 206 页。

具备专业门槛的，因此在节目成员的经历上，打造的也是一种精英化专业教育出身的特征。就一般选手来说，节目在开播前的选角过程中，海选的地点并非面向大众，国内的选拔地点集中在一线城市音乐学院及各大城市的歌剧院，国外则设立了欧洲站，筛选的成员都是已经经过欧洲名校考学的成员，导演刘源表示"来这里面试的绝大部分都已经在欧洲进行过考学了。我们都知道，欧洲院校，尤其是知名学府的考学并不简单，所以说这其实已经是一道很有力的筛选了"。而郑云龙在此之中也被特意介绍为"音乐剧学院奖最佳音乐剧男主角"，在一众音乐剧演员当中，特意突出了其"最佳男主角"的身份，从个体经历来说，就提取了浓浓的"精英阶层""优等生"的符号指向。

身体符号分为自身外貌特征及节目中的造型设计两方面。就自身外貌特征来说，郑云龙身高187 cm，体型瘦削，凭借略显忧郁的大眼睛拥有一副出众的外貌，在节目中的第一次出场时沉默寡言，但却径直选择首席席位的行为显得其坚定又有气势，通过节目评委对其外貌及气质的赞叹，在第一期节目结束时获取了大部分观众的关注，并被直接称为"音乐剧王子"，"王子"这个词指向的就是出身良好又高雅的符号特征。而在节目的造型设计上，区别于追逐潮流和匹配年轻人亚文化的发型服饰设计，《声入人心》的整体显得端庄而学院派，对于节目真人秀部分的穿着统一设计为英伦式的校服，而郑云龙演唱部分均穿戴正式的西装及礼服，发型和妆容设计上无一例外地避开了当下流行小生的较为个性和夸张的眼妆，摒弃长发甚至过长的刘海形式，打造清爽的风格，从而在个人形象打造上与节目品牌调性相匹配，而这种区别于目前娱乐市场上花美男的造型也让观众眼前一亮，因此成为观众对节目关注的热点。

综上，在对郑云龙个人的符号特征打造上来说，其出众的外貌、高雅的气质等身体符号以及个体经历的提取为其综合塑造了"音乐剧王子"的符号形象，不仅匹配了音乐剧目前在受众认知中的小众及高雅性，更使其在36名选手当中显得较为突出。

加大节目曝光度。从上文的媒体的议程设置上来看，在某一固定时长内的节目中,只要某一人物的时长分配高于其他人,就意味着其与受众接触时间增多,不仅可以强化受众对其的熟知度,还能让受众对这样的信息产生足够的重视,激起其对于该选手的喜爱。曝光度的增加表现在《声入人心》这档节目中,则是选手获得表演的次数及节目标题的设置上。表演次数指的是当某些选手比其余选手拥有更多次的展示机会时,他们更容易被熟知和记住;标题设置则是一期节目看点的浓缩,能够在观众还未进行节目观看时,第一时间传递节目的核心信息,节目名称多次以某些选手进行命名,无疑意味着该选手是本期节目的重点,同样有助于提升该选手的曝光度。

在表演次数上,除了前两期的初选展示外,其余 10 期节目中,并非 36 位成员在每一期都能获得表演展示的机会。郑云龙以绝对的优势拥有 10 次表演机会,也就是说,他从头到尾参与了每一期节目的表演展示,而与他表演次数一样多的阿云嘎,同样也成了节目中打造的另一个音乐剧明星。

而以单期节目的名称命名来看(以爱奇艺平台为参考),在节目名称中直接体现名字的选手如下表 2-1 所示。

表 2-1 选手姓名出现在节目名称中次数统计表

	以该选手名字命名单集节目名称
阿云嘎	第二期、第三期、第四期、第五期、第八期、第九期
郑云龙	第二期、第四期、第八期、第九期
周　深	第一期、第二期、第八期、第九期
王　晰	第一期、第四期、第十期
仝　卓	第六期、第十期、第十二期
高天鹤	第六期、第十一期
蔡程昱	第四期
廖佳琳	第三期
李彦峰、李文豹	第七期
蔡　尧	第十期

阿云嘎、郑云龙两人甚至有将近过半的单集节目名称以他们命名，相应地增加了他们的曝光度。诚然，郑云龙获得节目多次曝光也是基于他个人超群的实力，但同样不排除节目设计中对他个人的重视和力捧。

综上，《声入人心》这档综艺节目对音乐剧明星的构建路径如下：首先根据音乐剧的特性，创造了拟态环境，营造了一种高雅专业的节目氛围，在此之中放大并突出了郑云龙个人与之匹配的特征，成功地打造了其"音乐剧王子"的符号形象。最后通过登台次数及节目名称设置加大了郑云龙在节目中的曝光度，使之获得了节目受众的认知。

三、明星制对中国音乐剧产业的影响分析

（一）音乐剧明星形成后的经济效益

根据上文案例分析，通过大众媒介的力量，最终完成了对于郑云龙作为一个音乐剧明星的打造，但这并非是节目的最终目的。据节目导演表示，《声入人心》从消除大众对美声的误解出发，即便采用大众化制作手法诠释垂直题材，但过程中仍以真实展现行业面貌和生态为目标，落点也是帮助这门高雅音乐向大众市场的推广。导演任洋还谈道："我们从来不以把他们捧成明星为目标，希望观众喜爱他们，而后还是要到剧院当中能够跟他们接触，去听他们音乐剧和歌剧，这是我们的目标，希望能为这个行业做点事。"

因此，当离开大众媒介的力量重新回归到剧场时，郑云龙作为一个明星人物的影响力是否依旧存在，对于这个行业的发展有何影响更需要进一步分析。由于我国音乐剧市场并不完善，各制作机构不会将音乐剧票房的收入像百老汇一样定期披露和公布，因此对于很多音乐剧所获得的确切票房数据并不可考，但依旧可以通过郑云龙主演的三部剧目在市场引起的"水花"，从中窥见一二。

在节目开始的一年前，郑云龙主演了《变身怪医》，节目播出的过程中郑云龙主演《谋杀歌谣》，节目结束之后正好迎来他主演的《信》在上海演出。其中《变

身怪医》与《谋杀歌谣》一样属于百老汇经典剧目,《信》则是由东野圭吾的小说改编而成。《变身怪医》由百老汇原班人马打造,其中主角 Jekyll 医生与 Hyde 恶魔的扮演者分别是郑云龙及刘令飞,刘令飞是国内音乐剧圈中公认的头号演员,后来与韩雪一同主演了音乐剧《白夜行》。但没有通过大众媒介运作的他并不"出圈",此时微博粉丝数量仅有 4 万不到,更不要提当时名声远远小于刘令飞的郑云龙。《变身怪医》的演出在北上广进行,一共跨时 3 个月,演出场次超过 80场,但根据新闻报道,从首演在上海开始,可容纳 1 800 人的上海大剧院就从未坐满过,惨淡之时甚至出现一场仅有几十个观众,其中一半都是赠票的情况,最后到广州巡演时,不得不缩减了整个场次。而《谋杀歌谣》也是一部出名的百老汇剧目,巡演一共进行了四轮,郑云龙的爆红正好在第三轮演出结束后。首轮于2017 年在上海大剧院进行,彼时票价定位仅有 180 元跟 280 元两档,从第二轮开始到第三轮,演出最高票价在原有的基础上出现了 380 元的最高价位;到四轮刚刚开始时,上海站票价定为 260 元、180 元、100 元三档,开票时间为 2018 年11 月 2 日,此时《声入人心》节目还未开播;而至本轮北京站时,开票时间为 2019年 2 月 26 日,设立了四档票价:380 元、480 元、680 元、880 元,创下了该剧上演以来票价之最。2 月 26 日正好是郑云龙参加节目结束、完成其明星身份转变之时。而同期音乐剧剧目包括赫赫有名的法语版《摇滚莫扎特》,其票价设立为 99元到 1 180 元不等。音乐剧的阶梯票价是根据剧场可容纳人数的情况设立的,剧场可容纳人数越多,意味着第一排、最后一排两者与舞台的距离越远。这对此类强调现场体验的艺术来说,前后排距离差距越大,意味着体验感差距也就越大,因此两极票价差也就越大。与《谋杀歌谣》中文版演出场馆能容纳 500 人的大麦·超剧场相比,《摇滚莫扎特》的演出场馆是可以容纳 1 500 名左右观众的天桥艺术中心大剧场。可以看出,《谋杀歌谣》的四档定价出现了溢价的情况,伴随着郑云龙的出名有了一个大幅度的提升,且这个提升幅度客观说来并不合理。也因此郑云龙本人及较为理智的粉丝在网络上呼吁大家抵制这样的无良商业行为,但 2 月 26 日上午开票后的一分钟,《谋杀歌谣》所有价位的票全部售罄。"谋杀歌谣票价"一关键词进入微博热搜，阅读量高达 1.3 亿，讨论数达到 1.9 万次①，此后相继开票的《信》也均在一分钟之内全价位全部售罄。

从这三部作品的市场表现情况来看，伴随着《声入人心》节目对郑云龙明星身份的打造，刺激了节目受众从线上节目观看转向线下走进剧场进行文化消费。这与此前第四章的问卷调查结果相呼应，根据调查结果显示：参与调查的 292 人中有 251 人倾向于"当自己喜欢的选手有线下音乐剧表演时，会进入剧场进行音乐剧观看"，即在消费意愿上，有超过 85.96％的人在观看节目后拥有了自己喜欢的选手，产生了为此消费的意愿；而在 251 人中已有 117 人前去观看了自己喜欢的选手的音乐剧表演，即超过 46.61％的人将意愿转换为实际消费行为；而对于勾选喜欢的成员为郑云龙的有效问卷有 186 份，其中 176 人对"如果您喜欢的节目选手有线下音乐剧表演，您是否会选择进入剧场观看"一问持肯定态度，并有超过 50％的人表示已经前去观看过了郑云龙所出演的音乐剧剧目。

因此，无论是从市场表现情况还是受调查者的消费意愿及消费行为来看，郑云龙的成名并未仅仅停留在了线上的大众娱乐，而是切实地给音乐剧产业带来了可观的经济效益。

（二）音乐剧明星形成后的文化效益

1. 对音乐剧自身的艺术创作影响

根据马修·怀特在《如何制作音乐剧》一书中的观点，音乐剧的制作主要包括剧目、角色、舞台设计、宣传及营销五个方面。而当音乐剧明星在面向市场时显示了比其他制作因素更高的号召力，那么对于明星作为音乐剧演员这一要素关注度的提高，会影响制作人对于其余要素的关注度。

对整体要素的投入会因为明星制的出现而有所影响。根据上文所述，成熟

---

① 数据来源：https：//s.weibo.com/weibo? q＝％23％E8％B0％8B％E6％9D％80％E6％AD％8C％E8％B0％A3％E7％A5％A8％E4％BB％B7％23。

的音乐剧制作形式目前采用制作人中心制,制作人的目的首先是保障音乐剧的商业收益,计算投入产出比。既为音乐剧明星,意味着具备巨大的商业价值,这不仅意味着他个人将为所演出的剧目带来巨大的价值,还意味着他出场进行演出的费用也会进一步加大。那么音乐剧明星的薪酬在投入要素中的占比就会上升,倘若原有制作预算不变,则对其余要素的投入力度就会下降。从制作人的角度来说,考虑到商业利益,纵使对音乐剧明星的投入大于其余要素,但获得的市场效果良好,因此是值得的;但对音乐剧整体艺术表达来说,无论是剧本创作还是灯光舞美,都是一样重要的,如果由于明星个人的身价而使得其余要素呈现粗制滥造的状态,则势必会对音乐剧的艺术性产生一定的破坏。

在剧本创作方面,众所周知剧本处于核心地位,只有保证文本本身的质量,后面的一切创作及表演才具备可能性。日本四季剧团的创始人之一浅利庆太就明确表示,如果把音乐剧一度创作看成是100％的话,那么剧本(包括歌词)创作的重要性要占到80％,音乐创作占15％,其他占5％[①]。从此前对音乐剧受众认知的调查中也可以看到,影响大众选择进行音乐剧消费的因素,占比最高的是故事内容。因此,在音乐剧的制作中,核心是必须保证剧本的优良创作。但音乐剧明星的出现对于这一点存有一定的削弱效果,原因在于剧本创作的独立性将会遭到一定程度的破坏。目前,一般音乐剧剧本创作的流程并非是为人写戏,而是依戏选人,即并非是在演员固定的情况下为演员量身造戏,而是需要根据剧本的需求进行选角的工作。因为故事的创作是想象力飞升的过程,角色形象需要匹配故事内容而非具体到现实中的个人;同时由于个体的相貌、身形、气质、嗓音等生理条件是一个较为稳定而难以更改的状态,因此个体对于角色类型的演绎存有一定的局限性,一旦演员先于剧本被固定下来,那么剧本人物的走向则要贴合演员的气质,如果一开始就沿着演员的气质进行书写,则剧本的故事类型就会如同演员个人的气质类型一样被固化;而如果一开始并没有按照演员气质来进行

---

① 居其宏:《中国歌剧音乐剧生存现状与战略对策》,合肥:安徽文艺出版社,2014年,第169页。

书写,而是原本就存有一个好故事对此进行改编,那么为达到匹配演员的个人情况,原本是一个作奸犯科之人的剧本内容也许会修改为大气凛然的英雄剧本,不论哪种情况,一旦在剧本形成前,率先考虑了采用某位有名的演员进行演出,则剧本的质量就很难保证。

因此,音乐剧明星的形成意味着不仅买方市场会对此进行关注并买单,还意味着卖方市场在音乐剧制作阶段就会充分对此进行考虑,则对于音乐剧其他制作要素的注意力就会下降,从而产生忽略其余要素甚至动摇剧本核心地位的情况,从而破坏整体的艺术性表达。

2. 对受众的文化参与及审美体验影响

对于文化参与而言有三个渐进的过程:首先是大众选择了某一部具体的音乐剧进行艺术体验;其次伴随着艺术体验的进行,大众需要完成对音乐剧的相关文化知识的主动学习,而不仅停留在简单的欣赏娱乐层面;最后需要对整个音乐剧艺术有一个较为广泛的涉猎。这是一个初期较为完整的由个体剧目引发兴趣,到主动了解相关知识再到对整体产生兴趣和喜爱的文化参与过程,当然后续还包括对于此门艺术形式进行更深入的研究和探索,成为资深的文化参与者。

在文化参与的第一个阶段,大众选择进入剧场进行文化消费,这不仅对于音乐剧产业来说是一种经济收益,同样也是对于音乐剧的文化参与。由于消费者进行购买的并不是一个物质商品,而是一份文化艺术体验,因此从进入剧场进行消费开始,就是对于音乐剧文化的一种参与和感知,越多的人进行了这项消费活动则意味着越多的人去体验了这门艺术;第二阶段中,大众需要主动对音乐剧的相关艺术知识进行学习和探究,根据问卷调查结果显示,在接受调查的 293 人中,在观看《声入人心》这个节目前,有 232 人(79.18％)不属于音乐剧爱好者,有 219 人(74.14％)没有接触过专业音乐剧知识;但在观看节目后有超过 66.21％ 的人主动搜索过相关音乐剧知识,这其中之前不是音乐剧爱好者的 232 人中有 146 人进行了相关知识的搜索,没有接触音乐剧专业知识的 219 人中有 133 人进行了搜索,两者占比均超过 60％;而表示喜欢郑云龙的 183 人中,在观看节目前有145人(77.96％)并不是音乐剧爱好者,137人(73.66％)从未接触过音乐剧的相关知识,而在喜欢郑云龙之后,有146人(78.49％)表示主动搜索过有关音乐剧的相关知识进行学习。即《声入人心》节目的播出以及粉丝对于郑云龙的喜爱,带动了这部分受众主动去查询有关音乐剧知识,参与到此前并不了解或并不感兴趣的文化活动中,完成了文化参与的主动卷入。甚至在文化参与的第三阶段也有显示,网络上出现了名为"那些因为他们而走进剧院看的戏"的豆列①,记录了网友因为阿云嘎和郑云龙两位音乐剧演员而进入剧场观看的音乐剧,其中不仅有郑云龙主演的《信》,还包括《巴黎圣母院》《长腿叔叔》《解忧杂货店》等音乐剧演出。虽然并非郑云龙个人主演,但网友由于喜爱选手而后又关注了一系列较为经典的音乐剧演出,主动去接触了更为广阔的音乐剧艺术天地。

为受众带来审美体验是音乐剧作为一门艺术的使命和责任,音乐剧作为一种戏剧表演形式,其对审美的特殊要求体现在它通过表演在日常生活空间和艺术空间之中穿梭②。其艺术性表现在,对于戏剧观众来说"戏剧艺术是普遍或局部的、永恒或暂时的约定俗成的东西的整体,人靠这些东西的帮助,在舞台上表现人类生活,给观众一些关于真实的幻觉"③,故而需要受众在一种真实的在场情况下发挥想象力进入演员所饰演的角色及故事"伪真实"的场景中才能获得审美体验。

因此,对比起影视剧这种由大众媒介承载起来的艺术形式,音乐剧十分强调现场性,观众必须进入剧场与演员一同完成这一场审美体验,观众需要近距离地参与到这场艺术活动中,则观众与演员的审美距离就会远远小于与由摄像机拍摄、后期制作完成并隔着屏幕进行播放的任何影视剧作中的演员的审美距离;而与纯粹的歌舞表演秀或是演唱会等现场艺术不同的是,演员在舞台上所表达和演绎的并不是演员的真我,而是根据剧本所构造出来的一个虚拟的人物角色,演

---

① https：//www.douban.com/doulist/112553779/.
② 胡一伟:《戏剧:演出的符号叙述学》,成都:四川大学出版社,2019年,第15页。
③ 〔法〕弗朗西斯科·萨塞:《戏剧美学初探》,北京:知识产权出版社,2013年。

员在舞台上的所有动作表达都是角色的表演，在这个意义上来说，演员个体又与观众存有很远的审美距离。观众离角色很近，但离角色的塑造者本身很远。

而明星制的本质是对个体特性的塑造和放大，特别是当借助大众媒体的力量来完成明星塑造时，会通过媒介运作特别将个体身上的某一特点放大，使之形成有别于普通人的闪光点，并通过大众媒体的力量让此特性被众人熟知，形成社会认可，也就是说是这种运作方式使个体首先获得大众熟知。因此当明星制介入音乐剧产业中时，大众首先认识到的是这个明星演员个人。就像在此前的案例中，大众是通过《声入人心》这档节目首先认识到郑云龙个人，被其个人魅力所吸引，进而去接触他所出演的戏剧。但在观剧过程中，由于率先形成的粉丝心理，明星演员的个体性特征就会影响到粉丝对其所饰演的角色的认同，从而影响到整体的"在场"效果。"在场"指的不仅是观众在现场对此进行观看，更重要的是观众是否进入剧目所构建的艺术世界中，认同剧目在当下所表达的内容的真实性，这就是观者的身体在演出现场，但意识并非时刻"在场"①。影响观者是否在场的一个重要因素就是观演距离，观演距离涉及观众与演员、观众与展示空间维度之间的物理距离，并取决于观众个体体验的心理距离②。但是一旦介入了明星制，观者从普通的观众身份转变为粉丝时，在粉丝心理的影响下，容易出现余秋雨先生在《观众心理美学》中所提到的"情绪性偏执性障碍"，即是一种对个体的盲目崇拜及狂热的感情。由于在剧场中，粉丝与明星演员的实际物理距离十分接近，因此不免造成粉丝心中按捺不住的狂喜状态，这种状态使得粉丝作为戏剧观众一直处于真实世界中，无法超越真实的世界完全进入到个体所饰演的角色形象中。一旦观众意识到现实生活中的表演者或是周围的观众，即观众意识在人物交流层"缺场"，观众就会停止假戏真做的状态，切换到假戏假看的状态③。在笔者进行实际调研中也发现了这种状态确实发生在了郑云龙主演的音

---

① 　胡一伟：《戏剧：演出的符号叙述学》，成都：四川大学出版社，2019 年，第 266 页。
② 　同上，第 278 页。
③ 　同上，第 272 页。

乐剧《信》的演出现场。《信》的第二轮演出由郑云龙搭档同样在《声入人心》节目中颇有热度的另一位音乐剧演员方书剑,当大幕拉开,郑云龙饰演的武岛刚志与方书剑饰演的武岛直贵第一次亮相时,就收到了剧场内部的一片欢呼和尖叫,这份欢呼和尖叫并不是给他们所饰演的角色,因为此时武岛刚志与武岛直贵正在偷偷摸摸地偷东西,原本需要安静悄然的氛围,因为粉丝的欢呼尖叫造成了戏剧与观众之间的第一次间离;而后在戏剧的演出过程中,由方书剑所扮演的武岛直贵与其中一位女性角色有一场感情戏,原本水到渠成的拥吻却引发了剧场的骚动,观众席上大呼"方书剑,不可以",粉丝心理导致观者一直未能进入演员所饰演的角色中,导致了戏剧与观众之间的再度间离。

诚然,在一般的戏剧演出中,观众的注意力也并非完全"在场",正如司汤达所说:"戏剧即使能给观众造成某种幻觉,那也是一种不完全的幻觉。忘乎所以的完全幻觉一产生,也只是转瞬即逝。绝大多数观众完全清楚他们自己坐在剧场里,在看一件艺术品的演出,而不是在参与一件真事。"①但这种"在场"与"缺场"在一般戏剧体验里是一种变换的状态,这种变换的状态与演员的"在场"和"代为在场"以及观众双层次的重叠感知相关,也就是说观众会在同一个瞬间既意识到这是一幕戏剧、演员本人并非角色本人,又十分相信戏剧中所表演的内容而为之喝彩。这种切换的非稳定状态被称为"临界状态",从而形成了一种阐释的漩涡②,但这种效果是十分短暂的,随着演出时间的推移,演员层面或是人物层面之间的差别就会越来越小。但粉丝心理的介入就会因为对于明星个体魅力的执着关注而持续性地处于摇摆不定的"临界状态",从而短时间内无法缩小这个差别。

因此,"先认识人,后接触剧"这样的造星逻辑顺序与音乐剧审美体验要求相矛盾。但是值得注意的是,对比起直接起用明星进入音乐剧中进行表演,粉丝对

---

① 余秋雨:《戏剧心理学》,上海:上海教育出版社,2005 年,第 98 页。
② 胡一伟:《戏剧:演出的符号叙述学》,成都:四川大学出版社,2019 年,第 273 页。

于原本就是扎根于音乐剧专业的成名演员有着更加清醒的认识。因为在通过媒介运作之初，当受众第一次接触到他们时，给予受众的身份符号就是"音乐剧演员"，因此其身份的固定性为摇摆不定的"临界状态"进行了一定程度上的加码，也即是受众对他们的喜爱和追捧是基于音乐剧演员这个身份，清晰的身份定位认知有助于粉丝将一部分注意力集中到演员的表演上，而不会出现将整个剧场演变成大型粉丝见面会现场的失控情况。因此，此类粉丝的"临界状态"时间虽然比一般观众长，但对比直接引起明星进入音乐剧模式下的粉丝状态来说，还是处于可控范围。

然而，不管程度深浅，一旦引入明星制，在对音乐剧进行审美体验的过程中，粉丝对个体的崇拜心理将会被进一步放大，这是毋庸置疑的。这一点就会导致观者个体在观剧过程中处于缺场状态，对音乐剧审美体验走向失败，而由于观剧行为是一种群体性的活动，个人注意力的是否在场不仅受到个体的控制，还会因为外界的打断而终止，正如上文所提到的《信》的现场的尖叫和欢呼声不免也会影响到非粉丝的观者对这部剧的审美体验。

综上，明星制的介入对音乐剧的审美体验存有一定的破坏效果，主要体现在明星制下所形成的粉丝心理与戏剧艺术表演中对观众情感卷入、在场的要求相矛盾。音乐剧作为一门舞台表演艺术，旨在为进入剧场的观众营造真实感，而目前通过大众媒介先推出明星演员的做法，使得其个体受到众多的关注而忽视个体作为演员的重要性，粉丝对于个体的崇拜心理会导致进入剧场后出现"缺场"状态，从而无法完成审美体验活动。

四、市场突破与艺术坚守的矛盾互动

在现阶段我国音乐剧的发展历程中，采用明星制对于音乐剧进行市场推广是一项突破性的策略。可以借助大众媒介的力量将原本就扎根于音乐剧行业的专业音乐剧演员推向大众的视野，凭借音乐剧本身被大众所认同的审美艺术性，营造出异于目前文娱市场的高雅专业的音乐剧审美空间,从而带来耳目一新的感觉,更易收获大众注意力,达到音乐剧推广的目的。但就音乐剧的艺术体验上来看,引入明星制之后对于音乐剧制作及现场观看的审美体验均会出现不同程度的损害,就这点来说,市场突破与文化坚守似乎形成了两个对立面,产生了一定的矛盾。为解决两者之间的矛盾点,首先应该明确音乐剧这门艺术形态是否有尝试明星制此种新兴形态的可能性,基于音乐剧核心特点的基础上探究这门艺术对新兴事物的接受程度;同时为找到两者矛盾的平衡点还需要寻求是否有途径可以弥补明星制对音乐剧体验带来的弊端。

就音乐剧对新兴事物的接受度来说,音乐剧本身是一门面向市场的大众文化形式,因此其发展历程一直是跟随时代的变化不断尝试新的表演形式。从一开始的嬉笑打闹,到为满足中产阶级的文化性增添了严肃地对社会思考和表达的内涵;从一开始沿袭了歌剧表演模式,采用传统的美声唱法,到后来由于其大众性,也不断地尝试开拓采用流行音乐的表演形式,后期还加入了摇滚音乐的表现手法,音乐剧一直处于不断创新的过程,在欧美一直蓬勃发展了近百年的时间。直至 21 世纪初,美国的音乐剧发展进入了一个低谷时期,在这个时期,音乐剧的形式基本固定下来,鲜有突破,对于新的音乐形式也没有出现过多的尝试,直至 2015 年的《汉密尔顿》打破了这个僵局[1]。《汉密尔顿》采用嘻哈音乐的形式,穿插了爵士、节奏布鲁斯、叮砰巷等多种风格的歌曲,最终票房大获全胜,并一举拿下 2016 年普利策戏剧奖和第 70 届托尼奖。在此之前,由于受到已经固定的音乐剧形式的影响,很多百老汇的剧作家对于将嘻哈音乐运用到音乐剧中都持观望态度,认为嘻哈音乐难以与音乐剧融合[2],可事实证明并非如此。音乐剧自其诞生起,与市场和受众紧密结合的核心特点,显示了它对新兴事物具有较高的包容度和较好的融合度。许多艺术形式看似与之并不合适,但最终都完美

---

[1] 银家钰、陈爱敏:《穿越与跨界——2016 美国普利策戏剧奖获奖作品〈汉密尔顿〉的历史维度》,载《复旦外国语言文学论丛》2018 年第 2 期,第 27—33 页。

[2] 王徽羽:《论嘻哈音乐在音乐剧中的运用》,南京艺术学院论文,2019 年。

地结合。这一切靠的是导演、编剧以及全部音乐剧演员的努力，而非直接关上艺术的大门宣告失败。因此，这是一门有生命力的艺术，在音乐剧发展的过程中，无论是全新的艺术形式还是推广模式都应该给予相信的态度前去尝试。诚然，无论是哪门艺术形式，在其发展过程中一旦引入新的策略或是采用前所未有的发展模式时，就不可避免地会对原有情况产生一定负面的影响。但是正如市场数据显示，郑云龙的音乐剧受到广大的欢迎，正因为上文所有的"一秒售空"才帮助郑云龙能够更好地复排接下来每一部制作精良的剧目。因此，在明确明星制为音乐剧带来的损害之后，万不可因噎废食而对此全盘否决，而是应该尝试寻求市场突破与文化艺术坚守之间的矛盾互动与平衡。

为谋求艺术与市场的平衡，在看到明星制为音乐剧的艺术体验带来的弊端是客观存在的同时，需要明确解决这个弊端的方法并非完全抵制明星制的引入。采取明星制是为了达到推广音乐剧的目的，而推广音乐剧的核心指的是希望受众能够参与到音乐剧文化艺术体验中来。因此，市场突破与文化坚守两者并非完全的对立面，市场突破最终也是为了达到文化宣传的目的。所以，对于弊端的解决反而是要通过提高受众对于音乐剧艺术的认知来达到。粉丝文化中固然会存在文化消费中对偶像的狂热心理，对于见到明星本人的极度满足感替代艺术体验，在音乐剧的体验过程很难完全处于"在场"状态，但粉丝群体并不等同于全然狂热的宗教信徒。由于本文所阐述的明星制打造指的是对原本专业的音乐剧演员的推出，因此其粉丝在产生对该音乐剧明星喜爱之初是完全明确知道音乐剧表演是明星的本职工作的，因此粉丝对于音乐剧表演的专业素养也十分关注，对于音乐剧现场艺术体验来说，即使是郑云龙的粉丝也会在意和关注郑云龙在舞台上作为一名音乐剧演员的专业表现。对于出现的"缺场"状态是需要通过对于音乐剧艺术的观看指导而规避的。只有通过不断的音乐剧知识的普及，让观看音乐剧的粉丝和受众知晓对音乐剧表演的优劣判断及对其审美艺术的感知方式，才能帮助粉丝判断舞台上演员表演的好坏，也才能将粉丝注意力转移到明星演员的表演上。这是一个需要长期进行文化普及和学习的过程。因此，谋求规避由明星制带来的音乐剧审美体验的缺失并非是通过取消明星制而能达到的，而应当是在大众的注意力通过明星制进入音乐剧的艺术文化消费后，各方联动加强对音乐剧艺术的知识普及，而不是一味地将明星制作为引入注意力的手段之后丢失掉对音乐剧进行文化普及的内核。

综上，明星制能够为音乐剧的发展带来一定的市场突破，同时也会对音乐剧艺术审美带来一定的损害，但是音乐剧是一门具有时代生命力的艺术，谋求与时代相结合的创新形式是其不断发展的源动力。因此，在我国音乐剧发展的现阶段，谋求的是采用明星制达到观众拓展及培育市场的突破，不应放弃音乐剧的多样化尝试，但与此同时在突破的过程中注意对不利影响的规避，而这种规避来源于对音乐剧文化及艺术推广的坚守。

被嫌弃的宋没用的一生，或上海康塔塔

——读《好人宋没用》兼谈现实主义作为一种技术

| 丛子钰（文汇报社　北京师范大学）

摘要：

长篇小说《好人宋没用》书写了一个来自苏北的底层小人物宋梅用从民国到改革开放初期的坎坷人生，作者任晓雯通过主人公的遭遇反映出近代底层人在面对时代现实的无可奈何，从而赋予作品强烈的历史批判性。同时，作者通过使用沪上方言和对细节的高度重视，制造出一种强烈的近代文化气氛，并通过现实批判、历史语言和气氛的融合，形成了其独有的虚构总体现实的技术。这种现实主义作品与中国现代文学的差别在于，它可以通过搜集文献来进行创作，而且在技术上是可以复制。

关键词：《好人宋没用》；现实主义；技术；方言写作；底层

Abstract: The Novel *Good Woman is Useless* tells a story about the difficult life of a person at the bottom named Meiyong Song, who came from Northern Jiangsu. Through the suffering of heroine, it reflects a hard place facing the reality of that era, which gives the novel a highly historical-critical quality. Meanwhile, the author Xiaowen Ren pays high attention on details and she combines them with the dialect of Shanghai to create a strong atmosphere of early modern culture. Mixing realistic critique with historical language and atmosphere, Xiaowen Ren's unique technique of fabricating a total reality takes place. This kind of realistic work differs from those of Chinese early modern literature in that it produces with documents rather than experiences, and it can be reproduced technically.

Keywords: *Good woman is useless*; realistic; technique; dialectical writing; people at the bottom

一

在卷帙浩瀚的世情小说中，"沪上小说"是一个非常特别的案例，这要从中国现代文学的源头说起。在任何一部文学史教材里，《新青年》上发表的《文学改良刍议》(1917 年第 1 期)和《文学革命论》(1917 年第 2 期)都在新文学的神坛上被供奉着，而这两篇作为现实主义宣言的文本发表时，陈独秀早已将编辑工作在位于上海法租界环龙路渔阳里 2 号(今南昌路 100 弄 2 号)房间里完成，彼时他已受蔡元培之邀就任燕京大学文科学长，编辑部也随之迁至东城区箭杆胡同 9 号寓所。

摩登上海是中国现代文学的诞生地，又经由北京、广州和武汉(包括后来的延安)将影响力扩展到全国。这不难理解，1949 年以前，上海是中国唯一一座真正意义上的现代城市。如果一名游客正在曾经的公共租界和法租界中漫无目的地闲逛，很有可能就碰见了现代文学中重要刊物的编辑部和事件发生处。

这些都关乎文学和时代中的大事，但让文学真正产生影响力的却是小事，这也是两个早期文学社团在纲领中所强调的，尤其是文学研究会在不断地要求文学关注现实，"反对把文学作为消遣品，也反对把文学作为个人发泄牢骚的工具，主张文学为人生"。[①]虽然我们可以从这里找到中国现代文学中的现实主义的依据，但是也不能忘记，文学研究会的宗旨和文学活动的一部分，是从对外国文学，尤其是 19 世纪俄国和法国文学的研究中产生的。同时，

---

① 茅盾：《关于"文学研究会"》，载《现代》1933 年 5 月 1 日第 3 卷第 1 期。

它在当时和现在都遭受着文学同行的质疑，茅盾在文章中写道："虽然所谓'为人生的艺术'本质上不是极坏的东西，但在一般人既把这顶帽子硬放在文学研究会的头上以后，说起文学研究会是'人生派'时便好像有点讪笑的意味了。这讪笑的意味在当时是这样的：文学研究会提倡'人生派'艺术，却并没做出成绩来呀！用一句上海俗语，便是'戤牌头'而已！一九二八年以后，仍旧把文学研究会当作'人生派'的文学集团的人们却又把那讪笑转换了方向了；这就是我们常听得的一句革命歌诀：'什么人生派艺术，无非是小布尔乔亚的意识形态！'"①而这种责难就在于一些成为文坛局外人的小资产阶级知识分子以为文学研究会在试图包办文坛，像茅盾没有点名的那位学建筑的朋友就揶揄地说起杂志界的行话，诸如"起初是人办杂志，后来是杂志办人"云云，意思便是住在上海的研究会成员都被它"办"过，也就是说被收入文学研究会丛书。当人们关注文学研究会的时候，关注到的其实是个别人所提倡的"为人生"的主张，而在同时代的人眼中，却把它本来零散的观点当作了一个有组织的态度，真正有体系的态度和观点本身很难被当作靶子来维系人们的愤怒情绪，它必须有一个非常实在的物质支撑，这个根基就是文学研究会丛书，有了它，一切对于文学研究会众人所倡导的现实主义和为人生的写作都有了可以攻讦的目标。所以，今天人们在讲中国现实主义的时候，其实往往跟那时对文学研究会丛书不满的人一样，看似是不满"为人生"的写作，其实只是不满某种特定的描写现实的手法，如果更具体地说，可能是某些刊物所选作品的创作风格，在这些特定的文本中，又因为遇见了他们所反感的特定素材和特定技术而对其他一切视而不见，转而说整个现实主义都是不好的。所以事实上，人们真正不满意的是对中国现实的某种特定的文学表达及其组成形式。

二

《好人宋没用》是部现实主义的世情小说，这样的简短定义虽然笼统，但至少

---

① 茅盾：《关于"文学研究会"》，载《现代》1933 年 5 月 1 日第 3 卷第 1 期。

是没有错的。有趣的是,小说主角宋梅用出生于苏北阜宁,那一年(1921 年)正好中国现代现实主义文学诞生。她被嫌弃的一生主要是在闸北药水弄和南昌路上的佘家度过。而在同一条路上,潜伏着已经成为共产主义小组机关刊物《新青年》杂志编辑部,宋梅用出生前一年 9 月,陈独秀带着办杂志的法人材料和油印机偷偷回到了上海旧居。

从后记中,可以看出作者任晓雯为写作这部长篇作品所付出的努力,据说,书中所有历史细节都经过她的考证,宋没用的幼年经历部分地参考了《霓虹灯外——20 世纪初日常生活中的上海》,其父宋椰头的经历则参考了《苏北人在上海,1850—1980》,宋没用后来的雇主倪路得原型参考了《上海职业妇女口述史》。[①] 除此之外,作者的背后恐怕还站着帕斯捷尔纳克、托尔斯泰、陀思妥耶夫斯基、高尔基、福楼拜、叔本华等一系列经典作家和《圣经》等文本的憧憧暗影。

从这样细致的考证里,也投映出对茅盾写作《子夜》的反思,在《好人宋没用》里,激烈的时代斗争从民族资本家转移到苏北小百姓,从霞飞路转移到药水弄。这是现代文学中精巧又圆滑的进步,因为很多作家终于发现了浪漫主义以后关于时代精神的巨大骗局,时代本身是不可能具有精神的,具有精神的始终是主体的人,人类虽然集结起了精神共同体,但这是某种精神上的临时契约,而非精神实体。这个共同体往往具有很强的限定性,发现并凸显这个具体的普遍限定是作家的能力所在。比如在《好人宋没用》里,一个显而易见的具体的普遍性,就是上海人对苏北人的共同歧视。

很多人将这部小说同王安忆的作品系列放到一起进行比较,比较的结果自然是因人而异的,但王安忆的作品无疑是个恰当的比较对象。在王安忆的笔下,上海是通过外地人建立起来的,而在《好人宋没用》里,宋没用自己就是外地人。我们也可以认为这是历史的规训已经完成进入下一阶段的标志,作家笔下的形象换位证明了中国文学正在从被历史进入发展到主动进入历史的阶段,当然也

---

① 任晓雯:《好人宋没用》,北京:北京十月文艺出版社,2017 年,第 520 页。

是因为文献技术本身的发展给了作家这样的机会。

宋没用是个好人，这句话其实是个同义反复。作为一个好人，宋没用无疑是忠厚老实的，但她也是旧社会三从四德的遵从者。正如鲁迅在《论"费厄泼赖"应该缓行》中所引的话，"忠厚是无用的别名"。在宋没用的一生中，她被父母所鄙视，被丈夫的母亲嫌弃，辛苦经营的老虎灶也在战乱中被夺了去，孩子里唯一无私爱她的却是由丈夫与前妻所生。尽管历经苦难，她的生活也还不至于无望，其实在五四传统中，宋没用正是被批判的不觉醒的形象，常常被"忘却的救主"所攫取住。

略显遗憾的是，任晓雯本人在访谈中对于这个小人物老太太的态度没有表示出更多的反思性内容，不过人物往往比作者说出的更多。这也给中国当代现实主义的创作提了一个醒，说明虽然全面揭示一个灵魂完整的沉沦过程，固然比蹩脚地涂抹一种虚伪的现实幻觉要强得多，但是倘若一名作家能够更全面地掌握他／她笔下的人物和环境，就能不仅自律地创造一个历史的世界，还能够勇敢地创造现实。无论一部文学作品在现实主义的道路上走得多远，它真正能够称得上直接介入现实的东西只是它作为一种用胶水装订起来的纸和墨汁的集合，也就是说，它是非现实的事物。但现实主义作品之所以具有改变现实的力量——如果我们放弃谈论影响人的灵魂这种说给中学生听的空话——就在于它作为一种现实的象征物，既再现现实也表现理想，它能够通过阅读和重读，把能够持续不断改变现实的想法传递给正在阅读和思考的肉体。获得改变肉体的力量，或者说让现实中的理想变成理想中的现实，才是现实主义作品应当实现的目标。

在目的和手段之间存在着矛盾，《好人宋没用》正好证明了传统现实主义文学的极限，它拥有的野心让它确确实实朝着成为传统现实主义标准的经典走去，但这也意味着它将同自己本来期待的读者之间永远地划下了边界。《好人宋没用》所写的是小人物，但在当代社会里同等身份的阶层不大可能读懂这样一部结构精巧、语言典雅的小说，即使他们现在有足够的闲暇也做不到。这不是任晓雯的错，因为自律艺术的要求迫使她按照时代应有的形式去组织内容，她创造的宋没用出生于1921年的苏北，生活在20世纪的上海，这就决定了她不得不使用现代文学的语调、上海方言、明清文言小说的节奏乃至一些少见的汉字。这项技术问题暴露出的不是作家的无能，而是艺术自身的危机。艺术审美要求距离感，这种距离或者是时间上的（过去与未来，不在场的时间），或者是空间上的（远方、极大或极小的观察方式，不在场的空间）。具体地讲，审美复古是自律艺术中的一种悬置手法，它避开现实中令人不适的东西，也就是现实本身，它无法被审美地观看。同时，一种至少是暂时的、可能也同时是虚假的自由也产生在审美中，它打破时空的稳定边界，让近代史进入当代（或者让当代史进入近代，这要看读者是隐藏的历史主义者还是新历史主义者，是倾向于"六经注我"还是"我注六经"），让配合结构的素材构成叙事的幻觉形式的暴力。如果叙事的暴力是成功的，它就能让读者忘记现实环境，比如是书房的沙发、火车车厢的靠背、卧室的床头、地铁车站……在这个问题上，陌生化与重复始终冤家路窄。渴望缓解劳动痛苦的人希望看到重复，因为那一方面像是某种动态的平衡，本身就能因为沉重的事物一闪而过而让他们在惊奇中得到满足，惊奇留下，沉重消失。而渴望缓解无聊的城市小资产阶级读者希望看到绝对的惊奇，无论什么程度，事实上，是越惊奇越好，所以他们往往对于轻微的重复也难以忍受，每次重复都让他们回想起几小时前的工作。对于这些苦于逃离的人来说，现实主义是一种跟他们息息相关的现实危机。从历史方面来看，创办杂志并且倡导城市现实主义与民间文学的知识分子也都或多或少地面对着这样的危机。

三

　　"小人物"主题在五四时期是一个独立的主题，对于中国启蒙时代的作家而言，传统士人关怀在先，其次是救亡图存的使命。后者并非直接地指向着对小人物的关注，而是间接地表现为对封建官僚体系的控诉。在很多五四知识分子的眼中,晚清保守、自私而又贪婪的官僚体系是导致中国落后的根本原因。为了解决这个问题,他们开始向西方国家学习,在思想上,当时在世界范围内显得最为激进的俄国布尔什维克给了他们很大影响。年轻作家在反抗精神上寻找到一个最强有力的模范,于是在文学上,他们也开始学习俄国文学的模式,这之后就要归功于大量的文学翻译作品。

现在人们很容易忘记,最早开始强调底层关怀的恰恰是浪漫主义者。在俄国,第一个写小人物题材的小说是普希金的《驿站长》。浪漫主义的起源和现实主义的尽头都是神秘主义,这个辩证性的特征在马克思主义的论著中有鲜明的表述。或许现实主义本身就是神学世俗化的一个标本,当代中国的一些优秀的现实主义作品中(既有小说,也有非虚构)或多或少都有《圣经》《古兰经》等神学文本作底。反过来,那些古代宗教作品的许多部分除去韵律以外,又何尝不像是长篇小说?

在形式和内容上,《好人宋没用》都和基督教脱不开关系。小说卷首第一句,即是引自《圣经·马太福音》:"凡劳苦担重担的人,可以到我这里来,我就使你们得安息。"又如第二节开头:"夏秒,起洪水,作物殆尽。"全文以苦难而起,整体上充满了救赎的精神,虽然在引文上以《新约》为主,结构却遍布着《旧约》的特征,像开头宋椰头一家逃亡上海的经历几乎就是 20 世纪苏北版的《出埃及记》。从第三章佘太太(倪路得)出现开始,则新教(路德宗)的迹象更加明显。佘太太原先是大户人家的"四小姐",8 岁随父母到上海,她的父亲在上海做起了生意,而她自己念过书,英文出众,高中毕业后嫁给了沪江大学政治系的大学生佘宪平。她之所以成为教徒还是由于家族承继,倪家太姥爷"在束发执念加入长老会,身后葬于大团耶稣教堂"。① 倪家被抄家批斗后,只有宋没用仍然同情曾经的雇主,还向她求耶稣的祝福。

倪路得走到灶边,假意寻找什么,扭头道:"我要搬走了,以后怕是很难

① 任晓雯:《好人宋没用》,北京:北京十月文艺出版社,2017 年,第 235 页。

再见到。"

"啊，搬到哪里去？"

"我也不晓得，听组织安排。"

宋梅用默然。倪路得低头在工装口袋里掏摸，捏着拳头，递出手来。宋梅用接过她掌中之物，感觉是一张叠好的纸。

"宋同志，再见。"

"善太太，再见，你是好同志，很好很好的同志。"

倪路得拉拉帽子，走出去。宋梅用听她上了楼，这才把身体抵在门板上，掏出倪路得给的"咒"。那是一张裁下的书页，纸色微黄，褶得烂旧了。蓝黑钢笔画出一句话："所以，我们不丧胆。外体虽然毁坏，内心却一天新似一天。我们这至暂至轻的苦楚，要为我们成就极重无比永远的荣耀。"宋梅用看不懂。将纸张重新褶起，压在双掌之间，朝着空气，合十而拜。[①]

这一段虽然在信仰上让宋梅用把佛教、基督教和民间迷信的行为混搭在一起，却变相而又真实地表现了她内心的动荡。在她漫长而平凡的一生里，经历的恰恰是混乱的现实秩序，军阀、抗战、"文革"，在她的生活中埋下了隐形的历史幽灵。历史活在我们身上，正以掰不开的杂乱而处之，在《好人宋没用》里，主角茫然又无力的"旷野中的飘荡者"形象本身已经暴露了人在那个时代的处境——肉体上的死亡和精神上的屈辱。这不是任晓雯第一次在小说中使用基督教作为潜文本，作为一名基督徒，她的信仰可以体现在行动之中，而作为一名作家，她的信仰体现在小说的结构里。

上海是一个较早地拥有本土宗教音乐教育的城市。"上海国际礼拜堂最初是由一批美国人于1917年在一美侨家里所自发组织的一个唱诗班，定期于当时举行礼拜。就其历史渊源而言，即带有浓厚的圣乐背景。当时并无牧师及堂名，后因人数渐增，于1920年成立教堂，参与者为美国信徒及少数懂英语的中国信

---

① 任晓雯：《好人宋没用》，北京：北京十月文艺出版社，2017年，第392—393页。

徒。因教徒来自中外各教派,'故取名为 Community Church,中文名称协和礼拜堂'。1925 年,由募捐所得资金落成新堂,为现在所见之堂(上海市衡山路 53 号)。"①在基督教音乐中,今日学人尚谈复调,理解则止于赋格,而忘记了宗教合唱的存在。其实对于小说而言,"康塔塔"在形式上的特点更适合于今天现实主义题材作品的表现,也更符合任晓雯的《好人宋没用》之特征。

一个常见的问题是,研究者凡提起"复调"概念时,就如巴赫金本人犯下的错误一样,只拾起多元性的外观,却忽视了其统一性的核心。在复调音乐诞生的巴洛克时期,声乐和器乐作品都用来表现哥特人世界的气氛,声音统一于悲剧性的哀悼和呻吟。在建筑中,"每一根圆柱都在受苦,每一根支架在难以忍受的沉重压力下呻吟。个别的形式如今像仆人一样服从整体的形式,美不再表现为温雅动听的和声,而是被激情冲动所连根拔起的力的喷发"。②人无法成为主人而只能臣服,在宗教世界里,主宰一切的是上帝,而在《好人宋没用》中,那发号施令的是时代现实。

《好人宋没用》在叙事上极力克制,所以它不像咏叹调一样悱恻绵长,但也不像宣叙调一样平铺直叙,它是杂糅的、大胆的,又充满了扭曲的情感。这不是传统复调,因为复调通过转位来表现无穷和不安,《好人宋没用》更接近清唱剧和康塔塔,但相对而言,清唱剧中柔美的牧歌又不属于《好人宋没用》的气质。任晓雯在这部小说中的作风是要么不抒情,抒情时又缺乏神秘的祥和,而具有一种剧烈起伏的冲动,像是对苦难得到缓和的陶醉,一种既要被克服,又不断涌出的情感力量,因而表征出一种特别的有限性,一种渴求无限的有限性。在音乐上,同时带有大提琴和双簧管的音色,看似稳定,却缺少钢琴的平衡感。

其实在音乐史中,伦理问题也一直存在,就像文艺复兴晚期反对器乐的理由一样,在小说中即使一名作家能够避免直接表态,却不能避免在抒情的地方一定

---

① 吴义雄:《地方社会文化与近代中心文化交流》,上海:上海人民出版社,2010 年,第 360 页。
② 〔美〕保罗·亨利·朗:《西方文明中的音乐》,张洪岛、杨燕迪等译,桂林:广西师范大学出版社,2014 年,第 331 页。

会抒情,作者在哪里克制,在哪里又放松理性,这正是所谓叙事零度失败之处。在表现倪路得的苦难时不露感情,在表现宋榔头的苦难时不露感情,但在表现宋没用面对这些人的苦难时,任晓雯无法再不露感情了,她不能把宋没用写成一个因为人生悲惨而对一切都冷漠的人。这就是主调,她的声音必须有表情,或许这也标识出了"复调"概念的局限,多重的乐句始终是为了主调服务的,平均律既不平均,也不自然。

康塔塔音乐的特殊之处在于,它不强调也不排斥自己的永恒性,而且从巴赫开始,它就以抒情的咏叹调为主,又能随时返回众赞歌的传统中。虽然《好人宋没用》在气质上更像是受难曲,但它不向往天国的极乐,宋没用只希望在俗世的遭难能不那么难挨。她的音调在小说中是唯一凸显出来的,没有平行的旋律能与之相配,但作者又保留了戏剧性,有多个人物,如倪路得、宋榔头、杨赵氏、杨仁道、老金等等,他们的境遇由好转坏,而宋没用始终是个悲剧,在命运中无力地挣扎,顺境不能败坏她,逆境也不能成就她。

宋没用的一生构成了一部异样的史诗,没有英雄主义,没有虚无,她代表的是人性的虚弱。

四

卢卡奇的"总体论"方法一开始就是用来形容现实主义文学的,他也时常不遗余力地捍卫那个资产阶级美学传统,以此来培养无产阶级个人解放的力量。在二十世纪三十至四十年代的论争中,他着重谈到了现实主义的问题,而这个时期重要的欧洲现实主义作家他提了四个人:高尔基、托马斯·曼、海因里希·曼和罗曼·罗兰,两个传记家,两个从表现主义浪潮中走出来的兄弟。托马斯·曼自己曾经是主战派的一员,这种倾向在《魔山》和《浮士德博士》中都毫无保留,他不觉得这是个值得羞愧的立场。尊严仍然保留在战后日耳曼作家的心中,所以他的现实主义小说并没有降低标准的意思,也没有要向他的同胞道歉,至少虚构作品没有那种功能，最后一部小说《浮士德博士》甚至在某种程度上又铤而走险地返回了表现主义精神，但它的内涵却是这种 19 世纪末、20 世纪初最后一场带有浪漫主义特质的艺术运动的崩溃和瓦解。

但卢卡奇的理论却不能说完全适用于中国。根本问题在于现实本身，卢卡奇所强调的"总体性"是发达资本主义的产物，作为一个马克思主义哲学概念，它并不是抽象的整体，而是资本主义制度的总体，即既生产着商品，也生产了关于商品的意识形态的资本主义世界。它的内部环环相扣，每一个意识都包含着一种具体的生活方式，而每一种生活方式都被作为商品生产者的市民的生产方式所决定。纺织工人有纺织工人的意识形态，印刷工人有印刷工人的意识形态，出版商有出版商的意识形态，诸如此类，按照亚当·斯密最初的构想，每种技艺都在机械性重复中不断得到提高和突破，而每种工作都仅仅专注于自身的完善，最终通过社会分工越来越细化来实现社会的总体进步。马克思主义理论认为这种分工最终造成了人的全面异化，把个体降格为生产者，把人变成机器的零件和资本的奴隶。"总体性"概念的提出就在于意识到这个资本主义生产方式的存在，意识到它的结构性力量和历史变化，进而使人类，尤其是工人、农民、城市无产阶级获得解放。但即使在最有资格称之为资产阶级城市的近代上海，也只能说具备了最接近资本主义生产的条件，社会生产联系并不紧密，也就导致了维系于生产之中的意识形态混乱不堪。华界的贫民区自不用说，甚至在杂居于租界的华人头脑中，也仍然更主要是传统中国式的思维模式在起着主导作用。

它反映在早期上海文学作品之中，而且其实也确实只有在作为整体的上海文学史中才能看出这种意识，以及这种意识在现实中的矛盾。《子夜》就是现实主义第一次全面爆发的标志，虽然它仍然把近代上海的矛盾集中在民族资本家与外资斗争的过程中，一方面承认了城市化是个强加之物，另一方面也暗示了周期性轮作的农耕文明尚不屈服的传统士大夫态度。可以说，现代文学作家普遍拥有的二元对立态度莫不源于此，很少有作家、艺术家是以西方现代性的心态去关注社会现实和个人表现，即使是创造社等人模仿先锋派和日本"私小说"的做法，也很难有把握地认定为市场判断。更多时候，"为艺术而艺术"的对手并不是"为人生而艺术"，而是"为市场而艺术"。

直到今天，文学市场终于全面地获得了它的结构性力量，包括文学行业在内的社会生产"紧密地"联系在一起，卢卡奇的"总体性"理论也终于有了用武之地。《好人宋没用》在总体性反思的历史意义上，甚至要超过《子夜》这样的作品。任晓雯所使用的现实主义技术在这部小说中开始突破了自身的边界，征显出历史与社会的精神结构。

发达市场的标志是各个组成部分前所未有地独立出来，表现在文学中，是巴赫金在对陀思妥耶夫斯基小说评价时所使用的"复调小说"的出现。我们把一部小说当作一个整体，那么它的每个部分：形象、情节、内心活动、环境描写、社会背景都应该独立地创造出来。"复调小说"的概念不过是说明了其中形象和内心活动独立的部分，把传统的单一化叙事话语分离成多元化的"狂欢"。

在卢卡奇的论述中，他认为现实主义作家的创作要表明客观的社会总联系的重要性和为掌握这种联系所必需的"全面性要求"，他说创作的问题在于对作者所观察到的表面现象"在艺术上进行形象的、身临其境的描写，描写要形象地、不外加评论地展现出所描写的生活范围中的本质和现象之间的联系"。[1] 而超现实主义和表现主义的问题则是在写作手法上直接地与表面现象的破碎性特征画上等号，而不是去形象地展现出它们与本质之间的联系。《好人宋没用》中的几个主要形象表达出了个体与时代之间的关系，即使是小人物，作者也没有在夸张的主观同情中忽视他们的缺点，在任晓雯的描写下，他们总是既努力改变自己悲剧性的命运，又随时可能出于私心而造成他人的苦难，但结果他们从没逃出过悲惨的宿命。这些悲剧并没有被承认是宗教遁世化的宿命论，而是社会行动和社会意识的结果。

并不是小人物就必然地比大人物能够更多地反映出一个时代的社会行动与

---

[1] ［德］格奥尔格·卢卡契：《表现主义论争》，上海：华东师范大学出版社，1992年，第157页。

社会意识之间的冲突,反过来也一样。宋没用是一个典型形象,吴荪甫也是一个典型形象,前者代表了底层眼中一个远比自身庞大的旧世界的崩塌,后者则代表民族资产阶级所经历的时代外部强力面前个人努力的不可能性。

五

《好人宋没用》并不是采取这种现实主义写作技术的孤例,而是有其当代文化的特定背景。现在看来,前有《繁花》后有《苔》,在地性的地方志书写正在日渐成为一种写作潮流。在这种写作中,作者通常会将方言与文言相结合,将地方志与革命史相结合,以形成语言和审美的双重快感,其中包含了 21 世纪第二个十年特有的文化政治策略。

自然主义的现实主义写法常常引起人们的误解,以为自然主义便是对素材毫无规避,其实它主要指的是对暴力的场面毫无规避,赤裸裸地书写死亡,并且直观地表现人的器官,以此将精神的肉体性展示出来,或者说,表现精神的内敛。比如在写宋没用的第一个孩子夭折时,丈夫拿去丢掉:

> 杨仁道舌底泛起苦味。为啥这些人活着,我的孩子却死了?他想起那姓孙的接生婆,叨了一堆屁话。说到有个孕妇临盆前,包了很多粽子,结果生的小囡耳郭内阖,没有耳洞,犹如脑袋边挂了一对三角粽。还有个孕妇剖带鱼,剖到鱼头时,腹中一动,后来孩子一出来,头身就是断裂的,只连了一丝皮肉。又有个孕妇,闩门闭户,准备就寝,裤裆里开始出水了。滚了大半夜,还是生不出。她男人听了孙阿姨的话,落锁开门。门一开,孩子哗嗒出来。①

将体内婴儿的生命与事物、动物、门的连接虽然是迷信,却可见出小说叙事

---

① 任晓雯:《好人宋没用》,北京:北京十月文艺出版社,2017 年,第 132 页。

营造内在性的策略。肉体的内在性压抑住精神的外在性表达，这就形成了一组矛盾，因为通过压抑精神，反而让肉体的内在仅仅停留在了肉体，而不是将压抑的欲望升华为精神。或者说，被压抑的欲望升华后，生产出了新的欲望，并且构成了欲望生产的流水线，从此一切不符合欲望的内在性要求的表达，必须被排除在这条生产线之外。人成为欲望的总和，上海是上海人与外地人的总和，城市是城市景观的总和，这也构成了总体性的悖论，它用一种虚假的总体代替真实的总体，以使人对总体本身产生怀疑，以为总体是一种错觉，然而总体又确确实实存在着，是一种必要的错觉。在《好人宋没用》中，写实技法造成的悖论与21世纪总体性的悖论有着同构关系。

在语言策略上，《好人宋没用》与"寻根文学"的目的并不相同，后者的民族主义倾向使其在题材上虽然看重传统，却带有"志怪""传奇"的特征，往往追求荒诞不经的效果，而《繁花》《好人宋没用》等作品则与《金瓶梅》等世俗小说更为接近。复古的语言与传统无关，而是为了制造语言的图像性，使其具有超高清的历史感，让历史变得透明。语言越是接近时代的意识，就越会显得自身不存在，同时也会让虚构的内容变为真实。写实技术本身具有暴力性，能够有效地缓冲革命的暴力性，这一点则延续了20世纪90年代以来"去政治化的政治"的策略。然而，整体地看待《好人宋没用》的话，这种思想上的接续还是应该让位于它对当前文化精神结构的同构性。与20世纪90年代消费文化对传统精英文化的冲击不同，新世纪的文化无论是大众的还是精英的，都呈现出碎片化、分众化的趋势，同时在视觉上，两者也同时表现出对高精度的崇拜。总体恰恰存在于高精度与碎片化之间，显示为高清的碎片，或者正如显像技术本身所揭示的那样，越是高清的图像质量，越需要细微的像素作支撑，两者在总体之中达成了统一，然而在叙事作品中则表现为一种精神分裂式的痉挛。

这种精神症候不是偶然的，正如前文用康塔塔的音乐形式所作的譬喻一样，是由总体性自身的矛盾造成。在音乐中，平均律是人工分割的音律，在视觉中，像素也是人工分割的视觉元素。在对历史动力和个人情感动力的衔接上，艺术形式无法同时满足推动两种动力的能量。如果满足历史动力,则会变成完全是社会学小说,而失去对人物的表现;如果满足个人情感动力,则会变成私小说,缺少对历史现实的透视。叙事者试图在透视与俯瞰之间的裂缝处制造出一个呼吸带,但显然这种努力不可能一直成功。无产者宋没用必然地会对历史的力量屈服,而任晓雯之所以没有为她提供个体解放的力量,则是 21 世纪对于解放本身的疑惑所致。

附　录

聚焦人类命运共同体与全球文化管理

——2019 全球文化管理学术研讨会纪要

| 刘圆圆　程　茜　聂鑫焱（上海交通大学媒体与传播学院）

2019 年 12 月 8 日，以"人类命运共同体与全球文化管理"为主题的 2019 全球文化管理学术研讨会在上海交通大学开幕。此次研讨会由上海交通大学与联合国教科文组织（UNESCO）2005 公约秘书处共同举办，上海交通大学媒体与传播学院承办，南澳大学协办，得到了上海交通大学"人文社会科学高端学术会议资助计划"的资助。

参加本次研讨会的有联合国教科文组织文化政策与管理教席 Milena Dragicevic-Sesic 教授、全球文化研究领军学者 Justin O'Connor 教授等联合国教科文组织专家委员会委员及来自英国、德国、塞尔维亚、蒙古、韩国、塞拉里昂等亚、非、欧、澳四大洲的海外学者 13 名，中华文化促进会、北京大学、清华大学、复旦大学、华东师范大学、中央党校、中国社会科学院、上海交通大学等高校与研究机构的文化管理学者 60 余名。

上海交通大学党委常委、党委宣传部部长胡昊教授致欢迎辞，联合国教科文组织文化政策与管理教席 Milena Dragicevic-Sesic，中华文化促进会副主席、原文化部文化产业司司长王永章先生，上海交通大学媒体与传播学院院长李本乾教授分别致辞。上海交通大学全球文化管理中心主任单世联教授主持开幕式。

华东师范大学党委书记童世骏教授通过解读习总书记曾引用

过的李大钊的《青春》一文，阐释了不同文化沟通的有效条件，即与人交往设身处地、观察问题换位思考、在抽象道理与具体语境的联系中获得理解。

联合国教科文组织文化政策与管理教席 Milena Dragicevic-Sesic 教授分析了当前文化管理人才培养和专业化研究的两个困境，即高等教育特别是硕博等高阶人才的培养仍处于起步阶段，人才培养、教学研究、文章发表等仍是以英美为中心的，多样性不足。她呼吁新一代学者应当树立全球视野，在世界上为自己的文化发声。

中华文化促进会副主席、原文化部文化产业司司长王永章先生认为创新是构建人类命运共同体终极目标的不竭动力。理论要创新，政策设计要创新，落实措施要创新，平台建设也要创新。他提议，通过此次研讨会，在联合国教科文组织的支持下，以上海交大为主体，吸引国内外更多高校的专家学者参与，共同搭建一个全球文化管理的高端平台。

英国华威大学 Jonathan Vickery 副教授认为文化管理是一种文化生产的合理化的理论，是有关文化创造系统性、原理性的理解，是一种创造机会和应对挑战的能力。文化管理是一种沟通不同文明的介质，需加强公共部门、民间社会、私有部门、文化部门的协同运作。

联合国教科文组织专家组成员 Yarri Kamara 女士详细介绍了基于联合国教科文组织（UNESCO）"2005 公约"的文化多样性国际基金会（IFCD）及其对非洲当地文化产业项目的资助情况，并指出"2005 公约"具有很高的政策价值，但在非洲国家的实践中存在不足。

上海戏剧学院院长黄昌勇教授认为，中国当下的文化管理存在经济偏向、创意偏向等问题。在未来文化管理的发展实践中，要注意全球化和融合发展两大趋势，要突出文化管理的中国特征，思考中国体系、中国话语、中国逻辑、中国贡献，建立文化管理的中国学派。

上海交通大学全球文化管理研究中心主任单世联教授指出，文明人类从来都在寻找并建设共同利益和共同价值。增进文化间的相互理解、管控可能产生的矛盾和冲突,需要全球文化管理。习近平总书记提出的"构建人类命运共同体"的伟大理念,已经成为推动全球治理体系变革、构建新型国际关系和国际新秩序的共同价值规范。联合国教科文组织"2005 公约"中的目标和指导原则,如保护与促进文化多样性,为各种文化的繁荣发展和自由互动创造条件,鼓励不同文化间的对话,保证文化交流更广泛和均衡,促进不同文化间的相互尊重,把文化作为一个战略要素纳入国家和国际发展政策,为文化可持续发展创造条件等,已为不同国家和地区所接受。所有这些,都是我们建设"全球文化管理"体系的基本原则。文化管理不只是企业战略管理的复制,不只是政府行政管理的延伸,不只是专业技术管理的应用。文化管理作为一个独立学科包括文化史论、艺术管理、文化遗产管理、公共文化管理、文化产业管理与创意管理六个二级学科。

新加坡 Lassalle 艺术学院 Sunitha Janamohanan 副教授结合东南亚地区文化管理的发展现状指出,未来应注意加强民间社会与政府的联系,加强民间社会的参与和艺术创作者的表达,艺术家和管理者应创造合作交流的良好生态环境,弥合不同体系间的鸿沟。

南京艺术学院副院长李向民教授分析了艺术管理的特点、目标、基础以及核心。艺术管理与文化产业管理、公共事业管理,共同构成文化管理的大厦,虽然艺术需要感性和激情,但艺术管理需要理性和规范,艺术管理根本上是对文化资源的管理。

上海交通大学国家文化产业创新与发展研究基地主任胡惠林教授从"全球文化进程推动了中国高校尤其是上海交通大学文化管理学科的建设""全球化进程塑造了中国与世界的文化管理学科与学术管理研究的新文化关系""全球化转型和全球治理变革提出了高质量文化管理学科建设的新时代要求"三方面回顾了改革开放以来中国文化管理学科的发展历程,并指明了全球化背景下中国文化管理学科建设未来的发展方向。

联合国教科文组织专家组成员、澳大利亚 Creative Economy 咨询公司总经理 Helene George 女士总结了近年来全球文化管理思路的几个转变:对文化价值的界定，从单纯的经济效益到对社会的积极意义和正面影响；从短期视野到长期趋向；从依靠政府支持到企业与全社会共同参与。未来的文化管理应该超越文化或学术探讨，面向全人类视野，更加具有可持续性。

中央党校文史部创新工程首席专家祁述裕教授回顾了当代中国文化法律制度"从两部半到八部半"的历程，认为文化法律制度建设仍有许多空白点，文化法律制度建设是系统工程，中国文化法律制度建设任重道远，强调要正确认识政策法规功能，科学发挥政策法规效用。

中国社会科学院文化研究中心副主任章建刚研究员分析了文化学作为一门学科的可能条件，强调符号是文化学研究的专属对象及科技创新在文化学科研究中的重要地位，呼吁建立一个更加专门的文化学科，为社会层面的文化管理提供更多知识供给和政策咨询。

北京大学城市与环境学院王长松研究员构建了评价特色小镇的特色指标体系，总结了特色小镇的三种类型：综合实力突出型、大城市周边型和政策型，强调了构建特色小镇特色指标体系和空间分布特征对保持小镇鲜明特色、驱动小镇协调发展、推动新型城镇化建设的重要性。

复旦大学中国文化创新研究中心主任孟建教授认为，中华文化的全球传播存在"有效传播理念的缺失、分层传播结构的失衡、精准运作路径的偏差"，为解决这三个问题，可以运用跨文化分层传播理论来实现突破，并提出提升中华文化影响力分层传播研究的框架和路径。

河北出版传媒集团副总经理高磊博士结合中国特色社会主义文化建设正在逐步获得独立性的时代背景，探讨了大数据时代带来的文化生产和传播的新情况，指出大数据是生产要素、核心资源、重要支撑，并提出了打造知识服务的综合解决方案。

中央财经大学文化经济研究院院长魏鹏举教授以视频博主李子柒带来的文化输出为例，回顾分析了改革开放以来商品经济的发展带来的影视剧、流行音乐、出版、艺术和综艺等领域的文化大发展大繁荣的历程，提出了如何把握当前文化及文化产业发展新机遇的基本设想。

清华大学文化创意发展研究院副院长张铮副教授认为数字文化产业的管理幅度之大远超行政管理的部门边界,难度之大也超出当前管理学的基本范畴,数字文化产业管理需要对规则、契约等重新审视与认识,也需要对数字文化产业进行层次划分,将其纳入不同领域的治理范畴。

下午分会场讨论。第一分会场的主题是"人类命运共同体与文化管理"。上海交通大学高有鹏教授、华东政法大学黄虚峰教授、对外经济贸易大学吴承忠教授、上海大学包国炜教授等二十七位师生参加了讨论。相关议题涉及:习近平新时代中国特色社会主义文化思想的基本逻辑,人类命运共同体视野下的人口,中国价值观的国际理解路径,共同体与审美治理,文化认同、文化价值与文化管理,文化规划实践中的文化民主,中国现代文化规划,中国文化的海外传播等。分会场讨论立意高远,分析细致,其中一些观点和结论升华并拓展了已有的研究格局。

第二分会场主题是"文化管理与可持续发展"。联合国教科文组织文化政策与管理教席 Milena Dragicevic-Sesic 教授、全球文化研究领军学者 Justin O'Connor 教授、Deborah Stevenson、Christiaan De Beukelaer、Pippa Dickson、Helene George、Jonathan Vickery、Hye Kyung LEE、Haili Ma、Thi Thanh Thuy、Sunitha Janamohanan、Cornelia Dümcke、Bodibaatar Jigjidsuren、Yarri Kamara、Junjie Su、Xuefei Li、Chen Mu 等国内外学者讨论了联合国教科文组织"2005 公约"与全球文化管理的关系、全球文化产业与文化管理、文化管理和跨文化对话等议题。两位澳洲学者 Christiaan De Beukelaer 和 Helene George 指出了文化产业对生态环境带来的严峻挑战,对"文化产业是绿色产业"这一习惯性说法进行反思。

第三分会场的主题是"中外文化管理新趋势"。华东师范大学刘秀梅教授、华南理工大学郑宇丹教授、山东艺术学院李景平教授、中共广州市委党校温朝霞教授等二十一位学者参加研讨。本场讨论涉及文化产业、创意产业与文化经济的关系,文化空间生产实践与城市文化管理,文化产业园区的文化价值,文化生态保护区的建设模式，公共文化服务体系建设的治理创新，文化产业技术效率评价，文化产业价值验定与恒常性，区域文化产业创新系统，博物馆、美术馆、电子竞技产业等。分会场议题涉及面广，主题集中，相关报告均立足于具体管理实践，而又着力进行理论阐释。

第四分会场的主题是"文化管理学科建设"。上海师范大学杨剑龙教授、《山东大学学报（哲社版）》编辑部主编魏建教授、华东理工大学于炜教授、中国传媒大学南广学院马向阳教授、天津工业大学魏亚平教授、上海交通大学凌金铸教授等二十六位代表参加讨论。相关议题包括西方文化产业理论，中国文化管理转型，文化管理与影视发展，文化产业本质，数字社会与公共审美教育，国际文化都市的管理成就与局限，文管专业学生创新与实践能力培养，设计类研究生课程优化，韩国文化产业人才培养模式，文化管理学科建设等。本组讨论专家都来自高校，对此与其日常工作密切相关的话题热情高扬，或介绍情况，或建言献策，大家都不约而同地呼吁建立文化管理的学科。

大会闭幕式由上海交通大学媒体与传播学院党委书记李新碗教授主持，各分会场负责人分别作总结发言。华东政法大学黄虚峰教授、上海交通大学全球文化管理研究中心副主任闻媛、上海师范大学杨剑龙教授等分别代表各分会场作总结发言。

澳大利亚南澳大学 Justin O'Connor 教授在会议总结发言中指出，自文化的概念被提出伊始，文化已经突破其狭义的概念，遍布我们生活的方方面面。那么，我们在当今社会应该如何论证文化这一大命题？文化产业的兴起带来对于劳动者和生产关系的重新理解、思考与界定。20 世纪 60 年代前后，世界范围内的大繁荣大发展让一切似乎都变得与经济利益相关，甚至正在变得更糟，经济价值正在成为世界的掌控者，决定着事物是否有存在的意义，文化的公共价值正是对这一问题的积极应对。在这种语境下，文化应该如何应对这种挑战？文化、艺术是对新时代的人文主义关怀。一个问题是：如果真的像我们时常所说的那样，西方中心主义正在走向式微。那么，接下来我们该何去何从？这是我们需要不断思考的问题。

　　上海交通大学媒体与传播学院副院长李康化教授总结了大会发言和分组讨论的情况,指出文化管理是人类一种理性化追求,是推动文化与社会可持续发展的重要力量,是促进文化交流、构建人类命运共同体的重要津梁。文化管理需要明确文化立场,需要相应管理机构,需要一套文化政策,还需要借助新的技术手段有效执行。李康化教授感谢了联合国教科文组织"2005公约"秘书处的参与和支持,向参加会议的全体专家学者、承办会务工作的学院同事及志愿者同学表示感谢。他最后指出:上海交通大学媒体与传播学院文化产业管理专业20多年来,一直致力于文化管理学科建设,在教学、科研、社会服务等方面都进行了许多积极有益的探索,他希望,在所有与会代表的支持下,全球文化管理学术研讨会能够越办越好,为构建人类命运共同体作出学术文化上的贡献。

征稿启事

《中国文化管理研究》由上海交通大学全球文化管理研究中心组织编撰。其出版宗旨是对中国文化管理发展中提出的重大理论和实践问题给出学术的回答,对全球文化管理的理论与实践给予中国学术界的关注。其研究目标是:学术性、原创性、公共性。

《中国文化管理研究》主张学术对话,倡导学术平等,坚持学术规范;主张全球视野,突出原创品格,坚持社会关怀。凡是关注文化管理的本土学者和海外学人,都可以参与进来发表研究成果。

《中国文化管理研究》每年出版两卷。主要栏目有:理论新篇、政策实践、行业观察、空间探索、文化经济、历史回望、全球环顾、新近书评等。内容涉及基础理论、专题热点、实践案例、国际译文、学术活动和成果评价等。

《中国文化管理研究》坚持以质取文,敬请投稿者注意以下要求:

(1) 要求格式规范,项目齐全,按顺序包括:文题、作者姓名、工作单位、主要研究方向、摘要、关键词、正文、参考文献、作者详细通信地址、邮编、电话号码、电子邮箱。

① 文题:一般不超过20个字,必要时可加副标题。

② 作者姓名:多位作者之间以逗号分隔,并在篇首页用脚注注明作者简介,包括姓名、出生年份、性别、民族、籍贯、工作单位、

职称、学位。

③ 工作单位：单位全称、省市名、邮政编码。

④ 摘要：从文章中摘出其主要观点和结论，不加评论和补充解释，300 个字左右。

⑤ 关键词：选取反映论文主题内容的词或词组 3～8 个，关键词之间用分号分隔。

⑥ 正文：来稿字数 15 000 字左右。

⑦ 参考文献：参考文献置于正文之后。序号用方括号标注，引文起止页码在正文中用圆括弧标注。如第 8 页标为(p.8)，按正文中出现的次序标引，未公开发表的资料一般不宜引用。著录格式：

［期刊］作者，文题，刊名，年卷(期)；

［书籍］作者，书名，出版地，出版社，出版年，页码；

［报纸］作者，文题，报名，出版日期，版次；

［论文集］作者，引文文题，主编，论文集名，出版地，出版社，出版年，页码。

⑧ 注释：对正文特定内容的解释与说明采用脚注形式，按页编号，注释号①②③等标在相应正文右上角。

⑨ 数字：公历世纪、年代、年月日、时刻、图表的序号用阿拉伯数字。年份不能简写。千位以上数字小数点左右每隔 3 位空 1/4 格，5 位以上数字以"万""亿"作单位。

(2) 稿件若系省部级以上基金项目，需注明项目名称、编号，本刊将优先发表上述稿件。

(3) 勿一稿两投。投稿在 3 个月之内未收到录用通知者，请自行处理，来稿不退。

(4) 稿件用 Word 文档和 pdf 文档一并发 E-mail：kanghua99@126.com。